"博学而笃志，切问而近思。"
《论语》

博晓古今，可立一家之说；
学贯中西，或成经国之才

复旦博学·复旦博学·复旦博学·复旦博学·复旦博学·复旦博学

主编简介

邹秀清，男，江西庐山市人，1973年9月生，2001年获管理学（土地经济管理方向）博士学位，现为上海电力大学经济与管理学院教授、资源经济与绿色发展研究中心主任。2004年8月—2005年8月国家公派荷兰Wageningen大学访学，2015年2月—2015年8月国家公派英国剑桥大学访学。主持国家社会科学基金项目4项（其中重点项目1项）、省部级课题10多项，出版专著3部，在China & World Economy和《经济评论》《农业技术经济》《中国农村观察》《资源科学》《中国土地科学》《经济地理》等核心刊物发表论文近30篇。主要研究方向：资源经济与土地利用、能源转型与绿色发展。

复旦博学·21世纪土地管理系列

土地经济学

主　编　邹秀清　上海电力大学
副主编　刘成武　中南民族大学
　　　　黄善林　东北农业大学
　　　　臧俊梅　华南理工大学
成　员（以姓氏笔画从少到多为序）

邓爱珍　江西应用技术职业学院　　周　飞　广东海洋大学
汤江龙　东华理工大学　　　　　　周丙娟　江西农业大学
匡　兵　华中师范大学　　　　　　郭　鑫　中南民族大学
任艳胜　江西师范大学　　　　　　高　星　河北经贸大学
张小虎　洛阳师范学院　　　　　　徐国良　江西财经大学
李冬梅　东北农业大学　　　　　　黄　砺　中国地质大学（武汉）
李景刚　华南农业大学　　　　　　谢美辉　江西财经大学
肖泽干　南京农业大学　　　　　　曾　艳　南昌大学
杨　俊　深圳市坪山区城市更新和土地整备局　　蔚　霖　河南农业大学
陈　珏　黑龙江大学

复旦大学出版社

内容提要

本书在充分学习和借鉴既有教材成果的基础上,及时吸纳学科研究新进展、实践发展新经验、社会需求新变化和教学实践新体会,在结构体系上力求体现土地经济理论与实践的发展趋势,创新性地提出本书的内容框架体系。全书除第一章导论外,共分为四篇十八章。第一篇为土地功能与土地价值,包括土地的内涵与功能、土地资源价值以及土地资源资产核算;第二篇为土地利用,包括土地利用概述、土地集约利用、土地分区利用、土地规模利用和土地可持续利用;第三篇为土地财产权利制度,本篇根据《中华人民共和国民法典》将物权分为所有权、用益物权和担保物权的权利结构体系,系统阐述了中国土地所有权制度、土地用益物权制度、土地担保物权制度、土地征收制度等内容;第四篇为土地市场与收益分配,包括土地市场、地租、地价、土地税收和土地金融等内容。

本书附有教学课件和复习思考题参考答案。本书适用于普通高校土地资源管理专业及相关专业的课堂教学,也适用于实践型本科教学和各类职业培训。

课件等电子资源请扫描此二维码

前言
FOREWORD

1924年美国经济学家理查德·伊利（Richard T. Ely）、爱德华·莫尔豪斯（Edward W. Morehouse）合著的《土地经济学原理》出版，标志着土地经济学成为一门相对独立的学科。中国土地经济学的兴起则以章植于1930年出版的我国第一部《土地经济学》为代表。时至今日，土地经济理论与分析方法得到了长足发展。在当前全球土地资源协同治理和人类命运共同体构建、人与自然和谐共生的时代背景下，土地经济学应进一步梳理并重点探索：充分发现土地的多功能及价值、科学界定土地权利、完善规范土地市场、合理调配土地收益以促进土地资源可持续利用。

2018年6月2日，复旦大学出版社联合华中师范大学公共管理学院，组织国内20多所高校的40余位专家学者就"土地资源管理学科发展与教材建设"主题进行研讨。会议期间，近20所高校从事《土地经济学》教学工作的一线教师组建了教材编写团队。三年来，在充分学习和借鉴既有教材成果的基础上，我们及时吸纳学科研究新进展、实践发展新经验、社会需求新变化和教学实践新体会，在结构体系上力求体现土地经济理论与实践的发展趋势，创新性地提出本教材的内容框架体系。全书除第一章导论外，共分为四篇十八章。第一篇为土地功能与土地资源价值，包括土地的内涵与功能、土地资源价值以及土地资源资产核算；第二篇为土地利用，包括土地利用概述、土地集约利用、土地分区利用、土地规模利用和土地可持续利用；第三篇为土地财产权利制度，包括土地财产权利制度概述、中国土地所有权制度、土地征收制度、中国土地用益物权制度和中国土地担保物权制度；第四篇为土地市场与收益分配，包括土地市场、地租、地价、土地税收和土地金融。

教材编写过程中，诸多专家学者的论述和阐释给了我们重要的启示；大量材料的引用得益于许多著作、教材和论文的成果。在此，一并致以深深的敬意和由衷的感谢！同时难免会有疏漏的文献，恳请作者谅解。

本教材的出版得到了复旦大学出版社徐惠平、岑品杰和方毅超的指导和帮助,对他们为本教材出版而付出的辛勤劳动,表示深深的谢意!

限于水平和时间,对于本教材中存在的不足甚至错误之处,诚挚欢迎各位同行、读者批评指正,以便日后不断修订、完善!

编 者
2021 年 7 月 1 日

目 录
CONTENTS

第一章 导　论　1
第一节　土地经济学的学科特性与研究对象　1
第二节　土地经济学的发展历程　5
第三节　本书的特点与结构体系　12
本章小结　14
关键词　15
复习思考题　15

第一篇　土地功能与土地资源价值

第二章　土地的内涵与功能　19
第一节　土地的内涵　20
第二节　土地的特性　23
第三节　土地的功能　26
本章小结　31
关键词　32
复习思考题　32

第三章　土地资源价值　33
第一节　土地资源价值概述　33
第二节　土地资源价值评价　35
本章小结　43
关键词　43
复习思考题　44

第四章　土地资源资产核算　　45

第一节　自然资源资产核算概述 …………………………… 46
第二节　土地资源资产核算的国际经验 …………………… 48
第三节　土地资源资产核算的方法 ………………………… 50
本章小结 ……………………………………………………… 56
关键词 ………………………………………………………… 57
复习思考题 …………………………………………………… 57

第二篇　土地利用

第五章　土地利用概述　　61

第一节　土地利用的内涵与特征 …………………………… 62
第二节　土地利用的目标及内容 …………………………… 64
第三节　土地利用效益评价 ………………………………… 69
本章小结 ……………………………………………………… 73
关键词 ………………………………………………………… 74
复习思考题 …………………………………………………… 74

第六章　土地集约利用　　75

第一节　土地集约利用概述 ………………………………… 76
第二节　土地集约利用理论依据 …………………………… 78
第三节　我国土地集约利用评价 …………………………… 85
本章小结 ……………………………………………………… 89
关键词 ………………………………………………………… 89
复习思考题 …………………………………………………… 90

第七章　土地分区利用　　91

第一节　区位理论概述 ……………………………………… 92
第二节　农业区位论与农业土地分区利用 ………………… 94
第三节　工业区位论与工业土地分区利用 ………………… 100
第四节　城市区位论与城市土地分区利用 ………………… 104
本章小结 ……………………………………………………… 110
关键词 ………………………………………………………… 110
复习思考题 …………………………………………………… 110

第八章　土地规模利用　112

第一节　土地规模利用概述　113
第二节　农业土地规模经营　118
第三节　城市土地规模利用　125
本章小结　130
关键词　130
复习思考题　130

第九章　土地可持续利用　132

第一节　土地可持续利用概述　133
第二节　土地承载力　136
第三节　中国土地可持续利用　140
本章小结　145
关键词　146
复习思考题　146

第三篇　土地财产权利制度

第十章　土地财产权利制度概述　149

第一节　土地财产权利制度内涵　149
第二节　大陆法系典型国家（地区）的土地物权制度　152
第三节　英美法系土地财产权制度　157
第四节　中国当代土地物权制度　162
本章小结　163
关键词　164
复习思考题　164

第十一章　中国土地所有权制度　165

第一节　中国土地所有权制度的演变过程　166
第二节　土地国家所有权　175
第三节　土地集体所有权　183
本章小结　189
关键词　189
复习思考题　189

第十二章　中国土地征收制度　190

第一节　土地征收概述　191
第二节　中国现行土地征收制度　193
第三节　中国土地征收制度改革实践　197
本章小结　202
关键词　202
复习思考题　203

第十三章　中国土地用益物权制度　204

第一节　中国土地用益物权制度概述　205
第二节　土地承包经营权　210
第三节　建设用地使用权　216
第四节　宅基地使用权　220
第五节　地役权　224
本章小结　227
关键词　227
复习思考题　227

第十四章　中国土地担保物权制度　229

第一节　土地担保物权概述　230
第二节　建设用地抵押权　235
第三节　农地经营权抵押　240
本章小结　248
关键词　249
复习思考题　249

第四篇　土地市场与收益分配

第十五章　土地市场　253

第一节　土地市场基本原理　253
第二节　中国土地市场体系　259
第三节　城乡统一建设用地市场　264
本章小结　268
关键词　268

复习思考题 ………………………………………………… 268

第十六章　地租理论　270

第一节　地租概述 ………………………………………… 270
第二节　西方经济学地租理论 …………………………… 275
第三节　马克思主义地租理论 …………………………… 279
本章小结 …………………………………………………… 284
关键词 ……………………………………………………… 285
复习思考题 ………………………………………………… 285

第十七章　地　价　286

第一节　地价概述 ………………………………………… 287
第二节　地价理论与地价评估 …………………………… 290
第三节　地价管理 ………………………………………… 299
本章小结 …………………………………………………… 301
关键词 ……………………………………………………… 301
复习思考题 ………………………………………………… 302

第十八章　土地税收　303

第一节　土地税收概述 …………………………………… 304
第二节　典型国家和地区土地税收制度 ………………… 310
第三节　中国土地税收制度及其改革 …………………… 316
本章小结 …………………………………………………… 324
关键词 ……………………………………………………… 325
复习思考题 ………………………………………………… 325

第十九章　土地金融　326

第一节　土地金融概述 …………………………………… 326
第二节　中国土地金融发展 ……………………………… 330
第三节　国外土地金融 …………………………………… 336
本章小结 …………………………………………………… 342
关键词 ……………………………………………………… 342
复习思考题 ………………………………………………… 342

主要参考文献　343

第一章 CHAPTER 1

导　论

◎ 思维导图

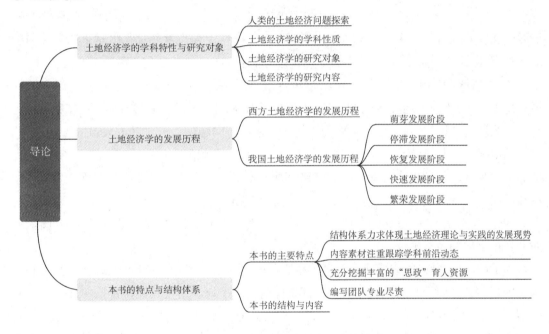

学习目标

1. 掌握土地经济学的学科特性和研究对象。
2. 了解土地经济学的主要研究内容。
3. 了解西方和我国土地经济学的主要发展历程。
4. 熟悉本书结构与主要内容。

第一节 | 土地经济学的学科特性与研究对象

土地经济学是随着土地经济问题的产生和发展而不断完善的学科，被公认为土地科学领域发展最早、也是最成熟的学科方向①,在土地学科体系中具有重要性、先导性和基础性的作用②。有学者指出土地经济学的产生和形成需要两个基本的前提条件③:首先是人类社会实践中存在土地经济问题要求人们去研究解决;其次是随着经济学的发展,人们应用经济学的知识去研究这些问题,并取得了建立一门独立学科的成果。这也是目前我国学术界溯源土地经济学的代表性观点,即土地经济学源于人类利用土地过程中对一系列的经济问题的研究。

一、人类的土地经济问题探索

土地是人类赖以生存和发展的最基本资源,自人类诞生之日起,人类就与土地建立了一种牢不可破的"人地关系"。人类有史以来面临的土地问题基本一致,即土地资源稀缺背景下如何合理分配与使用土地。土地经济问题源于人类在生存与发展过程中对土地资源利用的需求,并由此所引起的在占有、分配、使用土地过程中产生的一系列关系乃至矛盾。

从人类社会发展的历史来看,在原始社会,地旷人稀,人们以采集、渔猎为主,尚未大规模利用土地,无所谓土地经济问题。随后,形成了部落利用土地的畜牧业,但是由于当时土地的承载量远未饱和,自然也不会引起人们对土地经济问题的研究。随着人口的增加,农业生产的出现,特别是社会分工细化和商品交易的出现,土地成为人类最基本的生产资料,土地的利用及其占有过程中引发的社会经济问题日趋显现,遂引起人们对土地经济问题的关注和研究。这些问题通常集中在以下几个方面④:首先是土地分配问题,即解决土地归谁所有的问题;其次是土地利用问题,即如何高质量开发利用土地;再次是土地税赋问题,即如何充分发挥土地的经济价值。

为了解决这些问题,以满足人类繁衍生息的基本需求,人类在长期的土地资源开发利用实践中,不断发挥聪明才智与创造精神,探索如何破解土地利用及其经济价值实现过程中的困境,实现土地经济收益的合理调配。如在土地分配问题上先后形成了井田制、分封制、赏赐制、占田制、均田制、公田法等,以及土地转移与交易方式,如买卖、交换、遗赠、兼并等;在土地利用问题上探寻出了很多土地开发利用的新理念和工程技术体系,如耕翻技术、灌排技术、梯田技术等;在土地税赋问题上先后实行相地而衰征、初税亩、租庸调制、两税法、一条鞭法、摊丁入亩等,以及为保障征税而采取的调查、丈量、登记、土地质量评定、鱼鳞图册等⑤。这种持续、动态的知识更新过程使得人类对土地经济问题的认知不断深化,逐步形成了土地占有与使用制度、土地开发与利用技术、土地交易与收益分配的经济机制等,探索出了较为系统的土地经济理论与相对丰富的土地经济问题分析方法。这为破解特定区域、特定历史发展阶段中土地分配、利用及收益分享等问题提供了理论指导与方法论支持,是保证区域土

---

① 冯广京,等.中国土地科学学科建设研究[M].北京:中国社会科学出版社,2015:38—45.
② 黄贤金.土地经济学的基础理论和学科前沿[C].中国土地学会学术年会,2003.
③ 刘书楷,曲福田.论发展中的土地经济学及其学科建设[J].中国土地科学,2003(4):7—13.
④ 朱道林,李瑶瑶.土地科学探索的历史脉络与理论逻辑[J].中国发展,2019(4):66—70.
⑤ 同上.

地资源经济价值充分显现、土地资源利用与社会经济发展高质量耦合的重要抓手。而且,对土地经济问题的持续关注与有效解决对土地经济学科的深入发展及与其他相关学科的交叉融合也提供了重要支持。

二、土地经济学的学科性质

土地经济学的产生和形成需要具备三个基本条件:第一是土地经济问题研究的重要性,即土地经济问题的合理解决对国民经济和国计民生的影响与意义;第二是土地经济问题研究的复杂性,即只有本学科的系统研究才能解决本学科存在的问题,而其他学科是不能也是无法替代的;第三是土地经济问题认知的累积性,即通过持续、动态的认知积累,土地经济学的研究广度与深度不断扩展。

对土地这一物质要素的认识通常从自然科学和社会科学两个角度展开。从自然科学角度出发,通常是研究"土地"这一物质要素自身形成、演变及内部变化的规律性,这是地质学、土壤学和土地生态学等自然科学与技术科学的任务。从社会科学角度来看,是把土地作为一项社会生产要素研究人类在利用土地中所发生的人与土地的关系及人与人的经济关系,这是土地的自然科学实践无法完成的,而必须由作为社会科学组成部分的土地经济学来完成。

同时,土地经济学在研究初期从属于经济学科,而后逐渐从中派生出来,成为经济学的一个分支学科,它是以土地与经济学相关理论相互交融后发展形成的一门土地学科。然而,由于土地、人地关系和土地问题又是诸多土地科学分支学科共有的研究对象,必然要求土地经济学与其他土地科学的分支学科,从各自学科的角度相互交叉配合,进行协同研究,这正是土地经济学不同于一般经济学和其他部门经济学之处。

三、土地经济学的研究对象

特定的研究对象是一门学科区别于其他学科的主要依据,通常是指一门学科所研究的特定事物[①],是学科的"安家之本"[②]。对土地经济学及其规律、范畴的深刻认识和准确把握,必须从对其研究对象的深化认识开始。尽管国内外理论界对土地经济学的研究对象进行了系统研究和探讨,但是受土地经济问题复杂性及外部环境复杂性等因素的影响,目前对土地经济学的研究对象并没有形成共识。较具代表性的观点是土地经济学研究对象的"关系说",即土地经济学是研究土地利用过程中人与人之间以及人与地之间的关系等。

美国经济学家理查德·伊利(Richard T. Ely)和爱德华·莫尔豪斯(Edward W. Morehouse)在第一本土地经济学专著中首先提出,"土地经济学是研究由于土地利用而发生的人与人之间各种关系的一门社会科学",它研究"如何能够通过调整由于土地利用而发生的人

---

① 刘辰.学科建设中的概念研究[J].社会科学,1993(7):68—71.
② 陈燮君.学科学导论[M].上海:上海三联书店,1991:229—230.

与人间的关系,来实现改善生活条件这个目标"①。后来,伊利和乔治·魏尔万(George S. Wehrwein)又对此定义做了补充和发展,强调"土地经济学是研究人在利用土地,特别是人在对自然资源的关系里所发生的人与人的关系"②。伊利与乔治·韦克(George R. Wicker)合著的《经济学基本原理》(1927)、雷利·巴洛维(Raleigh Barlowe)的《土地经济学——不动产经济学》(1986)等也都阐述了土地经济学研究对象的"关系说"。我国土地经济学家张丕介在描述土地经济学的研究对象时指出:"概括言之,为人与地的关系;具体言之,则为因人类经济行为而造成的人与人、地与地的关系。"③张德粹在对西方学者有关土地经济学的定义进行综述后指出,土地经济学是"研究利用土地而发生的人与人之间的经济关系,并探求改善这些关系的原则和方法,它是理论兼实用的科学"④。曹振良认为土地经济学是"研究土地利用这一特定领域内特有的经济关系,简单地说就是研究土地利用过程中的经济关系"⑤。毕宝德将土地经济学的对象定义为"土地利用中的生产力组织和土地所有、使用与管理的生产关系及其调节"⑥。刘书楷、曲福田、黄贤金等学者也都持类似观点,只是具体表述不同而已。

与此同时,也有学者提出了"问题说",即土地经济学的研究对象是土地利用过程中所产生的各类问题及其经济规律。美国学者罗兰·伦尼(Roland. R. Renne)就指出"土地经济学是研究人们应如何利用土地以生产经济财货与劳务的各种经济问题的科学"⑦。日本学者野口悠纪雄也认为"土地经济学是研究土地问题及引出的土地经济、土地制度和政策问题"⑧。我国著名土地经济学家周诚也持这种观点。1989年,在其主编的《土地经济学》中指出"土地经济学作为一门经济科学,以研究、阐述有关土地问题的经济规律作为自己的核心,研究有关规律的生产和发挥作用的条件、发生作用的具体形式及其方针、政策、措施的关系等"⑨。随后,他又在相关成果中指出土地经济学"既研究土地利用中的生产力组织的问题,又研究人们围绕着土地利用而产生的生产关系及其调节问题"⑩。

总体来看,"关系说"和"问题说"是土地经济学走向成熟的必经阶段,这些多元化的研究对象认知为土地经济学理论体系的构建提供了丰富的素材与坚实的基础。但是,这些研究对象的理论认知并不是相互替代的关系,即后一研究对象论的出现并未导致前一研究对象论的消失。在当前全球土地资源协同治理和人类命运共同体构建的时代背景下,土地经济学应该从更为宏观、开阔的视角来探讨这些研究对象的整合与融合,将土地、土地经济关系和土地经济问题纳入统一框架,做到"形式对象"和"实质对象"的统一,其中,形式对象是指

---

① [美]伊利,莫尔豪斯.土地经济学原理[M].滕维藻,译.北京:商务印书馆,1982:16—17.
② [美]伊利,魏尔万.土地经济学[M].李树青,译.北京:商务印书馆,1944:150.
③ 张丕介.土地经济学导论[M].重庆:中华书局,1944:1—2.
④ 张德粹.土地经济学[M].台北:正中书局,1981:13.
⑤ 曹振良,郝寿义,袁世明.土地经济学概论[M].天津:南开大学出版社,1989:4.
⑥ 毕宝德.土地经济学(第4版)[M].北京:中国人民大学出版社,2001:13.
⑦ 刘书楷,曲福田.论发展中的土地经济学及其学科建设[J].中国土地科学,2003(4):7—13.
⑧ [日]野口悠纪雄.土地经济学[M].汪斌,译.北京:商务印刷馆,1997:2—4.
⑨ 周诚.土地经济学[M].北京:农业出版社,1989:1—3.
⑩ 周诚.我国土地经济学的学科建设[J].中国土地科学,1992(6):16—19.

土地经济现象与问题,即围绕土地经济价值显现及收益分配过程中产生的一切问题,实质对象是指隐藏在这些现象和问题背后的规律,包括影响这些现象或问题的因素,这些影响因素的具体作用逻辑以及如何进行合理调控等。

四、土地经济学的研究内容

研究内容是研究对象的具体化,是按照一定视角和层次对研究对象进行细化。由于世界各国土地制度及经济发展水平和阶段的差异,各个国家土地经济学的研究内容和重点也具有明显差异。但是总体上可以归纳为以下几类:

第一,从经验层面归纳土地经济及其相关要素的客观状态。土地经济学的很多问题都需要从搜集、整理材料开始,进而通过这些材料观察、认识古今中外的土地经济问题与现象,从中分析归纳土地经济事实及其关系,最后在经验层面上对土地经济及其相关的土地经济发展环境等的历史变化、现实状态、相互关系进行尽可能全面而客观的描述。

第二,从理论层面厘清土地经济学的核心内涵及主要理论基础,探索和揭示土地经济及其相关现象的本质与规律。土地经济学的研究会随着时代面临的土地问题而不断深化,土地经济学的概念内涵也会处在不断的发展过程中,土地经济学研究就是要建立动态的概念认知思路,准确梳理地租理论、地价理论、区位理论、土地市场理论等土地经济学的基本理论,同时探索土地资源配置、土地可持续利用等土地利用经济理论以及土地产权、土地税收、土地金融等土地制度经济理论,明晰不同土地制度框架下土地经济理论的共性和差异。

第三,从实践层面总结不同区域不同发展阶段土地经济学领域的核心问题与关键突破口,为实现土地资源的可持续高效利用提供支持。不同区域不同发展阶段面临的土地经济问题并不一致,哪怕是同一个问题,其复杂程度和表现形式等也会因时因地而存在差异,这就需要找准关键问题并寻求破解策略。进入21世纪,科技、经济、社会发展更加迅猛,由此所引起的资源环境问题,尤其是土地资源问题,更加严峻而尖锐。在当前中国社会经济发展新常态的现实背景下,土地经济学的主要研究内容之一就是如何通过深化土地制度改革,充分挖掘土地资源的新动能,进而驱动、服务国家的社会经济转型战略。

第二节 土地经济学的发展历程

一、西方土地经济学的发展历程

西方是土地经济学的发源地,也是土地经济研究较为集中的区域[①]。西方理论界对土

---

① 袁苑,黄劲秋,黄贤金.近十年海外土地经济研究进展[J].土地经济研究,2019(1):180—203.

地经济的研究始于"地租"①,地租问题也是自古典经济学诞生以来,西方经济学的重要研究主题。

17世纪末,资产阶级古典经济学家威廉·配第(William Petty)首次提出"地租是土地耕种者的收获除去成本之后的剩余"②的观点。英国经济学家亚当·斯密(Adam Smith)、大卫·李嘉图(David Ricardo),德国经济学家约翰·冯·杜能(Johann Heinrich von Thünen)等都对地租理论进行了丰富和发展,为现代资产阶级土地经济学的建立奠定了理论基础。德国哲学家、经济学家马克思和恩格斯超越了古典经济学家仅仅局限于对地租技术特性(包括土地肥力、位置等自然力)的探讨,对古典经济学家的观点进行了批判性继承和吸收,将地租置于资本主义生产关系(经济关系)中去考察,从而使地租理论更加贴近社会现实。随着马克思主义地租理论的形成和发展,土地问题和土地经济研究出现了两个主要的国际流派③:一个是为垄断资本主义制度服务的庸俗经济学家,遵奉李嘉图等的地租理论和托马斯·马尔萨斯(Thomas R. Malthus)的人口论及土地报酬递减规律,用以解释土地问题;另一个流派则遵循马克思、恩格斯关于地租、地价和土地肥力的原理来研究土地问题。继马克思、恩格斯之后,德国学者卡尔·考茨基(Karl Kautsky)于1899年出版了《土地问题》,他在坚持和阐释马克思土地经济理论的同时,认为马克思并没有完成对农业经济的系统认识,指出需要发展马克思主义关于土地和农业经济的理论④。俄国共产主义革命家列宁也将马克思主义土地问题的原理用于分析俄国的土地关系。1905年,俄国革命围绕土地问题展开了广泛的斗争,列宁根据这次革命的历史经验,修改了俄国社会民主党以前的土地纲领,提出并深刻论述了土地国有化理论,使马克思关于土地经济问题的理论上升到一个新高度⑤。列宁在1900—1916年写下的《土地问题笔记》,是马克思主义理论中关于土地经济发展问题的重要财富。

需要指出的是,在20世纪初期及在此之前的很长一段时间内,土地问题和土地经济的研究多附属于政治经济学或其他学科⑥。然而,以往政治经济学中的土地经济问题一般都是指农业土地经济问题,土地经济无异于农业经济或农村经济⑦。随着资本主义城市经济的发展,城市土地问题的重要性日益凸显,土地经济问题也提到了城市资本主义商品经济的"议事日程"。1903年,美国学者理查德·赫德(Richard Hurd)发表了《城市土地价值原理》一文,将城市土地纳入生产理论,为城市土地利用的经济分析奠定了基础。但是直到1924年,美国经济学家伊利和莫尔豪斯合著的《土地经济学原理》出版,才标志着土地经济学从政治经济学等学科领域中分离出来,成为一门相对独立的学科,从着眼于零散性、专题

---

① 李秉濬.土地经济理论的核心是地租理论[J].中国土地科学,1995(6):1—5.
② 田先红,陈玲.地租怎样确定?——土地流转价格形成机制的社会学分析[J].中国农村观察,2013(6):2—12,92.
③ 刘书楷.试论土地经济学研究[J].经济研究.1987(11):36,71—76.
④ 沈汉.马克思主义关于农业经济形态理论的新发展——读考茨基《土地问题》和列宁《土地问题笔记,1901—1915年》[J].学海,2008(4):145—150.
⑤ 徐孝明.1905年革命中列宁的土地国有化理论[J].杭州师范学院学报,1991(4):41—47.
⑥ 毕宝德.土地经济学(第7版)[M].北京:中国人民大学出版社,2016:8—11.
⑦ 吕品.要重视土地经济理论的研究[J].经济问题,1990(10):17—19.

性、即时性的土地经济问题探讨,转向阐述并运用土地经济学的基本原理,系统分析和解决人地关系、土地行政、土地政策、土地法等理论与实践相结合问题的规范化学术研究轨道①。随后,美国、英国等西方发达国家都相继建立了土地经济学这门学科,并陆续出版了大量土地经济学著作。而且,伊利等在筹建土地经济学科的同时,于1925年创办了《土地经济学》期刊,持续发行至今。该刊涵盖了土地、自然资源、环境经济等多种研究成果,已成为遍及世界许多国家的综合性学术刊物,还带动了20世纪30年代"资源经济学"以及60—70年代以后"生态经济学""环境经济学"的建立。1928年,美国学者道若(Doyrole)和辛曼(Sinomall)合作出版了《城市土地经济学》,将城市土地经济学中分散研究的成果系统化,标志着土地经济学中城市土地经济学分支的诞生。其他代表性著作如伊利和其高徒魏尔万合著的《土地经济学》(1940年)、理查德·拉特克利夫(Richard Ratcliff)的《城市土地经济学》(1949年)、英国学者保罗·鲍尔钦(Paul N. Balehin)和杰弗里·克威(Jeffery L. Kieve)合著的《城市土地经济学》(1977年)、美国学者巴洛维的《土地资源经济学:不动产经济学》(1978年)、加拿大学者迈克尔·哥德伯戈(Michael Goldberg)和彼得·钦洛依(Peter Chinlog)合著的《城市土地经济学》(1984年)等。

进入新世纪,西方发达国家对土地经济学的研究不断深化,而且在很大程度上已与资源经济学、环境经济学等后续学科实现了融合,进入了更具综合性的发展轨道。目前西方土地经济学领域较具代表性的议题包括土地产权制度、土地交易、土地价值、土地市场、土地征收、土地可持续利用等②,围绕这些议题的学术论文和研究著作持续增长,赋予了土地经济学新的时代发展要义,给土地经济学的发展补充了很多新的元素。这种多元化的发展态势也充分体现了土地资源和资产的双重属性及由此引发的多学科发展导向,由此使得土地经济学的知识累积程度不断提高,在相关学科中的影响力也不断加强。

二、我国土地经济学的发展历程

我国土地经济学是在继承历代学术思想和成果,并引进、借鉴和吸收国外代表性土地经济学成果的基础上建立和发展起来的。主要包括萌芽发展、停滞发展、恢复发展、快速发展和繁荣发展五个阶段。

(一) 萌芽发展阶段:20世纪30年代至中华人民共和国成立

我国最早有关土地经济学的研究和教学始于20世纪30年代。1930年9月,章植先生的《土地经济学》正式出版,这是我国学者撰写的第一本土地经济学著作③。该书以伊利和莫尔豪斯1924年合著的《土地经济学原理》为蓝本④,全面、系统地阐述了土地经济学的基本原理,而且在吸收西方学术成果的同时,紧紧抓住中国的现实土地经济问题,在每章的理论

---

① 石忆邵,汪伟.土地经济学发展的回顾与展望[J].同济大学学报(社会科学版),2004(4):28—34.
② 袁苑,黄劲秋,黄贤金.近十年海外土地经济研究进展[J].土地经济研究,2019(1):180—203.
③ 张清勇.章植与中国第一部《土地经济学》[J].中国土地科学,2010(12):64—69.
④ 很多学者都在他们的成果中表达过"章植的《土地经济学》以 Elements of Land Economics 为蓝本"的观念,如曾济宽的《土地经济论》(1933)、唐启宇的《土地经济学要义》(1933)、方显廷的《中国土地问题文献述评》(1935)等。

探讨后,都会对中国的实际情况深入剖析。这部"三十万言的巨著"①一经出版,迅速成为当时各大学和机构研究、传授农业经济和土地经济的重要参考书,也开创了我国土地经济研究和学科建设的新纪元②。同年10月,日本经济学家河田嗣郎所著的《土地经济论》中译本出版③,也对我国土地经济学的发展产生了重要影响。

1933年12月,我国著名经济学家陈翰笙联合了当时一批进步学者在上海成立了"中国农村经济研究会"(简称"农研会")④,对全国农村土地问题展开了广泛的调查研究。此后的10多年里,以"中国农村经济研究会"陈翰笙、钱俊瑞、薛暮桥、孙冶方等为代表的马克思主义经济学家,围绕我国土地经济问题,先后发表了《现今中国的土地问题》(1933)、《中国南方土地问题》(1936)、《西双版纳的土地制度》(英文版,1949)等论著。20世纪40年代初,我国著名土地经济学家李树青将伊利和魏尔万合写的名著《土地经济学》翻译成中文⑤,这是继章植版《土地经济学》后,"中国土地经济学界的又一盛事,再开中国土地经济学教学与研究的新风"⑥。随后,张丕介的《土地经济学导论》(1944)、吴文晖的《中国土地问题及其对策》(1944)、刘潇然的《土地经济学》(上、下册)(1945)、朱剑农的《土地经济学原理》(1946)和《历史唯物主义土地政策教程》(1948)等著作相继问世,为我国土地经济学的发展打下了坚实的理论基础。

同时,在1949年之前,原中央大学、金陵大学等许多著名高等院校的经济系或农业经济系都开设了"土地经济学"课程,开展土地经济与土地利用教学和研究工作。例如,原中央大学农经系张德粹先生编著的《土地经济学》至今仍作为台湾地区指定大学用书⑦。金陵大学师生曾开展过历时9年的中国土地利用调查,并于1937年以系主任卜凯教授为主编出版了《中国土地利用》(中英文本)⑧,这是"世界上第一部理论与实证研究相结合的研究中国土地问题的重要专业文献,至今仍为美国许多大学所珍藏"⑨。

在这一时期,我国大批土地经济学家在美国、德国等国家学习先进土地政策、土地经济理论后回国任教或从事研究,在介绍国外土地经济学理论的基础上逐渐形成了中国特色的土地经济学理论范畴与研究命题,实现了我国土地经济学的从无到有,形成了大量土地经济学的经典论著与研究成果,很多研究成果在实践中都得到了广泛应用,也培养了一大批土地经济学专业研究人员和应用型人才,为我国土地经济学的发展奠定了扎实的基础。

---

① 邹枋.论章著土地经济学的相对论基础[J].经济学刊,1931(1):1—9.
② 周诚.土地经济学原理[M].北京:商务印书馆,2003:24.
③ [日]河田嗣郎.土地经济论[M].李达,陈家瓒,译.上海:商务印书馆,1930.
④ 马世荣.中国农村经济研究会研究[D].保定:河北大学,2009.
⑤ 李树青教授1941年发表在新经济(半月刊)上的《〈土地经济学〉(书评)》介绍,魏尔万教授曾在给李树青的信件里提及,本书是"在任何文字中的第一个译本"。
⑥ 张清勇.李树青生平与伊黎、魏尔万合著之《土地经济学》的中译[J].中国土地科学,2009(4):74—79.
⑦ 王万茂.中国土地科学学科建设:历史与未来[J].南京农业大学学报(社会科学版),2011(2):15—19.
⑧ 全书共分三册,分别是论文集、地图集和统计资料,1937年先在美国出版英文本 Land Utilization in China。
⑨ 曲福田,诸培新.土地经济学(第4版)[M].北京:中国农业出版社,2018:9.

（二）停滞发展阶段：1949—1978 年

1949 年中华人民共和国成立以后，通过一系列社会主义改造，逐步消灭了土地私有制，建立了土地的社会主义公有制。然而，随着农业合作化运动，耕地规模由几亩、十几亩扩大到几千亩、几万亩，急需专业的土地规划技术人才。在苏联的帮助下[①]，当时国家采取了三种方式专门培养[②]：一是由农垦部、农业部在黑龙江省友谊农场、北京双桥农场办土地规划技术培训班，从农业、农垦、高校抽调技术人员和教师参加培训；二是于 1954—1956 年先后向苏联派出三批留学生专攻土地整理专业；三是由东北农学院培养专门人才，1956 年，农业部委托东北农学院从本校和北京农业机械化学院抽调 20 名本科毕业生组成师资班，由苏联专家齐斯金和布琼尼等教授讲课，俄语教师当翻译，一年讲课，一年到全国实习。也是在 1956 年，东北农学院开设了我国第一个土地规划与利用专业，对土地规划及其相关问题进行教学和研究。1960 年，按照教育部和农业部的指示要求，从东北农学院抽调 10 余名专业教师支援河北农业大学、华中农学院和南京农学院筹办土地规划专业，这客观上为土地经济学的发展、完善提供了新的营养与素材。

中华人民共和国成立以后，我国社会发展所面临的土地经济问题及时代发展环境与萌芽发展阶段相比都发生了根本性变化。然而，由于在 1949 年以后的很长一段时间内，我国实行高度集中的计划经济体制，"土地资源主要由政府行政命令进行配置，土地要素不能自由流动"[③]。很多人误认为"土地问题已全部解决"，而且在这一制度框架下，政府通过土地征收增加可支配的土地资源，通过划拨（及审批）方式将土地资源无偿交给用地单位使用，土地的普遍无偿使用使土地的经济价值无法显现，导致"地租、地价、地税等土地经济问题的研究基本上处于空白状态"[④]。特别是"文化大革命"期间，从中央到地方的各级土地利用管理机构全部被撤并，全国高等院校里与土地相关的专业一个也没有保留[⑤]，原本发展势头良好的土地经济学教学和研究工作基本停滞（抑或大为削弱）。

（三）恢复发展阶段：1978—1987 年

实践表明，社会主义公有制并没有自然地消除土地制度和土地分配问题，不仅不可能自发地解除客观上存在的土地利用、保护、治理和管理问题，相反还需要更完善的土地经济学理论进行指导[⑥]。特别是计划经济体制下政府主导的土地无偿配置方式难以实现土地公共

---

① 苏联在 20 世纪 30 年代初开展了农业集体化运动，组织起成千上万个集体农庄，随后进行了各农庄的土地利用规划。在第二次世界大战中，这些集体农庄为苏联红军提供了充足的农产品。到了 50 年代，苏联已经摸索了一整套土地利用规划的科学技术和经验。新中国成立后，新民主政权在东北接收了一批日本开拓团农场。为了让这些农场生产大批粮食供应解放战争前线和之后的新中国建设，有效地利用土地和提高农业生产力，于是向苏联学习，做农场的建设规划。

② 韩桐魁.新中国土地管理学科的发展史[OL].https://www.sohu.com/a/203177464_822154.

③ 陈利根,龙开胜.新中国 70 年城乡土地制度演进逻辑、经验及改革建议[J].南京农业大学学报（社会科学版）,2019(4):1—10.

④ 周诚.我国土地经济学的学科建设[J].中国土地科学,1992(6):16—19.

⑤ 何永祺.我国土地科学发展的历史回顾和展望——兼论土地科学学科建设[C].中国土地问题研究——中国土地学会会员代表大会暨庆祝学会成立十周年学术讨论会论文集,1990.

⑥ 刘书楷.试论土地经济学研究[J].经济研究,1987(11):71—76,36.

资源的效益最大化,不利于土地利用效率优化。

1978年党的十一届三中全会以后,随着经济体制改革的不断深化,土地经济问题日趋增多且错综复杂,政府机制越来越难以决定如何在用地者之间有效分配资源,需要建立新的资源配置机制,也给我国土地经济学的恢复与发展提供了新契机。1980年春,经中国科学技术协会、中国农学会批准,中国土地学会于当年11月13日在北京正式成立[1],学会在成立之初就将开展土地经济学理论与实践研究作为其重要工作之一。1981年,在著名经济学家于光远的倡议和组织下,成立了"中国国土经济研究会",开展了广泛的研究活动,并相继组织出版了《国土经济学研究》(论文集,1982)和《国土经济学》(1986)等[2]。1982年,中国土地学会主办的《中国土地》正式刊印,为广大土地经济问题研究者提供了学术园地。同年,伊利和莫尔豪斯合著的《土地经济学原理》中译本出版[3]。1983年,在中国土地学会郑州工作会议上,明确提出编写《中国土地经济学》等土地科学著作。1985年,北京(地区)土地经济理论研究会成立,主要组织北京和部分外地人士开展学术探讨,不定期编发油印刊物《土地经济问题》,而且还组织编写、印发了新中国成立以后的第一本土地经济学著作——《土地经济学初稿》(1986),这也标志着我国土地经济学开始重新焕发活力[4]。

除了组建学术机构和出版学术著作外,在这一时期,开展学术研讨、重视人才培养、组建管理机构等也是土地经济学恢复发展的重要表征。在学术研讨方面,1985年12月,农牧渔业部土地管理局、国家计划委员会、中国国土经济研究会和北京(地区)土地经济理论研究会等共同发起召开了土地经济理论研讨会,与会代表本着理论联系实际的指导思想,对当时城乡经济体制改革过程中土地管理出现的新问题、新情况进行了热烈探讨[5]。在人才培养方面,党的十一届三中全会以后,土地资源管理教育迎来了"科学的春天"。1979年,在原华中农学院(现华中农业大学)召开了东湖土地规划与管理学术研讨会,一致呼吁"加强土地管理是当务之急"[6]。1981年,华中农学院成为1976年后第一个恢复土地学科专业招生的高校。1984年,土地管理专业列入原国家教委本科专业目录。1985年,中国人民大学成立了中国第一个土地管理本科专业,我国从事土地经济学研究、教学和实践的专业人才也逐渐增多。在管理机构方面,1983年5月和10月,中国土地学会分别组织了哈尔滨和济南学术讨论会,与会专家建议组建全国性的土地管理部门。1986年8月,国家土地管理局正式成立,由其对全国土地实行集中统一管理。

改革开放不仅为我国经济社会发展"添能加油",也为我国土地经济学的恢复发展提供了新的机遇。长时间停滞发展的土地经济学在这一阶段逐渐开始恢复活力,在组织机构、学

---

[1] 中国土地学会成立时属于中国农学会的二级学会,1986年,经国家科学技术委员会批准,上升为国家一级学会,并正式创办《中国土地科学》学术性刊物,设有专门的"土地经济"版块。
[2] 周诚.我国土地经济研究与学科建设[C].中国土地问题研究——中国土地学会第三次会员代表大会暨庆祝学会成立十周年学术讨论会论文集,1990.
[3] [美]伊利,莫尔豪斯.土地经济学原理[M].滕维藻,译.北京:商务印书馆,1982.
[4] 周诚.我国土地经济学的学科建设[J].中国土地科学,1992(6):16—19.
[5] 张源.关于土地经济理论几个问题的探讨——土地经济理论研究会观点综述[J].农业技术经济,1986(3):42—45.
[6] 王万茂.中国土地科学学科建设的历史回顾与展望[J].中国土地科学,2001(5):22—27.

科建设、人才培养等方面都得到了较快的发展。

(四) 快速发展阶段：1987 年至十八届三中全会

1987 年 9 月、11 月和 12 月,深圳市分别以协议、招标和公开拍卖 3 种形式有偿出让国有土地使用权,标志着土地作为生产要素开始进入市场,土地的经济价值逐渐开始显化,为土地经济学科的发展提供了成熟的外部环境。

1987 年 10 月,在成都召开的全国土地科学讨论会上,成立了"中国土地学会土地经济研究会"(后改名为"土地经济分会"),它与 1987 年初成立的中国土地勘测规划院土地经济研究所等学术团体相互协作、相互支撑,强化土地经济调查研究活动,共同推动了我国土地经济研究和学科发展。同年,华中农业大学和原东北农学院(现东北农业大学)在全国率先建立了"农业资源经济与土地利用管理"(1997 年专业目录调整为"土地资源管理")硕士点,开创了我国土地科学研究生教育的先河。1992 年南京农业大学土地管理学院成立。1993 年,经国务院学位委员会批准,在南京农业大学设置了全国第一个"农业资源经济与土地利用管理"博士点,并于 1999 年建立了我国第一批公共管理博士后流动站,深化了我国土地经济学的人才培养体系。在此之后,我国各大高校相继成立了土地管理教学和研究机构,开设土地经济学及相关课程并开展土地经济的研究工作,陆续出版了一批土地经济学教材或著作,如张熏华和俞健的《土地经济学》(1987)、刘书楷和张月蓉的《土地经济学原理》(1988)、曹振良的《土地经济学概论》(1989)、毕宝德的《土地经济学》(1991)、刘书楷的《土地经济学》(1996)等,不仅满足了相关专业高等教育的要求,也大大繁荣了我国土地经济学的学术研究。

进入 21 世纪,随着市场化改革的不断深化以及土地市场的逐步发展和完善,对土地市场运行规律的研究越来越深入,我国土地经济学研究和学科建设也进入了快速发展阶段,集中反映在土地经济问题的研究视角不断扩展、土地经济研究和教学队伍日益壮大、土地经济学的研究成果和著作不断涌现、土地经济学的相关学科体系不断完善等。

(五) 繁荣发展阶段：十八届三中全会至今

2013 年 11 月 9 日至 12 日,中共第十八届中央委员会第三次全体会议(简称"十八届三中全会")在北京胜利召开,会议通过了《中共中央关于全面深化改革若干重大问题的决定》(简称《决定》),从建立城乡统一的建设用地市场、加快构建新型农业体系、赋予农民更多的财产权利三个维度对当前的土地问题进行了针对性回应。《决定》开启了全面深化改革、系统整体设计推进改革的新时代,也对我国土地制度改革进行了全面、整体、系统的战略部署,为我国的土地管理提出了新的思路和举措。随后,中央出台了一系列文件,在土地制度改革领域进行了积极探索,2014 年 12 月,《关于农村土地征收、集体经营性建设用地入市、宅基地制度改革试点工作的意见》获得通过。2015 年农村土地征收、集体经营性建设用地入市、宅基地管理制度的改革试点在全国 33 个县(区)正式落地。2018 年 12 月 23 日,《国务院关于农村土地征收、集体经营性建设用地入市、宅基地制度改革试点情况的总结报告》总结了改革试点的基本情况和主要成效。特别是在总结试点经验的基础上,2019 年 8 月 26 日,十三届全国人大常委会第十二次会议审议通过《中华人民共和国土地管理法》修正案,并自 2020 年 1 月 1 日起正式施行。这是时隔十五年后,《土地管理法》的再一次修订,是我国土地制度改革的重大突破,也使得很多土地经济学命题进入新的发展阶段。如在征地补偿方面,此次土地管理法修订以区片综合地价取代原来的年产值倍数法,从法律上为被征地农民构建更加完善的保障机制。在集体经营性建设用地方面,破除了农村集体建设用地进入市场的法律障碍,实现集体建设用地与国有建设用地的同地同权同价。"集体经营性建设用地使用权"也正在演变成为一种"长期、稳定且可靠的土地财产权利"[①]。在宅基地改革方面,丰富和扩展"户有所居"的保障形式,下放审批权到乡镇政府,允许进城落户的农民依法自愿有偿退出宅基地。

十八届三中全会后,我国土地制度改革进程加快,既有农村集体经营性建设用地使用权的保障和实现形式的制度安排,又有农地向建设用地转变过程中土地市场的形成和发展以及土地征收制度改革,还有城市化进程中土地增值收益分配的制度设计,以及土地承包经营权流转、农民集体经济组织成员的成员权保障和宅基地制度完善的改革等。这些议题都与土地经济学紧密相关,为我国土地经济学的繁荣发展注入了新鲜血液和强劲动力。

第三节 本书的特点与结构体系

一、本书的主要特点

(一) 结构体系力求体现土地经济理论与实践的发展趋势

本书遵循从学科基础理论到实践命题的主要原则,将土地经济学的核心内容分布在四大篇章中:土地功能与土地资源价值、土地利用、土地财产权利制度、土地市场与收益分配,各个篇章层次分明,学术逻辑清晰,能够让读者快速、准确地把握土地经济学的主要内容框架。

本书独创性地构建了土地财产权利制度的内容框架,梳理了大陆法系土地物权制度和英美法系土地财产权制度的基本特征。首次按照2020年通过的《中华人民共和国民法典》将物权分为所有权、用益物权和担保物权的权利结构体系,就中国土地所有权制度、土地用益物权制度、土地担保物权制度等内容进行了系统阐述和介绍。此外,本书根据自然资源资产核算的现实需求,融入了土地资源价值评估和土地资产核算等内容,这些都是区别于当前同类教材的显著特色。

(二) 内容素材注重跟踪学科前沿动态

土地经济学是随着对土地经济问题的不断探索而发展的,在不同的时代发展环境和背景下,土地经济问题的表现形式和复杂程度并不一致。在教材编写过程中,编写团队不仅注

[①] 《中华人民共和国土地管理法》(全国人大常委会1986年6月25日通过,2019年8月26日第三次修正),第六十五条第一、三款。

重内容的基础性和完整性,而且特别注重内容要符合现实发展需要和时代发展趋势,纳入了大量新表述,如"集体经营性建设用地入市""农地三权分置""永久基本农田""国土空间规划"等,将教材内容与我国最新的土地政策、法规相衔接。同时,注重与当前土地经济领域的焦点问题和前沿话题相呼应,如在土地功能部分融入了"土地多功能"的概念框架,在土地财产权利制度部分融入了大量《中华人民共和国民法典·物权编》的要点等,2019 年 8 月 26 日修正的《土地管理法》也给本书提供了大量素材支持。

(三) 充分挖掘丰富的"思政"育人资源

本书将国情教育理念融入编写的全过程,将学科理论密切联系中国实际,注重正能量知识的传播,在设计内容、选择案例时积极响应国家立德树人的指导方针,将"像保护大熊猫一样保护耕地""绿水青山就是金山银山""山水林田湖草沙一体化和修复"等理念及国家乡村振兴、生态文明战略等融入教材内容,用最简洁的语言将知识点呈现,让读者能够快速、准确了解我国"十分珍惜和合理利用每一寸土地,切实保护耕地"的基本国策,以及我国社会主义土地公有制的形成背景、过程及优越性,特别是新时代我国土地制度改革的关键领域与发展方向等。

本书各章都附有拓展阅读材料,这些材料包括国家最新土地政策安排、土地制度改革的区域实践、特定土地经济学命题的前沿动态等,使得本书既有土地经济学基础概念、理论等的解读,也有新常态下土地经济学现实问题的分析,能够最大限度地优化学习资源,拓展读者对相关知识的理解。

(四) 编写团队专业尽责

参与本书编写的人员均是长期从事《土地经济学》本科教学的一线教师,具有丰富的教学经验,了解土地经济学的学科动态与前沿。编写团队的年龄结构合理,既有在土地经济学领域具有一定影响力的中年学者,也有很多土地经济学专业基础扎实、学术思想活跃、极具发展潜力的青年学者。团队成员都具有完整的土地资源管理专业学习经历,很多还具有经济学、管理学、地理学和社会学等交叉学科的专业背景,有利于对土地经济问题形成系统、深入的认识。同时,编写团队注重纳入不同类型、不同地域高校的教师,编写团队的成员主要来自我国财经类、农业类、师范类、综合类、理工类高校,而且这些高校在我国东部、东北、中部和西部地区均有分布,这使得编写团队能够充分考虑教学中面临的不同问题,如不同的教学理念及知识需求等,并将其有效转化到本书的内容设计中。为保障本书的学术质量,在编写过程中,出版社组织了多轮内容完善意见征询工作,并先后在上海、南昌等地举行了教材编写研讨会,对教材内容进行了反复修改、完善。

二、本书的结构与内容

本书共包括四篇十九章。

第一篇是土地功能与土地资源价值。本篇首先介绍了土地的基本内涵,土地的自然特性、经济特性和社会特性,土地的基本功能及多功能特性等。在分析土地资源价值内涵和构成的基础上,系统介绍了土地资源价值评价方法;结合当前自然资源资产核算的现实背景,剖析土地资源资产核算的内涵及主要方法。具体内容包括土地的内涵与功能、土地资源价值以及土地资源资产核算，分别对应本书的第二章至第四章。

第二篇是土地利用。土地利用是人类为了满足自身的生存与发展，根据一定的经济与社会目的，对土地资源进行长期性或周期性的经营过程，土地经济问题也是在土地资源利用过程中不断涌现，进而推动土地经济学的不断发展。本篇从资源配置视角阐述土地资源利用的逻辑蕴涵及关键议题，如土地报酬递减规律、土地利用分区、土地承载力等，加深对新时代土地资源可持续、高质量利用的理论认识。具体内容包括土地利用概述、土地集约利用、土地分区利用、土地规模利用和土地可持续利用，分别对应本书的第五章至第九章。

第三篇是土地财产权利制度。土地财产权利制度是对土地财产权利进行界定和表达的制度规范，是约束土地经济活动的基本准则。本篇对大陆法系和英美法系土地财产权利制度的基本特征进行了全面介绍，也对中国土地财产权利制度的演变历程、特征等进行了说明，特别是根据2020年通过的《中华人民共和国民法典·物权编》，创新地从所有权、用益物权和担保物权三个方面对依附土地之上的权属制度及权属类型，如国有土地所有制、农村集体土地所有制的演变，土地承包经营权、建设用地使用权和宅基地使用权的理论逻辑等进行了系统介绍与说明。具体内容包括土地财产权利制度概述、中国土地所有权制度、土地征收制度、中国土地用益物权制度和中国土地担保物权制度，分别对应本书的第十章至第十四章。

第四篇是土地市场与收益分配。土地市场是土地财产权利流动中所发生的土地供求关系以及整个土地财产权利交易领域，只要存在土地财产权利交易关系，就必然存在土地市场。本部分首先介绍了中国土地市场的基本发展历程及现实特征，以及城乡统一土地市场的具体路径与模式。在此基础上，对土地市场与收益分配中最为关键的地租、地价问题进行了阐述，同时也介绍了与之相伴而生的土地税收和土地金融实践等。土地市场与收益分配是土地经济学的核心内容，本篇可以为深入理解我国城乡土地市场改革、实现土地市场现代化治理提供基础支持，具体内容包括土地市场、地租、地价、土地税收和土地金融，分别对应本书的第十五章至第十九章。

本章小结

土地经济问题和土地利用中人与人之间、人与地之间的关系，以及在商品经济条件下追求土地利用经济效益，历来是土地问题和协调人地关系的重要限制因素，从而推进土地经济问题研究逐渐形成一门学科。

现代经济学、产权经济学等都从不同角度把土地问题作为重要研究内容之一。但是直到1924年，伊利、莫尔豪斯合著的《土地经济学原理》出版，才标志着现代意义上的土地经济学正式诞生。我国土地经济学的诞生源于1930年9月章植先生《土地经济学》的正式出版，在经历了90多年的发展后，目前已经形成了较为成熟和完整的学科内容体系与方法，在整个土地学科体系中具有重要性、先导性和基础性的作用。

土地经济学的研究对象包括形式对象和实质对象，其中，形式对象是指土地经济现象与问题，即围绕土地经济价值显现及收益分配过程中产生的一切问题，实质对象是指隐藏在土地经济现象和问题背后的规律，包括影响这些现象或问题的因素，这些影响因素的具体作用逻辑以及如何进行合理调控等。

关键词

土地经济学　学科特性　内容体系　发展历程

复习思考题

1. 土地经济学产生和形成的基本条件。
2. 土地经济学的主要研究对象。
3. 我国土地经济学的主要发展历程及不同发展阶段的特征。

拓展阅读

章植与中国第一部《土地经济学》

（本章编写人员：匡兵，邹秀清）

第一篇

土地功能与土地资源价值

第二章 CHAPTER 2
土地的内涵与功能

◎ 思维导图

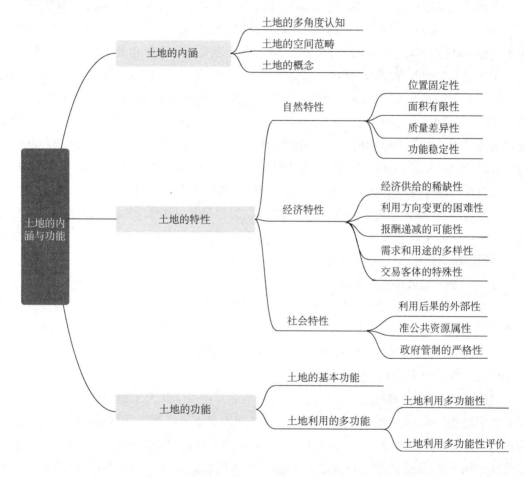

学习目标

1. 掌握土地的概念。
2. 掌握土地的特性。
3. 掌握土地的基本功能、土地利用多功能性和土地利用多功能性评价的概念。
4. 了解土地利用多功能性评价的步骤。

第一节 | 土地的内涵

一、土地的多角度认知

1. 从历史认知的角度来看

土地的古义亦作田地、土壤。《汉书·晁错传》"审其土地之宜"和《周礼·地官·小司徒》"乃经土地,而井牧其田野"中所认为的土地即田地①,强调人类居住或从事农业生产要考虑土地的适宜性和土地等别的分类方法,这里的土地是劳动对象和最基本自然资源。

土地也常被理解为"国土、领土"。《孟子·尽心下》"诸侯之宝三:土地、人民、政事"、《管子·权脩》"土地博大,野不可以无吏"都是对土地作为领土或疆域的描述②。管子在《乘马篇》中指出,"地者,政之根本也。……地不平均和调,政不可正也"③,就是将一个国家的土地定义为立国的要素,即土地是主权的象征,这是基于人对物的权利来理解土地的内涵。旧方志有设"土地"目者,记载境域领土,兼及域地更易、治所变动、遗址考订、城池兴废等内容,也是强调作为国家主权管辖下的国土资源管理的严格性和重要性。

土地有时也泛指"地区、地方"。如北魏郦道元《水经注·若水》中的"汉武帝时,通博南山道,渡兰仓津,土地绝远,行者苦之"。这种对土地的理解,是将土地认定为一定的地域范围,或特指某些区域。

2. 从学科研究的侧重点来看

自然科学研究一般根据土地的资源属性界定土地,认为土地是一种大自然提供的自然要素,是与劳动、资本并重的基本生产要素。1995年出版的《中国自然资源丛书》(综合卷)就定义土地是由气候、地貌、岩石、土壤、植被和水文等自然要素共同作用下形成的自然综合体及人类生产劳动的产物④。

其他学科对土地的概念也都有自己的特殊规定。政治学认为土地是立国的要素,一个国家的土地或者称为"国土",它和人民及主权共同构成立国三要素,也就是说,一个国家的土地是与其"国土"相同的⑤。法学视角下的土地是由具体法律条文规定的,如1939年《陕甘宁边区土地条例》规定:"本条例所称土地,包括农地、林地、房地、荒地、山地、水地及一切水陆天然富源。"景观学上的土地即景观,"景观就是自然和文化生态系统载体的土地"⑥。

---

① 徐复等.古代汉语大词典[M].上海:上海辞书出版社,2007.
② 《中国方志大辞典》编辑委员会.中国方志大辞典:[M].杭州:浙江人民出版社,1988.
③ 毕宝德.土地经济学的对象、任务与研究方法[J].中国土地科学,1992(1):17—20,45.
④ 孙鸿烈,石玉林.中国自然资源丛书·综合卷[M].北京:中国环境科学出版社,1995.
⑤ 李元.中国土地资源[M].北京:中国大地出版社,2000:1.
⑥ 王万茂.土地利用规划学[M].北京:科学出版社,2006:6.

经济学上的土地即自然①。马克思在《资本论》第一卷"剩余价值转化为资本"一章论及资本与劳动和土地的关系时指出,"经济学上所说的土地是指未经人的协助而自然存在的一切劳动对象"。伊利和莫尔豪斯在《土地经济学原理》中指出,"但土地一词的含义,就经济学的术语来讲,不仅限于土地的表面,它包含一切天然资源——森林、矿藏、水源等等在内"②。伊利和魏尔万认为"经济学家给土地的定义,不是单指地面而言,一提到土地,就会使人想到种植五谷,用作楼房的基地,或生长着森林的那些空间,可使吾人集中注意力于土地的二度空间的概念。但是,颇难使人了解把水、矿藏、空气、光热、自然吸引力和黏着力都当作土地,实际上土地经济学改为自然资源经济学,比较其它名词表明得更确切些"③。英国经济学家阿尔弗雷德·马歇尔(Alfred Marshall)在《经济学原理》中指出,"土地是指大自然为了帮助人类,在陆地、海上、空气、光和热各方面所赠与的物质和力量"④。美国投资学家沃纳·西奇尔(Warner Sichel)认为"经济学家在使用土地这个词汇时,也包含自然资源,比如森林、矿藏和野兽,以及土地面积,或者说大地本身,它包括大自然的一切资源,只有人类除外"⑤。

3. 从物质要素角度考虑

最初对土地要素的理解局限于地球陆地表层,土地被认为是泥土(或土壤)和砂石的堆积⑥。张巧玲在《土地资源及其调查》中提出,"土地的主体是地球表层,至于上层的气候,下层的岩石及地下水等,是影响土地生产能力,形成不同土地类型的条件,而不能把这些说成土地本身(即地球的土地表层)"⑦。这种观点反映了早期对土地的认识,虽然已经意识到气候、岩石、地下水等对土地生产能力的影响,但并未将其考虑在内,所理解的土地要素较为单一,现在看来,单纯考虑泥沙的土地观点过于狭隘。

随着自然环境各要素相互影响的认识加深,土地被认为是大自然历史形成的物质,所有影响土地利用潜力的要素均应包括在内,如岩石风化、河流沉积、风蚀或微生物的作用等,即土地是各种自然因素的综合体。因此,我国《经济学大辞典》(1983年版)给土地所下的定义是"土地是由地貌、土壤、岩石、水文、气候、植被等所组成的自然综合体"。这种观点开始从综合角度理解土地的物质要素,认为土地是地球表层、上空和地下自然产物所形成的自然综合体,是先于生命系统(生物和人类)存在的最基本的生态环境要素,可以为人类社会提供多种产品和服务,是人类生存发展的物质基础⑧。

在农业生产过程中,土地是劳动对象,也是生产要素,土地可以理解为自然要素融合了人类活动后所形成的人工生态环境,人类活动的自然结果也会影响土地的利用潜力,如开荒、植树。这就说明土地不仅是自然产物,也是人类劳动过程的产物,包括过去和现状的人

---

① 冯广京.关于土地科学学科视角下"土地(系统)"定义的讨论[J].中国土地科学,2015(12):1—10.
② [美]伊利,莫尔豪斯.土地经济学原理[M].滕维藻,译.北京:商务印书馆,1982:13.
③ [美]伊利,魏尔万.土地经济学[M].北京:商务印书馆,1943.
④ [英]马歇尔.经济学原理(上卷)[M].北京:商务印书馆,1964:157.
⑤ [美]西奇尔,埃克斯坦.基本经济学概念[M].东方红,译.北京:中国对外经济贸易出版社,1986.
⑥ 宗树森,任红.试论土地概念与土地利用总体规划[J].自然资源研究,1983(3):5—9.
⑦ 张巧玲.土地资源及其调查[R].1980.
⑧ 刘书楷,曲福田.土地经济学(第2版)[M].北京:中国农业出版社,2004.

类活动成果①。通常,人类活动成果是指人类投入土地的物化劳动和活劳动(施肥、耕作、排灌、土地平整等),与土地结为一体,不可分离的部分②。因此,1976年联合国粮农组织制定的《土地评价纲要》中,定义土地为"土地是由影响土地利用潜力的自然环境所组成,包括气候、地形、土壤、水文和植被等。它还包括人类过去和现在活动的结果,甚至是反面的结果(如沙漠化、盐碱化)。然而纯粹的社会特征并不包括在土地的概念之内,因为这些特征是社会经济状况的组成部分"。

二、土地的空间范畴

1. 平面空间

人类对土地的认识从土地的资源属性开始,随着原始农业的产生,人们主要利用能够生产植物的地球陆地疏松表层,将能够耕种的土壤视为土地。

随着生产力发展,手工业、大工业和城市建筑业等非农产业陆续产生。土地利用功能多样化,陆地的非土壤部分用于非农产业。工业用地、交通用地、城市公共设施用地等非农业用地的比重增加,土地空间扩展到覆盖于地球陆地表面。

伴随着人口—资源—环境矛盾的日益尖锐,江河、湖泊的航运、养殖、灌溉等生产功能也在人类的生产生活中出现和普及,提高土地利用集约度的同时,土地利用范围逐渐扩大成地球表面的陆地和内陆水域。

2. 立体空间

土地所涉及的地球表层特定区域内的附属物是以生物圈为中心的大气圈和岩石圈相互接触的边界,大致从土壤的母质层和植被的根系层往上通过地表,直至植被冠层所及的低空气候,是各种自然过程综合作用的结果,是一定范围的垂直空间③。人类活动与土地要素的结合,不仅仅发生于地表,上至太阳辐射、大气环流和人类活动所影响的气候成因,下至外力类型和岩石风化所决定的成土母质,都会对土地利用潜力产生不同程度的影响。所以,土地利用过程中,对土地空间范畴的理解绝不仅仅局限于地表。土地空间可延伸到一定高度和深度范围内,涵盖土地的内层、底层,细分为大气圈、生物圈和岩石圈。

从土地利用效率来看,人类社会前期的土地利用是相对粗放的,而土地立体利用属于集约型利用,是土地利用由地表二维空间向地上空间(如摩天大楼)和地下空间(如城市地铁)延展,直接体现这一变化的是三维地籍概念和模型的建立④。随着土地利用的空间范畴更加立体化,地理坐标已经不能用来作为管理土地空间位置的主要依据,二维的尺度也不能准确衡量土地立体利用过程中的产权关系,三维地籍可以描述水平和垂直方向上的权属划

---

① 林增杰. 浅议土地科学[C]. 中国土地学会. 中国土地问题研究——中国土地学会第三次会员代表大会暨庆祝学会成立十周年学术讨论会论文集. 中国土地学会:中国土地学会,1990:353—355.
② 陆红生. 土地管理学总论[M]. 北京:中国农业出版社,2002.
③ 聂剑玉. 关于土地概念与特征问题的探讨[J]. 天津师范大学学报(自然科学版),1991(1):54—58.
④ 林亨贵,郭仁忠. 三维地籍概念模型的设计研究[J]. 武汉大学学报(信息科学版),2006(7):643—645.

分①，促进土地利用空间立体化。

三、土地的概念

总体而言，从历史演进来看，土地概念的形成是一个综合的过程，它受到自然、社会、经济、时间等因素的制约。从学科视角来看，不同学科对土地及其要素构成的认知有所差别，具有自己学科的特殊规定性，同时也反映了这些学科间的差异性和互补性。从构成要素和空间范畴两个角度来看，土地是由地球陆地部分及其水面部分的一定高度和深度范围内的土壤、岩石、矿藏、水文、大气和植被等要素构成并综合了人类正反面活动成果的自然—经济综合体②。

"自然经济综合体"是目前学术界对土地概念界定具有代表性的观点，这也与土地经济学的学科属性相吻合。经济学是讲生产关系和经济关系的，从土地经济学视角来认识土地，不是指土地物质本身形成演变的自然规律，而是指生产（劳动）过程中劳动与土地（劳动对象）的关系，其实质是人与土地的关系，涵盖了自然要素和不断改造影响自然要素的人类活动。简单来说，土地是一个自然与人类综合作用的产物，它是地球表层一定高度和深度的空间，是自然形成的，同时其上又凝聚了人类的劳动，以及附着于土地实体上的各项权利。不过，需要指出的是，随着社会经济的发展，土地物质本身和土地关系都在发生变化，这就要求我们在认识土地的概念时，既要把自然物的土地和社会经济关系的土地结合起来，也要做到静态和动态认知相结合。

第二节 | 土地的特性

《现代汉语词典》（第七版）中将"特性"定义为某人或某事物所特有的性质③，土地资源特性即土地资源所特有的性质。土地资源是自然成土诸因素和人类社会对成土母质长期相互作用的结果，它作为人类赖以生存的物质基础，在人类生产和生活中发挥着重要作用④。土地资源既是农业生产的要素，也是承载人类生产生活的空间载体，人类对土地的开发利用受到土地的自然特征、区位特点和社会经济条件的制约。而随着人类活动范围的扩张和利用强度的增大，土地资源本身不是静止的，用动态的观点去全面正确地认识土地的特性，将对土地利用产生积极影响。从人类利用土地的历史实践可以看出，土地资源的基本特性可划分为自然、经济和社会三方面。

---

① 郭仁忠,应申.三维地籍形态分析与数据表达[J].中国土地科学,2010(12):45—51.
② 毕宝德.土地经济学[M].北京:中国人民大学出版社,1991.
③ 中国社会科学院语言研究所词典编辑室.现代汉语词典(第7版)[M].北京:商务印书馆,2016:1282.
④ 师学义,王云平,于志平.对土地利用基本特性的新认识[J].山西农业大学学报,1997(4):37—40,93—94.

一、自然特性

土地的自然特性是土地自然属性的反映,是土地本身所固有的属性,由地球构成、土壤的成土条件等客观因素决定,不受人类对土地利用与否的影响,人类无法或难以改变。

1. 位置固定性

每块土地的空间位置是固定的,不能移动,即使"沧海桑田"也不能从根本上改变土地的绝对位置。这一特性使得人们只能根据土地所处的位置和特定的自然条件开展土地利用行为。但是,随着城镇布局的调整、道路网络的扩建,土地距离市场的远近和交通条件是可以变化的,也就是土地的相对位置是可变的。所以,土地的位置固定性是指土地空间位置的固定性。

2. 面积有限性

土地作为地球的一部分,是自然历史的产物,首先受到地球表面积的限定。正如列宁所指出的,"土地有限是一种普遍的现象"[1]。在一定的时空条件下,土地面积总量是有限的。地壳的造山运动,风力、流水的剥蚀,坡地变梯田等人类活动,不断改变着地球表面的形态,土地覆被类型逐渐变化但土地的总面积始终未变,具有不可再生性。随着科学技术条件的进步,人类可以提高土地质量(改良土壤)、改变土地形态(围湖造田),适当增加适宜人类利用的土地面积,但人力不能无限制扩大土地面积,尤其是能被人类所利用的土地面积。

3. 质量差异性

土地是自然形成的,由于土地自身条件(地质、地貌、土壤、植被、水文等)的不同,以及光照和气候条件(风速、温度、降水等)的差异,使得土地质量存在较大的自然差异性,即在任何尺度的土地范围内,无法找出两块质量完全相同的土地。土地质量的自然差异是土地生产率差异的基础,这要求人们利用土地时要综合考量各类土地的适宜性,以取得土地利用的最佳综合效益。

4. 功能稳定性

土地作为一种生产要素,不会像其他生产资料一样,在使用中消耗或磨损,最后丧失有效性能而报废。不论是作为农业生产用地,或是作为非农业生产部门的地基、活动场所等,在合理利用和正确保护的条件下,土地可以反复利用,功能会持续发挥。但是,功能的稳定也是有限度的,如果人类活动(如矿山开采)超过了土地承载力的要求,出现自然灾害(土地塌陷、地震),也存在土地质量退化的可能性[2]。

二、经济特性

土地的经济特性是在人类利用土地的过程中产生的,侧重于人与地的经济关系,受到土地自然特性的影响,但未进行土地开发利用时,这些特性是不存在的。

---

[1] 列宁全集[M].北京:人民出版社,2013:101.
[2] 李茂松.土地质量评价[J].农业区划,1989(2):58—62.

1. 经济供给的稀缺性

由于土地总面积的有限性,能为人类所利用的土地是有限的,基本上没有弹性。随着人口不断增加和社会经济的发展,对土地需求持续扩大,有限的土地资源越来越稀缺,土地价值总体上呈现上升趋势。而土地的经济供给只能在自然供给范围内变动,土地的位置固定性也限制了土地的跨区域利用,因而便产生了土地供给的稀缺性。土地总量的供求矛盾外,土地的质量差异会使不同质量等别和不同用途的土地供求不平衡,出现某种用途或某些区位土地供给的极度稀缺,成为土地垄断的前提。

2. 利用方向变更的困难性

土地的用途可以改变,但土地利用方向的变化存在滞缓性。例如,不同农业生产用地类型(旱田改水田)的变动受到气候条件、经济条件、技术水平、市场价格和投资收益等的制约。农用地的非农转用也存在一定的困难,首先,建筑业存在周期长的特点,其次,优质耕地资源的表层土壤,以及之前的农业基础设施和土壤改良投入都变为沉没成本。反之,将建设用地改为农业生产用地,不仅要花费拆除原有建筑物的费用,而且要重新布设农业基础设施,土壤改良和培肥地力都将耗费大量的时间、人力和物力成本。

3. 报酬递减的可能性

土地供给的稀缺性要求人类集约利用土地。在特定的生产过程中,随着土地以外生产要素的不断投入,单位土地所获得的报酬不断增加,但在技术不变的条件下,对单位面积土地的投入超过一定限度,就会产生土地报酬递减甚至无法获得土地报酬的效果。土地报酬递减的可能性要求人们在利用土地时,需要根据技术和经济条件匹配相适宜的投资规模和投资结构,通过改进技术条件来提高土地利用的经济效益。

4. 需求和用途的多样性

任何产业、社会各部门的生产活动和人类的生活都离不开土地,不同生产部门对土地的需求存在差异,人类对土地的需求也是多种多样的(农用地、建设用地、生态用地),一块土地可以被用作多种用途,但是不同用途之间存在竞争,也就是一块土地一次只能选择一种用途或者满足一种用地需求,而利用方向的变更存在滞缓性,这就要求选择土地用途时,要从整体上系统把握土地利用的结构和空间布局,合理选择土地用途。

5. 交易客体的特殊性

土地作为特殊商品,具有不动产位置固定的特征,即使发生了土地交易,土地也不能移动交付。所以,与一般商品不同,进入市场的是土地的权利体系,即附着于土地之上的物权,而不是土地实体本身[1]。能够进入土地市场的土地及其权利需满足特定法律规定,而且土地的权利变更要经过依法登记,进而确认产权、依法保护产权人的利益。

三、社会特性

在土地利用过程中,人的社会行为和社会关系也会使土地资源呈现出独特性,土地的社

---

[1] 胡玉婷,胡建平.土地特性与调控机制[J].青海农林科技,1996(1):46—49.

会特性主要是考虑依附于地权的政治和社会权利所表现出来的特性[1]，反映了土地资源引发人与人之间的社会关系[2]。

1. 利用后果的外部性

土地作为自然—经济综合体，本身就是一个系统。某一宗或某一区域的土地利用行为，不仅会影响自身和本区域的社会经济效益和自然生态环境，而且必然会对邻近地区或更远地区造成影响，产生明显的外部经济性或外部不经济性，如修建供居民休闲的公园绿地。同样，邻近地区或更远地区的土地利用行为也会影响本区域的社会经济效益和自然生态环境，对本区域的土地利用行为产生间接影响，例如位于有空气污染问题工厂附近的房地产开发项目。

2. 准公共资源属性

土地作为自然历史的产物，既是人类的生产要素，也是人类赖以生存和发展的空间载体。我国的土地权利归属存在一定的"非排他性"特征，土地可以分配给需要的个人或单位使用。而土地利用过程中具有一定的"竞争性"，同一块土地只能供一个个体或单位使用，即具有准公共资源的属性。作为人类生存和发展的基础，土地资源的分配要保障正义性，避免引发社会冲突。

3. 政府管制的严格性

土地的位置固定性和不可替代性，使其不具备完全竞争市场所必要的均质性产品属性，拥有特定经济区位的土地便具有垄断优势。垄断优势的存在往往削弱市场的社会资源配置作用，扰乱市场机制，影响土地资源的综合配置效率。贫富差距、土地资源的优劣和区位条件的好坏，都会影响土地效用的发挥和土地权利人的获益机会[3]。而且，土地利用行为具有明显的外部性，为了维护社会稳定和保证公众公平，土地利用过程必须遵守严格的政府管制。

第三节 土地的功能

一、土地的基本功能

功能是指事物或方法发挥出来的有利作用，同"效能"[4]。任何具有使用价值的物品或精神，都具有功能，如水域功能、绿地功能、方法论功能等，它们都可以满足某方面的需求，在不同的环境中发挥着各自的作用。

土地是人类生存和发展的基本空间，是人类生产、生活劳动的主要对象，人类与土地的

---

[1] 姜爱林.论土地的概念与特征[J].国土资源科技管理,2000(3):10—15.
[2] 段正梁.关于土地科学中土地概念的一些思考[J].中国土地科学,2000(4):18—21.
[3] 吴次芳,吴丽. 土地社会学[M]. 杭州:浙江人民出版社, 2013.
[4] 郝迟,盛广智,李勉东.汉语倒排词典[M].哈尔滨:黑龙江人民出版社.1987:537.

关系,总是在利用、改造和反作用中不断前进,因此土地也具有功能。

土地功能,也称土地系统功能或土地利用功能①,即土地资源所发挥的作用。土地资源的基本功能是为了满足人类生存和发展需求,土地资源所发挥的最基本的作用,可以概括为:

(一) 承载功能

由于其物理特性,土地可以作为人类住房和工程管道、工业生产的厂房和仓库、交通运输的道路、农田水利设施等的空间支撑,可以作为动物、植物等生物的生长和活动场所,能够为人类生产和生活提供基地、场所、空间等,发挥着土地的承载功能。

(二) 生育功能

地球上一切生物生长和繁育都离不开土壤中的营养物质、水分、空气,以及太阳的光和热,土地的一定深度和高度范围内的物质循环,蕴含着滋养万物的生育能力。土地是支撑地球上全部生物生命活动的基本环境和必要条件。

(三) 资源功能

土地之中蕴藏着丰富的矿产资源(金、银、盐)、能源资源(石油、煤、天然气)和建材资源(砂石、土)等,这些资源都依附于土地而存在。没有这些自然资源,采矿业、加工业和建筑业难以进行,直接限制人类必要的生产和生活条件。土地作为这些资源的仓储场所,为人类的生存和发展提供必要的物质保障。

(四) 生态功能

土地的生态功能和土地覆被密切相关,即不同用途的土地表层覆盖着不同的植被,即不同的土地覆被类型。林地上品种各异的森林,草地上一望无际的牧草,耕地上种类丰富的农作物,这些依附于土地而存在的植物发挥着净化空气、调节气候、涵养水源、保持水土等生态功能,在维持本地或更大区域的生物多样性方面也发挥重要作用。

(五) 景观文化功能

自然形成的山川河流(山脉、海岸线)、优美奇特的地表风光(成片的麦田、花海),是自然景观形成的文化遗产,都具有特殊的利用价值,可以作为景观用地,也可以开发成旅游景点,供人们休闲娱乐,充分发挥景观功能。

(六) 财产和资产功能

当土地所有制出现后,可以区分土地的所有者和使用者,土地就拥有了财产功能。随着土地产权进入市场流转,土地可以作为产业投资的对象,也可以用作抵押担保的标的物,融通资金,作为产业投资的资本(资产),发挥土地的资产功能。

(七) 社会保障功能

土地的保障功能是指对农民而言,土地具有基本生活、就业和养老等多方面的保障作用②。农民在被分配的宅基地上建房居住,在农用地上开展农业生产或出租土地获得收入。

---

① 陈睿山,蔡运龙,严祥,等.土地系统功能及其可持续性评价[J].中国土地科学,2011(1):8—15.
② 傅晨,任辉.农业转移人口市民化背景下农村土地制度创新的机理:一个分析框架[J].经济学家,2014(3):74—83.

所以,在农村社会保障功能不够健全情况下,土地也被认为具有社会保障功能。

二、土地利用的多功能

(一) 多功能性

功能的发挥受制于系统环境条件,而任何事物的功能并不是唯一的,通常表现为既有这种功能,又有那种功能,因此具有多功能性(multi-functionality)。多功能性研究起源于农业部门,主要指农业多功能性,即某些农业活动可以同时提供多种产品及满足多种需求①。如农业除了提供食品、纤维等商品产出的经济功能外,还具有与农村环境、农业景观、生物多样性、生存与就业、食品质量卫生、国家粮食安全保障、农村农业文化遗传等非商品产出相关的环境和社会功能。随着可持续发展理念的提出和应用,人们逐渐认识到多功能性不仅仅局限于农业方面,多功能性研究从农业领域过渡到农村发展,扩大到环境、经济、社会发展,并应用于土地利用的可持续性影响评估领域。

由于土地的多用性,不同的土地可以发挥不同的作用②,而同一块土地在不同时期也承载着不同的功能③。土地利用同样具有多种功能的特性得到一致认可,用于评价多元化土地利用对人类生产生活的影响。

(二) 土地利用多功能性

2001年,经济合作和发展组织(OECD)首次界定了土地利用多功能性(multi-functionality of land use)的内涵,即任何一种土地利用方式都会提供不同的产品及相应的服务,被广泛地应用于农业、林业等和土地密切相关的领域④。

2004年,全球土地计划(GLP)支持的欧盟第六框架计划下的SENSOR⑤项目正式提出了土地利用多功能性的概念。土地利用多功能性是指一定区域土地利用过程中,土地能为人类提供的各方面的产品和服务,包括社会、经济、环境三大功能。它将所有土地利用类型视为有机整体,土地的功能取决于各种自然要素、社会经济要素的综合影响及不同土地利用类型之间的相互联系与作用⑥。

1. 社会功能

社会功能是指土地在人类生存和发展过程中提供生产生活空间、保障人类生存和社交活动的能力,可分为居住家园、就业支撑、社会保障和文化休闲四方面功能。

土地为人类提供生活场所,具有居住家园功能。人类在土地上从事生产活动,获取经济报酬和公共服务,因此土地具有就业支撑和社会保障功能。自然和人文景观为人类提供娱

---

① 黄安,许月卿,郝晋珉.土地利用多功能性评价研究进展与展望[J].中国土地科学,2017(4):88—97.
② 梁小英,顾铮鸣,雷敏,王晓.土地功能与土地利用表征土地系统和景观格局的差异研究——以陕西省蓝田县为例[J].自然资源学报,2014(7):1127—1135.
③ 陈影,许皞,陈亚恒,等.基于遥感影像的县域土地功能分类及功能转换分析[J].农业工程学报,2016(13):263—272.
④ 甄霖,曹淑艳,魏云洁.土地空间多功能利用:理论框架及实证研究[J].资源科学,2009(4):544—551.
⑤ Sustainability Impact Assessment:Tools for Environmental, Social and Economic Effects of Multi-functional Land Use in European Regions,可持续性影响评估:欧洲多功能土地利用的环境、社会、经济效应.
⑥ 黄安,许月卿,郝晋珉.土地利用多功能性评价研究进展与展望[J].中国土地科学,2017(4):88—97.

乐、休闲、文化及美学等服务,丰富了物质文化生活,因此文化休闲功能也是社会功能的重要组成部分。

2. 经济功能

经济功能是指土地利用多样化过程中提供基本生产和生活资料及经济基础设施的能力,包括物质生产、经济发展和交通三方面功能,其目标是发展生产,促进经济增长。

物质生产功能又可分为农业生产和工业生产功能,通过生产活动为人类提供生活和生产资料,如食物、木材、能源矿产等,是维持人类生存和发展的基础性功能。经济发展功能是各种非农经济活动的产出能力,指土地及其附着物进行多样化利用后产生的经济价值,即产业产值。交通功能是指提供公路、铁路、公共交通等基础设施的能力[1]。

3. 环境功能

环境功能指土地利用系统为人类生产和生活提供生态资源条件和环境供容的能力,包括资源供给、环境调节和生态维持三方面功能[2]。

资源供给功能主要指土地利用系统供给基本生产和生活资料的能力,包括提供可再生资源和非可再生资源两部分,如水资源、生物资源和矿产资源等。环境调节功能包括气候调节和环境净化功能,环境净化功能是指土地系统自身具有的沉淀、排除、吸收和降解有毒物质的能力。生态维持功能是指以土地生态系统通过物质循环、能量流动和信息传递进行物质输出,维持生态稳定的能力,生态维持功能可细分为维持生物多样性、土壤保持、水源涵养和景观保育等功能[3][4]。

土地利用多功能性的形成有两个主体:人类的"需求"和作为"载体"的土地[5]。在人类需求出现之前,土地的功能主要为各种生物之间能量循环的功能,即环境功能;在人类需求出现之后,为满足需求对土地进行开发利用,这一过程便出现了土地的社会功能和经济功能,土地利用的这些功能并不是独立的,其社会、经济与环境功能交织在一起使土地利用具有多功能性。

土地利用多功能性研究根植于多功能农业、生态系统产品与服务和景观功能研究[6],在此过程中,土地利用的研究由土地利用格局变化向土地多功能性变化及其可持续性方向发展。随着人口增长、消费需求增加、生态环境退化及土地资源稀缺性的增强,通过评估土地多元化利用所提供的产品、服务、功能及其带来的环境和社会经济效应,为实现对土地的科

---

[1] 刘超,许月卿,刘焱序,等.基于系统论的土地利用多功能分类及评价指标体系研究[J].北京大学学报(自然科学版),2018(1):181—188.
[2] 孙丕苓,许月卿,刘庆果,等.张家口市土地利用多功能性动态变化及影响因素[J].中国农业资源与区划,2018(8):65—74.
[3] 刘超,许月卿,刘焱序,等.基于系统论的土地利用多功能分类及评价指标体系研究[J].北京大学学报(自然科学版),2018(1):181—188.
[4] Xie G D, Zhen L, Zhang C X, et al. Assessing the multifunctionalities of land use in China[J]. Journal of Resources and Ecology, 2010(4):311—318.
[5] 黄安,许月卿,郝晋珉,等.土地利用多功能性评价研究进展与展望[J].中国土地科学,2017(4):88—97.
[6] 甄霖,曹淑艳,魏云洁,等.土地空间多功能利用:理论框架及实证研究[J].资源科学,2009(4):544—551.

学管理,缓解人地关系矛盾提供了新的途径①。

三、土地利用多功能性评价

(一) 土地利用多功能性评价的概念

土地利用多功能性评价是指在一定时期、一定区域范围内,评定土地资源给人类提供的各类产品与服务的效益、效率及有效性,具体指依据土地自身特性、周边环境等因素,探讨土地利用的行为过程是否有效,结果是否达到预期目标,能否满足社会、经济、环境和可持续发展的要求②。

土地利用多功能性评价应遵循"人口、资源与环境相均衡,社会、经济与环境功能相统一"的原则,通过土地利用多功能性评价,反映区域土地利用各功能的状态和表现,评估其对未来发展是否有益,找出影响土地利用功能发挥的障碍因素,为促进土地利用发展方式转变,改善生态环境,实现土地资源的可持续利用提供参考③④。

土地利用系统的构成要素具有不同的组织水平,因此土地利用功能具有多层次性和多尺度性。评价尺度包括空间尺度和时间尺度,空间尺度有全国、省、市、某特定区域等宏观、中观尺度和图斑、格网等微观尺度,时间尺度有某一时间截面或较长时间序列。选择不同的评价尺度对评价指标体系构建、评价方法选择及其成果应用都有重要的影响。

(二) 土地利用多功能性评价的步骤

1. 识别土地利用多种功能,构建评价指标体系

这是进行土地利用多功能性评价的基础,在选择指标时要遵循地域性、敏感性、主导性、系统性、科学性和可操作性的原则,采用文献资料与专家评判相结合的方法⑤。

不同人地关系和时空尺度上土地利用系统的差异性,导致在具体的评价过程中,土地利用多功能性的主导因素也不一样,因此评价指标的选择没有统一的标准,可因地制宜,构建具有差异性的指标体系。评价指标的选择要突出反映功能特征,如我们认为土地利用的社会功能有居住家园、就业支撑、社会保障和文化休闲四个子功能,因此可以用人口密度、城镇人均住房面积等指标来表征居住家园功能,用从业人口密度、城镇登记失业率等指标来表征就业支撑功能,用城乡居民收入差距指数、万人拥有卫生机构床位数等指标来表征社会保障功能,用居民文教娱乐服务支出、城镇人均绿地面积等指标来表征文化休闲功能。

2. 对评价指标值进行无量纲化处理

土地利用多功能性评价指标体系涉及范围广,指标有正向与负向之分,每个指标单位也不统一,为使不同量纲、数量级的评价指标具有可比性,需要对各指标数据进行无量纲化预

---

① 刘超,许月卿,孙丕苓,等.土地利用多功能性研究进展与展望[J].地理科学进展,2016(9):1087—1099.
② 高洁芝,郑华伟,刘友兆.土地利用多功能性评价及空间差异研究[J].土壤通报,2019(1):28—34.
③ 杜国明,孙晓兵,王介勇.东北地区土地利用多功能性演化的时空格局[J].地理科学进展,2016(02):232—244.
④ 张晓平,朱道林,许祖.西藏土地利用多功能性评价[J].农业工程学报,2014(6):185—194.
⑤ 甄霖,曹淑艳,魏云洁,等.土地空间多功能利用:理论框架及实证研究[J].资源科学,2009(4):544—551.

处理。常用的方法有归一化法和标准化法等①，通过无量纲化处理，可使数据在保持各要素内部差异性的前提下，真实地反映各组分之间的相互关系。

3. 确定评价指标权重

根据指标对土地利用功能作用的强弱，确定指标对各功能的重要程度，即各个指标的权重。权重的确定方法主要有主观赋权法、客观赋权法和组合赋权法（主客观赋权法）三种，可根据数据情况选择不同的方法。

主观赋权法是专家根据实际决策问题和自身知识经验，通过主观判断确定指标权重的方法，决策结果受专家个人偏好影响较大，应用中有一定的局限性，常用方法有专家调查法（Delphi法）、层次分析法（AHP）等②。客观赋权法是根据指标数据之间的关系，通过相关数学方法来确定权重，其判断结果有较强的数学理论依据，这种方法需要足够的样本数，受数据取值影响较大，且不能体现评判者对不同属性指标的主观重视程度，有可能计算出的权重与属性的实际重要程度有一定的差异，常用的方法有主成分分析法、熵值法、离差及均方差法等③。组合赋权法则是考虑这两种方法的结合，常用的有加法集成法、乘法集成法等。

4. 评价结果的计算与分析

依据标准化后的指标数据和指标权重，遵循一定的数学方法，可以计算出土地利用多功能性评价结果。常用的方法有综合指数法、模糊综合评价法和函数模型法等，其中综合指数法操作较简单，在定量评价中应用较为广泛。

在结果分析上，可综合运用数学模型或空间分析技术。如运用地理信息系统（GIS）强大的空间分析能力，对得到的土地利用多功能性指数进行数字制图、水平测度、等级划分、空间分异评估、格局分析及分区研究，从而对土地利用多功能性的演变特征、区域效应、驱动机制及优化调控进行分析与决策。

本章小结

土地是由地球陆地部分及水面部分的一定高度和深度范围内的土壤、岩石、矿藏、水文、大气和植被等要素构成并综合了人类正反面活动成果的自然—经济综合体。土地的特性可以从三方面总结，即自然特性、经济特性和社会特性。土地的自然特性是经济特性和社会特性的基础，也影响着土地的基本功能和土地利用的多功能。

土地的基本功能是为了满足人类生存和发展需求，土地所发挥的最基本的作用，包括承载功能、生育功能、资源功能、生态功能、景观文化功能、财产和资产功能、社会保障功能。

---

① 郝海，踪家峰.系统分析与评价方法[M].北京：经济科学出版社，2007.
② 同上.
③ 王明涛.多指标综合评价中权数确定的离差、均方差决策方法[J].中国软科学，1999(8)：3—5.

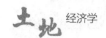

多样化的土地利用方式会提供多样化的产品及相应的服务,土地利用功能的多样性即为土地利用多功能性。最常见的土地利用功能分类是将其分为社会功能、经济功能与环境功能三大类,土地利用多功能性评价是评估土地空间利用变化对其功能可持续性影响的重要方法。

关键词

土地　土地特性　土地的基本功能　土地利用多功能性　土地利用多功能性评价

复习思考题

1. 土地有哪些特性?
2. 土地的自然特性与其他特性是什么关系?
3. 土地的基本功能有哪些?
4. 土地利用多功能性和土地利用多功能性评价的概念。
5. 土地利用多功能性的主要功能及其内容。

拓展阅读

材料一　三次全国土地调查

材料二　土地利用多功能性研究的起源与发展

材料三　张家口市土地利用多功能性动态研究

(本章编写人员:李冬梅,蔚霖)

第三章
CHAPTER 3

土地资源价值

◎ 思维导图

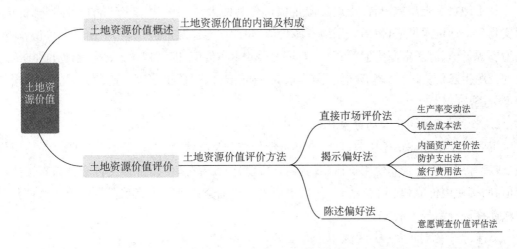

学习目标

1. 掌握土地资源价值的相关概念。
2. 了解土地资源价值评价的相关理论。
3. 了解土地资源价值评价的相关方法。

第一节 │ 土地资源价值概述

一、土地资源价值的内涵

土地资源价值是指土地作为一种与人类密切相关的重要自然资源,在一定程度上包括土地资源的天然价值、土地资源上附加的人工价值、土地资源的稀缺价值等。在人口、资源、环境和经济发展互动关系中居于其他资源无法替代的核心地位。在经历了漫长的发展周期后,人们在对土地资源价值的认识上开始有了明显的转变,已不再局限于盲目追求实物经济价值总量,而是更多从"可持续发展""人与自然和谐发展"的角度全面衡量其综合价值,从而有效推进绿色GDP核算,促进社会—经济—生态的长期稳定和谐发展。

二、土地资源价值的构成

迄今为止,关于土地资源价值问题的讨论,理论界存在着多种观点。下面从不同的价值体系来认识土地资源的价值构成。

1. 基于价值形态的分类认识

从土地资源类型视角看,土地资源价值可分为两大类:第一类是有形的土地资源价值,即实物型土地资源价值,包括农用地资源价值、建设用地资源价值、水域用地资源价值、矿产用地资源价值、海洋资源价值等;第二类是无形的生态价值,即维持生态系统稳定,提供舒适性的资源生态价值,包括调节气候、涵养水源、稳定水文、保护土壤等。这种分类方法也叫二分型分类法。

2. 基于使用价值类型的分类认识

资源学家从经济路径视角,依据自然资源价值分类方法,将土地资源总价值分为使用价值(或者有用性价值)、非使用价值(或者内在价值)两大部分,使用价值又可细分为直接使用价值、间接使用价值和选择价值;非使用价值进一步细分为遗赠价值和存在价值。这种分类方法简称五分型分类法。

3. 基于土地利用价值的分类认识

从土地资源利用角度,将土地资源价值划分为实际使用价值、选择价值和存在价值。实际使用价值指土地资源投入社会经济活动过程当中所直接或间接创造的收益;选择价值指土地资源的投机价值,如土地储备等;存在价值指湿地价值、土地景观价值等。

4. 基于价值所产生影响的分类认识

从土地资源服务所产生的影响范围角度,如果将土地资源理解为自然资源系统中的组成和载体部分,则其价值划分为:对人类的直接影响(如对人类健康、气味、能见度的影响);对生态系统的影响(如对生态系统中经济产品的影响);对生态系统其他功能的影响(如生物多样性、生态系统的稳定性);对非生命系统的影响(如土壤和气候等)。

5. 基于土地价值评价的分类认识

从土地本身具有除污纳污能力以及土地功能退化的角度,在评价土地资源价值时也有学者提出需进一步考虑环境纳污与环境退化价值,其中环境纳污价值指环境通过容纳、贮存和净化各种固、液、气污染物所产生的价值,环境退化价值包括环境污染损失和生态破坏损失价值。

6. 基于土地价值利用角度的分类认识

在学术界更普遍的分类则是从土地资源的利用对经济、生态、社会影响的角度,将土地资源价值分为经济、生态和社会价值,其中经济价值即土地资源直接价值;生态价值则借鉴国外罗伯特·科斯坦萨(Robert Costanza)和国内谢高地、冉圣宏等在生态功能服务价值上的研究成果;社会价值则体现在社会保障和稳定价值。

第二节 土地资源价值评价

在人类的社会经济活动中,环境资源价值是一种客观存在,而对于土地资源价值的评价和计量,则能够识别土地资源价值在社会经济系统中的作用和功能,实现土地资源的有效配置,支撑科学合理的行为决策,促进社会经济的可持续发展。通过特定的目的对土地资源的价值进行鉴定,是基于多种要素以及社会经济条件下的综合考察。根据不同适用条件,本节介绍三种常见的土地资源价值评价方法。

一、直接市场评价法

基于市场对土地资源直接使用价值的评价,主要采用的是直接市场评价法,又称为物理影响的市场评价法。该方法是根据土地资源产生的变化对生产率的影响来评价其经济价值。直接市场评价法把环境质量看作是生产要素,环境质量的变化会造成生产率和生产成本的变化,从而致使产品价格和产出水平变化,价格和产出的变化可被观察并且可被测量,其原理是利用市场价格评估环境损害的成本或环境改良的效果,主要囊括生产率变动法、人力资本法、机会成本法、预防性支出法和重置成本法等,本章节以生产率变动法和机会成本法举例。

直接市场评价法适用于以下几种情况:①土壤侵蚀的影响;②对农作物产量的影响;③水土流失对流域下游地区造成的影响;④酸雨对农作物和森林的影响,对材料、设备、建筑物造成的侵蚀等;⑤空气污染对人体健康的影响;⑥水污染对人体健康的影响;⑦耕地盐碱化对农作物的影响;⑧砍伐森林对生态的影响。

采用直接市场评价法需要具备的条件:①环境变化增加或者减少产品或服务的产出,这些产品或服务是市场直接可交易或者间接可交易的,或者在市场上存在替代物;②环境变化的效果明确,能够观察或可以用实证方法获得;③市场运转良好,价格是产品或服务经济价值的反映。

直接市场评价法存在的问题和局限性有以下几点:①识别环境影响因子、环境影响和受体产出或损害之间的关系比较困难。确定环境质量变化与受体变化之间的关系经常需要假设,或者从其他地区建立的反应关系中获得信息,因而可能会产生一定的误差。②分析受体影响时,很难把环境因子从其他影响因子中分离出来,影响受体改变的环境因子可能有多个,要把每一个因子造成的后果区分开来也较为困难,例如,土地污染存在多种污染物,所以难以区分每一种污染物影响的权重。③当土地质量变化对产品和服务产生明显影响时,还需要分析市场结构、需求弹性、供给与需求关系、生产者和消费者行为,同时还要分析生产者和消费者的适应性反应。④当确定对受体的影响时,需要建立影响存在到不存在的结果序列。如果假设距离现实太远,就可能对影响估计得过大或者过小。如果此前发生过类似情况,那么估算分析就变得更加复杂。⑤若存在外部性、信息不对称、垄断、补贴,市场价格则不能真实反映其价值。

(一) 生产率变动法

生产率变动法也称生产效应法。环境变化可以通过生产过程影响生产者的产量、成本和利润,或者是通过消费品的供给与价格变动影响消费者的福利。基于此,生产率变动法应运而生。其步骤如下:①识别引起环境变化的影响因子和水平;②估量环境变化对受者(财产、机器设备或人等)造成影响的物理效应和限度;③预估该影响对成本或产出形成的影响;④估计产出或成本变化的市场价值。

利用生产率变动法对环境损害或效益进行评估所需的数据与信息有:①对可交易物品的环境影响的证据;②有关分析物品的市场价格的数据;③在价格可能受到影响时,对生产与消费反应的预测;④如果该物品是非市场交易品,则需要与其最相近的替代品的信息;⑤由于生产者和消费者对环境损害会做出相应的反应,因而需要对可能或已经实施的行为进行调整、识别和评价。

假设环境变化所带来的经济影响(E)体现在受影响的产品净产值变化上,则可用下列公式表示:

$$E = \left(\sum_{i=1}^{k} p_i q_i - \sum_{j=1}^{k} c_j q_j \right)_x - \left(\sum_{i=1}^{k} p_i q_i - \sum_{j=1}^{k} c_j q_j \right)_y \tag{3-1}$$

式(3-1)中:P 为产品的价格;C 为产品的成本;q 为产品的数量。式(3-1)中共有 $i=1$, $2, \cdots, k$ 种产品和 $j=1, 2, \cdots, k$ 种投入,环境变化前后的情况分别用下标 x、y 表示。

在应对环境变化的影响时,生产者与消费者可能会采取行动来保护自己。例如,消费者不购买被污染的粮食,生产者就会减少对污染敏感的农作物的种植面积。那么如果在适应性变化出现之前做出评价,将会过高估计环境影响的价值;而如果在适应性变化之后做出评价,则会对生产者剩余与消费者福利的真实影响估计不足。

(二) 机会成本法

机会成本法是指在无市场价格的情况下,资源使用的成本可以用所牺牲的替代用途的收入来代替的一种评价方法,是常见的一种土地资源价值评价方法,其中机会成本是指假如资源是稀缺的,该资源一旦使用就不能用于另一种生产活动,所以利用这类资源的机会成本是把该资源投入某一种特定用途后所放弃的在其他用途上所取得的最大利益,例如可以用机会成本法来评价没有市场价格的自然资源,如未开发的土地资源的经济价值,则机会成本是该资源用作其他用途时可能获得的收益,所以也能用机会成本法计算环境污染造成的经济损失。

机会成本法所评价的资源必须具备两个条件:①资源必须有多种用途,如果资源只有一种用途,而且时间上不具备储存调节性,"机会"则无从谈起;②资源必须具有稀缺性,如果资源能够保证每一种用途都能满足,则无需应用机会成本法。

机会成本法具有计算简单、易于操作的优点,但是需要建立模型、进行回归分析和参数估计等,对影响因素的选取、调查方法等提出了较高的要求,能否处理得当直接影响到研究结果的准确性与科学性。

二、揭示偏好法

揭示偏好法是窥探人们与市场相关的行为,特别是在与环境联系紧密的市场中所支付的价格或他们得到的利益,间接推断出人们对环境的偏好,以此来估算环境质量变化的经济价值的一种方法,其主要包括内涵资产定价法、防护支出法与预防费用法、旅行费用法。其核心是通过观察人们的市场行为,来估计对环境"表现出来的偏好",与直接通过调查获得的偏好相区分。

(一)内涵资产定价法

内涵资产定价法是指通过人们购买具有环境属性的房地产商品的价格来推断人们赋予环境价值量大小的一种价值评估方法,有些商品和服务(如土地、房屋等)的价格中包含了环境资源的效用价值,根据人们享受不同环境质量对住房所支付的差价作为环境差别的价值,通过回归分析来推算环境质量的价值。

内涵资产定价法适合评价下述环境变化:①当地空气质量和水质变化;②噪声,譬如飞机和交通噪声;③舒适性环境资源的变化;④工厂选址、铁路、公路的选线规划;⑤城市棚户区改善项目。

采用内涵资产定价法需要具备的条件:①房地产市场比较活跃;②人们认为环境是财产价值的相关要素;③买主比较清楚地了解当地的环境质量或变化情况;④房地产市场不存在扭曲,交易公正透明。

内涵资产定价法的评价步骤:①建立房产价格与各种效用特征的函数关系,其表达式如式(3-2)所示;②求得边际隐含价格,其表达式如下。

$$P_h = f(h_1, h_2, \cdots, h_k) \tag{3-2}$$

式(3-2)中:P_h 为房产价格;$h_1, h_2, \cdots, h_{k-1}$ 为房产功能与周边生活条件;h_k 为房产所在地环境功能效用。

$$P_{hi} = \frac{\partial P_h}{\partial h_i} \tag{3-3}$$

对环境功能效用,假设边际隐含价格是常数,则公式如下。

$$\alpha_k = \frac{\partial P_h}{\partial h_k} \tag{3-4}$$

需要注意的是,要想实现公式(3-4),需要解决三个问题:①变量的选择,包括相关变量和水平变化的数据;②选择变量的质量;③函数的形式,每种效用的隐含价格可能取决于函数形式的选择。

内涵资产定价法存在的问题与局限性如下：①如果房地产市场不公开透明，难以得到可靠的信息数据；②需要运用统计和计量经济方法收集和处理大量数据；③环境变量可能难以度量；④价值评估的结果依赖于函数形式和估算技术，由于环境因子等于回归的余数，所以函数的界定十分重要；⑤财产的价格可能会反映人们对未来房地产市场的期望，包括可能发生的环境变化情况。

综上，使用内涵资产定价法必须十分谨慎，因为其需要大量的数据支持，需要专业经济分析和统计技术，运用它的前提是房地产市场运行良好且透明，资产所有者在市场上能够清晰地理解和评价环境因素的作用。在实际使用过程中，该方法不能估算非使用价值，因此也不能代表总的环境价值。

（二）防护支出法

防护支出法，也称防务支出法或防护行为法，是根据人们为防止环境退化准备支出的费用来推断人们对环境价值估价的一种方法，属于揭示偏好法。面对环境退化或者是可能发生的退化，人们则会选择各种方法来保护自己不受影响或者是将影响降到最小化。反之，当环境质量改善时，防护费用支出就会降低。

防护支出法的应用步骤如下：①识别环境损害。影响环境发生变化存在多种因素，故研究过程中需要将环境损害分为主要损害与次要损害，并且将主要损害作为估算依据；②界定受影响的人群。针对环境损害，确定受威胁的人群范围，并区分严重受影响人群和受影响较小的人群。同上，将主要受影响人群作为环境损害估算依据。

防护支出法信息来源包括直接观察法、调查受损害的人群、专家意见，该方法适用于以下几个方面：空气污染，水污染，噪声污染；土地侵蚀，滑坡和洪水风险；土壤肥力降低，土地退化；海洋沿海海岸的污染和侵蚀。其适用条件囊括人们需了解来自环境的威胁；人们采取措施来免受环境危害影响；能够估算并支付实施措施的费用。

防护支出法应用简单方便，可以通过观察行为、抽样调查、专家咨询、经验数据获得信息资料。但是防护支出法假定人们了解环境风险，并能够做出相应的反应，当人们直接遭到环境危害，并且能够采取有效防护措施时，防护支出法就是评估环境资源使用价值的有效方法。防护支出法不能评估存在价值，但可以用于揭示人们对空气质量、水质、噪声、土地退化、水土流失、洪水、海岸侵蚀的支付意愿。

但防护支出法也存在如下问题与局限性：①在信息充分的条件下，防护支出是必然存在的，但是当有新的环境损害出现时，原有预测便不再适用；②当防护支出与减弱损害的费用之和少于损害费用时，消费者将达到消费者剩余，所以防护支出法仅对环境效用给予最低估值；③购买环境替代品可能不等于环境损害程度；④环境价值应当是防护支出与重置成本的实际发生额减去次生效益；⑤有些能够部分替代环境效用的物品会产生其他非环境的功能，所以完全替代环境效用的物品是不存在的；⑥防护支出与重置成本都是基于特定受环境损害人群的反应，通常无法酌量已经迁离环境损害地区、对环境要求高或者对环境损害较为敏锐的人群；⑦防护支出法需要人们理解环境损害的程度，预估防护费用；⑧由于市场不完善，防护措施会受到一定的限制，进一步影响防护支出法以及重置成本法的应用。

(三) 旅行费用法

旅行费用法也称旅行成本法，用来评价没有市场价格的舒适性资源的价值，是依据消费者剩余理论，通过测算"游憩商品"的消费者剩余来评估资源环境价值的一种技术方法。如果可以获得消费者的实际支付数据，估算出消费者的消费者剩余，就可以确定消费者的支付意愿。也可以说是在游人调查和出发地分区的基础上，建立游憩需求与旅游费用之间的需求函数，根据需求函数计算消费者剩余。

旅行费用法本身也是基于这样一种假设：游客到某环境景区游览虽不用付门票费或只需付很低的门票费，但前往该景区时必须支付交通费、食宿费等其他一些必不可少的开支，一定的时间内，这些费用支出和时间成本就是消费该资源必不可少的开支，这些费用和时间成本就是消费该资源环境产品的一个隐含价格即影子价格。

旅行费用法适用于客源市场较广、游客旅行费用差别较大、入场费用低廉或者免收入场费用的具有旅游娱乐或观赏休憩功能的资源环境价值评估。

旅行费用法适用于评价舒适性资源：①休闲娱乐风景区；②自然保护区、国家公园、森林公园、湿地公园等；③湖泊、森林、湿地、海滨等自然景观。使用该方法需满足以下条件：①这些地点是可以到达的，至少在一定的时间范围内可以到达；②评价地没有门票及其他收费，或者收费很低；③到达这样的地点需要花费比较多的时间和费用。

旅行费用法使用过程中需要收集大量数据，选择合适的估算程序。在使用过程中容易忽略评价地的当地效益、非使用价值、存在价值，会导致所估价值过低。旅行费用法可用于制定某些政策。例如，制定国家公园门票价格；制定舒适性资源；开发性资源的选择性开发决策。

需要注意的是，该方法的使用存在如下问题：①旅行的多目的性，如果评价地是旅行行程的一部分，不应将全部旅行费用都计算到评价地，要把属于评价地的旅行费用分离出来；②取样偏差。调查样本规模应足够大，调查时间应足够长。调查样本如果只包括到评价地旅行的人，不包括评价区的居民，则可能产生信息偏差；③非使用者和非当地效益。旅行费用法可获得某个评价地的直接使用者的效益，不包括评价地的非使用价值，以及评价地提供的商品和服务（如木材、娱乐、土特产品等）价值，也不包括存在价值和选择价值。因此，旅行费用法会低估环境资源的总价值，如果条件允许的话，应该把旅行费用法与其他评估技术结合起来使用。而在实际应用及发展过程中，旅行费用法已逐步形成分区旅行费用法、个人旅行费用法及旅行费用区间分析法三种模型。

1. 分区旅行费用法

克劳森（Clawson）和克内奇（Knetsch）于1966年建立了第一个旅行费用法模型，这个模型被认为是分区旅行费用法的起源，后来把在此基础上创立的模型都称为分区旅行费用模型。分区旅行费用模型（Zonal Travel Cost Method，ZTCM），首先要依据其客源地对游客进行分区，并假定分区内游客对旅游景点的偏好完全相同，把分区内部看成均质体处理，对区内所有人的旅行费用、时间成本、收入、偏好等信息以平均值代替。通常采用如下模型形式：

$$V_{ij}/N_i = f(TC_{ij}, SOC_i, SUB_i, e_{ij}) \tag{3-5}$$

式(3-5)中:V_{ij}为按照抽样调查结果推算出的一定时间内从i地区到j旅游地旅游的总人数;N_i为i地区的人口总额;TC_{ij}为i区域游客到j旅游地的平均旅行费用;SOC_i为i区域旅游者的社会经济特征;SUB_i为i区域旅游者旅游替代品的特点;e_{ij}为随机误差。

ZTCM 模型存在的缺点主要有:①ZTCM 是建立在分区一级数据之上,样本调查中获取的大量数据在分区内部进行平均处理,调查的大量数据不能在模型中得到有效利用,造成极大浪费;②ZTCM 假设区域内部每个人的旅行成本完全相同,在现实生活中不同游客有不同的时间成本、不同的工资率,这些差异对于个体的出游决策具有决定意义,但 ZTCM 并没有对个人因素加以考虑。

2. 个人旅行费用法

1973 年,布朗(Brown)和纳瓦斯(Nawas)针对 ZTCM 的弊端,提出应在个人样本的基础上进行估量,提高对游憩价值估计的有效性。个人旅行费用模型(Individual Travel Cost Method,ITCM),承认不同的游客可以采取不同的交通方式、支付不同的旅行费用、花费不同的旅行时间,用于模型回归的数据以个人样本为基础,而不是区域汇总数据,ITCM 把每一个游客的旅行费用、时间成本和相关的人口统计学特征作为自变量,旅行频数作为因变量来建立模型,这不仅提高了调查信息的利用效率,而且极大地增强了旅行成本法分析问题的灵活性。函数一般具有以下形式。

$$V_{ij} = f(TC_{ij}, SOC_i, SUB_i, e_{ij}) \tag{3-6}$$

式(3-6)中:V_{ij}为一定时间内个体i到旅游地j的旅游次数;TC_{ij}为个体i到旅游地j旅游一次的旅行费用;SOC_i为旅游者i的社会经济特征向量;SUB_i为个体i旅游替代品的特征向量;e_{ij}为随机误差。

与 ZTCM 相比,ITCM 以个人或家庭样本为基础,充分考虑了数据的内在变化性,统计上更有效率,估计出的模型更有效,而且利用较少的调查数据即可推导出旅行需求函数。

3. 旅行费用区间法

旅行费用区间法是在传统旅行费用法的基础上,对分区方式进行改进的一种创新性的评估方法。旅行费用区间(Travel Cost Interval Analysis,TCIA)法,是在传统旅行费用法的基础上,改以旅行费用划分区间,计算费用区间游客的出游意愿,以每个区间游客的旅游需求为因变量、以对应的费用区间为自变量构建回归模型、推导需求曲线并计算消费者剩余和总支付意愿。函数一般具有以下形式。

$$Q_{ij} = f(TC_{ij}, SOC_i, SUB_i, e_{ij}) \tag{3-7}$$

式(3-7)中:Q_{ij}为个体i到旅游地j的旅游需求率;TC_{ij}为个体i到旅游地j旅游一次的旅行费用;SOC_i为旅游者i的社会经济特征向量;SUB_i为个体i旅游替代品的特征向量;e_{ij}为随机误差。

旅行费用区间法的步骤:①抽样调查,询问游客的旅行费用;②按游客的旅行费用,将游客划分为不同的集合,并计算意愿旅游需求;③根据单个游客意愿需求曲线计算单个游客消费者剩余,单个游客意愿需求曲线如式(3-8)所示,单个游客消费者剩余如式(3-9)所示;④计算游客样本集合的总消费者剩余SCS,如公式(3-10)所示;⑤计算旅游景点的总游憩价值,如式(3-11)所示。

$$Q = Q(C) \qquad (3-8)$$

式(3-8)中:Q 为单个游客的意愿旅游需求;C 为旅行费用;$Q(C)$ 为 Q 关于 C 的函数表达式。

$$CS_i = \int_{C_i}^{\infty} Q(C)\mathrm{d}C \qquad (3-9)$$

式(3-9)中:CS_i 为第 i 个区间的每个游客的消费者剩余;C_i 为第 i 个区间的旅行费用的左端点;$Q(C)$ 为单个游客的意愿旅游需求曲线。

$$SCS = \sum_{i=0}^{n} N_i \times CS_i \qquad (3-10)$$

式(3-10)中:n 为区间个数减 1;N_i 为第 i 个区间的游客数量。

$$RV = \frac{SCS + STC}{SN} \times TN \qquad (3-11)$$

式(3-11)中:STC 为样本游客的总旅行费用支出;$STC = \sum_{j=1}^{N} TC_j$($N$ 为样本游客总数;TC_j 为样本内第 j 个游客的旅行费用);TN 为调查年份的游客总数。

TCIA法实际上体现了勒贝格积分的基本思想,与传统的ZTCM相比具有一定的优越性,但是TCIA法的结果是局部的。因此,可以说TCIA法在考察的样本内是很有效的,但用来估计总消费者剩余其有效性就会降低[①]。

三、陈述偏好法

意愿调查价值评估法是典型的陈述偏好法,依托现代经济学消费者剩余理论和福利经济学原理,通过调查,直接引导相关物品或服务的价值,是一种基于调查的评估非市场物品和服务价值的方法。其原理是当缺少真实的市场数据,并且也无法通过间接观测市场行为赋予环境资源价值时,则需要建立一个假想的市场,通过直接向相关人群样本提问来发现人们是如何给一定的环境变化定价的。由于这些环境变化以及反映它们价值的市场都是假设的,故其又被称为假想评价法。

在意愿调查价值评估法中有两个普遍应用的概念,对环境改良的支付意愿(Willingness to Pay,WTP)和对环境损害的接受赔偿意愿(Willingness to Accept,WTA)[②]。意愿调查价值评估通常将一些家庭或个人作为样本,询问他们关于一项环境改良措施或一项防止环

---

① 谢双玉,訾瑞昭,许英杰,等.旅行费用区间分析法与分区旅行费用法的比较及应用[J].旅游学刊,2008(2):41—45.
② 唐增,徐中民.条件价值评估法介绍[J].开发研究,2008(1):74—77.

境恶化措施的支付意愿,或者要求住户或个人给出一个接受赔偿忍受环境损害的意愿。与直接市场评价法和揭示偏好法不同,意愿调查法不是基于可观察到的或间接的市场行为,而是基于调查目标的回答。调查过程一般也通过问卷或面对面询问的形式进行。直接询问调查目标的支付意愿或接受补偿意愿是意愿调查法的特征。为了得到准确的答案,意愿调查应建立在两个条件之上:即环境效益具有"可支付性"特征和"投标竞争"特征。理查德(Richard)指出,如果该方法利用得当,意愿调查价值评估法就是适用范围最广泛的方法,它能够被用于评估各类资源的使用价值,是迄今唯一能够获知与环境物品相关的全部使用和非使用价值的方法。

意愿调查价值评估法的使用过程大致分为三步:①构建一个假设场景,将被调查物品或设施通过市场方式提供给被调查者;②询问被调查者在面临上述场景的自愿选择;③通过被调查者的社会经济属性与个人选择进行关联,并分析判断评价值的有效性。

意愿调查价值评价法适于评价下述物品或服务:①空气和水质量;②休闲娱乐(包含垂钓、打猎);③无价格的自然资产的庇护,如森林和原始地域;④生物多样性的选择价值和存在价值;⑤生命和健康影响或危害;⑥交通条件改善;⑦供水、卫生设施和污水处理。

意愿调查价值评估法的适用条件如下:①环境变化对市场产出没有直接影响;②难以直接通过市场获取人们对物品或服务偏好的信息;③样本人群具有代表性,对所调查的题目感兴趣而且有相当程度的了解;④有充足的资金、人力和时间支持研究。意愿调查法可以用于评估人们对舒适性资源的偏好,它也是唯一能够揭示环境资源存在价值的方法。

意愿调查法经过不断完善,是西方国家在进行环境物品价值评估时用得最多的一种方法,但其也存在一定缺陷,例如其存在许多偏差,依赖于人们的观点,而不是以市场行为作为依据。

意愿调查法在生态系统服务功能中的非市场价值评估方面具有巨大的潜力,所以在此章节以土地资源非市场价值评估为例,根据文献综述得知土地资源除具有市场价值以外,还具有无法用货币计量的非市场价值,其中非市场价值主要包括生态价值、社会价值、存在价值、选择价值、馈赠价值等。而随着可持续发展的理念和环境保护意识的提高,农用地非市场价值在我国国内逐步受到关注并得到进一步的研究,开展农用地非市场价值评估是构建农用地保护经济补偿机制的迫切需要,同时也是提高农业资源配置效率、遏制农产品盲目转化和贬值的有效手段[1]。国内代表性案例有 Chang 等[2]对农用地保护外部效应的评价,王湃等[3]对休闲农地存在价值的研究,牛海鹏等[4]对耕地保护外部性的测算,王舒曼等[5]对农地资源舒适性价值的评估,王瑞雪[6]、蔡银莺等[7]对农用地非市场价值的评估等,研究方法主要

---

[1] 李广东,邱道持,王平.三峡生态脆弱区耕地非市场价值评估[J].地理学报,2011 (4):562—575.
[2] Chang K, Ying Y. External Benefits of Preserving Agricultural Land: Taiwan's Rice Fields[J]. The Social Science Journal, 2005, 42: 285-293.
[3] 王湃,凌雪冰,张安录.CVM 评估休闲农地的存在价值:以武汉市和平农庄为例.中国土地科学,2009,23(6):66—71.
[4] 牛海鹏,张安录.耕地保护的外部性及其测算:以河南省焦作市为例.资源科学,2009(8):1400—1408.
[5] 王舒曼,谭荣,吴丽梅.农地资源舒适性价值评估:以江苏省为例.长江流域资源与环境,2005(6):720—724.
[6] 王瑞雪.耕地非市场价值评估理论方法与实践[D].武汉:华中农业大学,2005.
[7] 蔡银莺,张安录.武汉市农地非市场价值评估.生态学报,2007(2):763—773.

使用的是意愿调查法(Contigent Valuation Method，CVM)，聂艳等系统研究荆州市城乡接合部农地中耕地、园地、林地、水域和农地的非市场价值，研究发现以上地类中，林地非市场价值最高，水田非市场价值最低。何可等人选用CVM估算了农业废弃物污染防控的非市场价值，认为农户的行为立场、主观规范、感知行为控制和家庭年纯收入是影响农户农业废弃物污染防控支付意愿的主要决定因素①。任斐基于CVM调查研究区域居民对耕地破坏现状、耕地非市场价值的认识水平和关于耕地非市场价值的支付意愿，计算得出偃师县耕地的非市场价值，并通过计量模型，分别分析受访民众对耕地非市场价值是否愿意支付以及支付金额多少的关键影响因素②。

综上，在选择评估方法时，还应该注意环境影响的相对重要性、信息可得性、研究费用与时间。近年来我国土地资源价值研究成果较为丰富，以农用地价值评价举例，应进一步充分考虑农用地的市场和非市场价值。虽然农用地分等定级的理论框架与方法体系较为成熟，但其评价和方法体系仍需与新技术结合并不断完善。在今后的研究中，对于完善适合我国国情的、水平先进的土地资源价值评价信息系统、提高土地资源价值的准确性等方面将成为研究重点。

 本章小结

土地资源价值是指土地作为一种与人类密切相关的重要自然资源，一定程度上包括了土地资源的天然价值、人工价值、稀缺价值等。

土地资源价值评价是指基于特定的目的对土地资源的价值进行鉴定，确认其在社会发展系统中的功能和作用。土地资源价值的评价方法主要有三种：直接市场评价法、揭示偏好法、陈述偏好法。

在漫长的历史周期内，对于土地资源，人们逐渐认识到不能仅仅以追求实物价值为目标，而是要以科学、合理、绿色、可持续的方式来开发利用。我国当前的土地资源价值识别与评价体系有利于实现土地资源的有效配置，从而推动我国自然、社会、经济协调有序发展。

 关键词

土地资源价值　土地资源价值评价

---

① 何可，张俊飚，丰军辉.基于条件价值评估法(CVM)的农业废弃物污染防控非市场价值研究[J].长江流域资源与环境，2014(2):213—219.
② 任斐.基于CVM的耕地非市场价值研究[D].西安:西北农林科技大学，2013.

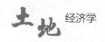

复习思考题

1. 阐述土地资源价值构成。
2. 阐述土地资源价值内涵。
3. 土地资源价值评价包含哪几种方法？选择其中一种来谈它的理论基础、应用程序及其优缺点。

国外耕地非市场
价值研究进展

（本章编写人员：刘成武，郭鑫）

第四章 CHAPTER 4

土地资源资产核算

◎ 思维导图

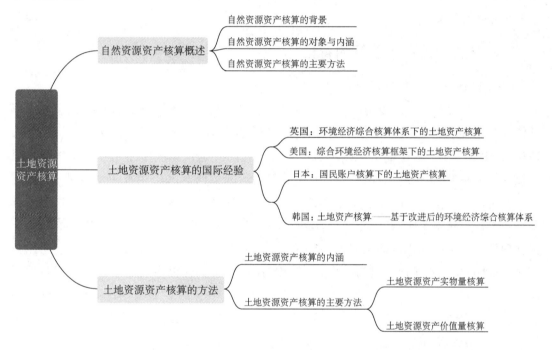

学习目标

1. 掌握自然资源资产核算的相关概念。
2. 了解土地资源资产核算的相关理论。
3. 掌握土地资源资产核算的相关方法。

第一节 自然资源资产核算概述

自然资源资产核算是国家自然资源资产管理的重要组成部分,是反映被核算区域或部门在某时点所占有的可测量、可报告、可核查的自然资源资产的状况,其目的在于推动自然资源合理利用及保护,自然资源资产核算的核心是以实物量核算为主、价值量核算为辅,这项计划的实施,标志着我国政府已正式启动自然资源资产核算的相关工作,会对我国整体自然资源情概况有深入了解,将进一步促进自然资源开发与保护合理互动,推动美丽中国建设与国家可持续发展。

一、自然资源资产核算的背景

(一) 新时代自然资源管理

党的十八大报告明确提出:"要把资源消耗、环境损害、生态效益纳入经济社会发展评价体系,建立体现生态文明要求的目标体系、考核办法、奖惩机制。"党的十八届三中全会通过了《中共中央关于全面深化改革若干重大问题的决定》,该决定指出:"完善发展成果考核评价体系,纠正单纯以经济增长速度评定政绩的偏向。"2015年中央改革办、国务院改革办讨论批准了"1+6"生态文明体制改革方案,对包括自然资源资产在内的生态系统服务核算提出技术要求。"绿水青山就是金山银山"的提出以及《关于加快建立流域上下游横向生态保护补偿机制的指导意见》(财建〔2016〕928号)等文件的出台,2019年国务院办公厅印发《关于统筹推进自然资源资产产权制度改革的指导意见》,明确指出自然资源产权制度是加强生态保护、合理推动自然资源资产核算的重要基础性制度,紧密围绕"五位一体"总体布局和"四个全面"战略布局,推进生态文明建设,这都对自然资源资产价值核算提出迫切需求。

鉴于此,十三届全国人大一次会议审议国务院机构改革方案,并批准组建自然资源部[1]。该机构的设立契合上述文件的出台以及习近平生态治理思想。自然资源部的主要职责是监管自然资源开发利用和保护,建立空间规划系统并监督实施,履行全民所有各类自然资源资产所有者职责等。这标志着生态文明建设的管理体制初步理顺,将对我国生态文明建设的精细化管理起到积极作用。习近平也明确指出国家自然资源资产管理体制是健全自然资源资产产权制度的一项重大改革,是建立系统完备的生态文明制度体系的内在要求[2],这也意味着在习近平生态治理思想指导下,自然资源统一管理迈向新时代。

(二) 离任审计

从2018年起,领导干部自然资源资产离任审计由试点阶段进入全面推广阶段,目的在

---

[1] 张维宸.自然资源管理迈向新时代[J].紫光阁,2018(4):33—34.
[2] 自然资源部、生态环境部、国家林业和草原局.管理边界如何划分?[J].国土资源,2018(6):19—23.

于改变领导干部的评估方式,改革干部任命机制,保护环境和资源,走可持续的发展之路。"领导干部自然资源资产离任审计"作为新名词可理解为根据《中共中央关于全面深化改革若干重大问题的决定》中关于"探索编制自然资源资产负债表,对领导干部实行自然资源资产离任审计"的最顶层决策部署、目前正在全国范围内试行的一个新的审计和监督制度,这是坚定贯彻落实生态文明建设目标的要求。

党的十九大报告提出,要像对待生命一样对待生态环境,统筹山水林田湖草系统治理,实行最严格的生态环境保护制度。新时代自然资源资产管理与领导干部自然资源资产离任审计制度均是贯彻党中央加快推进生态文明建设要求的真实写照,是党中央关于生态文明建设战略部署的又一重大成果,对于领导干部牢固树立和践行新发展理念、坚持节约资源和保护环境的基本国策、推动形成绿色发展和生活方式、促进自然资源资产节约集约利用和生态环境安全、完善生态文明绩效评价考核和责任追究制度、促进管理人员有效履行责任等具有十分重要的意义。

二、自然资源资产核算的对象与内涵

(一)自然资源资产核算的对象

要确定自然资源资产核算的对象,使其符合我国国情或者区域实际情况,首先必须明确自然资源资产的内涵和范围,再以实际标准对自然资源资产进行分类核算。

自然资源资产,是指以自然资源状态存在的物质资产。它是国民经济赖以发展的物质基础,是社会财富的重要来源。自然资源不但为人类提供大量的生态产品,还具有不可替代的生态服务功能。自然资源要成为自然资源资产,需具备以下条件:一是自然资源的稀缺性;二是自然资源可以产生经济价值,而且这类经济价值能够被评价,甚至能够在市场上得以实现;三是产权主体尽可能明确;四是产权界线尽量清晰。

因此,自然资源资产是指产权主体明确、产权界线分明、可给人类带来利益、以自然资源形式存在的稀缺性物质财产[①],所以自然资源资产核算的对象是以自然资源形式存在的物质性财产,是指自然资源中能够被资产化的部分,即具有明确经济性、权属性、有偿性等常规资产属性的自然资源[②]。

(二)自然资源资产核算的内涵

自然资源资产核算的内涵包含两方面:一是具有明确经济价值的自然资源,即自然资源实物性资产核算,同时也应该核算具有隐形经济价值的自然资源。二是凝结在自然资源中的抽象价值,即自然资源价值性资产核算,是指不能在短期内直接产生经济利益,或者是只具有非经济价值的自然资源,如社会价值、生态价值、美学价值等。

我国推行的自然资源资产核算可以看作一项重要的生态性政策工具,其目的具有多样

[①] 徐子蒙,贾丽,李娜.自然资源资产负债表理论与实践路径探析——以土地资源为例[J].测绘科学,2019(12):50—59.
[②] 孟杨.自然资源资产审计对象与范围探析——借鉴挪威和新西兰自然资源资产核算经验[J].经济研究导刊,2015(14):265—266.

性：一是通过摸清"家底"来编制自然资源资产报告,二是为自然资源资产负债表提供核算基础,三是为自然资源资产评价提供考核服务。

实物性资产的核算可涵盖八大类自然资源,并考虑到这些资源的经济、社会和环境特点。价值性资产核算的范围适用于市场出让的、权益边界清晰的、全民所有的土地、矿产、森林、草原、水、海洋资源资产等六大类自然资源资产,在这一基础上,随着知识水平和技术能力的提高,自然资源资产核算正在以一种动态和渐进的方式发展。

三、自然资源资产核算的主要方法

依据生态经济学、环境经济学和资源经济学的研究成果,自然资源资产的价值核算方法同样分为实物产品价值核算和价值性资产核算两部分。其中,实物产品的价值核算首先要界定实物产品的类别,根据植物性产品、动物性产品、矿产品和已开发利用产能的产量和价格计算自然资源实物产品总价值;价值性资产核算主要核算的是生态系统服务价值,处理方式应首先核算各指标的生态因子,确定各因子的价格,再依据自然资源资产总价值计算公式计算其经济价值。计算公式如下:

$$W_f = w_p + w_s \tag{4-1}$$

$$W_p = \sum_{i=1}^{n} K_i \times R_i \tag{4-2}$$

$$W_s = \sum_{j=1}^{n} K_j \times R_j \tag{4-3}$$

式(4-1)至(4-3)中:W_f 为自然资源总价值;W_p 为自然资源实物资产价值;W_s 为自然资源中的生态系统服务价值;K_i 为第 i 种自然资源产品产量;R_i 为第 i 种自然资源产品价格;K_j 为第 j 种自然资源生态系统服务功能量;R_j 为第 j 种自然资源生态系统服务价值[①]。

第二节 土地资源资产核算的国际经验

一、英国：环境经济综合核算体系下的土地资产核算

英国是一个典型的土地私有制国家,土地归英国国王所有,但事实上,英国90％的土地是私有的,土地所有者拥有所有权。其中土地所有权是土地资产的一个重要特点,如果有机构实体行使对土地的有效所有权,就可以将土地视作资产。英国土地资产的另一重要特点就是能否从土地中获取经济收益。

英国在2015年发布的《土地核算指南》中的分类,对国民经济核算中的非金融资产所有具有土地成分的部分进行了剥离,其中包括建筑物和建筑物下层的土地(建设用地)、培育生

---

① 李鑫.自然资源资产价值核算体系构建方法初探[J].行政事业资产与财务,2017(15):1-3.

物资源下层的土地(农用地)、休闲用地和其他土地①。

英国的土地资产价值主要根据剩余法进行计算,换言之,就是从资产存量总价值中扣除地上物价值所得的剩余,并以部门为单位将其归类。英国要求土地数据应涵盖所有的经济领域,以土地市场交易价格为依据,并以年为单位定期更新。但在核算工作中,数据可得性往往并不理想。因此英国土地资产核算的实际范围只包括建筑物和构筑物下层的土地价值以及培育生物资源下层的土地价值。

二、美国:综合环境经济核算框架下的土地资产核算

1994年4月,美国经济分析局提出了综合环境经济核算框架,即 IEESA,其目的是涵盖经济和环境之间的相互作用。它将非金融资产分为人造资产、已开发的自然和环境资产,土地按照是否开发被分为已开发的土地和未开发的土地。美国土地资产的核算范围具体包括建设用地、农用地、林地、休闲用地及水面,其价值核算的基础是市场价格。

美国学者关于自然资源资产价值的量化通常是采用市场价值法进行计量,即从市场供求关系角度来研究自然资源资产的价值,这种方法有利于进行国际比较②。以农用地资产核算为例,美国把土壤视作农用地的一个子类,认为农用地价值和土壤价值密不可分,其农用地资产核算主要由美国联邦储备委员会(美联储)负责,该委员会主要根据美国农业部对农场房地产的估算值扣除美国经济研究局(Bureau of Economic Analysis,BEA)对农业结构的估算值。除农用地之外,美国对建设用地资产的核算也较为成熟,其中住宅用地的价值是核算重点。美国联邦储备委员会通过从各种来源获得的不动产价值估计值,减去美国经济分析局对非住宅建筑价值的估计值,得出住宅用地的价值。此外,美国还采取成本逼近法对休闲用地资产价值进行核算,用联邦政府对国家公园、湿地公园等休闲用地的维护修理支出来估算其价值。

三、日本:国民账户核算下的土地资产核算

在日本,土地资产核算被纳入国民账户核算当中,由内阁府负责,每年公布《国民账户核算年报》。土地资产在日本国民账户核算中被列为"有形非生产资产",其中85%为私有土地,核算范畴主要覆盖住宅用地、耕地和一小部分林地。核算采用的方法是欧盟—经合组织提出的直接法,即用单位面积土地价格乘以土地面积得到的土地资产价值。核算对象的细分和面积数据来自日本总务省的《固定资产价格摘要报告:土地》,各类土地的平均价格也反映在该报告之中。而地价数据则来源于地价公示和都、道、府、县的地价调查,主要是采用市场比较法和收益还原法得到各地类土地的价格。

日本将核算得到的土地资产按照非营利机构、政府、家庭、非金融公司、金融公司等部门

---

① British Bureau of Statistics.UK National Accounts,The Blue Book:2017[EB/OL].[2017-10-31].https://www.ons.gov.uk/economy/grossdomesticproductgdp/compendium/unitedkingdomnationalaccountsthebluebook/2017.
② 刘利.中美自然资源资产核算比较研究及其启示[J].华北电力大学学报(社会科学版),2017(6):9—14.

进行了划分,各部门的土地资产核算需要根据部门实际情况和需要进行修正。

四、韩国:土地资产核算——基于改进后的环境经济综合核算体系

韩国也是较早响应联合国号召引进 SEEA 框架开展环境经济综合核算的国家之一,其环境经济核算账户主要由四个子账户构成:①环保支出与环境账户,②可再生资源的固定资本账户,③非生产性资源的固定资本账户,④环境恶化损失账户。土地资产主要采用直接法进行核算,其核算的主要对象为住宅用地,也就是土地价值是通过将土地面积按类型和地区乘以相应的市场等价物价值来估算的,从而得到全国土地资产存量的总价值。韩国土地估价的显著特点就是在于获得土地的市场等价物的方式。此外,为了保证能够与国际相比较,韩国将国内 28 种土地用途分类按照 Eurostat-OECD《土地核算指南》进行了重新归并,其核算的价格数据主要来源于房地产公示价格数据以及房地产实际交易价格数据,其中前者的主要目的是为征税而公布的,不能充分反映实际市场价格,因此韩国将房地产实际交易价格数据与邻近标准地块的公开评估及公示价格进行比较,得到一个土地价格转换指数,从而能够将土地的公开评估及公示价格调整为市价。其计算公式如下。

$$LV = P \times R \times S \tag{4-4}$$

式(4-4)中:LV 为土地资产总值;P 为邻近土地的单位面积公示价格;R 为土地价格转换系数;S 为土地面积。土地价格转换系数由土地用途差异、基础设施、交通运输条件、是否存在有害设施、土地肥力等因素综合确定。

第三节 土地资源资产核算的方法

一、土地资源资产核算的内涵

(一)概念

土地资源资产核算是指对一定地区或一个国家的土地资源资产的实物量与价值量进行的核对与计算。土地资源资产属于可被利用的土地资源,具有明确的排他性权利主体,是可为持有者带来各种收益的土地财产,是土地实物及其相关权利的统一体。土地资源资产受多方面因素影响,具有自然、社会、经济等多重属性。根据不同核算目的,广义的土地资源资产核算应具有不同核算内涵,既包括实物量核算也包括价值量核算。

(二)核算对象

我国土地资源资产核算的对象包括国有土地和集体所有土地,具体可根据第三次全国国土调查工作分类标准来确定,包括湿地、耕地、种植园用地、林地、草地、商业服务业用地、工矿用地、住宅用地、公共管理与公共服务用地、特殊用地、交通运输用地、水域及水利设施用地、其他土地等 13 类。

综上,土地资源资产实物数量核算对象为全部土地;土地资源资产实物质量核算对象为具备分等定级基础的建设用地和农用地;土地资源资产经济价值核算对象为除湿地、部分其他土地(沙地、裸土地、裸岩石砾地)以外的土地;土地资源资产生态价值核算对象为耕地、种植园用地、公共管理与公共服务用地中的公园与绿地。

(三)目标任务

土地资源资产核算的目标是反映土地资源资产情况以及相关生态环境的破损状态,是自然资源资产核算的重要组成部分,也是编制自然资源资产负债表的前提和基础,其核算任务是为推进生态文明建设、完成生态环境保护与修复、有效保护和永续利用自然土地资源、为政府制定政策提供充分的信息支撑。

二、土地资源资产核算的主要方法

(一)土地资源资产实物量核算

基于第三次全国土地调查数据,统计核算区域内各类土地面积,形成土地资源资产实物数量核算成果;同时基于城镇土地分等定级和农用地分等定级成果,对城镇建设用地(主要为商业服务业用地、城镇住宅用地、工矿用地)和农用地(主要为耕地)等别和级别进行统计核算,形成土地资源资产实物质量核算成果,两者共同组成土地资源资产实物量核算成果。在现如今的研究过程中,通常是以自然资源资产负债表来呈现土地资源资产实物量的核算结果。

自然资源资产负债表是一个用于管理自然资源资产的统计管理报表系统,编制自然资源资产负债表,就是以核算账户的形式对全国或一个地区主要自然资源资产的存量及增减变化进行分类核算,可以客观地评估当期自然资源资产实物量和价值的变化,摸清自然资源资产在某一时点的状态,准确把握经济主体对自然资源资产的占有、使用、消耗恢复和增值自然资源的变动情况,全面反映经济发展的资源对经济发展的环境效应和生态效益,从而为环境与发展决策及政府政绩评估考核环境补偿等提供重要依据。这有利于促进生态文明建设,改变传统发展模式,更是全面推进生态中国、落实习近平生态思想的真实写照。

(二)土地资源资产价值量核算

1. 经济价值核算体系及方法

土地资源经济价值指物质性资源价值,其采用以基准地价为基础的核算方法进行核算,具体核算思路结合第三次全国土地调查分类体系。不同类型的土地与经济产出的关系不同,因此选用不同的价值核算方法,例如耕地经济价值核算采用收益还原法、园地经济价值核算采用市场还原法、林地经济价值核算采用完全生产价格法等。总体上,土地资源经济价值分类核算有如下六种方法:

(1)收益还原法。收益还原法也叫收益归属法。用该方法进行土地资源经济价值核算时,先计算出土地作物的总收益,再逐一扣除所包含物质和劳动的收益份额,剩余的部分就是耕地资源纯收益,再将其还原,最终得到土地资源的经济价值。其计算公式如下:

$$EP = (R-C)S/i \qquad (4-5)$$

式(4-5)中：EP 为土地资源经济价值；R 为每公顷每年收益；C 为每公顷每年费用；S 为土地资源面积(公顷)；i 为还原利率。

程序如下：①收集相关资料；②测算年总收益；③确定年总费用；④计算年纯收益；⑤确定还原率；⑥选用适当的计算公式；⑦试算收益价格；⑧确定待估土地价格。

收益还原法适用于有现实收益或潜在收益的土地以及房地产估价。其优点如下：该方法评估不动产价格易为买卖双方所接受，因为市场经济中买卖双方往往都会从投资的角度思考问题，能够真实反映房地产的资本化价格。

其缺点如下：对复杂的房地产情况，预期未来收益的难度较大，容易受到主观判断和不可预见因素的影响，并且折现率的选择有时也难以达成一致，所以收益还原法对市场发育程度要求较高。

(2) 市场价值法。市场价值法指将土地所产出的全部物质产品按照市场价格来衡量，用以确定土地的经济价值，该方法能直观地描述土地的经济价值(特指物质生产价值)。其公式表示如下：

$$土地的经济价值 = 土地产出的全部产品 \times 该产品市场价值 \qquad (4-6)$$

基于市场价值法，在土地资源市场成熟发展和有序规范的前提下，也可通过与近期已经发生交易的类似土地实例相比较来评估土地价值，即用修正后的土地交易价格来描述需要核算的土地价格。其公式表示如下：

$$土地价格 = 交易实例土地市场价 \times 交易实例地评分 \qquad (4-7)$$

式(4-7)中：交易实例地市场价 = 交易实例地评分 ÷ 交易实例地指数，交易实例地评分 = 交易实例地自然条件评分 × 交易实例地经济条件评分。

市场价值法的程序：①明确固定资产的价格，详细考虑价格的特征；②进行公开市场调查，收集相同或相似的资产价格的市场基本信息资料，寻找参照物；③分析整理资料并验证资料的准确性，判断选择参照物；④将其与参照物进行分析对比；⑤找出差异，计算出两者的差价，或指定两者的差异系数，鉴定、估算目标资产价格。

市场价值法的优点：它能够及时反映资产和负债价值的变化，因此能够较为及时地反映资产质量发生的问题。银行可根据市场价格的变化为其资产定值，而不必等到资产出售时才能知道净资产的状况。

市场价值法的缺点：如果固定资产与外部市场交易的资产存在显著的差异，则固定资产市场价格就很难确定；如果市场价格波动较大，其代表性也就大大降低。因而，在市场价格不能合理确定的情况下，可能导致不能真实反映基于市场的价格。

(3) 完全生产价格法。完全生产价格法是我国李昌金等人在借鉴国内外资源核算研究成果的基础上提出的，他们认为自然资源的价值决定于自然资源对人类的有效性、稀缺性和开发利用条件，土地资源价值应为土地资源本身的价值和社会对土地资源的劳动力、资本、物质等投入的价值总和,即完全生产价格＝地租＋成本＋利润。综合考虑地租、社会投入、平均利润、资源稀缺性(即供求关系)和时间,最终得到土地资源经济价值的公式为:

$$EP_t = \frac{(1+i)^t}{i}\left[\partial R_0 + \frac{A}{N \cdot Q}(1+\rho)\right]\frac{Q_d \cdot E_d}{Q_s \cdot E_s} \quad (4\text{-}8)$$

式(4-8)中:EP 为土地资源第 t 年的经济价值;R_0 为土地资源基本租金或基本地租;δ 为土地资源丰度、开发利用条件、区域、品种和质量差异的等级系数;A 为在该土地资源上的资本、劳动力等投入总额(折成资金);Q 为受益资源总量;N 为受益年限;ρ 为平均利润率;Q_d 为土地资源需求量;Q_s 为土地资源供给量;E_d 为需求弹性系数,即需求量变化率与价格变化率的比值;E_s 为供给弹性系数,即供给量变化率与价格变化率的比值;i 为平均利息率或贴现率。

完全生产价格法的优点:①简便易行;②能够使买卖双方再生产的过程需要补偿全部成本,并有合理盈利;③有利于通过成本利润率对价格行为进行指导。

完全生产价格法的缺点:①没有考虑市场价格与需求变动的关系;②没有考虑市场的竞争问题。

(4)重置成本法。重置成本法又叫恢复费用法,指将被破坏的土地资源恢复到原有形态所需费用来衡量原土地资源质量价值的方法。例如,耕地由于修建公共设施或矿山开采遭到破坏,则需要交纳与重新开垦相同数量和质量的耕地所需的成本。在水域及水利设施用地(特指水利设施用地)中主要通过核算设施的价值,即用建设成本来代替经济价值。

使用该方法时必须满足以下条件:第一,被评估土地资源在评估的前后期用途发生改变;第二,被评估土地资源必须是可再生、可复制且能够恢复原状的;具有独特性、不可逆特性的土地资源不能用重置成本法进行评估;第三,被评估土地资源的原有特征、结构及功能等方面必须与重置的土地资源具有相同性或可比性;第四,必须具备易获取、可利用的历史资料。

其应用程序如下:①被评估资产一经确定即应根据该资产实体特征基本情况,用评估基准日市价估算其重置全价;②确定被评估资产的已使用年限、尚可使用年限及总使用年限;③应用年限折旧法或其他方法估算资产的有形损耗和功能性损耗;④估算确认被评估资产的净价。

重置成本法的优点:重置成本法是国际上公认的资产评估三大基本方法之一,具有一定的科学性和可行性,特别是对于不存在无形陈旧贬值或贬值不大的资产,只需要确定重置成本和实体损耗贬值,而确定两个评估参数的资料,依据又比较具体和容易搜集到,因此该方法在资产评估中具有重要意义。它特别适于在评估单项资产和没有收益或市场上难以找到交易参照物的评估对象。

重置成本法的缺点:①市场上不易找到交易参照物的或没有收益的单项资产,具有一定局限性;②用重置成本法评估整体资产,需要将整体资产化整为零,变成一个个单项资产,并逐项确定重置成本、实体性陈旧贬值及无形陈旧贬值。较费工费时,有时会发生重复和遗漏;③运用重置成本法评估资产,很容易将无形资产漏掉。为防止评估结果不实,还应该再用收益法或市场法验证。

(5) 成本费用法。成本费用法指通过分析土地资源价格的构成及其表现形式来进行价值核算的方法,多用于土地资源中的水域及水利设施用地。在核算其经济价值时需综合考虑劳动投入、建造成本、时间、社会平均资金利润率、税金等因素,计算公式为:

$$EP = \frac{F \sum (1+L)^{n+1}(1+R)}{V(1-S)(1-C)} \tag{4-9}$$

式(4-9)中:EP 为土地资源经济价值;L 为利息率;F 为建造成本;R 为利润率;C 为税率;V 为单位面积占用量;S 为设施损失率;n 为建造年限。

成本费用法的优点:能够从土地资源的本质上反映其价格,具有一定真实性。

成本费用法的缺点:在核算过程中容易忽略其他影响因素,例如时间、投入成本等。

(6) 边际机会成本法。在土地资源经济价值核算中,将土地资源经济价值 EP 看作边际机会成本 MOC,而它又由边际生产成本 MPC、边际使用成本 MUC 和边际外部成本 MEC 三部分组成,用公式表示为:

$$EP = MOC = MPC + MUC + MEC \tag{4-10}$$

土地资源边际生产成本 MPC 包括收获土地资源的勘探成本、再生产成本和管理成本,土地资源边际使用成本 MUC 是指以某种方式使用某一类土地是所放弃的其他方式利用同一种资源可获取的最大纯收益。边际外部成本 MEC 是指资源开采或使用过程中,对其他经济当事人造成的非市场性影响。边际外部成本的高低,不光取决于受害者受到亏损的大小,并且还取决于受害者对这些损失的评估。随着经济的发展,实际人均收入的增加和生活水平的提高,人类对环境资源的支付意愿会越来越高。由于土地资源具有实物意义上的稀缺性,因此用边际机会成本确定土地资源经济价值,不仅意味着将一部分利润计入成本,也意味着必须将将来所牺牲的收益计入成本。

边际机会成本法的优点:计算简单,易于操作。

边际机会成本法的缺点:在时间成本和边际使用成本等的确定上具有一定的困难;得出的土地资源经济价值结果偏低。

2. 生态价值量核算体系及方法

土地资源资产价值量核算主要是指土地资源资产的环境价值量核算,所以这里着重介绍土地资源的生态价值量核算。土地资源生态价值指土地资源的生态系统服务价值。1970 年联合国大会在《人类对全球环境的影响报告》中首次提出生态系统服务功能的概念,随后国内外学者纷纷就生态系统服务功能开展了大量的研究,并根据生态系统服务的各项功能构建相应的价值核算指标体系。目前应用较广且比较有影响的有国外学者罗伯特·科斯坦萨(Robert Costanza)的研究,将生态系统服务的功能分为气候调节、水分调节、养分循环、土壤形成等17大类[1];国内学者欧阳志云等将生态服务功能分为太阳能的固定、调节气候、涵养水源及稳定水文、保护土壤等9个方面;谢高地在2003年通过对200位生态学者进行问卷调查,制定出我国生态系统生态服务价值当量因子表,将生态服务划分为气体调节、气候调节、水源涵养、土壤形成与保护、废物处理、生物多样性维持、食物生产、原材料生产、休闲娱乐9大类[2],另外在2015年又提出当量因子法作为一种静态的评估方法,将生态系统服务分为供给服务、调节服务、支持服务和文化服务4大类[3],并进一步细分为食物生产、原料生产、水资源供给、气体调节、气候调节、净化环境、水文调节、土壤保持、维持养分循环、生物多样性和美学景观11种服务功能。

在对生态价值的核算方法上有成本费用法、剂量-反映法、意愿调查评估法和成果参照法等。由于在实际操作中基础数据的收集方法和技术存在局限,在区域范围内也难以开展大规模的意愿调查并且部分统计数据难以满足核算需要,因此综合考虑便捷性和准确性,主要使用成果参照法作为核算土地资源生态系统服务价值的方法。

成果参照法即在现有的大量文献中选取与研究区域环境大致相同或比较经典权威的研究结果,并结合最新的研究进展,从文献中比较确定出各个生态系统不同生态服务价值在总服务价值中的比重,构建基于单位服务功能的价格和基于单位面积价值的当量因子。参照谢高地2015年的研究成果,土地资源生态价值功能可用表4-1表示,土地资源生态价值功能核算方法可用表4-2表示。

表4-1 土地资源生态价值功能

土地资源生态价值功能	供给服务	水资源供给	各生态系统提供的,为居民生活、农业(灌溉)、工业过程等使用的水资源
	调节服务	气体调节	调节大气中的化学成分,如CO_2/O_2平衡、O_3和SO_2的水平等
		气候调节	调节全球温度、降水和其他生物媒介的全球或区域范围内的气候过程以及生态系统的抗干扰性对环境变化的反应
		净化环境	植被和生物去除和降解多余养分和化合物、滞留灰尘、除污,包括净化水质和空气等
		水文调节	生态系统截留、吸收和贮存降水,调节径流、调蓄洪水、降低旱涝灾害
	支持服务	土壤保持	防止土壤侵蚀、土坡移动及土壤沉积的过程
		维持养分循环	指对N、P等元素与养分的储存、内部循环、处理和获取
		生物多样性	包括授粉、生物种群营养级动态控制、栖息地、基因资源四个方面
	文化服务	美学景观	提供娱乐活动,生态美学、艺术及文教等非商业用途的过程

---

[1] 蔡邦成,陆根法,宋莉娟,等.土地利用变化对昆山生态系统服务价值的影响[J].生态学报,2006(9):3005—3010.
[2] 牛海鹏,张安录.耕地利用生态社会效益测算方法及其应用[J].农业程报,2010(5):22—28.
[3] 谢高地,张彩霞,张雷明等.基于单位面积价值当量因子的生态系统服务价值化方法改进[J].自然资源学报,2015(8):1243—1252.

表 4-2 土地资源生态价值功能核算方法

核算项目	功能指标	核算方法
固碳释氧	固碳价值	造林成本替代法
	释氧价值	工业制氧替代法
气候调节	蒸腾降温价值	空调降温替代法
水源涵养	蓄水保水价值	水库建设成本替代法
	净化水质价值	人工水净化费用替代法
大气净化	净化大气污染物价值	大气污染物治理替代法
保育土壤	减少土壤侵蚀价值	土壤侵蚀治理替代法
	减少泥沙淤积价值	清淤工程替代法
	保持土壤营养价值	氮、磷、钾有机质等肥料制作成本替代法
维持生物多样性	生物多样性保持价值	香农-威纳(Shannon-Wiener)指数
休闲游憩	景观游憩价值	旅行费用法

根据不同生态系统生态服务价值当量因子表及标准当量值,进一步确定土地各种生态系统单位面积生态服务价值系数表。最后计算得到土地资源生态价值:

$$EV_i = \sum_{j=1}^{n} E_{ij} S_i \tag{4-11}$$

式(4-11)中:EV_i 为第 i 种生态系统服务的价值;E_{ij} 为在第 i 种生态系统中第 j 种生态服务单位面积的价值;S_i 为第 i 种生态系统的面积。

通过改进后的价值当量评估方法,可以对生态系统类型和服务功能进行更详细的评估,评价结果的信度有所提高。该方法在实际应用中数据需求少、应用简便,具有评估的全面性、方法的统一性、结果的可比性,是生态系统服务价值评估的快速核算工具。

综上所述,在社会主义市场经济条件下,企业和居民住户需要进行生产、消费和投资决策,土地资源资产核算就是其重要的决策依据之一。因此国民经济核算部门能否提供准确和丰富的国民经济核算信息直接影响到决策的科学性。土地资源资产核算就是这样一种工具,它通过一系列科学的核算原则和方法把描述国民有关土地方面的基本指标有机地组织起来,为复杂的土地市场经济运行过程勾画出一幅简明的图像,大大提高了人们了解和把握经济运行的能力。并且这一系列工作都成为制定有关规划、计划和政策的重要依据,不断推动社会主义市场经济持续、健康、稳定和快速发展。

本章小结

自然资源资产核算是反映被核算区域在某时点上所展现的自然资源资产的状况。自然资源资产核算的内容包含两个方面:一是具有明确经济价值的自然资源,二是凝结在自然资源中的抽象价值,所以自然资源资产的测算方法是根据实物量与价值量进行测算的。

在国际范围内,根据各国的国情及制度的不同,土地资源资产核算的方法也各有特点。目前,我国在土地资源资产经济价值核算上采用的方法有收益还原法、市场价值法、完全生产价格法等,在土地资源资产生态价值上采用的是价值当量评估方法。随着我国经济的发展,相关方法也将进一步完善,更加符合当前的发展趋势,推动我国经济持续、健康、稳定发展。

关键词

自然资源资产　土地资源资产核算　生态价值

复习思考题

1. 自然资源资产核算方法主要包含哪些?
2. 土地资源资产核算的内涵。

自然资源资产
负债表

(本章编写人员:刘成武,郭鑫)

第二篇

土地利用

第五章 CHAPTER 5

土地利用概述

◎ 思维导图

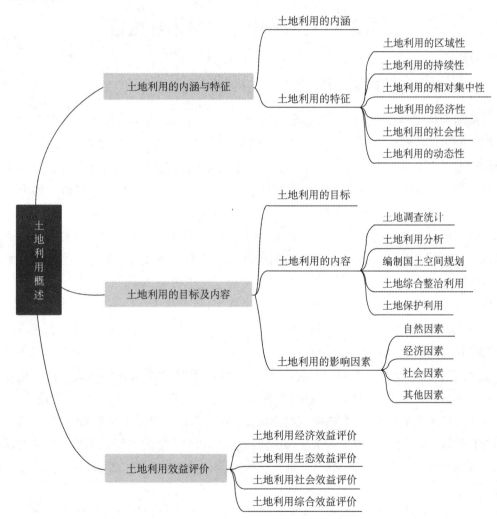

> **学习目标**
>
> 1. 掌握土地利用的内涵、土地利用的特征。
> 2. 理解土地利用目标以及土地利用的内容。
> 3. 掌握土地利用效益的内涵。
> 4. 了解土地利用效益评价方法。

第一节 土地利用的内涵与特征

一、土地利用的内涵

土地利用是人与自然交叉最为紧密的环节[1],土地利用是人类为满足生存需要而进行的长期性的生产活动。土地利用是自然环境演变与人类活动相互作用的复杂综合体,是自然与社会过程交叉最为密切的问题[2]。自从人类产生之日即开始了对土地进行利用,土地利用与人类的生存和发展休戚相关,人类社会的发展史文明史,实际上就是一部土地利用史[3]。

虽然人类对土地的利用历史悠久,但是对于土地利用的内涵这一问题学界尚未形成统一的认识,不同专家、学者及机构从不同的角度阐明了自己的观点,当前几种代表性观点如下:

毕宝德认为,土地利用是指人类通过特定的行为,以土地为对象或手段,利用土地的特性,获得物质产品和服务,满足自身需要的经济活动过程。这一过程是人类与土地进行物质、能量、价值和信息交流及转换的过程[4]。

王万茂认为,土地利用是指由土地的质量特性和社会土地需求协调所决定的土地功能和过程,具体包括两方面的含义:一是指人类根据土地质量特性开发利用土地,创造财富,以满足人类生产和生活的需要;二是指利用土地,改善环境,以满足人类生存的需要[5]。

陆红生认为,土地利用是指人类通过一定的活动,利用土地的性能来满足自身需要的过程。土地利用可以是生产性的活动,如种植作物、养殖动物、建造工厂等;也可以是非生产性

---

[1] Turner B L, David Skole, Steven S Q, et al. Land use and land cover change(LUCC):Science/Research plan[R]. IGBP Reports35,1995.
[2] 郭洪峰,许月卿,吴艳芳. 基于地形因子的大都市边缘区土地利用变化分析——以北京市平谷区为例[J]. 中国农业大学学报,2013(1):178—187.
[3] 欧名豪,雷国平,肖红安等. 土地利用管理[M]. 北京:中国农业出版社,2002.
[4] 毕宝德. 土地经济学(第7版)[M]. 北京:中国人民大学出版社,2016.
[5] 王万茂,韩桐魁,胡振琪,等. 土地利用规划学[M]. 北京:中国农业出版社,2002.

的活动,如建造住宅、设旅游风景区、施行自然环境保护等。土地利用是土地的利用方式、利用程度和利用效果的总称[①]。

综上所述,有的学者从人类对土地需求的角度出发,强调人类利用土地,对土地进行投入以满足人类的某种需求;有的学者从土地的功能的角度,即人与土地相互作用所决定的土地功能,强调土地利用应该把土地本身的质量与社会需求结合在一起;有的学者以土地的经济属性为出发点,或侧重于土地利用的过程、或侧重于土地资源的配置、或强调土地利用系统、或强调土地利用的各种要素。尽管不同学者从各自学科的角度对土地利用的概念给予了不同的阐述与表达,但在土地利用定义的内涵和外延上却达成以下几点认识:一是土地利用是人类实现自身生存和发展的重要手段,并且土地利用是一个人与土地相互作用的过程;二是土地利用是一个动态的概念,随着经济社会的发展变化以及科学技术的革新,土地利用的内涵将不断丰富、发展和完善,土地利用具有强烈的时代气息;三是人类对土地的利用是通过对土地功能的需求来实现,在利用过程中土地为人类提供物质产品和服务(效用),从而满足人们日益增长的物质和文化需求;四是土地利用的方式必须是可持续的,不能为满足自身需要而损害后代的利益。

因此,可将土地利用定义为:土地利用是人类为了满足自身的生存与发展,根据一定的经济与社会目的,在充分利用土地的特点和功能的前提下,采取经济的、技术的、社会的、行政的、生物的等一系列技术或手段,对土地进行的长期性或周期性的经营过程,进而从土地利用系统获取物质产品和服务(效用)。土地利用是一个把土地的自然生态系统变为人工生态系统的过程,是一个自然、社会、经济、技术诸要素综合作用的复杂过程。简而言之,土地利用是指人类劳动与土地相结合,获得物质产品或服务(效用)的社会经济活动,从而满足人类日益增长的物质文化需求以及对美好生活的追求。

二、土地利用的特征

土地利用基于土地固有特性而开展,遵循"道法自然""天人合一"的理念。土地利用在形式上表现为人类与土地系统进行物质、能量、信息、价值等交流和转化,因而土地利用的特点基于土地的特点而产生、发展、变化、深化。

(一)土地利用的区域性

由于土地位置的固定性,不可移动,因此土地只能就地利用。不同区域的土地,由于气候、土壤、水文、地质、地形、地貌、风土人情、风俗习惯、社会经济发展水平等不尽相同,由此导致各个区域之间在土地利用的形式、形态不尽相同或差异显著,形成土地利用的区域性特征。

(二)土地利用的持续性

土地既是生产资料,又是劳动对象。与其他生产资料不同,土地是一种可更新的自然资源,只要恰当利用,在生产过程中既不会因为利用而减少,也不会消失或消灭,更不会从一种

---

① 陆红生,等.土地管理学总论(第2版)[M].中国农业出版社,2007.

形态转化成另一种形态。只要科学、合理利用，土地会不断改良，其生产能力不会丧失，相反会随着经济社会持续发展以及科学技术的不断进步而不断提升。

（三）土地利用的相对集中性

土地利用反映了在一定的生产力发展水平下，人类劳动与土地结合的过程。这一过程需要一定面积的土地作为支撑，随着生产力的发展这一表现日益突出，土地集中、连片开发利用日趋明显，表现为区域土地利用的集中性。土地利用具有规模效益，由于土地面积的有限性，需要土地利用以一定的面积开展。因此，为提高土地利用效益必然要求土地利用的相对集中利用，从而实现土地利用的规模效益。

（四）土地利用的动态性

土地利用是一个动态过程，随着生产力的发展而发展，随着人们认识的深入而深入。纵观人类社会的发展历程，经历了原始氏族公社社会、奴隶社会、封建社会、资本主义社会、社会主义社会等社会形态，土地利用的内容不断发展变化。当前，随着科学技术的进步，人类利用土地的广度和深度达到前所未有的境地，沧海变桑田、沙漠变绿洲、高峡出平湖等已成为现实。因此，必须以发展的、动态的眼光看待土地利用问题。

（五）土地利用的社会性

自人类产生之日，就产生了土地利用。在土地利用过程中，形成各种各样的土地生产关系，而土地生产关系是社会生产关系的重要组成部分。随着人地矛盾的日益凸显，土地利用的社会性日益显现。土地利用体现着一定的社会生产关系，因而土地利用必然产生深刻的社会性。现实中，土地利用不仅影响本区域内土地的自然资源、生态环境、社会经济效益，而且对邻近区域乃至整个国家的自然资源、生态环境、社会经济产生重要影响。影响我国的雾霾天气，以及孟母三迁的故事，均是土地利用社会性的真实反映。因此，土地利用从来都不是无约束的，土地利用要符合国家及区域土地利用目标，增进人民的福祉，而不能损害国家及公众利益。

（六）土地利用的经济性

土地利用的目的是满足人们日益增长的物质文化需求和对美好生活的追求。土地作为一种最基本的生产要素，与其他要素结合后，才能进入生产过程。土地与其他生产要素一样，在利用中必须遵循一定的经济规律，才能取得良好的经济效益。在当前社会主义市场经济条件下，物质财富还未极大丰富，必然体现为通过土地利用获取经济效益，从而满足人们的多种需求。但是，在追求土地利用的经济效益时，必须注重土地利用的生态环境效益和社会效益，实现经济效益、生态效益和社会效益的有机统一，不能以牺牲生态环境、公众利益为代价。

第二节　土地利用的目标及内容

一、土地利用的目标

土地利用既是一个技术问题，又是一个经济问题，还是一个动态过程。从本质上讲,土地利用是人与土地相互作用构成的动态系统,人类通过利用土地获得物质产品或服务(效用)来满足自身生存和发展的各种需求。利用土地获得物质产品主要包括生产和生活资料,如动植物产品、工业原料、矿业产品、燃料等;利用土地获得物质产品或服务(效用)主要是指土地为人类提供的生产、生活场所或空间以及提供的景观、休闲游憩等。

土地利用的目标根据不同的分类标准可以划分为不同的类型,当前土地学界对于土地利用的目标大致可以分为两大类。

(一) 按人类利用土地最终发挥的作用

1. 经济目标

经济目标是指最大限度地满足社会物质生产和生活对土地的需求。土地利用的经济目标主要以生产农产品或者作为建设用地与资本、劳动力一起参与其他产品的生产。在人类社会发展的进程中,不同程度地出现了以经济目标为唯一目标,对土地过度索取,导致出现与土地相关的生态问题、社会问题。因此,在我国社会主义市场经济体制下,土地利用过程中要正确处理经济发展与环境保护、社会进步的关系,促进土地利用结构与布局持续优化,实现土地供需平衡。

2. 生态目标

生态目标是指在通过土地利用满足人们日益增长的物质文化需求和对美好生活向往的追求的过程中,以自然规律为准则,形成节约能源资源和保护生态环境的产业结构、增长方式、消费模式,从而维护和提升土地生态环境,实现人与自然和谐相处、协调发展。生态环境问题与土地利用息息相关,由于认识的局限以及一味追求经济目标,导致出现土地污染、土地损毁、土地退化、水土流失等一系列土地生态问题,严重威胁到人类的生存与发展,已成为制约中国经济社会高质量发展的主要因素。因此,在土地利用过程中必须关注生态目标,不能再走以牺牲生态和环境为代价来换取经济一时发展的掠夺式发展道路。

3. 社会目标

社会目标是指通过土地利用体现和维持社会公平与正义,维护社会公共利益,增加社会福祉,实现人们日益增长的美好生活需要。社会目标随着经济社会的不断发展进步而不断发展变化,因此对土地利用社会目标的追求需要与时俱进,同时还应协调国际以及代际之间的关系。

土地承载着人类,滋养着生命,蕴含着资源,孕育了文明。土地利用体现着一定的社会生产关系,土地还兼具文化传承属性,代表着一定地域的社会文化,人类通过土地利用实现经济社会持续、健康发展,同时使得土地上的文化得以传承和发扬,土地上的文明得以保留和延续。

土地利用的经济目标、生态目标、社会目标相互联系、相互依存、相互制约,是一个有机整体,不可偏废任何一个方面。因此,在土地利用过程中必须牢固树立并坚定不移地贯彻创新、协调、绿色、开放、共享的新发展理念,从而实现经济、生态、社会三大目标的有机统一(图5-1)。

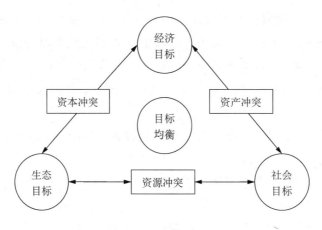

图 5-1　土地利用目标关系

（二）按人类利用土地最终获得的"产品"

1. 物质产品

土地是生存之基、发展之本、财富之源、生态之要，是维系人类生存最基本、最重要的自然资源，土地为人类提供了生存和发展需要的生产资料和生活资料。土地既是生产资料，又是劳动对象，人类劳动与土地结合为人类提供各种食物。随着人类社会的发展进步，土地还为人类社会提供矿产资源、原料、动植物产品、燃料动力等。

例如人们借助大自然的光、热、水等自然条件，在土地上耕作生产粮、棉、油、蔬、果等农副产品，饲养猪、牛、羊等，满足人们的衣食住行等需求。同时，土地蕴含着资源，为社会经济发展提供煤炭、石油、天然气、铜、铁、锌等燃料动力和矿产资源，支撑经济社会高质量发展。

2. 服务或效用

根据马斯洛需求层次理论，人的需求具有多层次性，最基础的物质产品满足之后，在人类追求高层次的需求的过程中，土地为人类提供了生产、生活的场所、空间和生态景观及游憩、生物多样性保护、文化（精神与宗教价值、故土情结、文化遗产、审美、教育、激励、娱乐与生态旅游）、支持（土壤形成、养分循环、初级生产、制造氧气、提供栖息地）等服务或效用。

根据马斯洛需求层次理论，随着人类的不断发展进步，人们在满足物质需求的前提下将追求更高层次的需求。土地具有生态、景观等功能，土地在为人们提供食物、水、原料等基础上，土地上的自然景观、人文景观比较集中，并且环境优美，为人们提供了游览或者进行科学活动的场所，提供了文化和审美服务，例如审美信息、娱乐和旅游的机会、文化艺术和设计的精神体验及供应认知发展的信息等。

二、土地利用的内容

土地利用的内容是土地利用内涵的延伸和深化，是土地利用的具体表现形态。由于土地利用内涵的丰富性，加之土地利用的日益纷繁、精细化，当前土地利用的基本内容包括：

（一）土地调查统计

由于土地是一个自然社会经济综合体，涉及自然、社会、经济、资源、生态、环境等诸多方面，必须对纷繁复杂的土地进行科学、合理分类调查，分类是土地调查、土地评价、土地资产评估以及编制国土空间规划的基础。土地调查是指对土地的地类、位置、面积、分布等自然属性和土地权属等社会属性及其变化情况，以及永久基本农田状况进行的调查、监测、统计、分析的活动。土地调查主要是对土地资源的数量、质量、分布、权属、保护和开发利用状况进行调查。在此基础上，开展土地统计工作。土地统计是利用数字、图表及文字资料，对土地的数量、质量、分布、权属和利用状况及其动态变化进行全面系统的记载、整理和分析的一项管理措施。土地统计是土地管理、地籍管理的重要基础。

（二）土地利用分析

土地利用分析为科学、合理、有效利用土地指明了方向，主要包括土地利用的自然与社会经济背景、土地数量-质量-生态及变化、土地利用结构与布局、土地利用效益分析等。

1. 土地利用的自然与社会经济背景分析

通过对气候、地质、土壤、水文、植被、矿藏、景观、灾害等自然条件和人口、产业、城镇及村镇建设、基础设施建设等社会经济条件进行分析，明确土地利用的有利条件与制约因素。

2. 土地数量、质量、生态及变化分析

通过对各类土地的数量、质量、生态及变化情况进行分析和比较，客观评价土地的状况和特点，研究引发土地变化的原因，分析土地利用变化对经济、社会、生态环境等产生的影响。

3. 土地利用结构与布局分析

结合土地自然、社会经济条件以及土地数量、质量、生态及变化等情况，分析各类土地所占比例以及区域分布状况，并归纳总结土地利用结构与布局的规律与特点。

4. 土地利用效益分析

土地利用效益是指土地投入与消耗在区域发展的社会、经济、生态环境等方面所获取的物质产出、服务或效用。土地利用效益反映了人类利用土地目标的实现程度。一般情况下，土地利用效益可以分为土地利用的经济效益、社会效益、生态效益以及三者的综合效益。

（三）编制国土空间规划

长期以来，我国存在规划类型过多，特别是土地利用总体规划、主体功能区规划、城乡规划等密切相关的规划在目标与思路、分类标准与分区、规模与空间布局等方面存在不协调。通过编制国土空间规划，科学布局生产空间、生活空间、生态空间，解决因无序开发、过度开发、分散开发导致的优质耕地和生态空间占用过多、生态破坏、环境污染等问题，解决现有相关规划重叠冲突、部门职责交叉重复、地方规划朝令夕改等问题，以高品质国土空间规划引领高质量发展，实现全面贯彻国家战略、充分符合发展趋势、满足人民对美好生活向往的追求。

（四）土地综合整治利用

土地综合整治以提高土地利用率、保障土地资源可持续利用为目的，开展未合理利用土地的整理，因生产建设破坏和自然灾害损毁土地的修复，以及未利用土地的开发等活动。土地综合整治具体包括农用地整理、农村建设用地整理、城镇工矿建设用地整理、土地复垦、宜耕后备土地资源开发、高标准农田建设等。通过土地综合整治对配置不当、利用不合理，以及分散、闲置、未被充分利用的土地实施深度开发，提高土地集约利用水平和产出率，改善生产、生活条件和生态环境。

土地综合整治利用的实质是合理组织区域土地利用,土地综合整治事关长远、牵动全局,只有拓宽视野,整体谋划,创新思路,统筹推进,才能实现"政府得土地、农民得实惠、城乡得发展"。通过土地综合整治利用,不仅能促进耕地保护和土地集约节约,还能改善农村生态环境,为农业农村提供发展空间,助推乡村振兴,是贯彻落实习近平生态文明思想的重要实践,是新时期土地制度创新的重要探索,是实施乡村振兴战略的平台抓手。

(五) 土地保护利用

土地保护是人类为了自身的生存与发展,保护土地,恢复和改善土地的物质生产能力,防治土地生态环境破坏,实现土地可持续利用所采取的措施和行动。土地保护包括对土地"数量、质量、生态"三位一体的保护,同时土地保护是一个技术问题,是一个动态过程。《中华人民共和国宪法》第九条第二款指出:"国家保障自然资源的合理利用……禁止任何组织或者个人用任何手段侵占或者破坏自然资源。"第十条第五款指出:"一切使用土地的组织和个人必须合理利用土地。"这些规定强调了对包括土地在内的自然资源的严格保护和合理利用。土地保护利用必须以"绿水青山就是金山银山"理论为指导,坚持在保护中合理利用土地,在合理利用中保护土地。

三、土地利用的影响因素

土地利用是人类劳动与土地结合的过程,在这一过程中表现为人类与土地进行能量、价值、信息等交流与转换。在这一过程中,诸多因素对土地利用产生影响,归纳起来大致可以分为自然因素、经济因素、社会因素、其他因素等。

(一) 自然因素

土地作为一种资源,是自然的产物,因而土地具有明显的自然特性。土地的地形、地貌、气候、土壤、植被、地质、水文、岩石、矿藏、大气等均对土地利用产生影响。

(二) 经济因素

在人类社会产生之后,土地的经济属性日益显现。随着人类社会的日益发展,影响土地利用的经济因素日益增加。影响土地利用的经济因素主要包括区位、经济发展水平、产业结构、人口分布及密度、居民消费水平等。这些经济因素对土地利用的数量与质量、结构与布局、方向与方式、效益与效果等产生深刻影响。

(三) 社会因素

社会因素是指社会上各种事物,包括社会制度、道德规范、国家法律、社会舆论、风俗习惯等。社会因素的存在以及强有力的作用,影响着人们土地利用态度的形成和改变。影响土地利用的社会因素主要包括法律法规、制度政策、管理体制、文化习俗、风俗习惯、伦理道德等。

(四) 其他因素

其他因素是指自然因素、经济因素、社会因素之外的因素,如土地利用技术、手段等。由于土地是一个自然、社会、经济综合体,并综合了人类正反面活动,随着社会生产力的发展以及人们对土地认识的加深,土地利用技术、手段等不断发展进步。

不同影响因素在不同时期、不同生产力条件下对土地利用的影响不尽相同,并且对不同的土地用途表现出来的作用程度不尽相同。在生产力较低的条件下,自然因素是影响土地利用的首要因素。随着社会生产力水平的提高,人类具备了较高的认识自然和改造自然的能力,根据社会、经济的需求对土地进行利用。

第三节 土地利用效益评价

"效益"一词源于物理领域,用来测量能量耗损水平,后被引入经济学范畴,表明投入与产出之比,同时,也用以反映经济活动与资源配置是否最优化[1]。土地利用的目的是获得物质产品或服务(效用),满足人们的物质和文化生活需求,在这一过程中产生了各种效益,即土地利用效益。

土地本身是由经济、社会、生态环境所构成的复合系统,在土地上进行投入,会形成经济、社会、生态环境等三方面效益[2]。因此,土地利用效益是指土地投入与消耗在区域发展的社会、经济、生态环境等方面所获取的物质产出、服务或效用。按照人类利用土地最终所发挥的作用,土地利用效益可以分为土地利用的经济效益、社会效益、生态效益。

一、土地利用经济效益评价

(一)土地利用经济效益的概念

土地利用的经济效益是指土地的投入与取得有效产品(或服务)之间的比较。所谓有效产品,是指该产品能为社会所需要[3]。如果取得的有效产品是商品,并且在市场上该商品可以自由交换,才能实现其价值。否则,该产品则是无效产品,当然也就没有经济效益可言。在现实生活中,如教育用地、瞻仰景观休闲用地等并不像耕地直接产出农产品,仅仅是发挥其承载、地基、场所空间的功能,人们在其中所获得的是教育、愉悦心情、提升文化素质和修养等,但又确实是人们和社会的生产、生活需求,其实际上提供的是服务或效用。该服务或效用的数量和质量可以通过间接的方法进行评价。

中国的土地行政主管部门在实践中开展了农用地分等定级和估价、区片综合地价评估、城镇土地定级与估价、开发区土地集约节约利用评价等土地利用经济效益评价工作。

(二)土地利用经济效益评价的方法

在开展土地利用经济效益评价时,通常采用投入产出法,即对土地的投入和土地的产出进行对比,当投入一定时,产出高,则土地利用的经济效益较好,反之则较差。同时,根据是否考虑资金的时间价值,可以分为静态和动态评价方法。

---

[1] 傅玲. 重庆城市土地供需分析及其用地效益综合评价[D]. 重庆:重庆师范大学,2005.
[2] 田俊峰,王彬燕,王士君. 东北三省城市土地利用效益评价及耦合协调关系研究[J]. 地理科学,2019(2):305—315.
[3] 毕宝德. 土地经济学(第7版)[M]. 北京:中国人民大学出版社,2016.

1. 静态评价方法

(1) 粮食单产。一般是指在粮食作物实际占用的耕地面积上,平均每公顷耕地全年所生产的粮食数量。

$$粮食单产 = 全年粮食总产量 \div 粮食作物实际占用的耕地面积 \quad (5-1)$$

(2) 地均GDP。又称经济密度,指的是每平方公里土地创造的GDP,反映的是一个地方的经济密度和活力。

$$地均GDP = GDP总量 \div 土地总面积 \quad (5-2)$$

(3) 静态投资回收期。该指标是指对土地的投资收回所需要的时间,通常以年为单位。

$$静态投资回收期 = 投资总额 \div 平均每年的利润 \quad (5-3)$$

(4) 投资收益率。该指标是指对土地投资后的年收益总额与总投资的比值。

$$投资收益率 = 年收益总额 \div 总投资 \quad (5-4)$$

2. 动态评价方法

在经济学范畴中,动态评价方法主要是指在评价过程中考虑了资金的时间价值。由于土地领域的投资一般时间较长,并且该投资可能并非一次性可以收回,为了使得评价结果更接近实际、具有可比性,动态评价方法主要考虑了"复利系数""贴现系数"的影响。

(1) 复利系数。复利系数是指现在的1单位货币相当于今后第n年的多少货币。具体而言,是指在每经过一个计息期后,将本期所产生利息加上本金,从而计算下期的利息,即以利生利,俗称"利滚利""驴打滚"。

$$F = (1+r)^n \quad (5-5)$$

式(5-5)中:F为复利系数;r为利率;n为年期。

(2) 贴现系数。贴现系数是指从当前算起,今后第n年的1单位货币量相当于现在的多少单位货币。

$$P = 1/(1+r)^n \quad (5-6)$$

式(5-6)中:P为贴现系数;r为利率;n为年期。

从复利系数和贴现系数的计算公式可以看出,两者呈倒数关系。

根据复利系数、贴现系数或可比价格等,将静态评价方法中的各个指标转化为动态指标。

(3) 可比价格地均GDP。一般指的是每平方公里土地创造的按照可比价格计算的GDP。

$$可比价格地均GDP = 可比价格GDP总量 \div 土地总面积 \quad (5-7)$$

(4) 动态投资回收期。一般是指对土地的投资收回所需要的时间,通常以年为单位。

$$动态投资回收期 = 动态投资总额 \div 平均每期的利润 \quad (5-8)$$

式(5-8)中:动态投资总额为各期投资额折现到期初的金额,平均每期的利润折现到期初的金额。

(5) 动态投资收益率。该指标是指对土地投资后的年收益总额与总投资的比值。

$$动态投资收益率 = 动态年收益总额 \div 总投资 \qquad (5-9)$$

式(5-9)中:动态年收益总额为各年收益额折现到期初的金额,总投资为折现到期初的投资金额。

二、土地利用生态效益评价

(一) 土地利用生态效益的概念

长期以来,随着人地矛盾的日益凸显,人们高度重视土地利用的经济效益。但是,在土地利用过程中人们直接或间接改变了土地生态环境,由此引发土地污染、土地退化等一系列土地生态危机,严重威胁人类社会赖以生存的土地生态环境以及经济社会的可持续发展。随着可持续发展理念的发展,人们逐渐关注和重视土地利用生态效益。

土地利用的生态效益是指人类对土地的利用过程与结果符合生态平衡的规律,即人类利用土地后,所建立起来的新的生态系统,不仅没有破坏原有的系统,反而增强了原有生态系统的功能,并能为人类的生产和生活提供更好的生态环境和更多的生物产品[1]。

(二) 土地利用生态效益评价的方法

由于生态环境对农业生产和经营的影响十分重大,因而土地利用生态效益评价方法主要是评价农业土地利用的生态效益、农业中能量的投入产出效果分析。

20世纪70年代,韦斯特曼(W. E. Westman)提出了生态系统服务及其价值。随后,戴利(G. C. Daily)比较全面、系统、深入研究了生态系统的各个方面。但是,由于缺乏生态系统服务价值的理论方法,对其研究发展缓慢。1997年科斯坦萨等人在《自然》杂志上发表的《全球生态系统服务价值和自然资本》一文中对生态系统服务价值进行的研究[2],从科学意义上明确了生态服务价值估算的原理方法。随后,国内学者对生态系统调节功能和生态服务价值进行了深入研究。

国内外对于生态系统服务价值的评价方法主要有能值分析法、物质量评价法和价值量评价法[3]。由于价值量评价法以货币为最终表现形式,使得生态系统的各单项服务以及不同生态系统服务可以统一为货币值进而进行比较。同时,借鉴谢高地等根据我国国情参考科斯坦萨部分研究成果的基础上制定的中国不同陆地生态系统单位面积生态服务价值[4],将其中不同土地利用类型的各项服务价值求和得到生态系统服务价值系数,该方法可以很

---

[1] 毕宝德. 土地经济学(第7版)[M]. 北京:中国人民大学出版社,2016.
[2] Costanza R, Arge R, Groot R, et al. The Value of the World's Ecosystem Services and Natural Capital[J]. Nature, 1997(6630):253—260.
[3] 岳书平,张树文,闫业超. 东北样带土地利用变化对生态服务价值的影响[J]. 地理学报,2007(8):879—886.
[4] 谢高地,鲁春霞,冷允法,等. 青藏高原生态资产的价值评估[J]. 自然资源学报,2003(2):189—196.

好地表征土地利用的生态效益。计算公式为：

$$ESV = \sum_{i=1}^{6} A_i \times C_{vi} \tag{5-10}$$

式(5-10)中：ESV 为区域生态系统服务总价值(元)；A_i 为第 i 种土地利用类型面积(hm^2)；C_{vi} 为生态服务价值系数，即单位面积生态系统服务价值(元/$hm^2 \cdot a^{-1}$)。

三、土地利用社会效益评价

(一) 土地利用社会效益的概念

土地利用不仅产生经济效益、生态效益，并且具有利用后果的社会性，土地利用社会效益不像土地利用经济效益可以直观表征，但是人们切切实实地能感受到。

土地利用的社会效益是指土地利用后，对社会需求的满足程度及其相应产生的政治和社会的影响情况[1]。

在市场经济条件下，由于土地利用不仅对土地使用者本身产生影响，同时会对土地所在的区域产生深刻影响。因此，在追求土地利用经济效益的同时，不能忽视土地利用的社会效益。在土地利用过程中需要统筹兼顾土地产出的产品和服务与社会需求，不仅要最有效地进行生产，同时还要兼顾社会分配生产和服务的有效性，实现公平与正义。土地利用社会效益除了考虑分配与消费方面的因素外，还包括社会文化、社会保障、风俗习惯、社会稳定等方面的效益。

(二) 土地利用社会效益评价的方法

由于社会效益评价是 20 世纪 60 年代以后才逐渐被人们所重视，人们对于社会效益的概念至今没有达成共识[2]。当前，土地利用社会效益的评价理论与方法正处于探索阶段，评价方法多为定性的分析和评价。

在我国农村集体土地既是农业生产资料、生活资料，同时又担负着农民的就业和养老。长期以来土地的保障功能替代农村社会保障体系承担农村医疗、失业以及养老等社会保障的角色[3]。2020 年 1 月 1 日新实施的《中华人民共和国土地管理法》明确指出：县级以上地方人民政府应当将被征地农民纳入相应的养老等社会保障体系。被征地农民的社会保障费用主要用于符合条件的被征地农民的养老保险等社会保险缴费补贴。因此，农村土地利用存在经济、生态效益的同时，还具有社会效益，该社会效益可以通过就业、养老等间接衡量。

长期以来，中国的粮食收购价格明显低于生产价格，如果单纯从商品经济学角度衡量，要么提高粮食收购价格，要么不生产粮食。但是，耕地是粮食生产的命根子，充足而低廉的粮食供应对于维护安定团结的局面具有重要意义。因此，党的十九大报告明确提出"确保国家粮食安全，把中国人的饭碗牢牢端在自己手中"。习近平总书记曾强调"粮食安全要靠自

---

[1] 毕宝德. 土地经济学(第 7 版)[M]. 北京：中国人民大学出版社，2016.
[2] 严伦琴. 我国铁路提速社会效益评价[M]. 北京：北方工业大学出版社，2004.
[3] 李如意. 农地流转过程中土地社会保障功能货币化机制研究[D]. 西安：西北农林科技大学，2017.

己""自己的饭碗要装自己生产的粮食"。

在我国社会主义市场经济条件下,土地作为最基本的生产要素,在一定范围和一定程度上可以进行市场化配置。但是,政府必须站在谋求最大社会效益的立场上,对土地市场和土地资源的投放量进行总体调控,这样才能保证在土地资源的利用效率最高的情况下社会的福利也最大①。

四、土地利用综合效益评价

(一) 土地利用综合效益的概念

土地是一切经济与社会活动的载体,农业用地被转化为城市建设用地并进行开发利用,目的在于获得期望产出,即经济效益,并将经济收益投入基础设施建设等过程,以产生社会效益。这一过程中因技术、资本等方面的限制,产生污染物等非期望产出,对城市生态环境系统造成破坏,影响土地利用的生态环境效益②。由此可见,通常情况下土地利用的过程同时伴随着经济、社会、生态效益,是三者的有机统一。因此,随着人们认识的深入,土地利用效益的评价,统筹兼顾评价经济、社会、生态效益。土地利用综合效益是指土地在数量、质量的空间和时间上安排、使用和优化,从而带来的经济、社会、生态和环境效益的总和③。

(二) 土地利用综合效益评价的方法

当前,土地利用综合效益的研究处于探索阶段,相关专家学者在研究中多从经济、社会、生态三个方面构建评价指标体系,然后采用综合指数法、对应分析、物元分析等综合评价模型对区域土地利用综合效益进行评价。例如,张静在汉中市土地利用综合效益评价研究中采用目标层、准则层、因子层、指标层等四个层次结构构建的评价指标体系④。

本章小结

土地利用是人类为了满足自身的生存与发展,根据一定的经济与社会目的,在充分利用土地的特点和功能的前提下,采取经济的、技术的、社会的、行政的、生物的等一系列技术或手段,对土地进行的长期性或周期性的经营过程,进而从土地利用系统获取物质产品和服务(效用)。

土地利用具有区域性、持续性、相对集中性、动态性、社会性、经济性等特点。土地利用的目标按人类利用土地最终发挥的作用可以分为经济目标、社会目标、生态目标;按人类利用土地最终获得的"产品"可以分为物质产品、服务或效用。

---

① 王伟,邓蓉,何伟.土地经济学[M].北京:中国农业出版社,2006.
② 田俊峰,王彬燕,王士君.东北三省城市土地利用效益评价及耦合协调关系研究[J].地理科学,2019(2):305—315.
③ 申海元,陈瑛,张彩云.西安市土地利用综合效益研究[J].土壤通报,2009(2):209—212.
④ 张静.汉中市土地利用综合效益评价研究[J].西北师范大学学报(自然科学版),2014(2):115—120.

土地利用是一个人类劳动与土地结合的过程,在这一过程中表现为人类与土地进行能量、价值、信息等交流与转换。在这一过程中,诸多因素对土地利用产生影响,归纳起来大致可以分为自然因素、经济因素、社会因素、其他因素等。

土地利用效益是指土地投入与消耗在区域发展的社会、经济、生态环境等方面所获取的物质产出、服务或效用。按照人类利用土地最终所发挥的作用,土地利用效益可以分为土地利用的经济效益、社会效益、生态效益。

关键词

土地利用　土地利用效益　土地利用经济效益　土地利用社会效益　土地利用生态效益

复习思考题

1. 土地利用的内涵是什么?
2. 土地利用的内容有哪些?
3. 如何理解土地利用的目标?
4. 土地利用的影响因素有哪些?
5. 如何理解土地利用效益?

拓展阅读

全域土地综合
整治典型案例

(本章编写人员:张小虎)

第六章 CHAPTER 6

土地集约利用

◎ 思维导图

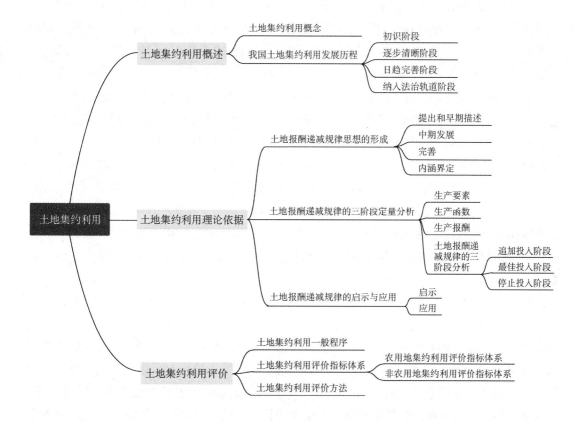

学习目标

1. 掌握土地集约利用、土地报酬递减规律相关概念。
2. 熟悉土地报酬变化的几个阶段及其数学分析。
3. 了解土地集约利用途径。
4. 了解土地集约利用评价。

第一节 土地集约利用概述

土地集约利用是我国土地利用基本原则之一。土地集约利用既有成熟的理论作指导，又有丰富的实践为借鉴。

一、土地集约利用概念

人类对土地集约利用的探索，始于英国经济学家大卫·李嘉图（David Ricardo）、法国重农学派杜尔哥（Anne-Robert-JacquesTurgot）等古典政治经济学家将土地集约概念引入到地租理论的研究。大卫·李嘉图认为耕种收益一直遵循着报酬递减规律，在土地优劣等级不同造成的级差地租形成后才开始注重集约利用。社会关注所谓农业利用方面的土地集约，本质上是在固定区域面积的土地上，通过改善生产劳动和提高生产技术水平，以期达到比预期值更高的收益，即在较小面积的土地上，寻求最高产量和收入的农业经营方式。德国经济学家杜能随后在农业区位理论中提出空间布局的重要性，阐述了空间布局是如何影响土地利用的集约程度并作出实例评价论证。在这之后，马克思完善了土地集约利用的评价内容体系，将相关理论的研究推向了新的高度，尤其是他借鉴和吸收古典经济学对地租理论核心内涵后，对"集约利用"概念做出新的界定："在经济学上，所谓集约化耕作，无非是指资本集中在同一块土地上，而不是分散在若干毗连的土地上。"① 20世纪20年代，各国在探索制约城市土地集约利用影响因素时提到"城市土地集约利用"的概念，核心内涵是以提高土地产出为主要目标的城市土地经营方式。

综合而言，土地集约利用，即土地集约经营，是指在一定面积的土地上投入较多的生产资料、劳动或其他生产要素，以提高土地收益的经营方式②。例如，在农业生产时，采用先进的农业机械装备和农业技术，进行精耕细作，以增加农产品的产量；在城市建设时，采用修建高层建筑的先进技术，加大单位面积土地的资本投入，以提高单位面积建筑空间。土地集约利用是相对于土地粗放经营而言的。人类大规模利用土地的历史已有几千年，但早期人类对农业土地的利用采用的是粗放经营。所谓农地粗放经营就是粗耕粗作，广种薄收，主要靠扩大农田面积来增加农产品数量及收入的经营方式。③

根据投入生产要素的密集程度不同，土地集约利用可以区分为劳动集约型、资本集约型和技术集约型等三种形式。劳动集约利用是指在单位面积土地上投入较多的劳动以获得较多产量和收入的方式。④ 资本集约利用是指通过在单位面积土地上投入较多的生产资料代

---

① ［德］马克思.资本论（第3卷）[M].北京：人民出版社，2004：760.
② 周诚.土地经济学原理[M].北京：商务印书馆，2007.
③ 同上.
④ 毕宝德.土地经济学（第8版）[M].北京：中国人民大学出版社，2020.

替劳动,或是较少的劳动力拥有较多的生产资料,进行高度现代化的生产。技术集约利用是指在单位面积土地上采用较多先进的科学技术来获取产品的增加,提高土地生产率。[①] 在土地利用的实践中,具体应该采用哪种集约利用方式,主要由投入要素的比较成本决定,如果劳动力的比较成本较低,就应采用劳动集约利用,反之,则可能主要采用资本集约利用或技术集约利用。

土地集约利用和土地节约利用既区别又联系。土地节约利用主要是从保护土地的角度来说的,是指通过一些政策措施或技术手段,减少社会经济发展对土地资源的消耗,少用地,尽量不占或少占耕地和农用地。土地集约利用主要是针对人类主动的社会经济活动而言的,是指在节约用地的基础上通过增加生产要素的投入、提高土地利用率或优化土地利用结构等措施,使土地利用效率达到一个合理水平的行为,注重挖掘土地资源的潜力。土地集约利用和土地节约利用都强调更有效利用土地,以尽量小的土地成本发挥更大的土地使用功能和效益。土地节约利用突出用地量的减少,重在用地方案的优化。土地集约利用突出用地效率和效益的提高,强调用地效果,重在用地模式的选择。一般而言,土地集约利用必然实现土地节约。土地集约利用是节约用地的主要手段,但不是唯一手段。

二、我国土地集约利用发展历程

中华人民共和国成立以来,我国的土地集约利用经历了长达 70 余年的发展,其内涵和重要性逐步清晰化,形成了中国特色的土地集约利用制度体系。

(一) 土地集约利用初识阶段

我国土地集约利用的认识始于土地节约的提出。1953 年 12 月 5 日,《国家建设征用土地办法》公布,全国各省、区、市人民委员会和各建设单位提高了国家建设征用土地工作重视度。1956 年国务院发布《国务院关于纠正和防止国家建设征用土地中浪费现象的通知》,指出各建设单位必须认真遵守节约用地原则办理土地征用。1986 年由全国人大常委会通过的《中华人民共和国土地管理法》规定"国家建设和乡(镇)村建设必须节约使用土地"。1995 年党的十四届五中全会提出"积极推进经济增长方式的转变,把提高经济效益作为经济工作的中心,实现经济增长方式从粗放型向集约型转变,……形成有利于节约资源,降低消耗,增加效益的企业经营管理机制"。此后,"集约"理念在我国社会经济领域中逐渐得以践行。

(二) 土地集约利用逐步清晰阶段

1998 年国家成立国土资源部,以"土地与未来——集约用地,造福后代"为主题开展主题纪念活动,旨在唤起社会各界对土地节约集约的意识。1999 年"城市土地集约利用潜力评价"作为国土资源大调查"土地监测与调查工程"的重要组成部分,得以启动。实施完成福州、天津、长春、济南、南京、包头、义乌等七个城市的城市土地集约利用潜力评价

---

① 卢新海,黄善林.土地管理概论[M].上海:复旦大学出版社,2014.

试点，并在此基础上研究形成了城市土地集约利用评价的方法，为深入推进土地集约利用提供了方法借鉴。2004年《国务院关于深化改革严格土地管理的决定》提出"实行强化节约和集约用地政策"。2006年设置"城市土地集约利用潜力评价工程项目"，进一步拓展城市土地集约利用潜力的调查评价领域，完善相关技术标准，为进一步控制城市无序扩张、统筹城乡协调发展、盘活城市存量土地、促进城市高效用地挖潜奠定基础。土地集约利用逐步清晰。

（三）土地集约利用日趋完善阶段

2008年，中共十七届三中全会首次提出"最严格的节约用地制度"，与坚持最严格的耕地保护制度并称为"两个最严格"土地管理制度，明确了土地利用管理的方向。同年，《国务院关于促进节约集约用地的通知》颁布，《开发区土地集约利用评价规程》发布。2011年，《国民经济和社会发展第十二个五年规划纲要》首次提出"落实节约优先战略"，要求全面实行资源利用总量控制、供需双向调节、差别化管理，大幅度提高能源资源利用效率。2013年党的十八届三中全会，再次强调要健全土地节约集约使用制度，从严合理供给城市建设用地，提高城市土地利用率。集约用地工作已经上升到资源利用方式和经济发展方式的转变，土地集约利用的内涵不断丰富，目标越来越明确，措施越来越完善，实践越来越丰富。

（四）土地集约利用纳入法治轨道阶段

2014年发布《节约集约利用土地规定》（国土资源部第61号令），充分吸收地方成功做法和经验，在强化规模引导、优化用地布局、健全用地标准、完善市场配置、盘活存量土地以及动态监测、信息公开、建设用地普查、节地评价等方面，就节约集约用地做出具体规定。61号令与现行法律法规相衔接，它是我国首部专门就土地节约集约利用进行规定的部门规章，标志着节约集约用地迈上了法治化轨道。2019年7月16日，自然资源部对《节约集约利用土地规定》进行了修改，将"坚持合理使用的原则，盘活存量土地资源，构建符合资源国情的城乡土地利用新格局"修改为"坚持合理使用的原则，严控总量、盘活存量、优化结构、提高效率"，将"避免占用优质耕地"修改为"避免占用优质耕地特别是永久基本农田"，增加了"增存挂钩"制度等，突出了对土地资源总量控制的理念，并提出了优化结构、提高效率的手段，进一步强化土地集约利用要求和规定。

第二节 土地集约利用理论依据

土地集约利用的理论依据是土地报酬递减规律。要使土地生产出更多的产品，就需要了解和研究土地报酬递减规律，在其科学指导下，合理组织土地集约利用。

一、土地报酬递减规律思想的形成

（一）土地报酬递减规律的提出和早期描述

最早注意土地报酬递减规律的是17世纪中叶的英国古典经济学家威廉·配第

(William Petty),他发现一定面积土地的生产力有一最大限度,超过这一限度后,土地产出物就不再随着投入的增加而增加了。

18世纪法国重农学派的杜尔哥对土地报酬递减规律内涵进行表述:"如将农作物种子投入肥沃但未经丝毫劳力付出的土壤中,一定是全部损失的;如果添加一个劳力,收获就会提高;付出第二个、第三个劳力不是简单地使产品产量增加一倍或两倍,可能增至四五倍,这样,产品产量增加的比例会大于投资增加的比例,直到产量增加与投资增加的比例达到它所能达到的最大限度时为止。超过这一点,如果我们继续增加投资,产品产量也会增加,但增加较少,而且总是越来越少,直到土地的肥力被耗尽,耕作技术也不会再使土地生产能力提高时,投资的增加就不会使产品产量有任何提高了",但没有明确为规律。

1777年英国农场主詹姆斯·安德森(James Anderson)在发表的《谷物法性质的研究》中,认为对土地追加劳动和资本可使土地肥力不断递增。他说:"在合理的经营制度下,土地的生产率可以无限期地逐年提高,最后一直达到我们现在还难于设想的程度。"[①]但又认为在一定的科学技术条件下,这种提高是有限的。安德森首次注意到了科学技术因素的影响作用,但同样没有明确为规律。

1815年英国爱德华·威斯特(Edward West)在所写的《资本与土地》一书中说道:"劣等土地之所以必须日渐耕垦,就在于'土地报酬递减律'之故。"首次正式提出"土地报酬递减规律"。

(二)土地报酬递减规律的中期发展

1817年英国古典经济学家大卫·李嘉图在《政治经济学及赋税原理》一书中,把级差地租学说与土地报酬递减规律联系在一起。他说:"如果优良土地的存在量远多于为日益增加的人口生产粮食所需要的量,或者是在旧有土地上可以无限地使用资本,且无报酬递减现象,那么地租便不会上涨,因为地租总是由于追加的劳动量所获得报酬相应减少而产生的。"李嘉图把土地报酬递减规律当作级差地租产生的原因。

1826年英国经济学家托马斯·马尔萨斯(Thomas R. Malthus)在其《人口原理》中,认为高速人口膨胀是粮食增产速度所不能追及的,因为在报酬递减规律的限制下,地球上有限的土地绝难使粮食增产的速度赶上人口增殖的速度,借用土地报酬递减规律来论证其反科学的人口论。

(三)土地报酬递减规律的完善

19世纪初叶以后,其他领域科学技术的迅猛发展为全面认识土地报酬递减规律提供了实验上、数学上、经济学上的条件,推动这一规律进一步发展和完善。英国著名古典经济学家纳索·西尼尔(Nassau W. Senior)在1836年添加了"农业生产技术保持不变"这一重要条件,也是"土地报酬递减规律"得以成立的最基本条件。美国经济学家约翰·克拉克(John B. Clark)引入了"若干生产要素投入量保持不变"作为报酬递减律发生作用的前提条件。

报酬研究领域从农业生产部门回到了农业生产单位。早先威廉·配第和杜尔哥从农业

[①] 马克思恩格斯全集(第34卷)[M].北京:人民出版社,2008:158.

生产单位来研究土地报酬递减律,后来斯密、马尔萨斯和威斯特都是从部门生产的角度来研究报酬递减规律。克拉克和阿尔弗雷德·马歇尔(Alfred Marshall)引进生产函数后,又把生产单位视作研究报酬变化的基点。

报酬形式由作为不变生产要素的生产率(如单位面积产量)演变成可变生产要素的生产率。在相当长的时间里,研究者们没有意识到研究可变生产要素的生产率的重要意义,人们说到报酬递增或递减时,都是指总产量或者单位面积产量。后来,布赖克(J.D.Black)在《生产经济学导论》一书中,提出了总产量曲线、平均产量曲线、特别是边际产量曲线的概念和图解,突出了变动要素生产率曲线,使报酬运动曲线趋于完整,为合理配置资源提供了理论依据。

(四)土地报酬递减规律的内涵界定

在一定时期内,土地利用的科学技术水平相对来说是稳定的,当对一定面积的土地连续追加劳动和资金时,起初,追加部分所得的报酬逐渐增多,在投入的劳动和资金超过一定的界限时,追加部分所得的报酬则逐渐减少,从而使土地总报酬的增加也呈递减趋势,这就是现代所说的"土地报酬递减规律"。

土地报酬递减规律是指,在一定的社会技术条件下,当两种或两种以上的生产要素配合生产某种产品时,若其中某些生产要素的数量固定不变(如土地面积不变),而其他某一要素不断增加单位投入,起初每增加一单位变动要素,所增加的报酬(即边际报酬)大于前一单位所增得的报酬;及至某一点后,再增加单位要素投入所增得的报酬,总是小于它前一单位要素所得报酬。①

理解"土地报酬递减规律"时应注意,递减还是递增,取决于生产要素的配合比例。须假设历史生产过程中,除生产要素配合比例变化外,其他条件不变,例如,生产技术在某生产阶段相对稳定或固定,自然条件不变,生产规模的大小对生产量递增与递减不发生影响等。

二、土地报酬递减规律的三阶段分析

(一) 生产要素

人们的生产活动是推动人类社会生存与发展的不竭动力,从经济学角度看,所谓生产,是指一切能够创造或增加效用的人类活动,生产包括物质资料生产和劳务等无形产品的生产②。

生产离不开生产要素,一项正常有序的生产是生产要素统筹协作的过程,产品则是生产要素共同努力的结果。《简明不列颠百科全书》中将生产要素定义为:"生产要素是用于商品和劳务生产的经济资源。"③《辞海》(第7版)将"生产要素"定义为:"可用于生产的社会资源。

---

① 毕宝德.土地经济学(第8版)[M].北京:中国人民大学出版社,2020.
② 彭春燕. 微观经济学[M]. 北京:北京理工大学出版社,2016:86.
③ 中美联合编审委员会.简明不列颠百科全书[M]. 北京:中国大百科全书出版社,1985.

如土地、劳动力、机器设备、原材料和能源等。在知识经济时代,知识成为主要生产要素。"[1]当前,国内外学者普遍认为,生产要素是指在生产过程中投入的各种要素,包括土地、劳动(劳动力)、资本、技术、数据等要素类型。

(二) 生产函数

西方经济学将生产过程细化为投入和产出,其中投入即生产过程中使用的各种生产要素,产出即生产出来的各种产品的数量,任何一个生产过程均需要投入各种不同的生产要素。

生产过程中生产要素的投入数量和组合与产品的产出量之间存在着一定的依存关系,这种依存关系可以通过生产函数表示。具体而言,生产函数是指在一定时期内,在技术水平不变的情况下,生产中所使用的各种生产要素的数量与所能生产的最大产量之间的关系[2]。

生产函数可以采用列表、图形、数学方程等形式进行表示。假设 Q 代表最大产量;L,K,N,T 分别代表劳动、资本、土地、技术四种生产要素;ψ 表示 L,K,N,T 之间的函数关系。则生产函数的一般形式可以表示为:

$$Q = \psi(L, K, N, T \cdots) \tag{6-1}$$

式(6-1)表明,在一定的技术水平下,生产 Q 的产量,需要一定数量的劳动、土地、资本、技术的组合。

土地集约利用隶属于生产领域的"集约经营"。人类土地利用行为其实也是生产活动,在此过程中,土地、劳动和资本是必不可少的生产要素,产品则是相应的物质产品、生活空间或精神享受。由于产出与投入数量及其组合之间存在特定关系,因而,当我们面临土地资源匮乏而又期望获得更多或更好产出效果时,可以在一定程度上通过增加其他可变要素投入量、或改变组合比例来弥补土地要素数量的不足——这正是土地集约利用的出发点和立足点。

(三) 土地报酬

报酬是指生产过程中投入生产因素(或资源)的生产率,即投入一定数量的生产要素后所得的产品数量。土地报酬可分为总报酬、平均报酬和边际报酬三种形式。

总报酬(Total Physical Product,TPP)指的是一定数量的生产要素(如肥料、劳动、资金等)投入土地后,所得的总产品量或总效益。

平均报酬(Average Physical Product,APP)是指某项生产要素的某一投入水平下,平均每单位生产因素所获得的产品数量,等于总产量除以相应的生产因素的投入量。它表示平均每单位生产资源所生产出来的产品量。用公式表示为:

$$平均报酬(APP) = Y/X \tag{6-2}$$

---

[1] 辞海编写组.辞海(第7版)[M].上海:上海辞书出版社,2020:3879.
[2] 彭春燕.微观经济学[M].北京:北京理工大学出版社,2016:87.

式(6-2)中：Y 为总产品量；X 为生产资源投入量。

边际报酬(Marginal Physical Product，MPP)是指生产过程中，每增加一个单位变动因素的投入，较上一投入水平所增加的产品数量，等于生产因素增加量除以背后增加生产因素而获得的产品量。用公式表示为：

$$边际报酬(MPP) = \Delta Y / \Delta X \tag{6-3}$$

式(6-3)中：ΔY 为总产品量的增量；ΔX 为变动资源投入量的增量。

(四) 土地报酬递减规律三阶段分析

总报酬、平均报酬、边际报酬的变化用图形表示，见图6-1。

从图6-1所表示的内容可以看出总报酬、平均报酬、边际报酬之间的关系：

(1) 总报酬和边际报酬的关系：

当 MPP 大于 0 时，TPP 逐渐增加；

当 MPP 等于 0 时，TPP 达到最大；

当 MPP 小于 0 时，TPP 逐渐减少。

(2) 平均报酬与边际报酬关系：

当 MPP 大于 APP 时，APP 逐渐增加；

当 MPP 等于 APP 时，APP 达到最大；

当 MPP 小于 APP 时，APP 逐渐减少。

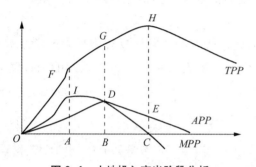

图6-1 土地投入产出阶段分析

图6-1所表示的土地投入产出阶段如下：

第一阶段：追加投入阶段($O-B$)。

当生产要素 X 在从零增加至 A 点这段区域内，边际报酬递增，且增加的速度越来越快；总报酬也递增，且增加的速度越来越快；平均报酬递增。当投入量增到 A 点时边际报酬达到最高点 I，总报酬达到拐点 F，平均报酬未达到最高点。当投入的生产要素从 A 点继续增加至 B 点这段区域内，边际报酬递减；总报酬还是递增，不过递增的速度越来越慢；平均报酬递增。当投入量增到 B 点时，平均报酬与边际报酬相等，两曲线相交于 D 点，平均报酬达到最高点 D 点；总报酬未达到最高点。在这一区域内，可以不断加大变量资源的投入。如果想让平均报酬最大化，则可以投入到 B 点，即平均报酬与边际报酬相等时。

现象：MPP 逐步增加直至达到最大点 I；I 点后，MPP 减少，但 MPP 大于零。APP 不断增加，当 $MPP=APP$ 时，APP 最大。

主要特征：当 MPP 大于 APP 时，APP 不断增加，直至达到最大值。

结论：不能终止生产因素投入，任何生产都不应停留在第一阶段。

第二阶段：最佳投入阶段($B-C$)。

当投入量从 B 点继续增加至 C 点这段区域内，边际报酬递减，平均报酬递减，但总报酬递增。当投入量增至 C 点时，边际报酬减至零，而总报酬达到最高点 H，平均报酬未达到最低点。在这一区域内，可以不断加大变量资源的投入，以提高产品的总产量，直到投入到 C 点，总报酬达到最大化。

现象：当 MPP 趋近于 0 时，TPP 呈减速度地逐渐增加；

当 MPP 等于 0 时，TPP 达到最大；

特征：MPP 小于 APP。

结论：从实物总报酬看，C 点最佳。

第三阶段：停止投入阶段（C 点以后）。

在一定时期土地生产科技水平稳定情况下，超过 C 点以后，再追加投资，边际报酬为负数；总报酬也减少，平均报酬不断递减，投入量都不应超过 C 点。

特征：MPP 小于 0。

结论：变动因素投入不能推进第三阶段。

如果不考虑价格因素，只考虑实物形态的报酬，则 C 点是最佳投资点，即总产量最大投入点。

如果考虑生产要素和产出物的价格，按照经济学的边际均衡原理，即边际成本与边际效益相等时对应的投入点，达到最佳经济效益。用公式表示为：

$$\Delta y / \Delta x \times P_y = P_x \tag{6-4}$$

或

$$\Delta y / \Delta x = P_x / P_y \tag{6-5}$$

或

$$\Delta x \times P_x = \Delta y \times P_y \tag{6-6}$$

即：(1) 当边际收益 = 边际成本，纯收益最大；

(2) 当边际产量等于其价格反比时，纯收益最大；

(3) 当生产因素的增加成本等于产品的增加收益时，纯收益最大。

三、土地报酬递减规律的启示与应用

在限定的条件下，"土地报酬递减规律"是确实存在的，它是我们实施土地集约经营时必须遵循的客观经济规律。只有分析清楚了土地的报酬递减规律，才能更好利用土地，提高土地利用效益。

(一) 土地报酬递减规律的几点启示

(1) "土地报酬递减规律"是变动要素的报酬变化规律。对一个生产单位而言，其土地面积是一定的，作为生产要素之一的土地是不变要素。从此规律的最初研究者和对此规律的应用来看，大家所注意的都是报酬和变动要素之间的关系。人们只不过是借用"土地报酬递减规律"来反映这一经济现象而已。

(2) "土地报酬递减规律"不是针对人类生产的历史过程而言的，而是就某一个生产单位在一定的不变要素的条件下，因投入变量要素的数量不同而导致的总产出量和变量要素的边际产量不同。[1] 这个过程也就是一季作物的生产过程。为了研究这一问题，科学家们是通过横向对比得出结论的，而不是按时间序列纵向。对比即选定一大片土地，均分为

---

[1] 毕宝德.土地经济学(第 8 版)[M].北京：中国人民大学出版社，2020.

100个单位,每一个单位的土地投入不同的变量要素,以收集报酬数据,这样就把100年才能收集到的100个数据在一年内就收集到了。通过这些数据,人们可以看出土地报酬的变化规律,从而找出一个最合适的投入量。正因为这样,如果只对一个具体的生产过程适用的规律扩大至时间任意长、范围任意广的时空中,当然就不合适了。

(3)"土地报酬递减规律"应属于与生产关系无关的生产力范畴,为生产寻找最佳组合及投入量提供了理论依据。[1]

(二)土地报酬递减规律的应用

1. 正确认识投入

在对土地投入的分析中,人们常把化肥等流动资本投入作为变动生产要素,似乎只有流动资本才能作为变动生产要素,且具有报酬递减性质,其实不然。从宏观角度来讲,可以把一定面积的土地作为不变因素,而把其他所有投入(包括固定资本和流动资本投入)都当成变动生产要素。

(1)要想获得土地利用的更高效益,就要有大量的投入追加。在投入达到最佳点之前,这些投入会引起递增的报酬。

(2)如果某项固定资本投入已达到最佳点,就不应再增加这种投入了。例如,一些农场的大中型农业机械的购置数量过多,不仅浪费了资金,而且挤占了必要的流动资金、从而导致总产量不仅没有增加,反而下降。[2]

(3)在现实经济活动中,应把所有投入(包括固定资本投入)作为一个整体纳入变动生产要素类,按照"报酬递减规律"的思想,寻求这些投入的最适量。

2. 正确把握土地利用集约度

土地集约利用是社会经济发展的必然趋势,土地报酬递减规律为合理选择土地集约度提供了理论依据。所谓土地利用集约度,是指单位面积土地上所投入生产要素的数量,例如资本和劳动,所投资本和劳动越多,集约度越高,反之则越低。[3] 其计算公式为:

$$I = \frac{A + K + Z}{F} \tag{6-7}$$

式(6-7)中:I 为经营集约度;A 表示工资费用;K 表示资本消耗;Z 表示经营资本所需支付利息;F 表示用地面积。

确定合理的农业土地集约度,第一要看当时社会对农产品的需求程度、农业技术发展水平和投入的能力;第二要看土地质量,包括土壤化学结构、有机质含量、土地位置、交通条件等;第三要看具体的经营目标,如果是追求总产量最大,则应考虑边际报酬等于零的投入点,

---

[1] 刘向东,王国强,高洁.对开发区土地集约利用评价中土地利用分类的讨论[J].安徽农业科学,2010(21):11375-11378.

[2] 吴儒练.李洪义.基于PSR模型的全域旅游示范区土地集约利用评价研究——以上饶市为例[J].生态经济,2020(6):129-134.

[3] 毕宝德.土地经济学(第8版)[M].北京:中国人民大学出版社,2020.

如果是追求总效益最高,则应考虑边际成本等于边际效益对应的投入点。[①] 这三方面是互相制约的。

　　正确选择非农用土地的集约度。非农用土地利用的目的是获得生活空间或生产场地等服务产品,其利用虽然受面积约束力小,但也应集约利用,应综合考虑人口密度、投资强度、容积率、配套投资等方面,合理确定集约度,科学增加投入。人口密度,即单位土地面积所居住的人口,一般而言,城市越小,人口密度越小,城市越大,人口密度越大,城市规模过小,土地利用效率和基础设施投资效益就难以充分发挥。投资强度,即在单位土地面积上投入的资本量。例如,政府为引导提高工业用地的集约度,根据行业的性质,规定相应的工业项目用地必须达到一定的投资强度,否则不予批地。容积率,即单位土地面积上的建筑面积。不论是从一个城市,还是从一个独立小区来看,容积率都有一个合理的限度。配套投资,是指与主业相关并能促进主业发展、提高主业效益的投资。要想提高一定地块上的投资效益,必须增加其配套投资,如工业区的住宅、商业、交通,住宅区的学校、医院、商业、交通、公园等。要全面提高城镇土地利用的集约度,还要更新观念,实行土地立体利用:向地下发展,修筑地下铁道、地下隧道、地下商场、地下车库等;还可以向空中发展,如建立地上立体车库、屋顶车库、空中走廊花园等。

第三节 我国土地集约利用评价

　　土地集约利用的目的是在单位土地面积上通过增加其他生产要素的投入来增加土地产出,以期达到投入产出比最大化。如何知道土地集约利用水平高低呢?这就需要进行土地集约利用评价。

一、土地集约利用评价一般程序

　　土地集约利用评价是对一定区域范围内土地或某类土地,在对土地利用状况进行调查和分析的基础上,选取和建立适宜的评价体系,采用科学评价方法,评价土地集约利用水平,测算集约利用潜力,并提出土地集约利用措施建议的过程。土地集约利用评价的一般程序如图 6-2 所示。

二、土地集约利用评价指标体系

　　土地集约利用是一个多元化的、复杂的系统概念,评价指标涉及的影响因素众多,要建立评价体系就必须对相关因素进行甄别选择。土地集约利用评价指标应根据研究区的地理位置、自然条件、土地利用情况等因地制宜选取。

　　土地集约利用评价按其评价对象分类,可分为农用地集约利用评价和非农用地集约利用评价。这两类土地集约利用评价的指标体系不尽相同。

---

① 周蕙.建筑学本科专业的城市规划原理教材体系及教学方法改革探索[J].科教文汇(上旬刊),2013(8):65-66.

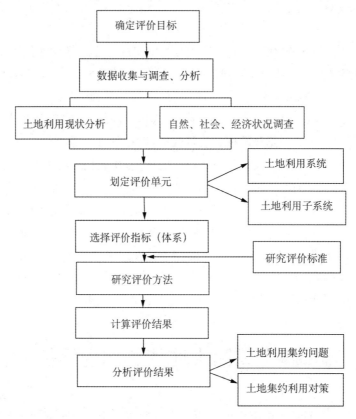

图 6-2 土地集约利用评价的一般程序

(一) 农用地集约利用评价指标体系

农用地集约利用评价指标体系的建立可从资源环境、经济、社会因子出发，以集约为核心，从分析影响土地集约利用的主要因素入手，使评价指标体系可以从农用地集约利用程度、集约利用约束程度和集约利用发展趋势等三方面构建农用地集约利用评价指标体系。

1. 集约利用程度

土地集约利用程度可以从土地利用现状、土地投入程度和土地利用效益等方面考虑。土地利用现状指标，具体有农业用地率、土地垦殖率、复种指数、人均耕地等。土地投入程度指标，具体有地均资金投入、地均劳力投入、单位耕地化肥施用量等。土地利用效率指标，具体有农民人均收入、单位农用地第一产业值、单位耕地面积产值等。

2. 集约利用约束程度

集约利用约束程度则应考虑生态环境及后备资源状况等。生态环境具体指标有森林覆盖率、水土保持率、土壤 pH 值等。后备资源具体指标有中低产田面积、低效土地面积、未利用地面积等。

3. 集约利用发展趋势

集约利用发展趋势包括农业产值用地弹性系数、农业固定资产投资用地弹性系数等。

(二) 非农用地集约利用评价指标体系

非农用地集约利用评价主要有城市建设用地集约利用评价和工业园区土地集约利用评价,评价指标体系主要包括土地利用程度、土地利用结构、土地利用投入、土地产出指标、管理绩效指标等多方面。

1. 土地利用程度指标

土地利用程度指标主要有建筑密度、容积率、人口密度、土地闲置率、建设用地与城市人口增长弹性系数、城市用地扩张系数等。

2. 土地利用结构指标

土地利用结构合理是提高利用效率的前提,土地利用结构表现为数量结构(比例结构)与空间结构两方面,包括城市各主要用地类型所占比重、人均居住用地面积等指标。

3. 土地投入指标

土地投入指标主要有地均固定资产投入、地均基础设施投入、建设用地与固定资产投入增长弹性系数、地均环保投入等。

4. 土地产出指标

从微观看,非农用土地的价值高低是影响土地集约程度的最重要和最直接因素之一;从宏观角度看,城市的聚集效益是影响非农用土地价值的决定因素,是促进城市土地集约利用的重要杠杆,可以间接地表明城市土地的经济产出。土地价值越高,集约利用水平越高。土地产出指标主要有地均 GDP、地均利税、地均工业产值、地均第二和第三产业产值、地均社会消费品零售总额、建设用地与第二和第三产业 GDP 增长弹性系数等。

5. 管理绩效指标

管理绩效指标包括存量土地供应比率、批次土地供应比率等。存量土地供应比率是指实际建设用地供应的存量土地总量与建设用地供应总量的比值,反映存量用地盘活促进集约用地的管理效果。[①] 批次土地供应比率是指实际供应建设用地总量与经批次批准允许供应的建设用地供应总量的比值,反映新增用地供应管理促进集约用地的效果。

三、土地集约利用评价方法

土地集约利用评价应采用定量评价与定性分析相结合、整体评价与典型分析相结合等方法。目前常用的定量评价方法有德尔菲法、标准值比例推算法、多目标加权评价法、主成分分析法、灰色关联度分析法、层次分析法、模糊聚类分析法和数据包络分析法等,还可以结合 RS 和 GIS 技术评价归纳。这里主要介绍特尔菲法、标准值比例推算法、多目标加权评价法、数据包络分析法和基于 RS 和 GIS 技术评价法等五种方法。

1. 德尔菲法

通过对评价目标、子目标、指标的权重进行多轮专家打分,并按以下公式计算权重值:

---

① 高冉.城市工业用地集约利用评价及研究——以邢台市经济开发区为例[D].石家庄:河北师范大学,2012.

$$w_i = \frac{\sum_{j=1}^{n} E_{ij}}{n} \tag{6-8}$$

式(6-8)中：w_i 为第 i 个目标、子目标或指标的权重；E_{ij} 为专家 j 对于第 i 个目标、子目标或指标的打分；n 为专家总数。

2. 标准值比例推算法

(1) 正向评价指标标准化应采用理想值比例推算法，以指标实现度分值进行度量[①]，按照如下公式计算：

$$S_{ijk} = \frac{X_{ijk}}{T_{ijk}} \times 100 \tag{6-9}$$

式(6-9)中：S_{ijk} 为 i 目标 j 子目标 k 指标的实现度分值；X_{ijk} 为 i 目标 j 子目标 k 指标的现状值；T_{ijk} 为 i 目标 j 子目标 k 指标的理想值。

(2) 负向指标标准化方法：

$$S_{ijk} = \left(1 - \frac{X_{ijk}}{T_{ijk}}\right) \times 100 \tag{6-10}$$

式(6-10)中：S_{ijk} 为 i 目标 j 子目标 k 指标的实现度分值；X_{ijk} 为 i 目标 j 子目标 k 指标的现状值；T_{ijk} 为 i 目标 j 子目标 k 指标的理想值。

3. 多目标加权评价法

多目标加权评价法即根据定量与定性分析指标的重要程度，进行指标打分和加权计算，得出综合评价的结论。计算公式如下：

$$F = \sum_{j=1}^{n} \sum_{j=1}^{m} (F_{ij} \times w_{ij}) \tag{6-11}$$

式(6-11)中：F 为评价结果；F_{ij} 为 i 目标 j 子目标的评价分值；w_{ij} 为 i 目标 j 子目标相对 i 目标的权重值；n 为目标个数；m 为子目标个数。

4. 数据包络分析法

数据包络分析(Data Envelopment Analysis, DEA)是线性规划模型的应用之一，被用来衡量拥有相同目标的运营单位的相对效率。当存在多种投入(如资金、人力、土地、设备和运作时间等)和多种产出(如产量、效益等)时，更适合采用 DEA 进行投入/产出的比较分析。土地集约利用作为一个具有多输入输出的生产性复杂系统，运用 DEA 方法来评价土地集约利用的有效性具有明显优势。

DEA 方法的原理主要是通过保持决策单元(Decision-Making Units, DMU)的输入或者输出不变，借助于数学规划和统计数据确定相对有效的生产前沿面，将各个决策单元投影到 DEA 的生产前沿面上，并通过比较决策单元偏离 DEA 前沿面的程度来评价它们的相对

[①] 刘向东，高洁. 开发区土地集约利用评价指标体系探讨[J]. 安徽农业科学, 2011(10): 6285-6288, 6291.

有效性。

DEA 模型的经典类型有：CCR(C2R)模型专门用来判断决策单元是否同时为技术有效和规模有效；BCC(BC2)模型是用来判断决策单元是否为技术有效；FG 模型不但可以评价决策单元的技术有效性，而且能够判断决策单元规模报酬非增（规模报酬不变或递增）问题；ST 模型不但可以评价决策单元的技术有效性，也能判断决策单元规模报酬非减问题。

5. 基于 RS 和 GIS 技术评价法

基于 RS 和 GIS 技术评价土地集约利用，主要是采用 RS 技术来提取土地集约利用评价指标信息，如建筑密度、容积率和绿地率等，其他指标信息主要通过调查和收集统计资料获取。所有信息和数据均在 GIS 平台上进行，包括数据采集、录入、集成和数据空间分析。土地集约利用综合评价模型，根据情况选取本节所列的其他计量模型使用。

本章小结

土地集约利用是指在一定土地面积上投入较多的生产资料、劳动或其他生产要素，以提高土地收益的经营方式。根据投入生产要素的密集程度不同，土地集约利用可以分为劳动集约型、资本集约型和技术集约型等三种形式。根据地类不同，土地集约利用可以分为农用地集约利用和建设用地集约利用。土地集约利用是社会发展的必然趋势。

土地报酬递减规律是指，在一定的社会技术条件下，当两种或两种以上的生产要素配合生产某种产品时，若其中某些生产要素的数量固定不变（如土地面积不变），而其他要素不断增加单位投入，起初每增加一单位变动因素，所增加的报酬（即边际报酬）大于前一单位所增得的报酬；及至某一点后，再增加单位因素投入所增得的报酬，总是小于它前一单位因素所得报酬。

在限定的条件下，"土地报酬递减规律"是确实存在的，它是我们实施土地集约利用时必须遵循的客观经济规律。只有结合土地报酬递减规律，科学评价土地集约利用，才能产生想要的报酬效果，提高土地利用效益。

关键词

土地集约利用　土地集约度　土地报酬递减规律　土地集约利用评价

复习思考题

1. 简述土地报酬递减规律思想的形成和发展。
2. 试用图示定量说明土地报酬变化阶段。
3. 土地报酬有哪些形态?
4. 举例说明土地报酬递减规律在土地利用中的应用。

拓展阅读

某工业园区土地集约利用评价

(本章编写人员:周丙娟,汤江龙)

第七章 CHAPTER 7

土地分区利用

◎ 思维导图

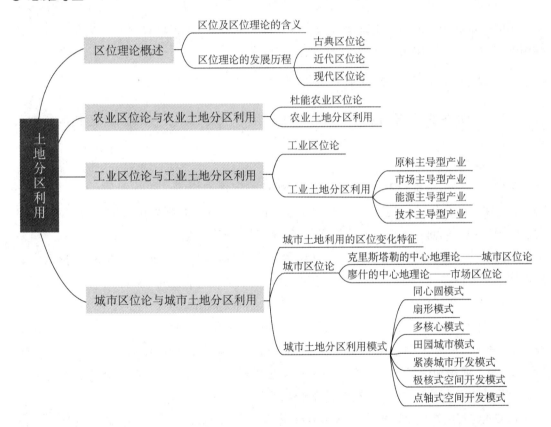

学习目标

1. 掌握区位的概念,了解区位理论的发展历程。
2. 熟悉农业区位论的基本思想,掌握农业区位地租及农地分区利用。
3. 熟悉工业区位论的基本思想,掌握不同性质工业用地区位选择的特点。
4. 熟悉城市区位论的基本思想,掌握城市土地分区利用模式。

第一节 区位理论概述

一、区位及区位理论的含义

区位一词来源于德语"Standort",英文译为"location"(位置、场所之意),日本译成"立地",我国译成区位。它不同于自然状态下的位置,是指各种自然地理要素和社会经济要素之间的相互联系和相互作用在空间位置上的反映。

区位理论(location theory)是关于地理事物与人类活动的空间分布及其在空间中的相互关系的学说。土地分区利用就是利用土地的区位特点,对土地进行空间科学布局并合理利用的过程。区位理论是指导土地分区利用的基本原理。

二、区位理论的发展历程

纵观区位理论的发展历程,大致可将其划分为三个阶段,即古典区位论、近代区位论和现代区位论。

(一)古典区位论

区位理论最早可以追溯到 19 世纪初,德国经济学家约翰·冯·杜能(John H. von Thünen)在他的著作《孤立国同农业和国民经济的关系》(简称《孤立国》)中,从区位地租出发探索因地租不同而引起的农业分带现象,创立了"农业区位论",奠定了区位理论的学科基础。杜能农业区位论的要点是,由于土地位置不同,即距离城市市场远近的不同,导致农业成本在空间上的差异,从而对地租产生不同的影响,农业生产布局围绕消费中心形成一系列向外扩展的圈层,体现出位置、地租和土地利用三者间的关系。

20 世纪初,资本主义进入垄断阶段,德国经济学家阿尔弗雷德·韦伯(Alfred Webber)在《工业区位理论:论工业区位》中(1909)中提出了"工业区位论"。韦伯认为,运输费用、劳动力成本和聚集是三个主要的工业区位因子,是影响工业企业厂址选择的主要因素。韦伯的工业区位论被称为"最小运输成本理论"。

1932 年,德国地理学家沃尔特·克里斯塔勒(Walter Christaller)在《德国南部的中心地》中提出了"中心地理论"。他从城市中心居民点的物品供应、行政管理、交通运输等主要职能的角度,论述了城镇居民点的结构及其形成过程。克里斯塔勒揭示了城市的规模、功能和等级效应,并且将城市的规模与等级的关系概括为正六边形模型,提出了中心地系统与服务业最优布局模式。

1940 年,德国经济学家奥古斯特·廖什(August Lösch)利用克里斯塔勒的理论框架,在《经济的空间分布》中把中心地理论发展成为产业的"市场区位论"。他把工业区位和市场范围结合起来考虑,认为市场范围的排列网络中必定有一个大城市,其周边则环绕着一系列市场区和竞争点,将中心地理论与工业区位理论结合起来,探讨工业及其市场区最优分布问题,即形成一种"经济景观"。

总体来看,农业区位论和工业区位论的研究对象以第一和第二产业为主,立足于单个生产者(或厂商)的区位选择,理论核心是降低生产成本,即成本最低点就是最佳区位点。中心地理论和市场区位论立足于一定的区域或市场,研究对象为第二、第三产业和城市,以最大利润代替了最低成本这一目标,着眼于市场的扩大和优化。这些区位论都采用(新)古典经济学的静态局部均衡分析方法,以完全竞争市场结构下的价格理论为基础来研究单个生产者(或厂商)的最优区位决策,所以称之为古典区位论[1]。

(二) 近代区位论

第二次世界大战以后,有限理性行为、空间相互作用模式、网络和扩散理论、系统论及运筹学思想与方法的应用使区位理论获得迅速发展,对区域经济运行的动态性、总体性研究促使行为区位论、结构区位论等近代区位理论形成。近代区位论不仅考虑经济因素,即对成本和利润的追求,而且也重视经济主体的行为因素和宏观经济的结构因素。

古典区位理论的理性经济人(Homo Economicus)和完全信息假定在1960年代受到很多批评[2]。适应经济学(Adaptive Economics)、行为经济学(Behavioral Economics)、演化经济学(Evolutionary Economics)等新的理论探索都认为经济行为的特征并不是完全理性的静态性,而是有限理性的动态性,而选择是不断的调整过程。区位的地理特征决定信息的空间不对称,并使经济人在很多情况下做出非完全理性行为。德伊(R. H. Day,1983)认为,有限理性具有不完全信息、有限预测、有限认识力量、动态偏好等特征,区位选择的主体是在非完全竞争和非完全信息条件下做出行为选择。

另一方面,结构区位论认为行为区位理论虽然摆脱了古典区位理论的完全信息和完全理性假定,但是行为区位理论较侧重于行为个体和企业组织的区位行为,难以解释宏观经济结构与空间现象之间的关系。以结构主义为主的区位理论重视社会因素、结构因素和体系因素在区位选择以及区位结构中的作用,认为区位是经济结构的产物;并突破以往区位研究的"微观化问题",其研究框架主要是宏观及整体角度。结构区位论一方面使区位研究从单个厂商的区位决策发展到区域总体经济结构及其模型的研究,从抽象的纯理论模型推导发展为建立接近区域实际的、具有应用性的区域模型;另一方面,使区位决策客体扩大到第三产业。结构区位论的区位决策目标不仅包括生产者利润最大化,而且包括消费者的效用最大化。

(三) 现代区位论

20世纪90年代至今,区位理论最突出的成就当属以2008年诺贝尔经济学奖获得者美国经济学家保罗·克鲁格曼(Paul Krugman)、日本空间经济学家藤田昌久(Masahisa Fujita)、英国经济学家安东尼·维纳布尔斯(Anthony J. Venables)等为代表的新经济地理学。克鲁格曼等经济学家在生产要素规模报酬递增及市场非完全竞争结构的假定下研究空

---

[1] 徐梅.当代西方区域经济理论评析[J].经济评论,2002(3):74—77.
[2] 金相郁.20世纪区位理论的五个发展阶段及其评述[J].经济地理,2004(24):294—298.

间经济和空间作用,从而形成"新经济地理学"及"新区域经济学"的现代区位。

1991年克鲁格曼发表了《报酬递增与经济地理》,成为新经济地理学派区位论的奠基性文献。在这篇文献中,克鲁格曼讨论了垄断竞争市场结构条件下的离散空间经济模型,并把该模型引入新经济地理学,提出了解决传统区位问题的分析框架,把古典区位论中不能解释的这种相互作用内生化,建立了内生发展模型,从而为区位论的一般均衡研究提供微观经济学基础。1995年,克鲁格曼在《发展、地理学与经济理论》一书中通过构建数学模型,填补了标准经济学理论中关于经济地理内容的空白。1999年,克鲁格曼与藤田昌久、维纳布尔斯合著了《空间经济学——城市、区域与国际贸易》。在该书中,克鲁格曼等人引入了迪克希特-斯蒂格里茨模型(Dixit-Stiglitz Model,简称D-S模型)中规模经济和垄断竞争市场结构的理论框架以及保罗·萨缪尔森(Paul A. Samuelson)的冰山运输成本(Iceberg Cost)理论,以规模经济、报酬递增和不完全竞争为条件研究区域经济问题,克服了传统区域经济学以完全竞争和规模效益不变作为研究假设条件的缺陷。

克鲁格曼、藤田昌久等学者在垄断竞争市场结构的假设条件下,建立规模报酬递增的一般均衡模型,从分析运输成本下降、规模经济、市场正外部性(金融外部性)、不完全的市场结构形成的"向心力",与高地租、不可流动要素禀赋形成的"离心力"之间的相互作用关系开始,然后把外部经济分为金融外部性和技术外部性,并对金融外部性作了详尽的论述,把向心力大于离心力产生的集聚效应导致经济活动地域空间集中作为研究的起点和重要方面,利用中心—外围模型,分析微观经济主体区位选择的短期均衡、多区位动态过程,对产业的区位选择、产业地方化、城市和区域发展的累积过程进行了研究,认为历史偶然性事件和路径依赖对地方产业化、城市化和区域发展起决定性作用。

当然,新经济地理学派区位理论在取得重要发展的同时,也面临着新的困惑和挑战。在区位论发展中,经济制度和个人偏好由于不能被引入模型,仍然被看作是外生的,因而无法利用现有的理论框架来说明经济制度和个人偏好变化对区位选择的影响。此外,包括新经济地理学在内的经济学家对单个企业生产能力的规模报酬递增、运输成本和要素流动性等因素相互作用的强调面临着信息经济的挑战。信息经济的出现,使许多产品的生产和消费几乎不受运输成本的限制,而消费者偏好的影响越来越大。这些方面都是新经济地理学和其他学派区位理论需要解决的问题。

第二节 农业区位论与农业土地分区利用

一、杜能农业区位论

(一) 农业区位论产生的背景及意义[①]

约翰·冯·杜能(John H. von Thünen)是德国北部的一位农场主,1826年出版著作《孤

---

① 张文忠,刘继生.关于区位论发展的探讨[J].人文地理,1992(9):7—13.

立国同农业和国民经济的关系》(简称《孤立国》),标志着农业区位理论的产生,杜能也因此被推崇为区位论研究的鼻祖。

杜能在19世纪初创立了农业区位论,这与当时德国的社会、经济发展历史有密切的关系。18世纪末到19世纪初,德国处于资本主义上升阶段,但封建诸侯割据的生产方式仍有保留,资本主义手工业生产的社会化程度还较低,国内经济联系也不密切,往往是以一个城市为中心形成一个封闭的经济区,如同一个孤立国。但农业的资本主义化已起步,封建的庄园农业逐渐被自由式的农业经营方式所取代,这样势必造成农业生产经营形态和利用方式的变化。当时德国以英国土地改革为样本,试图提高土地经营的集约化程度,主要措施是改变过去的三圃式和放牧制,向轮作制和饲养制的经营方式转化。在这个转变过程中,因全盘引进英国的农作制,没有考虑具体的地域条件,故出现了一些问题。杜能区位理论就是基于这种社会历史背景而产生的。他认为,不是任何地区和地带都必须采用同样的农业经营方式,重要的是根据具体条件进行合理的空间组合。于是,他在自己购买的土地上,经过多年经营和观察,提出了农业经营方式的合理空间组合,即农业区位论。

杜能以其自身的实践,采用了抽象的研究方式,对区位理论进行了首创性研究。在他假定的孤立国的均质大平原上,以单一的市场、单一的城市和单一的运输方式为条件,从运费角度出发,研究了农业的土地利用形态和布局形式,即按照运输距离的远近确定区位,形成所谓的"杜能圈",在每一个圈内确定产品的种类和经营形态。这种农业类型区的划分,只考虑了运费一个因素,现在看来似乎很简单,但它的确基本反映了18世纪末德国的实际状况,更重要的是杜能开创了经济学和地理学研究的新领域,为以后区位论的发展奠定了基础。他关于区位地租的论述至今仍对农业布局具有指导意义。

(二) 杜能圈的形成机制

杜能对于他假定的"孤立国",给出了以下六个基本假设:①肥沃的平原中央只有一个城市,无山脉、河流;②不存在可用于航运的河流与运河,马车是唯一的交通工具;③土质条件一样,任何地点都可以耕作且收成相同;④距离城市80公里之外是荒野,与其他地区隔绝;⑤人工产品供应只来源于中央城市,而城市的食物供给则只来源于周围平原;⑥矿山和食盐坑都在城市附近。

此外,追求利益最大化也是杜能区位论的前提条件,为了排除其他要素如土质条件、土地肥力、河流等的干扰,杜能采用了"孤立化"的方法来考察问题,即不考虑所有的自然条件差异,而只考察在一个均质的假想空间里,农业生产方式的配置与距城市远近的关系。

依据杜能的假设前提,农产品的生产活动是以追求地租收入最大为目标的合理活动,马车是唯一的交通工具,则运费与距离及重量成比例,运费率根据作物不同而有所差异。杜能给出的地租收入公式如下:

$$R = PQ - CQ - KtQ = (P - C - Kt)Q \tag{7-1}$$

式(7-1)中:R 为地租收入;P 为农产品的市场价格;C 为单位农产品的生产成本;Q 为

农产品的生产总量(等同于销售总量);K为生产地距城市(市场)的距离;t为农产品的运费率。

从地租收入公式来看,固定作物的租金收入R,与距市场的远近成反比。从市场点(零运费)到耕作极限点的租金与收入比率曲线称为地租曲线。每个作物都有一条地租曲线,斜率大小由运费率决定,不容易运输的作物斜率较大,相反则较小(图7-1上部)。由于农产品的生产是追求地租最大的合理活动,理性的农民将选择地租收入最大的作物生产,从而形成杜能的农用地利用结构(图7-1下部)。

杜能推导出农业土地利用类型呈圈层变化(图7-1):第一圈为自由农业圈,离城市最近,主要生产易腐难运的产品,如蔬菜、鲜奶;第二圈为林作圈,生产城市用的薪材、建筑用材、木炭等;第三圈为轮作农业圈,以谷物和饲料作物的轮作为主要特色;第四圈为谷草式农业圈,属谷物(麦类)、牧草、休耕轮作地带;第五圈为三圃式农业圈,每一块地分为三区,第一区为黑麦生产区,第二区为大麦生产区,第三区为休闲区,三区轮作,即三圃式;第六圈为畜牧业圈,主要是种植牧草放牧,然后将畜牧业产品卖给城市。这就是著名的"杜能圈"。

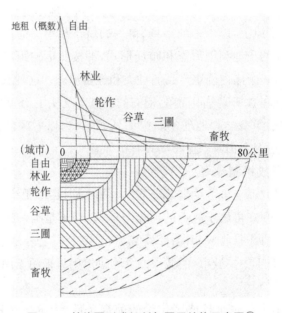

图7-1　杜能圈形成机制与圈层结构示意图①

(三)杜能农业区位论的评价②

1. 创造性

杜能农业区位论讨论了土地利用方式(农产品种植方式)的决定因素问题,即农产品种植方式主要不是由土地的肥力等因素决定的,而是由农产品市场的需求和农业区位地租决定的。

---

① 宋戈,黄善林,赵可.土地经济学研究[M].北京:中国农业出版社,2018:24—25.
② 踪家峰.城市与区域经济学[M].北京:北京大学出版社,2016:17—21.

交通运输成本是影响土地利用方式的重要因素，地租与交通运输成本的权衡（trade-off）决定了土地利用方式。离城市远，地租低，交通费用高；离城市近，地租高，交通费用低。

杜能农业区位论包含了很多重要理论或模型的基本要素，这些理论或模型包括李嘉图-托伦斯（Ricardo-Torrens）的比较优势理论、马尔萨斯-威斯特-李嘉图（Malthus-West-Ricardo）的地租理论、赫克歇尔-俄林（Hecksher-Ohlin）和斯托尔帕-萨缪尔森（Stolper-Samuelson）的要素产品价格理论等。

2. 局限

第一，杜能农业区位论先验地认为孤立国中央存在一个中心即城市，但并没有解释为什么会存在城市。

第二，杜能解释了使经济活动远离中心的离心力，而创造中心的向心力则没有得到解释。

第三，杜能圈解释的是当时德国社会经济条件下的农产品布局形态，随着社会经济发展、城市化和工业化的推进，现实社会的土地利用类型会相应发生变化。罗伯特·辛克莱尔（Robert Sinclair）于1964年提出了同杜能圈完全不同的城市周围土地利用模式，即所谓的"逆杜能圈"。他发现，在工业化、城市化迅速发展的城市地区，由期待地价上升的投机者、开发商以及农民而引发的"无序开发状况"随处可见。

存在上述局限性的主要原因是，完全竞争和规模报酬不变是杜能的重要假设条件，对于不完全竞争、报酬递增的概念还没有涉及。

二、农业土地分区利用[①]

（一）农业区位地租与农业布局

农业布局理论的核心是以区位地租作为分析手段，探求农业生产合理布局问题。区位地租是指经营不同区位的土地所获得的收益差额。单从土地收益角度分析，农业土地布局合理与否，取决于能否把每一块土地都用于发展提供最大区位地租的作物（或生产项目）。

为此，可建立计算农业区位地租的公式：

$$L = Y(m-c) - Ytd \tag{7-2}$$

式（7-2）中：L 为区位地租；Y 为总产量；m 为产品的市场价格，假定它完全取决于市场供求关系；c 为单位产品的生产成本；t 为单位产品单位距离的运费；d 为作物产地与市场的距离。

根据式（7-2），在坐标图上标出各种农作物的区位地租曲线，就可分别计算出它们各自的合理分布范围。如果在坐标图上用 O 点表示市场所在地的位置，用纵轴表示区位地租，用横轴表示农作物生产地与市场的距离，就可描绘出数条在纵轴上的截距为 $Y_i(m_i - c_i)$、在横轴上的截距为 $(m_i - c_i)/t_i$、斜率为 $K_i = Y_i t_i$ 的直线，即区位地租曲线。每条线表示一种

[①] 毕宝德.土地经济学（第8版）[M].北京：中国人民大学出版社，2020：38—43.

农作物分布距中心市场的距离与它可能提供的区位地租间的函数关系。相邻两条区位地租曲线交叉点的横坐标,即为两种农作物的合理分布范围的分界线。如图 7-2 所示,A、B、C 三条线分别表示 A、B、C 三种农作物的区位地租曲线。

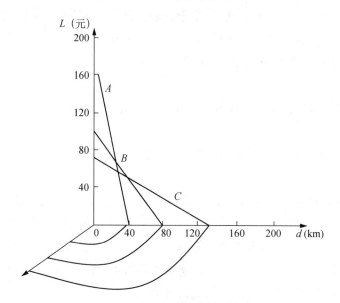

图 7-2　城郊不同农作物的区位地租曲线①

上面所指的是单一农作物的分布圈,实际上农作物总是按一定的组合方式分布在各个圈带内的,不过我们仍可按相同道理计算多种农作物的组合区位地租。

假如在某市场周围有必要形成以 A、B、C 三种农作物为主的三个农作物圈,主导作物 A、B、C 在各圈内都占很大比重,但由于合理轮作等方面的种种要求,在 A 种农作物为主的农作物圈内要搭配生产 D,B 种农作物为主的农作物圈内要搭配生产 E、F,C 种农作物为主的农作物圈内要搭配生产 G、H。在这种情况下,可以用主导农作物的区位地租曲线代表整个农作物组合的区位地租曲线。如果在城市周围的几个农业圈中,有的一个圈内包含几种主要农作物,甚至采用三圃制,三种农作物的比重各占 1/3,这时就可用多种农作物的区位地租平均数来代表整个农作物组合的区位地租,借以确定这个农业圈的分布范围。如假设某一圈层三种农作物可以提供的区位地租分别为 L_1、L_2、L_3,则其组合区位地租 L 应为

$$L = \frac{1}{3}(L_1 + L_2 + L_3)$$
$$= \frac{1}{3}[Y_1(m_1 - c_1) + Y_2(m_2 - c_2) + Y_3(m_3 - c_3) - (Y_1 t_1 + Y_2 t_2 + Y_3 t_3)d]$$

(7-3)

上面的农业合理布局模型假设仅存在一个中心城市。但现在的情况是城市的分布越来

---

① 毕宝德.土地经济学(第 8 版)[M].北京:中国人民大学出版社,2020:39.

越密集,形成了团、带。考虑到这种情况,上述"杜能圈"的基本理论模型就要发生如下变化:

(1) 假设在相距不远的地方存在两个规模接近的城市,两个城市周围的农作物分布圈层必然会相互交错,交错圈层及其以外的各圈层,形成围绕两城市中心的椭圆圈层,为两个城市所共有。

(2) 当一个大城市周围环绕着一圈中小城镇时,由于它们之间距离的影响,大城市周围的农业圈层,将从某一层开始跳跃至环状小城镇外部,形成大小城市共有的农业圈。当然,这个共有的农业圈应处在小城镇各自农业圈层的外部。

(3) 若在一个特大城市外面,有一些中小城镇,它们都零星地分布在一条线上,这时农业圈将主要是围绕特大城市的。虽然这些中小城市在大城市的农业圈层中也可以有自己相对独立的农业圈,但因农产品市场价格的影响,它们周围的农业圈受特大城市农业圈的制约。

另外,土壤的肥沃程度和其他一些自然因素也会影响区位地租,进而影响农作物的布局,使规则的圈层因自然条件的影响而发生不规则的变化。

(二) 农业专业化生产区位利用

农业专业化生产区位利用就是充分利用区位条件和比较优势,选择一个主导农产品进行专业化生产。从微观上确定一个地区的农业生产专业化方向,以单位土地面积上可能获得的纯收益 R 作为分析指标。具体公式如下:

$$R = Y(P - C) \tag{7-4}$$

式(7-4)中:R 为单位土地面积上可能获得的纯收益;Y 为单位面积产量;P 为单位农产品产地收购价格;C 为单位农产品生产成本。

但要从宏观上因地制宜地确定一个国家或较大地区的农业生产布局,就必须依据区位比较效益原则,选择能获得最大比较收益的农作物,从宏观上确定不同地区的农业生产专业化方向,建立合理的地区农业分工体系。

(三) 中国农业地域差异分区利用

1. 东部与西部的差异

中国最大的农业地域差异,是东部与西部的差别。形成这种差异的根本原因是自然地理环境的巨大差别,其中最突出的是水分条件的差异。综合中国自然条件的地带性与非地带性因素的地域差异,全国可划分为三大自然区域:位于东部的东部季风区、位于西部的西北内陆干旱区以及青藏高寒区。东部季风区与西北内陆干旱区的界线,即湿润、半湿润区与半干旱、干旱区的界线;与青藏高寒区的界线,即地势的第一阶梯与第二阶梯的界线。这既是中国自然地理区划的开始点,也是农业区划的开始点。

三个区域的自然地理特征和农业特征,存在本质上的差别。东部的季风湿润区形成农业区,西部的西北内陆干旱区和青藏高寒区形成牧业区。东部地区是农作物、森林、畜禽饲养、渔业和农村工、副业的集中地区。西部牧业区由于受降水量及地形的限制,土地农业利用的适宜性很小,一般来说只能从事牧业生产。

2. 南北之间的差异

东部农业区和西部畜牧业区，南北差异尤为明显。东部农业区北部和南部之间的边界主要是秦岭-淮河线，西部畜牧业区南北之间的界线是昆仑山-阿尔金山-祁连山。

东部农业区南北之间的农业地域差异，主要受水、热资源分布的影响。南北差距最大的是耕地类型，即水田和旱田的差别。在西部畜牧业区，南北之间的农业地域差异是北方西北内陆干旱区与南方青藏高寒区的差别。

3. 高中山地区的垂直差异

高中山地区的海拔高度一般在1 000米以上，其热量和水分条件，随着海拔的增高而呈带状的规律更替，从而造成农业的垂直差异，即通常所称的"立体农业"。纬度和海拔高度的差异造成农业垂直结构的类型不同，可分为三种结构类型：东部季风湿润型、西部内陆干旱型和青藏高寒型。

东部季风湿润型，从山麓至山顶，主要反映热量资源的减少，而湿润程度的增加则不甚显著。西部内陆干旱型，随着海拔高度的增加，气温逐渐降低，湿度增加，在一定范围内还有较大的降水量；青藏高寒型，随海拔的升高，反映其高寒的程度。高中山地区的垂直差异主要受湿度的影响，一般布局为草地和林地等农业用地类型。

第三节 工业区位论与工业土地分区利用

一、工业区位论

（一）工业区位论的形成与发展①

19世纪后半期，是自由资本主义上升时期，由于生产力的发展，生产集中和生产规模扩大成为可能，工业布局出现了集中化趋势，特别是运输业的发展，使工业布局受自然条件的制约减少。另外，自由竞争作为资本主义上升时期的一大特点，统一的市场给资本家提供了平等的竞争场所。因此，如何降低生产成本、获取利润，企业置于什么位置能降低生产成本，成为当时经济学家研究的焦点。

在阿尔弗雷德·韦伯（Alfred Webber）之前，对工业区位研究成果较突出的学者有龙哈德（W. Launhard）、威廉·罗雪尔（Wihelm Roscher）和阿尔伯特·谢费尔（Albert Schaffle），他们探讨了工业区位的若干因素及工业区位的形成条件，对韦伯创立较为系统的工业区位理论体系起到了很大作用。

韦伯在1909年出版的《工业区位理论：论工业区位》和1914年出版的《工业区位理论：区位的一般理论及资本主义的理论》是工业区位的经典著作，前者对工业区位进行了纯理论的探讨，提出工业区位的基本理论；后者则结合实际，对德国自1861年以来的工业区位和资

---

① 张文忠，刘继生.关于区位论发展的探讨[J].人文地理，1992(9)：7—13.

本主义国家人口及工业分布进行了综合研究。这些著作成为现代工业区位理论的开山之作,他也因此成为工业区位理论的奠基人。韦伯综合分析了工业区位形成的诸因素,认为工业区位形成与运费、劳动费用和集聚等三个因素关系最密切。在此基础上,他运用"区位三角形"和"等费用线"等几何研究方法,分析了三因子对区位形成过程的影响。韦伯的区位理论中心是降低成本,即成本最低点就是工业的最佳区位点。

韦伯从一个工厂角度出发来探讨区位问题,被称为局部均衡区位理论;与此相对应的是一般均衡区位论,其理论代表人物主要是瑞典经济学家戈特哈德·俄林(Gotthard B. Ohlin)。俄林在1924年、1931年写的《国际贸易理论》和《区际贸易与国际贸易》著作中认为,由于各国和各地区的生产要素禀赋不同,有些生产要素比较丰富,有些比较稀少,于是不同的国家和不同的地区就利用对自己有利的生产要素,生产商品进行输出,同时输入那些需要利用稀缺生产要素来生产的商品。实际上就是根据区域优势来选择产业和部门,很显然俄林这一思想所考虑的不是单个工厂的厂址选择问题,而是一般工业区位的选择问题。

二战后,工业区位理论进行多因素的综合分析研究,不仅考虑传统的成本和市场因素,也研究决策行为和诸种社会因素。如美国区域经济学家沃尔特·艾萨德(Walter Isard)认为,合理的工业区位应通过多种区位因素综合分析来确定,诸如运费、工资、价格、贸易、竞争、集聚和经营手段等因素综合作用于区位选择,必须全面分析。阿兰·普雷德(Allan Pred)1967年在《行为与区位》一书中采用了行为矩阵分析区位决策问题,他指出,企业家选择工厂区位受一系列个人心理因素和获取信息量的制约。

(二) 韦伯工业区位论

韦伯认为影响工业区位的因素有很多,运输成本、劳动力成本与集聚因素是三个最主要的因素,工业区位首先指向于运输成本最低的地点,然后根据劳动力成本的高低作第一次调整,而集聚(扩散)因素使得工业区位作第二次调整。成本最低的位置,就是一个制造业企业的最佳区位。显然,韦伯的工业区位理论属于最低成本理论(Lowest Cost Theory)。

1. 基本假设

(1) 所分析的对象是一个单一的单位、孤立的国家或特定的地区。内部的自然条件、技术条件和工人技艺都相同,只考虑经济因素对工业布局的影响。

(2) 工业原料、燃料产地为已知点,一般性原料普遍分布。

(3) 劳动力的供给地及供应量预先确定,工资固定,劳动力不流动。

(4) 产品销售地为已知点,销售量一定。

(5) 生产和交易就同一种产品进行讨论。

(6) 运输费用与货运量、距离成正比。

(7) 运输方式为火车。

2. 运输费用对工业区位选择的影响[①]

韦伯把工业中需要的原料分为两种类型:稀有性原材料和常见性原材料。稀有性原材

---

① 张文忠.经济区位论[M].北京:科学出版社,2000:103.

料是指在特定地点贮存的或开采的;常见性原材料是指到处都有的原材料。常见性材料对工业区位影响很小,因此在研究中一般只考虑稀有性原材料,按照稀有性原材料转到产品过程中重量的变化,又分成纯重原材料(在生产过程中,全部进入到制成品中去)和失重原材料(在生产过程中,有一部分重量损失)。产品不同,原料的组合也不同。生产每单位产品的原料投入中,如果失重原材料所占比重高,那么,因重量的损失在原料地的布局就可以节约费用。根据原料的这些特点,韦伯提到了两个新概念:原料指数和区位重量。其中:

$$原料指数 = 失重原料重量 / 制成品重量 \quad (7-5)$$

$$区位重量 = (失重原料重量 + 制成品重量) / 制成品重量 = 原料指数 + 1 \quad (7-6)$$

由此可以得出以下关于一般区位选择的原则:

(1) 当原料指数<1、区位重量<2时,运进工厂的物质总重<运出工厂的总重,在消费地布局比在原料地布局运费节省要多,因此,工厂应设在产品的消费中心,属于消费地指向性区位。适于这一条件的工业,其所用物质大多是随地物质,如啤酒工业、面包工业等。

(2) 当原料指数>1、区位重量>2时,运进工厂的物质总重>运出工厂的总重,为节省运费,工厂应设在稀有性原材料产区,属于原料地指向性区位。属于这一类的产业如水泥工业、食品加工业等。

(3) 当原料指数=1、区位重量=2时,运进的物质与运出的产品重量相等,原料地、消费地以及两者之间的任何一点其运费都相同,工厂可以自由选择,属于自由指向性区位。

3. 劳动成本对工业区位选择的影响①

韦伯这里提到的劳动成本是指每单位重量产品的工资部分,体现了劳动能力的差距,属于地区性差异因子,主要反映在地区间的差异上。由于它在空间上不像运输费用那样具有明显的空间变化规律,所以,劳动成本是使运费形成的区位发生调整的因子。

是在运输费用最小点布局还是在劳动成本低廉地布局,韦伯认为,主要看这两种费用的节约程度。如果在劳动成本低廉地点布局带来的劳动成本节约额大于最小运费点移动产生的费用,那么,劳动成本指向就占主导地位。他提出了劳动系数、劳动成本指数、地域质量的概念。劳动成本指数是指制造一单位产品所支付的平均劳动工资,地域质量指每生产一单位产品所需运输的重量。

$$劳动系数 = 劳动成本指数 / 地域质量 \quad (7-7)$$

根据式(7-7)分析,劳动系数大,即劳动成本指数大、地域质量小的工业,其厂址选择应离开运费最低点,而偏向于劳动成本较低点。也可以说,劳动系数越高,工业会更加向劳动成本低廉地点集中②。

---

① 张文忠.经济区位论[M].北京:科学出版社,2000:107.
② 同上书:108.

4. 集聚因素对工业区位选择的影响①

韦伯进一步研究了集聚因素对运费指向或劳动成本指向区位的影响。集聚因素可使运输和劳动力指向的区位产生偏离。韦伯通过对实际情况的总结提出,一个企业可以通过三种方法获得集聚的经济效益:①扩大生产规模,增加生产的集聚程度,从而可以降低产品成本;②通过选择与其他工厂紧密相连的配置,获得企业外部的利益,如每个企业可以使用专用设备,共同利用劳动力市场等,可以降低各有关工厂的生产成本;③同一个工业部门中企业之间的协作。

同时,集聚又可分为纯粹集聚和偶然集聚两种类型。纯粹集聚是由技术性和经济性的集聚利益产生的集聚,也称为技术性集聚;偶然集聚是纯粹集聚之外的集聚。韦伯认为,运费指向和劳动成本指向的结果带来的工业集中就属于偶然集聚。一个工厂如果因集聚所节省的费用大于因离开运费最小或劳动力成本最小的位置需要追加的费用,则区位由集聚因素决定。

(三) 韦伯工业区位论的评价

作为工业区位论的奠基人,韦伯创造了一个研究工业区位的系统方法,他提出的运输因素、劳动力因素和集聚因素依然是影响现代工业区位的重要因素,也是现代空间经济学模型构建中的核心要素。韦伯的工业区位论被应用于工业选址、物流中心选址等领域,发挥了重要的作用。

当然,由于所处时代的限制,韦伯理论也有一定的局限性。韦伯研究的工业区位论,整个分析是在假设完全竞争、报酬不变和要素之间不存在替代性的前提下进行的。而且,韦伯的工业区位论没有考虑企业之间的相互作用,属于局部均衡分析。

当今世界由于技术和交通运输的发展,带来了原料使用量和劳动成本以及运费大幅度削减,本来属于原料地和劳动供给地指向型区位现在已变成消费地指向型区位,特别是一些尖端技术工业的布局受地域约束极小,工业区位的选择范围更广。在这种条件下,工业区位出现了新的指向型,这些类型的工业区位不能直接套用韦伯的理论,需换一个角度进行解释分析。

二、工业土地分区利用②

工业用地的选择和布局,不仅要为厂商经营创造有利条件,而且还应考虑其可能的外部性影响,关注社会效益和生态效益。因此,应根据各产业的生产特点和各地的建设条件,分别提出具体企业的用地规划和布局。不同性质的产业用地选择可以归纳为以下类型。

(一) 原料主导型产业

原料主导型产业一般是以农产品、矿产品为原料的初次加工产业。其特点是:占地面积大,消耗材料、燃料量大,从原料到成品的失重程度大,有些产品的原料在运输、贮藏过程中

---

① 张文忠.经济区位论[M].北京:科学出版社,2000:110.
② 王克强、王洪卫、刘红梅.土地经济学[M].上海:上海财经大学出版社,2014:82—83.

损失比较大。根据韦伯理论中运输费用对工业布局的影响,如造纸、水泥、钢铁等产业应尽量建在原料产地,或靠近铁路线和专用码头,这样可以减少原料运输成本。

(二)市场主导型产业

市场主导型产业一般是对初级加工品进行进一步加工、销售,其特点是:占地面积小,原料消耗小。这类产业应布局在消费区或技术条件、协作条件较好的中心城市,如玻璃、食品、家具等产业在规划用地时应主要布局在城市的下风区和水源的下游区,注意保护生态环境。

(三)能源主导型产业

能源主导型产业在进行生产时往往需要大量的能源,如耗电量大的产业,由于单位产品电能消耗大,产品成本中电费占较大比重,所以产业用地往往选择在动力基地,特别是能提供廉价电能的大型水电站附近。因减少电能输送损失所获得的收益,往往可以弥补原料、半成品运输中的耗费。这类产业包括铜、镁等有色金属的冶炼、人造纤维等。

(四)技术主导型产业

技术主导型产业呈"知识密集型"或"技术密集型"特点,其产品多为各种精密仪表、电子产品等,一般占地面积小,且可集中在高层建筑生产,对技术要素的需求更大。因此,这类产业可集聚在大城市的科学技术中心、高等院校或科研机构附近。

第四节 城市区位论与城市土地分区利用[①]

一、城市区位论

(一)克里斯塔勒的中心地理论——城市区位论

在城市土地利用中,区位无疑有着重要意义。在分析城市土地利用区位问题方面,德国地理学家沃尔特·克里斯塔勒(Walter Christaller)进行了开创性研究,他在著作《德国南部的中心地原理》(1933)中系统阐述了中心地理论。

进入20世纪,资本主义经济高度发展,加速了城市化进程。城市在整个社会经济中逐渐占据了主导地位,它成为工业、商业、贸易和服务业的聚集点。正因为这样,许多经济学家、社会学家和地理学家把研究的焦点对准了城市。在城市的社会和经济行为研究基础上,对城市的形态、空间分布和规模等级也开始了研究。中心地理论就是在这种社会、经济背景下产生的。

克里斯塔勒的中心地理论的产生同杜能的农业区位论具有类似性,也是在大量实地调查的基础上提出的。他跑遍了德国南部所有城市及中心聚落,获得了大量基础数据和资料。在研究方法上,克里斯塔勒运用演绎法来研究中心地的空间秩序。

该理论有一个核心概念"中心地",是指区域内向其周围地域的居民提供各种货物和服

---

① 杨庆媛.土地经济学[M].北京:科学出版社,2018:227—239.

务的中心城市(城镇)或中心居民点。中心地和中心地周围区域是相互依赖、相互服务的,有着紧密的联系。克里斯塔勒发现,一定区域内的中心地在职能、规模和空间形态分布上具有一定规律性,中心地空间分布形态受市场因素、交通因素和行政因素的影响,形成不同的中心地系统空间模式。

从市场因素看,任何一个确定级别的中心地生产的某一级产品或提供的某级水平的服务,都有大致确定的经济距离和能达到的范围。中心地的规模与其所影响区域的大小、人口规模,是通过对产品和服务的需求这个环节建立起相关关系的。从交通因素看,交通在城市经济发展中起着"中间介质"的作用,使物质的空间交换得以进行。由于运输必须经过一定的距离,付出高低不等的代价,因此在很大程度上影响货物到达的范围,进而影响城市的规模、居民点之间的距离及空间分布等。此外,行政因素也是影响乃至决定城市分布的重要因素,行政职能部门位于某一城市或居民点,依靠处理行政事务及颁布法令等管理其辖区。

克里斯塔勒从以上三方面分析了城市等级的形成,他用几何方法推导出城市空间分布呈正六边形的空间组织结构(图7-3)。

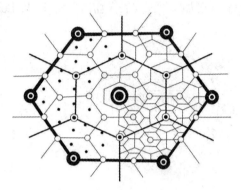

图7-3 正六边形城市空间分布模型①

(二)廖什的中心地理论——市场区位论

德国经济学家奥古斯特·廖什(August Lösch)在1940年出版了《经济区位论》,提出了与克里斯塔勒的中心地理论极其相似的中心地模型。他将克里斯塔勒的地域框架扩大应用于产业的市场区位方面(面区位),克服了以点、线区位为主要内容的工业区位论在商品经济迅速发展背景下的局限性。廖什认为克里斯塔勒的等级体系原理仅是中心地系统整个系列的特殊情况,他综合了克里斯塔勒理论的各种可能,并运用图表来解释其理论,推导出一种"经济景观"。廖什提出的经济景观可以有规律地扩大,即按三角形工业、聚落、城市分布、六边形市场区等,构成一国(地区)的经济景观系统:①工商业集聚形成大城市,大城市形成后交通线起了重要作用;②距离城市愈远,经济活动愈分散,直到不受城市中心影响,符合距离衰减法则;③受交通的影响,引起贫富区差别,包括城乡、工农业地区的差异。

廖什认为"经济景观"是包括了所有的市场区域的一般模型,也称为完全系统。在廖什的模型内,除中央大城市外,各中心地特别是同一等级的中心地由于中心职能的专业化,相互间可以供给货物,而且低级中心地也有可能向高级中心地供给货物。廖什中心地等级体系中,各级中心地人口分布呈现出阶梯状变化。因此,廖什的中心地等级体系更符合实际,具有更大的适用性。②

廖什理论把生产区位和市场结合起来分析,以最大利润为原则,从市场区的概念出发,提出了区域集聚和点集聚的问题,从理论上剖析了经济区形成的内部机制。他认为需求是

---

① 宋戈,黄善林,赵可.土地经济学研究[M].北京:中国农业出版社,2018:32.
② 张军涛,刘锋.区域地理学[M].青岛:青岛出版社,2000:165.

随着价格变化的,也会因为生产配置地点和市场区规模的变化而发生变化,因此,必须全面考虑运输成本、生产成本、总成本以及总收入的定向原则,选择最佳配置点。

为了区分克里斯塔勒和廖什的中心地理论,后人将克里斯塔勒的中心地理论称为城市区位论,将廖什的中心地理论称为市场区位论。

二、城市土地分区利用模式

(一) 同心圆模式

芝加哥学派代表人物伯吉斯(E.W. Burgess)根据19世纪20年代芝加哥城市化的过程,发现城市的空间格局呈现出同心圆的形状,提出了同心圆模式,如图7-4所示。

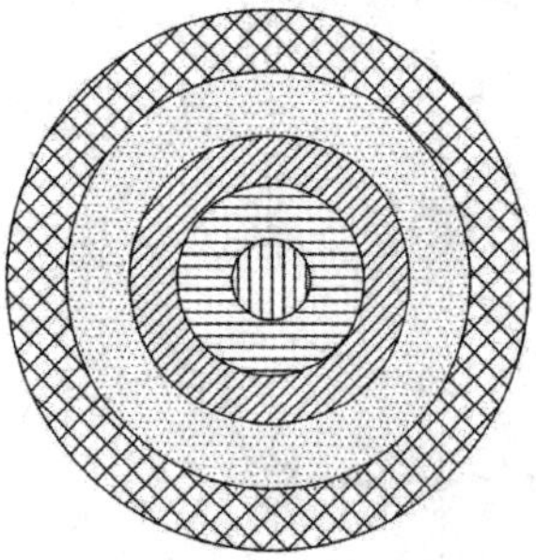

图 7-4 同心圆圈层布局模式(杨庆媛,2018)①

城市化的初期,只有一个圈层,所有的城市功能与不同的社会阶层都聚集在该圈层内。随着人口不断涌入该城市,新增人口逐渐占据了城市的外围而形成第二圈。人口增加导致对生产生活服务功能需求的增加,城市中心区的商业服务功能逐渐增强,形成CBD,而工业则外迁至第二圈。随着人口的不断涌入,居住环境的恶化,中心圈的人口开始依照不同的阶层向外迁出。工人阶层迁至离工厂所在第二圈最近的地区,形成第三圈,土地利用形式为节约集约的公寓式住宅。收入更高的中产阶级为寻找更优的居住环境,向更外围的地方迁移,形成第四圈,土地利用形式为独户住宅、高级公寓和上等旅馆。上层与中上层人士则选择迁往中产阶级的外围,形成通勤带,土地利用形式为独栋别墅,并成为一些小型的卫星城。随着人口向外迁移,最后剩下的是环境恶劣的第二圈,即移民所在的圈层,形成了所谓的唐人街、贫民窟与腐化区。该模型说明了欧美大城市城市化过程中土地利用变化的普遍形式,其机理在于不同收入阶层对优质生活环境的竞争,并形成相互共生的五个圈层。

后来,人们为该模式赋予了竞租(Bid Rent)理论的解释,指出各个产业付租意愿的不同斜率会导致同心圆的出现。竞租即竞标地租,是指某个土地使用者(居民或企业)为竞争得到某块城市土地(某个区位)所愿支付的最高租金。如图7-5所示:商业付租意愿在城市中心区最高,并随着

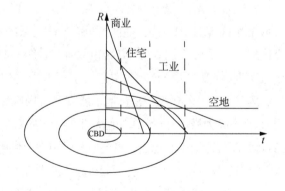

图 7-5 城市土地利用的竞租理论和同心圆模式②

---

① 杨庆媛.土地经济学[M].北京:科学出版社,2018:229.
② 同上.

离中心区距离递增而下降得最为迅速,其次是住宅,最后为工业。图中三条线(除空地外)付租意愿最高的线段投影至水平面,则形成该类型土地利用的圈层。由于现代城市体系发展过程中形成了多中心的组团土地利用模式,因此同心圆的模型不再适宜解释整座城市,而更适用于对单个组团的地租空间形式进行解释。

(二)扇形模式

当考虑到城市对外联系的主要交通干线多是由市中心向四周辐射,而且各功能区之间存在着不同程度的吸引与排斥的关系时,就会发现城市的功能区不可能按同心圆成圈层分布,而是按扇形发射分布的。1939年,霍默·霍伊特(Homer Hoyt)在同心圆的启发下融入交通因素,进而提出了城市土地利用的扇形模式(图7-6)。该模式同样展示了不同收入阶层在对最优环境的竞争下,形成相互共生的五种土地利用的自然区。其规律可以概括为:中等收入住宅区位于高等收入住宅区的两侧,低收入住宅区位于中等收入住宅区与工业区之间,或位于高收入住宅区的相反方向。即高收入住宅区与低收入住宅区不会相邻为伴,总是隔着中等收入住宅区。

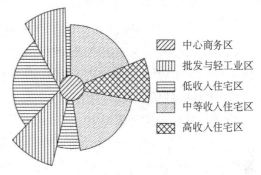

图7-6 扇形布局模式①

(三)多核心模式

1945年,哈里斯(C. D. Harris)、乌尔曼(E. L. Ullman)在同心圆与扇形模式的启发下,进一步提出了城市土地利用的多核心模式(图7-7)。该模式展示出更贴近于现实状况的土地利用形式。但其原理与同心圆一样,即工人区离工业区最近,中产阶级区将富人区与工人区隔开。由于富人区离市中心较远,通勤不便,故在郊外形成了次级商务区,抑或卫星城。同时,该模式还展示出轻工业区,重工业区与郊外工业区的分布特征。重工业区因污染较大,故远离市中心,而轻工业区则邻近市中心。

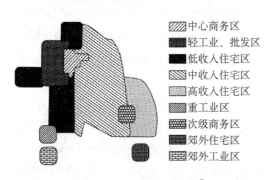

图7-7 多核心布局模式②

(四)田园城市模式

埃比尼泽·霍华德(Ebenezer Howard)设想的田园城市实质上是城市和乡村的结合体(图7-8),他认为城市的规模必须加以限制,使每户居民都能极为方便地接近乡村自然空间。这一思想对现代城市土地利用规划思想产生了重要影响,特别是在城市密度、空间布

---

① 杨庆媛.土地经济学[M].北京:科学出版社,2018:230.
② 同上.

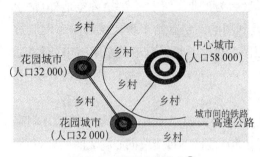

图 7-8 田园城市模式①

局、绿色植被等关键城市用地问题上具有划时代意义的见解,对后来的"有机疏散理论""卫星城镇理论"影响较大。

田园城市思想首次提到了城乡一体融合发展的新模式,田园城市应该是兼有城、乡的有利条件,城市只有和乡村融为一体才能彻底解决严峻复杂的社会环境问题。目前中国一些城市的建设融入了田园城市的发展理念,如成都市。田园城市思想实质是在当时社会背景下西方社会生活的一次革命,它从区域整体的视角将城市土地利用问题分解为城市功能区用地问题,对合理组织城市功能分区、安排各类功能区用地具有指导作用,霍华德也因此成为西方近代具有重要影响的城市规划思想家之一。

(五)紧凑城市开发模式

该模式的思想来源于 20 世纪 30 年代高密度城市土地利用的观点。其先驱者勒·柯布西耶(Le Corbusier)提出提高城市密度解决城市问题,其后继者简·雅各布斯(Jane Jacobs)更是支持高密度的城市造就了城市的多样性以及丰富多彩的城市生活的观点。中国城市建设界也在不断探索城市发展的紧凑用地模式。董国良于 2006 年提出城市建设的节地模式。该模式将城市空间整体建设在一个架空层上,将城市机动车道路、非机动车道路和人行道路完全隔离在不同层,既提高了道路的利用率,也大幅度提高了交通畅通程度,并更好地解决城市停车难问题,同时使城市用地规模大幅度缩减,市民出行交通使用量也显著减少。因此,该节地模式能够使同规模大小的城市交通能耗大幅下降,人均资源消耗水平明显减少,其第一个实践案例为总面积 78.5 公顷经营性用地的长沙新河三角洲,采用节地发展模式已经获得显著的效益,土地开发强度提高了 40%,相当于节约土地 58.62 公顷。

(六)极核式空间开发模式

该模式源于法国经济学家弗朗索瓦·佩鲁(Francois Perrour)提出的增长极理论,认为经济增长是在非均匀空间中的特定增长点或增长极上优先发展起来的,并对整个经济空间产生不同的影响;经济发展的主要动力源自创新区域主导产业,这是增长极高创新能力、高关联度和高增长性特征的根本;增长极通过支配效应、连锁效应和乘数效应将创新逐级传递至整个区域,最终实现区域经济的均衡发展。依据极核式空间开发模式,在区域极核地带重点集聚高创新能力、高带动能力的产业,土地高度集约利用,包括两个方面:一是从区域内各个产业、行业的增长是非均衡的,增长的势头相对集中在主导产业和创新产业上,然后波及其他产业、行业;二是从空间上看,区域经济在某些城镇优先发展然后向外围扩散,这种集中了主导产业和创新企业的中心地就是区域增长极。城市作为区域的增长极,其土地利用结构应为区域中最有效率的部分,城市土地应优先保证用于创新能力、带动能力强的产业,并

---

① 杨庆媛.土地经济学[M].北京:科学出版社,2018:231.

在此基础上形成合理的用地结构。

(七) 点轴式空间开发模式

地理学家陆大道提出点轴开发模式,认为区域成长性产业总是首先集中在少数条件较好的城市或企业的优势区位,呈点状分布。随着经济的发展,这些点及有较好的位置、资源和经济基础条件的交通干线、动力供应线、水供应线,逐步建设成区域重点发展轴,轴线开发与不同等级的中心城市紧密联系形成"点—轴"系统,"点—轴"系统通过扩散效应带动区域整体发展。在1986年编制的《全国国土总体规划纲要》中,提出的"沿海和沿长江T字形一级开发轴线"国土空间开发主体构架,体现了"点轴"模式的应用。点轴开发模式的发展焦点在交通线沿线,点和轴线上的区域土地利用效益最高点,是集约利用土地的示范地。区域中具有带动能力、高创新能力的产业集中在点轴上,点轴具有区域中最完善的产业系统,因此土地利用结构最为复杂,也最需要形成有序的用地结构。

三、城市土地利用的区位变化特征

(一) 向心与离心并存

城市社会经济功能复杂多样,各类功能实现过程所需条件不同,按照用地需求空间变化的方向可分为向心型与离心型。向心型城市功能服务具有很高的市场接近需求,需要直接与消费者接触,在人口密集的城市中心区能够获得更大的经济效益,尽快占领市场是这类功能服务布局必须首先考虑的因素,一般是零售商业、休闲娱乐业等服务行业,对应的用地类型是商业服务用地。离心型城市功能服务一般不直接与消费者接触,或者通过某种设施远距离提供城市服务,降低资源利用成本是这类功能服务的首要考虑因素,一般是工业生产、市政服务等。例如,占地较大的工厂,在城市发展中向郊区搬迁、供水供电设施在郊区选址建设等。

(二) 分化与综合同在

新的社会经济环境需要城市功能做出相应调整,一些功能需要分化为若干专业功能,另一些需要将多样化服务功能集聚以形成规模效应。在经历了传统的以主导产业为核心的工业布局模式后,新技术、信息化将工业布局推进到专业化工业园区布局模式,一个园区甚至一座城市的工业发展转向专业化、规模化,有的城市甚至只完成工业生产过程中的部分环节。城市以专业化工业园区为核心组织土地资源,构建特定的功能区,土地利用结构与工业化时代的用地结构不同。城市商业服务在信息时代逐渐走向个性化和综合化:一方面是城市个体商户努力寻找个性化经营点,众多同类服务的商户集聚布局形成特色商业街区;另一方面是大型公司整体建设商业综合体,构造集购物、休闲、娱乐于一体的城市空间,形成特殊的综合型城市服务功能区。

(三) 短期与长期兼顾

市场经济形势瞬息万变,城市发展进程加速,城市功能区布局更新周期缩短,这些因素影响着城市建设者的抉择,在城市用地规划过程中,必然要对各个区域进行深入分析,确定哪些是长期用于某种功能、哪些是短期用于某种功能的土地。一般而言,城市最基础的公共服务设施是长期运营的,应该在城市内首先确定其空间位置,但不一定占据有利地理位置;而零售商业服务设施的更新周期短,却需要占据有利的地理位置,随着城市扩张,城市有利位置不断改变,商业活动也因此不断改变其布局格局。

本章小结

区位是指各种自然地理要素和社会经济要素之间的相互联系和相互作用在空间位置上的反映。区位理论是关于地理事物与人类活动的空间分布及其在空间中的相互关系的学说。土地分区利用就是利用土地的区位特点,对土地进行空间科学布局并合理利用的过程。区位论的发展历程大致可分为三个阶段:古典区位论、近代区位论和现代区位论。

杜能农业区位论认为,农地利用方式主要由农产品市场的需求和农业区位地租决定,农业土地利用类型呈圈层变化。韦伯认为影响工业区位最主要的三个因素为运输成本、劳动力成本与集聚因素。克里斯塔勒发现中心地空间分布形态受市场因素、交通因素和行政因素的影响,城市空间分布呈正六边形的空间组织结构。廖什提出经济景观系统的概念,从市场区的角度剖析了经济区形成的内部机制。城市土地分区利用模式有:同心圆模式、扇形模式、多核心模式、田园城市模式、紧凑城市开发模式、极核式空间开发模式和点轴式空间开发模式等。

关键词

区位理论　土地分区利用　农业区位论　区位地租　工业区位论　城市区位论　竞租理论

复习思考题

1. 区位理论的发展历程。
2. 杜能农业区位论的基本内容。
3. 韦伯工业区位论的基本思想。
4. 中心地理论的基本原理。
5. 竞租理论的基本内容。
6. 城市土地分区利用模式及其应用举例。

 拓展阅读

中国国土空间分区

（本章编写人员：邹秀清，邓爱珍，匡兵）

第八章 CHAPTER 8

土地规模利用

◎ 思维导图

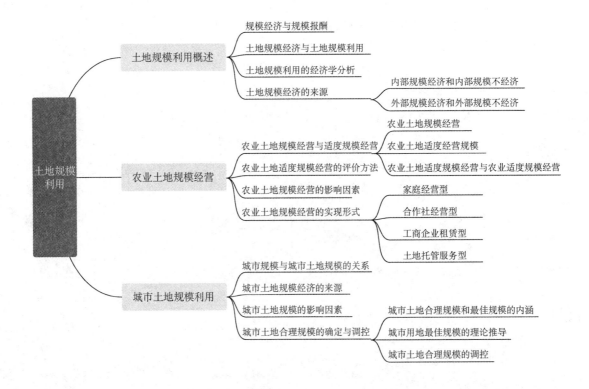

学习目标

1. 掌握规模经济和规模报酬的概念。
2. 掌握土地规模利用的概念和土地规模经济的来源。
3. 熟悉农地规模经营的概念及实现形式。
4. 掌握城市土地规模的概念,了解城市土地合理规模的确定与调控。

第一节 土地规模利用概述

一、规模经济与规模报酬

规模一般泛指事物在一定空间范围内的聚集程度,通俗地说即事物的大小和多少,在西方经济学里,把生产系统的生产能力和生产量都用规模一词来表示。如我们在统计术语里经常见到的"规模以上企业",指的就是国家以年产值为标准,对不同行业的企业制订了一个规模要求,达到规模要求的企业就称为"规模以上企业",规模以上企业也分若干类,如特大型企业、大型企业、中型企业、小型企业等。

规模经济是指在一定的技术条件下,通过扩大生产规模而引起的产出增加、长期平均成本下降和经济效益增加的现象,换言之,指生产过程中产出的增长比例高于要素投入增长比例的生产状况,反映的是生产要素的集中程度同经济效益之间的关系。但是生产规模并不是越大越好,规模经济追求的是能获得最佳经济效益的生产规模,一旦企业规模的扩大超过一定限度,边际效益就会逐渐下降,甚至变成负值,引发规模不经济现象。规模经济中的"经济"一词,指的是节省或效益的意思,反映的是经济实体规模的经济性,即产量、成本和利润的高低[1]。

我们要区别规模经济和经济规模两个概念,经济规模指的是不同经济成分、不同产业部门以及社会再生产各个方面构成的国民经济,它在一定空间范围内的聚集程度[2]。这个"空间范围"宏观上指国家范围,中观上包括部门、行业、地区、大中城市等,微观上是指生产单位、企业、经济联合体、生产基地等。经济规模中的"经济"一词,指的是社会生产或生产方式,经济规模是规模经济的载体。

随着生产规模的扩大,企业的经济效益依次表现为递增、不变和递减的变化状态,这种由于企业生产经营规模变动引起的经济效益的变化,称为规模报酬。规模报酬一般有三种不同的情况:一是递增规模报酬,当规模扩大后,报酬增加的幅度大于规模扩大的幅度,称为递增规模报酬;二是固定规模报酬,当规模报酬增加的幅度等于规模扩大的幅度时,称为固定规模报酬;三是递减规模报酬,当规模报酬增长的幅度小于规模扩大的幅度时,称为递减规模报酬[3]。规模报酬分析的是生产经营规模变化与经济效益之间关系的问题,一个生产经营单位只有在长期内才能变动全部生产要素,进而变动生产经营规模,因此规模报酬分析的是长期生产理论问题。

规模经济理论是研究生产规模变动与其投资效益变动规律的一种科学,它鼓励一些具有发展优势的产业部门和企业在专业技术产品上通过扩大生产规模,降低平均成本和提高

---

[1] 王延风.规模经济初探[D].北京:首都经济贸易大学,1996.
[2] 张志诚.生产力经济学基础问答[M].北京:中国经济出版社,1987.
[3] 曲福田,诸培新.土地经济学(第4版)[M].北京:中国农业出版社,2018.

利润水平,规模经济理论是研究一切规模经营问题的理论基础。

在企业内部可通过两种途径来降低生产成本:一是增加企业生产产品的数量;二是增加企业内部包含的生产环节的数量,即内部一体化程度的高低①。通过增加产量,可扩大企业市场占有率,减少竞争压力,充分实现生产和管理过程的标准化、专业化和简单化,发挥分工和协作的效益;通过增加企业生产环节数量,可将各生产流程纳入同一企业里,提供全面的专业化生产服务,节省交易成本。规模经济理论也支持通过行业的发展壮大,使单个企业从整个行业规模的扩大中获得更多的技术和设备的更新改进,并鼓励企业在地理位置上的集中,从而享受外部规模经济效应。

二、土地规模经济与土地规模利用

规模经济原理反映的是企业生产经营规模与经济效益之间的关系,是确定企业合理生产经营规模的依据。在农业生产过程与房地产开发经营过程中,土地作为最基本的生产要素,依据规模经济原理,确定合理的生产经营规模,是我们利用土地的必然要求②。

土地规模经营,是指通过各种生产要素的最优配置,在一定经济和技术环境条件下追求最佳经济效益的土地经营模式。土地规模经营的经济学原则是土地规模经济。

土地规模经济是指随着土地利用规模的扩大而产生的单位土地面积收益增加,或指随着土地利用规模的扩大,单位土地产品收益增加或单位土地产品成本降低。反之,则为土地规模不经济,即随着土地利用规模的扩大而产生的单位土地面积收益减少,或指随着土地利用规模的扩大,单位土地产品收益下降或单位土地产品成本上升。土地规模经济一般表现为大规模经营,通常具有优越性,但并不是规模越大越好,关键是以土地规模报酬的大小来决定土地经营规模。

土地规模报酬变化研究的是土地规模扩大与规模报酬之间相互变化的关系。土地规模通常指某一经营主体占有并实际使用的土地数量,或投入某一项目使用的土地数量。在生产经营中,由于土地数量的增加,一定投入物所带来的报酬或经济效益会发生变化,这种由于土地规模变动而引起的经济效益的变化,称为土地规模报酬。随着土地规模的扩大,土地规模报酬也呈现出土地规模报酬递增、土地规模报酬不变和土地规模报酬递减的阶段变化规律。

土地规模的扩大,一般伴随着其他相关投入要素的增加,土地规模经济是在土地和其他生产要素同时增加的情况下实现的③。从变化阶段上来说,土地规模经济就是使土地利用处于规模报酬递增或规模报酬不变阶段,土地规模扩大所获得的经济利益。显然,最优经济规模的临界线是在规模报酬不变阶段,土地规模过大或过小都是不适宜的。因此,土地规模利用,就是应尽可能地使土地利用处于报酬递增的阶段,至少也应该处于报酬不变的阶段,

---

① [法]泰勒尔.产业组织理论[M].张维迎译.北京:中国人民大学出版社,1998.
② 曲福田、诸培新.土地经济学(第4版)[M].北京:中国农业出版社,2018.
③ 冯玉华、贾生华.土地经济学[M].广州:华南理工大学出版社,1995:103.

而不是处于报酬递减的阶段。

三、土地规模利用的经济学分析

在图 8-1 中，有短期平均成本(Short-run Average Cost，SAC)和长期平均成本(Long-run Average Cost，LAC)两条曲线。短期平均成本是指在技术、投入品的价格不变、且企业规模为既定的条件下，某一产品的各种产量水平所对应的最低平均成本。短期成本曲线是一条 U 形曲线，表明随着产量的增加，最低平均成本呈现先下降而后上升的变动规律。

假定生产经营单位的生产规模可以无限细分，则任意给定一种产量水平，就有一个最适度的生产规模，从而可找到一个最低的短期平均成本点，把各种产量水平下对应的所有最低短期平均成本点用平滑的曲线连接起来，就可得到一条规模可无限细分的长期平均成本曲线 LAC[①]。因此，长期平均成本就是在技术、投入品价格不变，但企业最优规模的条件下，某一产品的各种产量水平所对应的最低平均成本。长期平均成本曲线是短期平均成本曲线的包络线，在这条包络线上，在连续变化的每一个产量水平，都存在 LAC 曲线和一条 SAC 曲线的相切点，该切点所对应的平均成本就是相应产量水平的最低平均成本，该 SAC 曲线所代表的生产规模就是生产该产量的最佳生产规模。由于曲率不同，只有 LAC 曲线的最低点才与 SAC 曲线的最低点相切。

在图 8-1 中，长期平均成本曲线和短期平均成本曲线都呈先下降后上升的"U"形曲线，但这两条曲线是有区别的。短期平均成本曲线是由短期生产函数的边际报酬递减规律决定的，而长期平均成本曲线是由长期生产中规模经济和规模不经济决定的。长期平均成本曲线无论是下降还是上升都比短期平均成本曲线较为平缓，表示在长期中，平均成本的变动较为缓慢。由于在长期中全部生产要素可

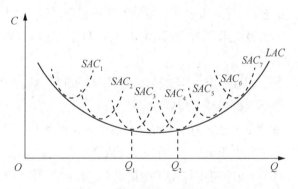

图 8-1 规模经济与规模不经济

以随时调整，所以单位产品平均成本有可能在一段时间内保持不变，这一阶段就是规模报酬不变阶段，即 Q_1 到 Q_2 阶段。这一阶段的长短与不同生产经营单位的行业特征相关，有些生产单位在此阶段持续的时间较长，有些则很短，有些甚至 Q_1 和 Q_2 重合，即最佳生产规模为一点，为长期平均成本曲线上最低成本点所对应的生产规模。在短期中，报酬不变的阶段很短，甚至没有。

以土地经营规模为例，在规模报酬递增阶段，报酬增长的幅度大于土地规模扩大的幅度，即在小于 Q_1 阶段，平均成本随产量的增加而下降，长期平均成本曲线呈向下倾斜趋势，这时生产具有规模经济性，在此阶段扩大土地经营规模能使产品的单位成本下降。在规模

---

① 赵文平.管理经济学[M].西安：西安电子科技大学出版社，2017.

报酬不变阶段,报酬增长的幅度等于土地规模扩大的幅度,即在曲线底端 Q_1 到 Q_2 阶段,平均成本不变且最低,在此阶段对应的规模即为最佳土地经营规模。在规模报酬递减阶段,报酬增长的幅度小于土地规模扩大的幅度,即在大于 Q_2 阶段,平均成本随产量的增加而上升,长期成本曲线向上倾斜,这时生产具有规模不经济性,表示土地经营规模已过大①。

因此,规模是不能无限扩张的,土地利用规模过大或过小都是不利的,每个生产经营单位都应根据自己的生产特点确定一个适度的规模。土地经营主体选择适度规模的原则是尽可能使生产规模处在规模报酬不变阶段。如果土地规模报酬是递增的,则说明生产规模过小,此时应扩大生产规模直到规模报酬不变为止。如果规模报酬是递减的,则说明生产规模过大,此时应缩小生产规模以减少规模过大的损失,直到规模报酬不变为止。

在生产实践中,我们要追求土地规模利用,但其实现往往要受各种因素的影响和制约,使得现实中的最佳土地利用规模与理论上的最佳土地利用规模往往存在一定的差距。土地规模利用的目的在于提高经济效益,这就要求在考虑土地规模适度量的同时,必须考虑自然和社会经济条件等一系列因素。自然条件是限制土地利用规模的重要因素,例如,土地质量和气候条件对很多农产品的生产规模起到决定性的作用,自然条件也常常会制约资源密集型企业的生产规模②。社会经济条件如资金、劳动力、技术、资源等的投入状况和管理能力等也同样重要。大规模的土地利用需要大量的资金投入、先进的生产技术、优秀的技术、管理人才和丰富的资源供给③。衡量土地利用规模是否适度,首先要看物质资料生产力发展水平的高低,生产力要与生产资料、资金积累和先进科学技术的运用等状况相适应④。

在城市里,社会经济发展水平、人口规模、自然资源和能源、经济地理位置和交通地理位置都会影响城市规模经济的实现。一个城市的土地规模利用优势主要表现在其劳动力和资本等生产要素的集中程度和所处区位的优势上,以及各企业之间的关联程度上。

在农业生产中,则表现为农业机械化程度和现代科学技术的应用,在技术进步的前提条件下,土地利用规模才能扩大⑤。其次要看劳动者素质的高低及其作用程度,当然,土地利用规模还应与社会经济发展所能提供的服务相适应,产品商品化、专业化和社会化程度、经营方针、人地比例与土地关系等诸多因素也会影响土地规模利用的实现⑥。

四、土地规模经济的来源

规模经济来源于生产经营单位的内部和外部两个方面,分别称为内部规模经济和外部规模经济。

---

① 赵文平.管理经济学[M].西安:西安电子科技大学出版社,2017.
② 刘芳.企业规模决策及其有效路径研究[M].北京:中国经济出版社,2018.
③ 王延凤.规模经济初探[D].北京:首都经济贸易大学,1996.
④ 宋戈,黄善林,赵可.土地经济学研究[M].北京:中国农业出版社,2018.
⑤ 刘芳.企业规模决策及其有效路径研究[M].北京:中国经济出版社,2018.
⑥ 田静婷.中国农村集体土地使用权流转机制创新研究[D].西安:西北大学,2013.

(一)内部规模经济和内部规模不经济

内部规模经济,也称"内部规模效益",是指生产经营单位在生产规模扩大时在其内部产生的效益。内部规模经济主要与固定成本的分摊、专业化生产、管理的改进等因素相关。

首先,是因为生产要素的不可分性带来的固定成本的分摊,使产品生产成本降低。在生产中,投入要素可划分为固定投入要素和可变投入要素,如企业一次性投入的机器装备、厂房即为固定投入要素,在生产过程中逐步投入的原材料、能源等即为可变投入要素。生产要素的不可分性导致固定成本的产生,大批量生产能使每件产品分摊到的固定成本降低,从而降低产品的平均生产费用。不可分性意味着某些生产要素只有在一定的限度和范围内才能发挥最大的生产能力,例如单个生产设备的不可分性,使得大规模生产能够提高生产设备的利用效率。农业机械必须在一定面积土地上才能进行正常作业,当土地经营规模较小时,农业机械往往得不到充分的利用,生产规模的扩大,会提高农业机械的利用效率。

其次,是在生产阶段通过专业化生产、技术和工艺上的改进降低产品成本。扩大生产规模,可以实现更加精细的专业化分工和协作,使劳动力熟练程度增加,劳动生产效率提高;同时,随着生产规模的扩大,必定要采用更加先进的工艺和技术,使用更大型、高效和专业的设备,有利于实现产品的标准化生产,提高产品质量,降低能耗和原材料消耗,获得规模效益[1]。

第三,管理费用的节约。大规模生产可以提高管理效率,有利于管理人员和工程技术人员的精简和专业化,也通过使用现代化的管理手段和管理方法,减少管理人员比例,来降低管理成本。

第四,市场交易费用的节约。大规模生产经营单位往往在原材料采购、建立分销渠道、产品运输等方面具有较强的价格谈判优势,通过大量购入原材料,使单位产品原材料成本下降,市场规模的扩大也使企业在建立分销渠道上占有优势,大规模运输的成本也较低。

内部规模不经济是指一个生产经营单位在规模扩大时由自身内部所引起的收益下降。造成规模不经济的原因主要有三个:一是生产要素可得性的限制[2],随着企业生产规模的扩大,由于地理位置、原材料供应、劳动力市场等因素的限制,可能会使企业在生产中需要的要素投入不能得到满足;二是企业的管理效率会下降,生产规模过大会使管理机构过于庞大,使管理和决策缺乏灵活性,对市场需求的变化难以做出及时的反应,同时也会造成管理环节成本上升,如内部监督控制机制要求提高、信息传递通信费用上升、购销方面需要增设机构等;三是扩大生产规模会使市场也相应扩张,运输费用、销售费用和服务费用等也随之加大[3]。

---

[1] 王延风.规模经济初探[D].北京:首都经济贸易大学,1996.
[2] 赵文平.管理经济学[M].西安:西安电子科技大学出版社,2017.
[3] 王延风.规模经济初探[D].北京:首都经济贸易大学,1996.

(二) 外部规模经济和外部规模不经济

外部规模经济是指整个行业规模的扩大和产量增加而使个别生产经营单位得到的经济利益,即平均成本与单个经营单位的生产规模无关,但与整个行业的规模有关,行业规模大后可降低整个行业内各公司、企业的生产成本,使之获得相应收益。主要原因有两个:一是整个行业的发展,可以使得个别生产经营单位得到修理、服务、运输、人才供给、科技情报等方面的有利条件,从而使得个别生产经营单位减少成本支出[①]。二是整个行业的发展,从整体上提高了该行业在市场中的经济影响力,单个生产经营者通过品牌效应获得更高的收益[②]。

与外部规模经济相对应的是外部规模不经济。外部规模不经济是指整个行业规模的扩大和产量增加,使得个别生产经营单位成本增加、收益减少。例如,整个行业扩大引起生产要素的供给不足,行业内部竞争激烈,产品销售困难、招工困难、交通运输紧张、地价上涨、产能过剩、引起环境污染等,从而使得个别生产经营单位收益减少。

第二节 | 农业土地规模经营

一、农业土地规模经营与适度规模经营

(一) 农业土地规模经营

农业土地规模经营,就是把一定数量的土地集中经营,充分发挥各生产要素的能力,提高土地产出率、劳动生产率和农产品商品率,降低生产成本,提高经济效益的一种经营方式[③]。这里的生产要素主要包括劳动力投入和资金投入,包括种子、化肥、农药、灌溉、大中型铁木农具、农机械等。马克思和恩格斯曾提出了大规模耕种土地的"社会必然性",认为土地规模经营的实质在于扩大资本集约化、降低劳动集约化,用物化劳动代替活劳动,提高农业有机构成[④]。

(二) 农业土地适度经营规模

农业土地适度经营规模就是能取得最佳土地规模效益的农业土地经营规模[⑤]。适度经营规模是土地规模经营的理想状态,但在实际经营过程中,往往会由于经营目标的差异而产生不同的农地适度经营规模。所以,"适度"如何来衡量确是一个难题。此外,土地规模经济不仅涉及农业经营者的微观利益,也涉及国家的宏观利益[⑥],这就使得"适度"的测算更加复杂化。

---

① 王克强,王洪卫,刘红梅.土地经济学[M].上海:上海财经大学出版社,2005.
② 杨庆媛.土地经济学[M].北京:科学出版社,2018.
③ 王晖.农地股份合作制:中国农地适度规模经营[A].学术交流,2005.
④ 马克思恩格斯选集(第2卷)[M].北京:人民出版社,2012.
⑤ 毕宝德.土地经济学(第8版)[M].北京:中国人民大学出版社,2020:79.
⑥ 郑少锋.土地规模经营适度的研究[J].农业经济问题,1998(11):8—12.

(三) 农业土地适度规模经营与农业适度规模经营

适度规模经营,通常是采取与生产力水平相适应的经营方式,为获得最佳产出规模而投入适量生产要素,并使生产要素合理组合充分利用,以获得最佳经济效益。因此,农地适度规模经营与农业适度规模经营的核心内容都是生产要素的合理组合和效益最大化。

农业土地适度规模经营并不等同于农业适度规模经营。从名称上来看,"农业"的范畴要远远大于"土地"的范畴,"农业"既包含农业生产要素,也包含农业经营主体、农业经营环节、农业产业融合等诸多概念,而土地仅为"农业生产要素"中的土地、劳动力、资本、技术等要素中的一种。从适度规模经营的实现形式来看,土地作为农业生产中的一项基本要素,其规模经营通常用土地面积来进行衡量,而农业经营涉及"农业生产要素""农业经营主体""农业经营环节""农业产业融合"等多个内容和环节,适度规模经营对应的衡量标准和方式差异较大。如农业生产要素涉及土地、劳动力、资金、技术、经营者素质等,农业经营规模的指标可以用耕地面积、劳动力数量、资金投入量、技术投入量、经营者素质等来衡量;农业经营主体中的家庭农场,衡量经营规模的指标可以是经营的土地面积、饲养牲畜的数量、经营收入等;农业产前环节可以用参与采购的农户数量以及提供统一采购服务的机构数量来衡量;农业产业融合中,规模经营的指标可以是第二产业和第三产业农业经营主体的数量、营业收入、利润率等①。所以,农业适度规模经营衡量标准具有多样性、复杂性和针对性,土地规模经营的实现并非就实现了农业规模经营。

农业适度规模经营与土地适度规模经营又有密切联系。土地是农业生产中最重要的无法替代的基本生产资料,当劳动力和资金要素既定时,农业的适度规模经营首先表现为土地的适度规模经营②。农地适度规模经营是农业适度规模经营的一种重要体现形式,农业适度规模经营的水平在很大程度上需要由土地适度规模经营来体现,二者都强调经营规模的适度性,也都具有差异性和动态性特点。

二、农业土地适度规模经营的评价方法③

现实中,农业土地适度经营规模是一个相对的、动态的概念,对适度经营规模进行定量评价和确定也不能简单采用单一方法,应该充分考虑规模经营主体和客体等差异特点,选择多样性的评价方法进行综合确定。

在西方市场经济国家,规模经济效益主要来源于固定成本分摊的节约,其直接的效果表现为单位产品成本的降低,因此常采用生产函数分析来判断规模经济是否存在。例如,采用柯布道格拉斯生产函数时,可以根据各投入要素的生产弹性值之和是小于、等于还是大于1,来判断规模报酬是属于递增、不变还是递减。更为一般的是,根据不同规模经营单位的成本和产量数据,推导出长期成本的规模弹性值。例如,规模不同的两个经营单位 i、j 的长期成本为 C_i 和 C_j,生产量为 Q_i 和 Q_j,那么规模经济性就可表示为:

---

① 宋小亮,张立中.什么是农业适度规模经营——兼论与土地适度规模经营的关系[J].理论月刊.2016(3):156—161.
② 杨继瑞.农业的适度规模经营探讨[J].社会科学研究,1987(2):24.
③ 毕宝德.土地经济学(第8版)[M].北京:中国人民大学出版社,2020:80—81.

$$C_i/C_j = (Q_i/Q_j)^a \quad \text{或者} \quad d\log C = a \cdot d\log Q$$

这里，a 就是成本的规模弹性值，$a<1$ 表示规模效益递增，$a>1$ 表示规模效益递减。

在我国，由于农业土地规模效益的多样性和复杂性，以及各经济主体由其自身的政治经济地位所决定的对规模效益的不同偏好，决定了农业土地适度规模经营标志的多元性和经济方法的多样性。

当把土地规模效益限定为纯收入（或盈利）时，适度经营规模就是指一定时期内能够取得最大纯收入（或盈利）的规模。此时，可以通过建立土地经营规模与纯收入（或盈利）之间的函数关系，以函数求极值的方法得到纯收入（或盈利）最大时的土地经营规模，也可以将不同土地规模的经营单位进行分组，比较各组之间的纯收入（或盈利），选择纯收入（或盈利）最大组的土地经营规模为适度土地经营规模。

当把土地规模效益确定为经济效益、社会效益以及生态效益的综合时，土地适度与规模的评价，通常需要构建一个相对完善的指标体系。例如，以商品粮指标反映农业商品生产发展状况，以劳均年产量指标或劳均年纯收入指标反映劳动生产率状况等。评价方法则多用分组比较法或者综合评分法等。

三、农业土地规模经营的影响因素

（一）自然资源禀赋

农业生产自然禀赋差异是影响微观经营主体农地规模经营的首要因素，土地、劳动力、资本等要素之间稀缺性差异不同，经营者往往采取不同的规模经营形式。比如人多地少的日本，经营者更倾向于使用劳动力，而不是大规模的土地；人少地多的美国则相反。总体来看，经营者倾向于使用相对富裕的要素去替代较为稀缺的要素进行生产。

农业土地是适度规模经营的内部因素。土地资源禀赋主要从两个方面影响着农地规模经营：一是人地比例从总体上决定了经营主体的土地数量规模；二是农地资源状况，比如土地的集中程度、各个地块面积的大小、地形是否平坦、居民点分散或集中、土地的肥沃程度等等，这些因素会对单位耕地所需的劳动力、资金和技术条件产生影响。

（二）农业经营者能力素质

农业经营者在知识、文化、科学技术水平、经营管理能力等方面存在较大差异，能力大小决定了规模经营的数量和效益状况，甚至对规模经营成败具有决定性意义。土地规模经营作为一种现代化生产方式，要求农业经营者不仅仅要懂得现代农业生产知识，还要掌握一定农业机械和现代科学技术，并且要有一定的市场管理和公关能力，这些都是职业农民所必须具备的能力素质要求。

（三）经济发展水平

土地适度规模经营，是农村经济发展到一定阶段后对农业生产提出的要求。土地规模经营需要大量的资金投入，需要为农业剩余劳动力的转移提供相对稳定的就业机会，这都是与当地经济发展水平密切相关的。经济发展水平高，可以为大批农业劳动力脱离土地从事其他行业提供条件和机会,也可为农业生产提供大量资金[①]。

(四) 市场需求量和需求结构

当生产经营单位要扩大生产规模时,需要对市场现存的供求和变化状况做出准确的判断。市场需求量是制约土地经营规模的直接外部因素,市场需求量大的产品,土地经营主体才有扩大生产规模的可能。例如,在进行某农产品种植的时候,虽然200亩的种植规模可使单位产品成本最低,但周边市场需求只有100亩的产量,如果盲目扩大生产规模就会导致产品无法销售出去,带来经济效益下降。

市场需求的制约还反映在需求结构上,存在市场要求产品品种多样化与大批量生产品种单一化的矛盾。为了满足多品种的需要,有时不得不牺牲一定规模效益。因此,在确定经营规模时,必须考虑市场需求量的大小、需求结构的变动和竞争对手的状态等因素[②]。

(五) 基础设施的配给

农业土地规模经营的实现离不开大量基础设施的投资和维护,在农业土地利用中,配套完备的农业基础设施为大规模农业生产提供了基础。农田水利建设、防护林建设、气象基础设施建设和农产品流通设施建设都会对农业经营规模产生影响。如发达的水利设施可以提高农业抗自然灾害的能力,现代化的仓储设施会减少农产品的产后储藏损失,起到保值和保鲜的作用。发达的农产品市场流通、通信和销售设施还会降低销售成本和流通费用,并能加速农产品的资金周转。只有当上述要素为农业经营规模的扩大提供现实可能性时,才有可能实现最佳经营规模。

(六) 风险和不确定因素

农业生产风险在于"靠天吃饭"。在人类还不能完全克服自然力对农业生产的消极影响的情况下,农业经营者考虑到自身对风险的承受力,会选择较小的经营规模,或不愿继续扩大经营规模。因此,开展政策性的农业生产保险,将有助于降低经营者的生产风险,有利于适度规模经营的推行。此外,农地规模经营还存在商品市场风险,以及基层组织在执行土地政策时的不确定性和偏差,这些都会影响农业经营者对于规模经营的决策。

(七) 农业社会化服务体系

农业社会化服务体系完善有利于在不同层次上实现生产要素的重组和优化配置,降低交易成本,促进农业生产力的发展。因而农业社会化服务体系发育完善程度直接影响着农地经营规模的大小。大力发展农业社会化服务组织,不仅是农业规模经营的要求,同时也是转移农业劳动力的一条渠道,它的发育程度与农业规模经营的成熟程度是一种正比例关系。

(八) 政策因素

国家的农业税收、补贴及其他相关政策,对于扩大或抑制农业规模经营具有直接或间接的作用。为了促进土地规模经营,各国都会制定一系列的扶持政策和措施。在法律方面,法国通过立法,给予土地整治和乡村建设公司优先买卖权,也促进了土地集中;在补贴方面,法

---

① 张侠,葛向东,彭补拙.土地经营适度规模的初步研究[J].经济地理,2002(3):351—355.
② 王延风.规模经济初探[D].北京:首都经济贸易大学,1996.

国、日本、英国等都有相应的组织为退出农业经营的小农户发放奖励基金、退休年金等；在税收方面，法国农业的包税制对某些规模经营者特别有利；在信贷方面，各国政府都对有前途的和具有一定经营规模的农场发放优惠贷款。

我国政府也出台了相关政策来促进土地规模经营。2014年，中共中央办公厅、国务院办公厅印发了《关于引导农村土地经营权有序流转发展农业适度规模经营的意见》，从土地流转改革、农机购置补贴、经营风险防范、社会化服务体系完善、新型农业经营主体扶持等方面规范和保障农地规模经营发展。

四、农业土地规模经营的实现形式

(一) 家庭经营型

1. 农地互换

农地互换是集体经济组织内部通过"互换并地"，促进承包地"小块并大块、多块变一块、分散地块变集中地块"，通过减少地块数量实现土地集中经营，这种形式多出现在土地细碎化程度较高的地区。实践证明，互换并地在一定程度上降低了土地细碎化导致的高额经营成本和耕作困难，有利于农机作业，提高了农业经营者收入。但是，农地互换并不能带来由于面积增加获得的规模经济，其增产增收的规模也就十分有限。

2. 种植业专业户

种植业专业户一般是指专门从事种植业经营的农户。该类农户通过土地流转经营数量较多的耕地，其务农收入在家庭收入中占较大比重，但农户自身一般不经营农业机械或仅经营少量的小型农机具，其主要生产环节的机械化作业依靠社会化服务完成，农户从事经营活动和田间部分管理活动[①]。一般来说，种植业专业户农地经营规模介于一般农户和家庭农场之间，其追求的是农地适度经营规模下的收益最大化，农业经营中仍然可以通过扩大规模获得更多的规模经济。种植业专业户是目前各地实现农业土地规模经营组织形式中数量最多的一种。

3. 家庭农场

家庭农场通常是以家庭为基本单位，以利润最大化为目标，以现代化技术、规模化经营、企业化管理为组织特征的一种现代农业经营主体[②]。家庭农场通常被认为是农地适度规模经营的有效组织形式之一。家庭农场经营的土地必须达到一定规模，才能融合现代农业生产要素，实现农业产业化经营。同时，家庭农场主受资金获取能力、经营管理能力和风险防范能力的限制，导致其土地规模必须控制在可控范围之内，这一范围表现出适度规模性[③]。

家庭农场区别于一般家庭农户的特征在于：①企业经营特性。在我国，家庭农场要进行工商登记，纳入企业序列管理，根据农业农村部的要求，未来家庭农场要纳入家庭农场名录管理。②组织主体多样性。家庭农场的组织主体不一定是农民家庭，也可以是城镇家庭，甚

---

① 毕宝德.土地经济学(第8版)[M].北京：中国人民大学出版社，2020：82.
② 蒋辉.苏南地区进一步发展家庭农场的探讨[D].苏州：苏州大学，2008：7.
③ 高强，刘同山，孔祥智.家庭农场的制度解析：特征、发生机制和效应[J].经济学家，2013(6)：48—56.

至是大学生创业群体等。③经营领域综合性。家庭农场农业经营领域为大农业范畴,即农业、林业、牧业、渔业、农产品加工业、农业服务业等,表现为"粮经结合""种养结合""种养加一体化"等多种形式①。

家庭农场中的成员作为组织的委托人和代理人,决策具有一致性,因而家庭农场的委托-代理成本比合作经营型和企业经营型低,降低了组织的管理运行成本,进而提高了农业生产效率和市场竞争力②。近年来,我国家庭农场的数量不断增加,根据农业农村部数据显示,截至2018年,我国家庭农场数量已经达到60万家,到2022年有望突破100万家。家庭农场已经成为我国大部分地区实现农地规模经营的主要形式之一。

(二) 合作社经营型

合作社经营型以土地股份合作社为代表。土地股份合作社,顾名思义,是以特定的土地为股份创办的股份合作社。土地股份合作社可以从权能构成、利益分配形式等多角度来理解。

从权能构成来看,土地股份合作指以集体所有制为基础,利用股份制多层产权结构的特点,将土地分解为价值权、经营权和使用权,在"三权分离"基础上,形成农民拥有土地资产的股权,集体经济组织掌握土地经营权、租佃农户或其他经济组织享有土地使用权的权力制衡关系,从而实现土地股份制与土地经营租佃制相结合的双层产权制度(图8-2)③。

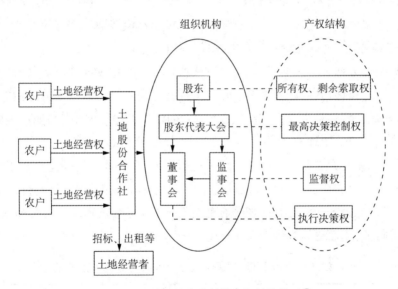

图8-2 土地股份合作社的产权结构关系④

从利益分配形式来看,土地股份合作制,是农户以承包的土地入股为核心,集体以机动地及其存量资产作股,并以在册村民为配股对象,按村龄或对集体经济贡献大小确定配股比

---

① 穆向丽,巩前文.家庭农场:概念界定、认定标准和发展对策[J].农村经营管理,2013(8):17—18.
② 刘向华.我国家庭农场发展的困境与农业社会化服务体系建设[J].毛泽东邓小平理论研究.2013(10):31—35.
③ 正繁.中国农地制度改革的可行选择:土地股份合作制[J].思想理论双月刊,2003(6):25—26.
④ 张笑寒. 农村土地股份合作社:运行特征、现实困境和出路选择——以苏南上林村为个案[J].中国土地科学.2009.23(2):38—42.

例,进行生产资料合作的新的社区合作经济组织①。

土地股份合作制实践主要发生在珠江三角洲、长江三角洲以及环渤海等地带的大城市郊区农村,这些地区工业化和城镇化程度高、二三产业极其发达、农业农村人口大量转移,正是这些因素成为土地股份合作制得以持续成功实施所不可缺少的外部条件。

(三) 工商企业租赁型

工商租赁型土地规模经营是指工商资本(企业)通过租赁农户承包地而形成的土地规模经营。工商资本通过直接或间接方式投资农业生产,前者直接从承包农户或者村集体经济组织手中租赁承包地,直接投资建设标准化基地,雇佣农户进行管理;后者通过采取"龙头企业+农户""龙头企业+农业专业合作社+农户""订单农业"等模式开展规模化种养活动②。工商企业可以为农业发展注入现代化管理理念和方法,提高农业现代化水平和农业发展的抗风险能力。但是,工商资本具有较强逐利性,易致农地"非粮化"和"非农化",要注意防范资本投机行为,健全农地租赁准入制度,规范工商企业经营管理行为。

(四) 土地托管服务型

我国农业从小农经济走向现代化道路,必须把农民组织起来,健全农业社会化服务体系③。依托土地托管合作社等社会化服务组织,将农业生产中的耕、种、防、收等全部或部分作业环节委托给服务组织完成,这种没有通过大规模土地流转而实现规模经营的实现形式,提供了小农户与现代农业有机衔接的可行思路,也开拓了农地规模经营的新路径。

土地托管是地方探索形成的"土地托管""代耕代种""联耕联种""农业共营制"等多种农业生产托管形式的总称,其内涵体现在:第一,土地托管是农地经营权细分之后的优化配置。一般情况下,农地经营权是指农户在作物选择、农资购买、农业作业、产品处理等四个经营流程享有的完全决策权。土地托管是将后三者的经营权力全部或者部分委托给托管服务主体,由托管服务主体完成农业的生产和商品化过程。第二,土地托管是建立在服务基础上的二元主体经营。农户和托管服务主体共同追求农业经营收益最大化④。与传统流转方式实现规模经营相比(见表8-1),土地托管具有前期投入少,能有效降低流转交易成本,共享规模经济收益等特征,从而更易被广大农户接受。

表8-1 土地托管与几种典型土地流转方式的比较⑤

	主要特征	土地托管与之相比
土地经营权转让	农户转让出土地经营权,土地流转较为彻底,可安心从事非农生产,但也失去了土地的保障功能	未涉及土地经营权流转,土地保障功能可通过取消托管或土地置换等方式实现,更易被广大农户接受

---

① 解安.农村土地股份合作制:市场化进程中的制度创新[J].甘肃社会科学,2002(2):53—55.
② 杜志雄,肖卫东.农业规模化经营:现状、问题和政策选择[J].江淮论坛.2019(4):11—20.
③ 孔祥智,穆娜娜.实现小农户与现代农业发展的有机衔接[J].农村经济,2018(2):1—7.
④ 胡凌啸,武舜臣.土地托管的内涵与实现:理论剖析与实践归纳[J].经济学家,2019(12):68—77.
⑤ 于海龙,张振.土地托管的形成机制、适用条件与风险规避:山东例证[J].改革,2018(4):110—119.

(续表)

	主要特征	土地托管与之相比
土地出租	是我国最主要的土地流转形式,能够通过土地集中连片和规模经营获得规模经济效应,但前期投入成本高、租金压力大,转入方承担了全部的生产经营风险和自然风险,并将大量小农户挤出	前期投入少,对托管方经济实力要求不高、形式灵活多样,部分农户依旧参与生产,被剥夺感极大弱化,契约关系稳定的土地托管和规模经营亦能较好地实现农产品优质优价
土地互换	自发的土地互换往往经营规模小,不易获得规模经济效益,且难以保证资本、技术和其他现代化生产要素的匹配	在降低生产成本、提高生产效率、获得并共享规模经济效益的激励下,现代生产要素快速地进入农业生产中

在土地托管中,托管方式和主体的选择是关键。从我国各地实践来看,形成了村集体领办合作社、种粮大户、基层供销社等多种托管主体。农户会根据经营实际和托管主体的管理服务能力等,选择全托管、半托管、订单托管等托管方式(表 8-2)。土地托管主体和方式并无优劣之分,要根据各地区域经济发展水平、农业社会化服务水平、农户决策偏好、村集体协调治理能力等综合考量。

表 8-2 土地托管的典型方式比较①

土地托管方式	托管主体	托管方式	形成机制
村集体领办合作社的全托管或半托管	村集体领办合作社	全托管、半托管	劳动力大量外流,土地抛荒严重,村集体无力开展土地流转,借助其强大的组织动员能力和完善的社会化服务体系,开展土地全托管
种粮大户等新型经营主体土地流转与土地托管相结合	种粮大户	全托管、土地流转	在种粮成本和地租不断上涨的压力下,原土地流转主体通过土地全托管的方式,实现规模经营,并在托管与流转之间寻求利润最大化的均衡点
农业社会化服务组织带动下的订单托管	基层供销社	全托管、订单托管	发挥供销社的资金、渠道和组织优势,开展大规模、多形式的土地托管,实现农资批量销售,盘活基层供销体系

第三节 城市土地规模利用

一、城市规模与城市土地规模的关系②

城市是社会经济活动空间集聚的结果,是有一定人口规模,并以非农业人口为主的居民

---

① 于海龙,张振.土地托管的形成机制、适用条件与风险规避:山东例证[J].改革,2018(4):110—119.
② 曲福田,诸培新.土地经济学(第 4 版)[M].北京:中国农业出版社,2017:170—171.

聚集地。衡量一个城市规模的大小或等级，通常用的指标是城市人口数量而不是城市的土地面积。

随着人口的增加，城市规模扩大，城市的外延式扩张导致城市土地规模扩大。城市规模越大，城市人均占地面积就越小，土地利用集约度越高。城市企业可以从城市土地规模的扩大中，获得显著的外部规模经济效益。这表明城市的规模既包含人口规模，也包括相应的土地规模。

二、城市土地规模经济的来源

城市土地规模经济一般来源于集聚经济。城市集聚经济一般指因生产要素和居民在城市空间的聚集而带来的成本节约和生活质量的提高。集聚经济的研究源自对单个企业或行业集聚产生生产效率的提高，当城市中工业、商业、服务业、金融业等多个行业或土地、劳动力、资金等多种要素集聚时，整个城市经济呈现出报酬递增阶段，从而提高城市生产率水平，促进城市经济发展。集聚经济是一个综合概念，涉及与城市经济增长相关的各种经济活动（生产、消费、基础设施建设等）集中现象，集聚经济通常被认为是城市化的经济动力。

城市规模一般被认为是影响城市集聚效应的重要因素。由于集聚经济的存在，在一定的限定内，城市规模越大，经济效益就越高[1]。利奥·斯维考斯卡斯（Leo A. Sveikauskas，1975）在研究美国大都市区规模效应时发现，城市规模每翻一番，城市工业生产率上升6%[2]。城市规模越大，集聚的要素越多。反之，集聚的要素越多，城市规模也就越大[3]。

三、城市土地规模的影响因素

城市土地规模是城市发展水平的外在表现。由于城市产生机理和城市发展动力机制的不同，城市用地规模的影响因素呈现出复杂性、差异性等特征。城市经济学一般将城市人口、收入、通勤成本和农业地价作为影响用地规模的主要经济变量，最为经典的分析模型为米尔-莫斯（Mills-Muth）模型[4]，国内学者的研究表明，中国城市用地规模除了以上经济因素影响外，还受城市总体规划和土地利用规划等政策因素影响，此外，城市基础设施、城市等级和职能、城市自然条件等都是城市用地规模的影响因素。

（一）城市经济发展水平

城市经济发展水平对城市用地规模也有着决定性的影响。宏观上它决定城市的发展速度和规模，微观上它通过影响居民的生活水平和消费选择来对城市用地规模和空间布局产生影响。

---

[1] 毕宝德.土地经济学(第8版)[M].北京：中国人民大学出版社，2020：90.
[2] Sveikauskas L. The productivity of cities [J]. The Quarterly Journal of Economics, 1975 (3): 393-413.
[3] 冯云廷.城市聚集经济[M].大连：东北财经大学出版社，2001：171.
[4] Mills E. An aggregative model of resource allocation in a metropolitan area[J]. American Economic Review, 1967(2): 197-210.

城市规模效益(集聚经济)是城市化的根本动因,正因为城市的产业集聚能够大幅度提高生产效率、降低生产成本,所以才吸引人们到城市从事生产活动并定居于此。城市的规模越大,城市的规模效益就越明显,规模效益的外在表现就是城市的经济产出能力和产出效益大幅度提升。从某种程度上看,一个城市的经济产出能力代表了这个城市的存在价值和发展潜力。相关学者研究表明,城市规模与产出之间具有反馈式互动关系,产出效益决定规模,规模反作用于产出[1],因此,经济产出效益与城市规模密切相关。

(二)城市基础设施

城市基础设施的规模及空间布局对整个城市的地域规模和发展方向有决定性作用,而城市基础设施的种类、数量和质量等完善程度将很大程度上决定城市居民生活质量。如果城市基础设施状况滞后于城市规模,城市的规模效益将会下降。城市基础设施一般包括能源、水资源、环境(包括卫生、园林、绿化、环境保护设施)、邮电、交通(包括管道运输)、防灾六大系统,其中交通系统对城市用地规模的影响最为直接。城市内外交通网络的发展和完善,不仅能决定城市土地利用范围和扩展方向,也为生产要素的流动提供支持。

(三)城市职能和等级

城市职能是城市在一定地域内的经济、社会发展中所发挥的作用和承担的分工,一般涉及经济职能、政治职能、文化职能等。各个城市在国民经济中所承担的职能不同,会直接影响一个城市的规模或者城市建设用地规模分配比例。如大庆市是典型的石油资源型城市,其第二产业占国民经济生产总值的80%以上,在黑龙江省甚至是全国石油化工行业中的经济地位突出。因此,在城市建设用地规模中油田用地比重最大。

城市等级,尤其是城市行政等级与城市规模及增长速度密切相关。行政等级较高的城市,其规模一般较大,增长速度较快;相反,行政等级较低的城市,其规模通常较小,增长速度也较慢[2]。以2012年县级建成区面积为比较基准,同年我国直辖市建成区面积是县城面积的87.7倍,副省级城市建成区面积高于其42.6倍。高等级别城市在权力、资源配置和制度安排等方面,具有明显的行政中心偏向,这种行政力量产生的集中,将是集聚经济不断强化,促使城市规模迅速扩大。

(四)土地使用制度和供应政策

土地供应政策的作用是引导存量土地和增量土地的利用,如旧城区改造、增加容积率、有效使用空间。但是土地存量市场中土地供应完全是无弹性的,而增量市场却有一定空间,随着地价上涨更多的农用地或其他用地将转为建设用地。此外制度上的缺陷使得地方政府可以滥用土地征用权,造成增量建设用地增长过快,城市规模扩展过速。

---

[1] 陈彦光,周一星.城市规模-产出关系的分形性质与分维特征——对城市规模-产出幂指数模型的验证与发展[J].经济地理,2003(4):476—481.
[2] 魏后凯.中国城市行政等级与规模增长[J].城市与环境研究.2014(1):4—17.

四、城市土地合理规模的确定与调控[①]

(一) 城市土地合理规模和最佳规模的内涵

城市合理用地规模是指城市的发展规模必须符合城镇人口增长的自然规律与经济发展规律,使城镇各方面活动做到低消耗、高效率,为城市的经济发展和居民生活提供良好环境,并取得良好的经济、社会和生态效益。使城市各方面效益达到最大的城市用地规模通常被认为是城市土地最佳规模。

(二) 城市用地最佳规模的理论推导

最佳城市规模的测度的确是一个难点问题。正因为如此,某些城市经济学家认为最佳城市规模在理论上虽然存在,但是无法知道。如我国学者张洋认为,城市合理规模是一个理论值,至于如何确定实际值人们始终不得而知。城市合理规模不仅受城市内外多重因素影响,并且其根本上是一个随着时间地点变化的数值,不可能存在长期不变的"合理性"[②]。但是,仍然有部分学者对最优城市规模进行了具体分析和测算。

阿朗索、巴顿等学者从成本和收益角度分析了最佳城市规模(图8-3)。假设城市成本和收益的变化是城市规模的函数。MC为边际成本,MB为边际收益,AC为平均成本,AB为平均收益。当$MC=MB$时,可以确定P_0为理论上的最优城市规模。现实中则考虑到私人成本与社会成本的差异,边际收益和边际成本难以测量,则当$AC=AB$时,确定P_n为最佳规模或均衡规模[③]。

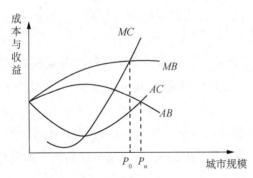

图8-3 城市最佳规模的成本-效益曲线

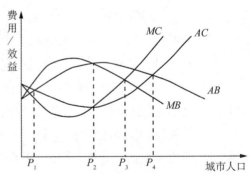

图8-4 与城市规模相关的个人费用与效益

巴顿同样应用成本-收益分析方法,得出城市最优规模点不是一个,而是三个(图8-4)。其中,P_1点是最小城市合理规模,P_2点是城市生活每人净效益最高时的规模,P_3城市总效益最高,P_4是城市规模不经济临界点。

我国学者王小鲁利用成本-收益分析方法进行了实证分析。通过测算我国666个城市

[①] 曲福田,诸培新.土地经济学(第4版)[M].北京:中国农业出版社,2017:170—171.
[②] 张洋.对城市规模的再认识——兼论西部地区的城市化道路[J].软科学,2001(3):71—74.
[③] 何诚颖、章涛.城市化的制度变迁与资本市场创新[M]//陈雨军、陈爱民.中国城市化:实证分析与对策研究.厦门:厦门大学出版社,2002:341—347.

的成本、收益数据,发现不同规模的城市具有不同程度的聚集效应和外部成本。其中,人口规模在20万—1 000万之间,具有正向的规模净效益;人口规模≤10万或者≥1 200万时,具有负向的规模净效益。城市人口规模在200万时,规模净效益最大[1]。根据这一结果,其对"重点发展中小城市和小城镇"这一政策的合理性提出质疑,认为如果采取向中小城市和小城镇倾斜的城市化道路,城市化对土地的占用量将会大幅上升,坚守18亿亩耕地红线的难度会加大,合理的城市发展政策应该是均衡发展[2]。

(三) 城市土地合理规模的调控

城市用地规模调控的内涵是在满足城市土地利用可持续发展的条件下,采用一定的手段和措施,促进城市存量土地集约高效利用、增量土地合理有序开发,从而减少或减缓城市用地的外延扩展。调控是手段,而不是最终目标,实施调控是为了促进城市用地的有效配置,促进城市各项经济建设协调发展。调控城市用地规模,不是简单的城市用地规模不再扩大,而是减少土地资源的浪费和提高土地利用率,控制城市增量土地的供给,控制农业用地转为非农业用地,盘活存量土地,进行旧城改造,提高建筑容积率。城市用地规模调控的总目标可以确定为:在不超过支持城市发展的生态系统负荷能力范围内,对城市发展的时空顺序做出合理安排与调整,使城市逐步由低级向高级、由粗放向集约发展,在使城市用地得到公平、合理、高效利用的同时,保护城市周围农田和绿地,改善城市生态环境。

1. 稳定中心城区用地规模的控制

中心城区用地不再向外扩展主要有两种类型:第一,受自然条件限制,城市向外已无发展余地,例如地下矿采空区、高山和大江大河的阻隔等;第二,单纯从城市建设的角度讲,城市尽管有较大的用地发展余地,但受资源生态环境限制,需要采取严格的控制手段使其维持原有用地现状。在稳定中心城区用地规模的控制方面,主要有两种比较行之有效的控制手段:第一,绿带政策控制,在大城市集聚边缘设置环带绿带,构成一道控制城市蔓延的绿色屏障,促使该区域的建设维持原状;第二,建设卫星城或新市区,从城市大区域的角度出发,构建反磁力吸引体系——卫星城或新市区,实现中心城区人口的有机疏散,避免中心城区用地恶性膨胀。

2. 城市用地边缘式扩展的控制

城市用地边缘式扩展的主要特点是依托原有中心城区进行用地扩展。这种扩展方式不仅可以利用中心城区的区位、交通、信息优势,还可以充分利用原有中心城区的生活服务设施。因此,城市用地边缘式扩展的土地开发及其建设的投资成本相对新建卫星城或新市区要大为节约。在区域环境容量和资源条件允许的条件下,城市用地边缘式扩展是一般城市获取新土地开发空间的首要选择。

---

[1] 王小鲁,夏小林.优化城市规模推动经济增长[J].经济研究,1999(9):22—29.
[2] 王小鲁.对"重点发展中小城市和小城镇"的质疑[J].中国市场,2010(11):44—48.

本章小结

规模经济反映的是生产要素的集中程度同经济效益之间的关系。规模经济追求的是能获得最佳经济效益的生产规模,随着生产规模的扩大,起初会带来报酬的增加,但一旦生产规模的扩大超过一定限度,报酬就会逐渐下降,引发规模不经济现象。

土地规模经济是指随着土地利用规模的扩大而产生的单位土地面积收益增加,或指随着土地利用规模的扩大,单位土地产品收益增加或单位土地产品成本降低。随着土地利用规模的扩大,规模报酬变化可以分为递增、不变和递减三个阶段。从变化阶段上来说,土地规模经济就是使土地利用处于规模报酬递增或不变阶段,土地规模扩大所获得的经济利益。规模经济来源于生产经营单位的内部和外部两个方面,分别称为内部规模经济和外部规模经济。

农业土地适度经营规模,是指与一定的经济发展水平、物资装备程度和生产技术结构相适应,保证土地生产率有所提高,并能使农业专业劳动收入达到或者略高于其他行业同等劳动力收入水平时,一个务农劳动力所应经营的耕地面积。农业土地规模经营的影响因素包括自然资源禀赋、农业经营者能力(素质)、经济发展水平、风险和不确定因素、农业社会化服务体系和政策因素等。农地规模经营的形式主要包括家庭经营型、合作经营型、工商企业租赁型和土地托管服务型。

城市集聚经济一般指因生产要素和居民在城市空间的聚集而带来的成本节约和生活质量的提高。城市规模经济就是在其他因素不变的条件下,城市所有要素投入规模的等比例增加所带来的城市成本的降低和效率的提高。由于集聚经济的存在,在一定的限定内,城市规模越大,经济效益就越高。但城市规模并不是越大越好,这里有一个最优城市规模(或称适度城市规模)的问题。

关键词

规模经济 规模报酬 土地规模经济 土地规模利用 农地规模经营 最优城市规模

复习思考题

1. 如何区别规模经济和经济规模?
2. 什么是土地规模经济?
3. 土地规模报酬的变化特征是什么?
4. 土地规模经济的来源是什么?

5. 农业规模经营与农地规模经营的关系是什么?
6. 影响农地规模经营的因素有哪些?
7. 农地规模经营的实现形式有哪些类型?
8. 城市用地规模的影响因素有哪些?

拓展阅读

材料一 规模经济理论的产生与发展

材料二 我国农地规模经营发展态势

材料三 农地细碎化产生的原因及效应

(本章编写人员:蔚霖,陈钰)

第九章 土地可持续利用

◎ 思维导图

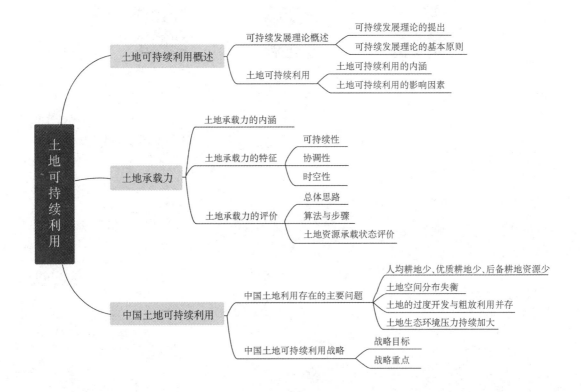

学习目标

1. 熟悉可持续发展理论的主要内容。
2. 掌握土地可持续利用的内涵及影响因素。
3. 理解土地承载力的内涵及评价方法。
4. 理解中国土地可持续利用存在的主要问题。
5. 掌握中国土地可持续利用战略目标。

第一节 | 土地可持续利用概述

一、可持续发展理论概述

可持续发展理论(Sustainable Development Theory)是指既满足当代人的需要,又不对后代人满足其需要的能力构成危害的发展,以公平性、可持续性、共同性和需求性为基本原则。可持续发展理论的最终目的是达到共同、协调、公平、高效、多维的发展。

(一) 可持续发展理论的提出

可持续发展理论的出现大致可以追溯到 20 世纪 60 年代。1962 年,美国海洋生物学家蕾切尔·卡森(Rachel Carson)出版的《寂静的春天》一书提出了人类应该与大自然的其他生物和谐共处、共同分享地球的思想。1972 年,一个由学者组成的非正式国际学术组织"罗马俱乐部"发表了题为《增长的极限》的报告,这份报告深刻地阐述了自然环境的重要性以及人口和资源之间的关系,并提出了"增长的极限"的危机,由此,可持续发展在 20 世纪 80 年代逐渐成为社会发展的主流思想。1984 年,美国学者爱迪·维思(Eddie B. Weiss)在塔尔博特·佩奇(Talbot R. Page)所提出的社会选择和分配公平理论基础上,系统地论述了代际公平理论,该理论成为可持续发展的理论基石。1987 年,世界环境与发展委员会(WCED)在题为《我们共同的未来》的报告中正式提出了可持续发展模式,并且明确阐述了"可持续发展"的概念及定义。

进入 20 世纪 90 年代以后,可持续发展问题正式进入国际社会议程。1992 年签订了《里约宣言》与《21 世纪议程》,2000 年建立了"千年发展目标"(Millennium Development Goals,MDGs)。在国际社会多年的共同努力下,人类在减轻饥饿与贫困、促进性别平等、提高人居环境品质等诸多方面取得了显著成就。尽管如此,当前人类发展仍然在城乡失衡、性别不平等、环境退化等方面存在巨大差距和不均衡。面对日益严峻的环境保护形势和新时代人类包容性增长的迫切需要,2015 年联合国正式通过《改变我们的世界:2030 年可持续发展议程》,并公布了基于 MDGs 建立的 17 项全球可持续发展目标(Sustainable Development Goals,SDGs)。相比 MDGs,SDGs 更加强调社会、经济与环境的内在统筹和协调发展。作为指导全球发展的核心理念和中轴原理,可持续发展引导人类积极探索解决经济、社会和环境等领域的发展问题,汇聚全世界各国的力量共同应对新的全球性挑战,而科学有效地协调人与自然的关系,是保障可持续发展的重要基础。

(二) 可持续发展理论的基本原则

可持续发展的理论内涵十分丰富,体现了如下主要基本原则:

1. 公平性原则

可持续发展强调:"人类需求和欲望的满足是发展的主要目标。"然而,在人类需求方面存在很多不公平因素。所谓的公平是指机会选择的平等性,可持续发展所追求的公平性原则,包括三层意思:一是本代人的公平,即同代人之间的横向公平性。可持续发展要满足全体人民的基本需求和给予全体人民追求美好生活的机会。当今世界的现实是一部分人富足,而另一部分人——特别是占世界人口1/5的人口处于贫困状态。这种贫富悬殊、两极分化的世界不可能实现可持续发展。因此,要给世界以公平的分配和公平的发展权,要把消除贫困作为可持续发展进程特别优先的问题来考虑。二是代际间的公平,即世代人之间的纵向公平性。要认识到人类赖以生存的自然资源是有限的,本代人不能因为自己的发展与需求而损害人类世世代代满足需求的条件——自然资源与环境。要给世世代代以公平利用自然资源的权利。三是公平分配有限资源。可持续发展不仅要实现当代人之间的公平,而且要实现当代人与未来各代人之间的公平,向所有的人提供实现美好生活愿望的机会。这是可持续发展与传统发展模式的根本区别之一。公平性在传统发展模式中没有得到足够重视。传统经济理论是为了生产而生产,没有考虑或者很少考虑未来各代人的利益。

2. 可持续性原则

可持续性是指生态系统受到某种干扰时能保持其生产率的能力。资源与环境是人类生存与发展的基础和条件,离开了资源与环境人类的生存与发展就无从谈起。资源的永续利用和生态系统的可持续性的保持是人类持续发展的首要条件。

可持续发展要求人们根据可持续性的条件调整自己的生活方式,在生态可持续性的范围内确定自己的消耗标准,把资源视为财富,而不是把资源视为获得财富的手段。发展一旦破坏了人类生存的物质基础,本身也就衰退了。可持续性原则的核心指的是人类的经济和社会发展不能超越资源与环境的承载能力。

3. 共同性原则

鉴于世界各国历史、文化和发展水平的差异,可持续发展的具体目标、政策和实施步骤不可能是唯一的。但是,可持续发展作为全球发展的总目标,所体现的公平性和可持续性原则是共同的。并且,为了实现这一总目标,必须采取全球共同的联合行动。共同性原则同样反映在《里约热内卢环境与发展宣言》(简称《里约宣言》)之中:"致力于达成既尊重所有各方的利益,又保护全球环境与发展体系的国际协定,认识到我们的家园——地球的整体性和相互依存性。"

4. 需求性原则

传统发展模式以传统经济学为支柱,所追求的目标是经济的增长(主要是通过国内生产总值来反映)。它忽视了资源的代际配置,根据市场信息来刺激当代人的生产活动。这种发展模式不仅使世界资源环境承受着前所未有的压力而不断恶化,而且人类的一些基础物质需求仍然不能得到满足。而可持续发展则坚持公平性和长期的可持续性,要满足所有人的基本需求,向所有人提供实现美好生活愿望的机会。

二、土地可持续利用

土地作为人类社会发展的物质基础和重要载体,其合理利用程度将直接影响人类可持续发展的进程。随着可持续发展理论的深化,20世纪90年代一些学者开始将可持续思想引申到土地利用等领域。1990年,印度农业研究会与美国RODAL研究所在新德里举行的土地利用研讨会上首次提出土地可持续利用的思想,实现土地资源的可持续利用已成为学术界研究的重要课题,同时也是调和日益紧张的人地矛盾的总体目标。

(一) 土地可持续利用的内涵

土地利用作为人类有目的、有意识的社会经济活动,贯穿人类生存与发展的整个历史过程,是人类社会与大自然相互影响、共同发展与不断进化的产物。在我国,由于过去片面强调经济增长而忽视生态环境的保护,使得我国土地利用问题层出不穷。随着可持续发展研究的兴起,各个学科也开始提出各自领域的"可持续"定义,自1992年《21世纪议程》中首次明确提出土地可持续利用评价以来,土地可持续利用研究逐步受到学者们的重视,也成为中国土地科学领域研究的热点问题之一。1993年联合国粮农组织(FAO)颁布了《可持续土地利用评价纲要》等指导性文件,确定了其基本原则、程序和评价标准,并将土地可持续利用定义为:土地利用方式有利于保持和提高土地的生产力;有利于降低土地资源利用可能带来的风险,使土地产出稳定;保护自然资源的潜力和防止土壤与水质的退化;促进经济增长,增加人们的福利;以及社会可接受性。这也成为指导各国土地可持续利用管理的纲领。此外,有学者认为土地可持续利用是对土地持续的、将资源开发利用与环境保护相联系的利用,它的核心问题是如何处理好人地关系,使土地能够满足当代人和后代人的需求。

在中国,土地资源利用问题一直是地理学研究的重要领域,其中我国区域土地资源利用的评价是研究的重点。一般地,土地资源评价重视综合考虑自然、经济、社会等因素。总之,随着可持续发展理论向土地资源研究领域的逐步延伸,土地可持续利用的概念应运而生。尽管不同学者从不同角度对其进行了定义,国际上普遍接受的是联合国粮农组织在《可持续土地利用评价纲要》中的定义,土地可持续利用这一内涵在世界范围内得到了广泛的接受和认可。科学的土地管理政策是实现土地可持续利用的根本,土地资源管理不善将降低土地资源经济效益,导致土地资源退化与浪费;为了实现土地资源的可持续利用,必须做到人口、资源与环境的协调发展。

(二) 土地可持续利用的影响因素

随着经济的快速发展,土地利用强度不断增加,土地可持续利用问题日益突出。结合我国土地利用来看,自然条件与经济社会条件等均可能是土地可持续利用的影响因素。

1. 自然条件

自然条件是土地利用的基础,也是制约土地可持续利用的关键因素之一。对土地可持续利用的主要影响因素包括:

(1) 土壤肥力。土壤是土地的最基本组成物质,土壤肥力的高低直接影响土地的质量。要想使土地资源持续利用,必须维持和提高土壤的肥力。

(2) 气候条件。气候是影响土地质量的主要因素,气候适宜,土地质量高,而气候条件差,土地质量则差,土地利用受到影响。

(3) 水资源状况。土地利用离不开水资源,水资源状况直接影响土地利用。水资源只要利用得当，土地就可以持续不断地为我国提供产品，达到土地资源的持续利用。

（4）地形条件。地形是影响土地质量的重要因素之一，地形条件也影响土地资源的持续利用。地形条件好，土地质量高，土地持续利用的可能性大；而地形条件差，土地质量差，土地利用受到的限制大，在利用过程中还容易造成土地质量退化。

2. 人口与经济的发展

随着人口的增加和经济的发展，对土地的需求也在不断发生变化，同时也影响利用的持续性。这一影响包括两个方面：一方面，由于人口增加和经济发展，对土地的需求增加，可能会打破原来比较合理的土地结构或过度利用土地，对土地持续利用造成不利的影响。如近几年由于我国城市人口的增加，城市用地会大量占用周边的农用地，使我国农业发展的持续性很难维持。另一方面，由于人口增加和经济发展，对各种产品的需求增加，土地面积不变，要想生产更多的产品，迫使人们采取措施提高土地的质量和生产率。

3. 土地制度和政策

土地制度是人与土地关系的综合表现，不同的土地制度和政策，土地利用的方式和利用程度大不相同，因此对土地质量的影响也不同。农地制度也被公认为是土地等自然资源可持续利用和管理一个关键性要素，因而成为考察环境可持续发展的一个重要切入点。越来越多的研究揭示，可持续发展既受制于国家层面的制度设计，也取决于社区草根层面的制度实践。自 20 世纪 80 年代出现"可持续发展"概念之后，自下而上的以社区为基础的自然资源管理备受关注，其中制度安排尤其是社会资本和集体行动在自然资源可持续利用中的作用常常成为学术探究的一个焦点。另外，不同的土地政策影响人们向土地投资的力度，影响土地质量维持和保护的程度，这一点在我国 1979 年实行土地承包制后，表现得特别突出。在第一轮承包期中，由于承包期较短，土地使用权 3 年或 5 年一变，使农民感觉到土地政策的不稳定，因此造成土地经营的短期行为，只重产出，不重投入，使土地肥力下降，不利于土地资源的可持续性利用。

4. 土地利用技术

土地利用技术对土地资源的可持续性利用有正负两方面的影响。一方面，由于土地利用技术的提高，对土地的保护技术也不断提高，可以维持和提高土地的质量。例如，由于农药和化肥的滥用污染了土地，降低了土地质量，对于这一点之前未有有效解决措施，但随着技术的提高，这一问题已逐渐找到了解决的办法。另一方面，由于技术的提高，增加了对土地的开发利用强度，如果不加以防范，可能会造成土地退化，不利于土地资源的可持续性利用。

第二节 土地承载力

土地是人类活动所需最基本的自然要素之一，而土地的有限性、不可替代性决定了土地对人类活动的承载能力是有限的。土地承载力是研究区域可持续发展的重要领域。同时，土地在经济社会发展过程中发挥着极其重要的作用。加强对土地承载力水平的科学评价,成为实现土地可持续利用和科学规划区域经济社会发展的重要依据。

一、土地承载力的内涵

1798年托马斯·马尔萨斯发表的《人口学原理》对"承载力"概念的产生与发展产生了重要影响。最早引进承载力概念的是生态学,1921年,罗伯特·帕克(Robert E. Park)和欧内斯特·伯吉斯(Ernest Burgoss)在《人类生态学》杂志上提出了承载力的概念,并用承载力来描述在某种特定的环境下能够维持生命体生存的最大极限。历经长期的发展,承载力已经成为衡量区域人口、资源环境与经济社会可持续发展的重要依据,是指导国土开发利用与保护整治、提升区域空间治理能力和治理体系现代化的科学基础与约束条件。

土地承载力研究始于20世纪初,帕克等在1921年首次提出了土地承载力概念,以探究现有土地可承载多少人口。由于研究视角和研究目标不同,学者们对土地承载力内涵的理解也不同。传统意义上的土地承载力是围绕"耕地-食物-人口"展开的,具体表述为:在未来不同的时间尺度上,以可预见的技术、经济和社会发展水平及与此相适应的物质生活水准为依据,一个国家或地区利用其自身的土地所能够持续稳定供养的人口数量。然而,随着社会经济的快速发展,人们的需求不再局限于温饱问题,土地承载力研究也从单一的土地生产功能逐渐扩展到集承载功能、生产功能、生态功能、社会保障功能等于一体的土地多功能综合研究,土地承载的对象也不仅是人类的生存,还包括人类的各种社会、经济活动。因此,有学者将土地承载力重新定义为综合承载力,即除了包括土地人口承载力外,还包括该区域土地所能承载的资源环境供给压力和以土地为活动对象的经济、生产和建设等规模的承载,涵盖时间、区域、经济、环境等对土地承受能力进行约束的各种因素[①]。

在参考国土资源部(现为自然资源部)在2016年制定的《国土资源环境承载力评价技术要求(试行)》文件和国内外相关研究成果的基础上,可将土地承载力界定为在一定时空范围内,一定的人口、社会、经济和生态环境约束下,土地资源与各要素之间匹配的协调程度或限制程度,并在可持续发展基础上所能承受各种人类活动作用的能力。

土地承载力因主体和客体的差异,形成了丰富的内涵。例如,根据土地承载力主体的角度不同,客体可以从自然、社会、经济和生态的角度出发,从而分析区域内土地载负的人口容量、城镇发展状况、社会经济状况、生态环境响应程度。根据土地承载力主体方向不同,对应客体的侧重点也有所不同:客体既可以侧重于土地资源生产粮食能够支撑人口的数量,也可以是土地所能产生的社会经济效益;既可以是土地所能贡献的生态环境收益,也可以侧重于土地所能达到的开发建设效益。根据土地承载力主体需求不同,对应客体的数量也有所不同:既可以是单个驱动因素客体对主体的承载能力,也可以是多驱动因素客体对主体的综合承载能力。

---

① 户艳领,等.土地综合承载力评价在土地利用规划中的应用研究[M].北京:人民出版社,2017:26.

二、土地承载力的特征

土地承载力具有以下特征:

(一) 可持续性

土地承载力的可持续性是指能够长久维持土地资源的安全、稳定、健康发展状况,是土地资源能够健康生存发展并且实现生态文明的保证,是研究土地承载力的前提和本质属性。土地可持续性是反映土地承载力状态的风向标,通过衡量土地发展状况,评判土地可持续发展的状态,可以为土地可持续发展提供建议和对策。

(二) 协调性

土地承载力的协调性是指土地资源发展的各个阶段、各个环节中,与人类的各种生产、生活活动以及生态的协调配合、紧密衔接程度。土地的协调性是土地承载力的弹性空间和动态评价标准,土地的协调性又体现在一定时空范围内,不同要素与土地之间的协调匹配程度。人的生存发展离不开土地,人们通过生产生活活动有意识、能动性地改造土地资源环境,人与土地相互协调,将使土地资源环境符合不同时期人类生存和发展需要。

(三) 时空性

土地承载力的时空性是指在不同的时间节点或者空间节点上,土地对各种人类活动的限制程度或协调性程度也不同。土地承载力的时空特性体现在它是动态的、不断变化的。从时间上看,随着社会经济技术水平的不断优化,土地的承载能力也在不断提高;从空间上看,各个地区的资源禀赋不同,生产力发展水平不同,存在空间异质性,所以不同地区的土地的承载力水平也不相同。

三、土地承载力的评价

土地承载力评价研究随着土地资源瓶颈的日益显现而不断发展。早期,土地承载力的评价主要以粮食产出为主要评价因子、人口承载规模为核心目标。近年来则发展为主要以多系统、多领域、多层次的评价指标体系为基础和核心、以评估区域土地在多个方面的综合承载力为目的的评价法[①]。

(一) 总体思路

综合考虑对土地开发建设影响显著的因子,运用分步式算法测算适宜建设用地规模及分布,确定土地合理开发强度及分布区域,通过分析现有开发状态与合理开发状态之间的差异评价区域承载状况。以建设用地资源配置及政策制度引导为切入点,统筹国土空间合理配置。

(二) 算法与步骤

1. 要素筛选与分级

从粮食安全、生态安全、国土安全三个维度出发,筛选农用地、生态用地、地质灾害、地形

---

① 黄宇驰,苏敬华,吕峰.基于 SEP 模型的土地资源承载力评价方法研究——以上海市闵行区为例[J].中国人口・资源与环境,2017 (5):124—127.

限制、水资源约束等显著影响土地建设开发的构成要素,根据影响程度对要素进行评价分级。并根据构成要素对土地建设开发的限制程度,将要素分为强限制因子与较强限制因子两类。

2. 建设开发适宜性评价

运用专家打分等方法,对区域建设开发适宜性的构成要素进行赋值。其中,对属于强限制因子的要素,采用0和1赋值;对属于较强限制因子的要素,按限制等级分类进行0—100赋值。采用限制系数法计算土地建设开发适宜性。计算公式如下:

$$E = \prod_{j=1}^{m} F_j \times \sum_{k=1}^{n} w_k f_k \qquad (9-1)$$

式(9-1)中:E 为综合适宜性分值;j 为强限制性因子编号;k 为适宜性因子编号;F_j 为第 j 个强限制性因子适宜性分值;f_k 为第 k 个适宜性因子适宜性分值;w_k 为第 k 个适宜性因子的权重;m 为强限制性因子个数;n 为适宜性因子个数。根据适宜性评价分值结果,通过聚类分析等方法将建设开发适宜性划分为适宜、基本适宜、基本不适宜和不适宜四类,其中不受强限制性因子约束、且非强限制性因子分值最高的区域为适宜开发的区域。

3. 现状建设开发程度评价

将自然地理单元开发适宜性评价结果及实际开发建设单元进行以县域单元为归口的统计,分析现状建设用地适宜、基本适宜建设开发土地之间的空间关系,并计算区域现状建设开发程度。计算公式如下:

$$P = S/(S \cup E) \qquad (9-2)$$

式(9-2)中:P 为区域现状建设开发程度;S 为区域现状建设用地面积;E 为土地建设开发适宜性评价中的适宜、基本适宜区域;$S \cup E$ 为二者空间的并集。

4. 基于主体功能定位及聚集度分析确定开发程度阈值

依据主体功能区规划中各评价单元的主体功能定位,采用专家打分法将优化开发区域、重点开发区域、农产品主产区、重点生态功能区的开发程度基准阈值分别确定为90%、80%、70%和60%。并根据区域建设开发综合适宜性评价结果,对适宜空间进行聚集度分析,得出各评价单元的适宜空间聚集度指数。其中,聚集度分析采用栅格数据邻域统计的方法,将适宜及基本适宜区域视为适宜空间并记为1,基本不适宜和不适宜区域记为0,计算每个分值为1的栅格相邻栅格值的和,其算术平均数即为适宜空间聚集度指数。将各评价单元分为离散型(聚集度指数位于0—3)、一般聚集性(聚集度指数位于3—6)与高度聚集型(聚集度指数位于6—9)三类。针对这三类评价单元,采用专家打分法确定各类评价单元开发程度阈值修正值。

5. 土地资源压力指数评价

对比分析现状建设开发程度与适宜建设开发程度阈值,通过二者的偏离度计算确定土地资源压力指数。计算公式如下:

$$D = (P - T)/T \tag{9-3}$$

式(9-3)中：D 为土地资源压力指数；P 为现状建设开发程度；T 为基于聚集度分析测算的适宜建设开发程度阈值。

(三) 土地资源承载状态评价

根据土地资源压力指数，将土地资源评价结果划分为土地资源压力大、压力中等和压力小三种类型。土地资源压力指数越小，即现状建设开发程度与适宜建设开发程度的偏离度越低，表明目前建设开发格局与土地资源条件趋于协调。试点经验表明，当 $D \geqslant 0$ 时，土地资源压力大，处于超载状态；当 D 介于 -0.3—0 时，土地资源压力中等，处于临界超载；当 $D < -0.3$ 时，土地资源压力小，处于可载。土地资源压力指数的划分标准可结合各类主体功能区对国土开发强度的管控要求进行差异化设置。

第三节 中国土地可持续利用

一、中国土地利用存在的主要问题

(一) 人均耕地少、优质耕地少、后备耕地资源少

耕地为人类提供了粮食，同时有改善空气、净化环境、涵养水源等功能。《2017 中国土地矿产海洋资源统计公报》数据显示（该数据不含港、澳、台），2016 年年末全国共有农用地 64 512.66 万 hm^2，其中耕地 13 492.1 万 hm^2（20.24 亿亩），较 2015 年末耕地面积净减少 115.3 万亩。2016 年全国人均耕地 0.097 hm^2（1.46 亩），较 2009 年的人均耕地 0.101 hm^2（1.52 亩）下降了 0.06 亩，较 1996 年中第一次调查时的人均耕地 0.106 hm^2（1.59 亩）下降了 0.13 亩，不到世界人均水平的一半。

2019 年全国耕地质量等级情况公报显示，全国耕地按质量等级由高到低依次划分为一至十等，平均等级为 4.76 等，较 2014 年提升了 0.35 个等级。其中评价为一至三等的耕地面积为 6.32 亿亩，占耕地总面积的 31.24%。这部分耕地基础地力较高，障碍因素不明显，应按照用养结合方式开展农业生产，确保耕地质量稳中有升。评价为四至六等的耕地面积为 9.47 亿亩，占耕地总面积的 46.81%。这部分耕地所处环境气候条件基本适宜，农田基础设施条件相对较好，障碍因素较不明显，是今后粮食增产的重点区域和重要突破口。评价为七至十等的耕地面积为 4.44 亿亩，占耕地总面积的 21.95%。这部分耕地基础地力相对较差，生产障碍因素突出，短时间内较难得到根本改善，应持续开展农田基础设施建设和耕地内在质量建设。

中国土地资源中难利用地多、宜农地少；水土资源空间匹配性差，资源富集区与生态脆弱区多有重叠。全国耕地后备资源潜力 13 333 万 hm^2（2 亿亩）左右，60% 以上分布在水资源不足和生态脆弱地区，开发利用的制约因素较多。

表 9-1　2019 年全国耕地质量等级面积比例及主要分布区域

耕地质量等级	面积（亿亩）	比例（%）	主要分布区域
一等地	1.38	6.82%	东北区、长江中下游区、西南区、黄淮海区
二等地	2.01	9.94%	东北区、黄淮海区、长江中下游区、西南区
三等地	2.93	14.48%	东北区、黄淮海区、长江中下游区、西南区
四等地	3.5	17.30%	东北区、黄淮海区、长江中下游区、西南区
五等地	3.41	16.86%	长江中下游区、东北区、西南区、黄淮海区
六等地	2.56	12.65%	长江中下游区、西南区、东北区、黄淮海区、内蒙古及长城沿线区
七等地	1.82	9.00%	西南区、长江中下游区、黄土高原区、内蒙古及长城沿线区、华南区、甘新区
八等地	1.31	6.48%	黄土高原区、长江中下游区、内蒙古及长城沿线区、西南区、华南区
九等地	0.7	3.46%	黄土高原区、内蒙古及长城沿线区、长江中下游区、西南区、华南区
十等地	0.61	3.01%	黄土高原区、黄淮海区、内蒙古及长城沿线区、华南区、西南区

（二）土地空间分布失衡

中国陆地国土空间面积广大，居世界第三位，但山地多、平地少，约 60% 的陆地国土空间为山地和高原。适宜工业化城镇化开发的面积有 18 000 余万公顷（180 余万平方公里），但扣除必须保护的耕地和已有建设用地，今后可用于工业化城镇化开发及其他方面建设的面积只有 2 800 万公顷（28 万平方公里）左右，约占全国陆地国土总面积的 3%。

当前中国绝大多数人口和生产力布局、粮食生产能力、水资源都集中于"胡焕庸线"的东南侧，化石能源、矿产资源则主要分布在生态脆弱的西部和北部地区，"北煤南运""北粮南调""南水北调""南猪北养""西气东输""西电东送"呈日益加剧之势。城镇、农业、生态空间结构性矛盾凸显。随着城乡建设用地不断扩张，农业和生态用地空间受到挤压，城镇、农业、生态空间矛盾加剧；优质耕地分布与城镇化地区高度重叠，耕地保护压力持续增大，空间开发政策面临艰难抉择。部分地区国土开发强度与资源环境承载能力不匹配。国土开发过度和开发不足现象并存，京津冀、长江三角洲、珠江三角洲等地区国土开发强度接近或超出资源环境承载能力，中西部一些自然禀赋较好的地区尚有较大潜力。

（三）土地的过度开发与粗放利用并存

由于不合理的利用，部分河流常年断流，多个地下漏斗形成，地面不同程度沉降。黑土厚度急剧下降，部分土壤受到污染，石漠化、荒漠化、沙化尚未得到有效遏制，滨水岸线持续快速消失。70% 的城市 PM2.5 超过国家标准，城市黑臭水体尚未根除。北京-郑州-上海三角形区域，人口高度集聚，耕地垦殖率高，重化工业密集且体量巨大，不少地方超过资源承载能力和环境容量上限。一些地区产业用地布局混乱，土地污染严重，城市周边和部分交通主干道以及江河沿岸耕地的重金属与有机污染物严重超标。

我国单位工业 GDP 水耗、单位 GDP 能耗分别是世界平均水平的 1.7 倍和 2 倍。2017 年全国国家级开发区工业综合容积率最低仅为 0.09，建筑密度最低仅为 7%，工业用地税收最低只有 100 万—200 万元/平方公里。

2009 年全国第二次土地调查汇总数据显示，我国城镇空闲地面积为 40.90 万公顷（2013 年已经降为 31.81 万公顷），占全国城镇土地总面积的 5.63%，相当于全国城镇仓储用地面积的 2.4 倍、商服用地面积的 90%、全国城镇工业用地面积的 1/4。

全国工业项目用地容积率为 0.3—0.6，工业用地平均产出率远低于发达国家水平。2009—2016 年全国乡村人口与村庄用地逆向变化，全国农村人口从 2009 年的 68 938 万人减少到 2016 年的 58 973 万人，乡村人口累计减少 9 965 万人；而同期村庄用地却从 2009 年的 1 847.28 万公顷（27 709.2 万亩）增加到 2016 年的 1 920.03 万公顷（28 800.5 万亩），累计增加 72.75 万公顷（1 091.3 万亩），村庄建设用地利用效率普遍较低。

（四）土地生态环境压力持续加大

部分地区森林破坏、湿地萎缩、河湖干涸、水土流失、土地沙化、草原退化问题突出，生物多样性降低，生态灾害频发。根据第一次全国水利普查成果，全国土壤侵蚀总面积 294.9 万平方千米，占普查总面积的 31.1%。其中，水力侵蚀面积 129.3 万平方千米，风力侵蚀面积 165.6 万平方千米。根据第五次全国荒漠化和沙化监测结果，全国荒漠化土地面积 261.16 万平方千米，沙化土地面积 172.12 万平方千米。根据岩溶地区第三次石漠化监测结果，全国岩溶地区现有石漠化土地面积 10.07 万平方千米。全国土壤环境状况总体不容乐观，部分地区土壤污染较重，耕地土壤环境质量堪忧，工矿废弃地土壤环境问题突出。全国土壤总的点位超标率为 16.1%，耕地土壤点位超标率为 19.4%。生态系统功能不断退化。

地质灾害点多面广频发。陆域国土地质环境极不安全区、不安全区面积分别占 4.6%、10.1%，局部地区地质环境安全风险较高。川滇山地、云贵高原、秦巴山地、陇中南山地等，滑坡、崩塌、泥石流等突发性地质灾害高发频发；长江三角洲、华北平原、汾渭盆地、滨海沉积海岸等地区，地面沉降和地裂缝等缓变性地质灾害不断加重。

二、中国土地可持续利用战略

中国真正意义上的土地利用战略源于"七五"计划时期，《中华人民共和国国民经济和社会发展第七个五年计划（1986—1990）》将"土地利用的战略、目标和方针"作为专门章节进行论述，具体内容："立足国内，贯彻自力更生的方针，依靠自己的土地资源来满足各方面日益增长的需求，其出路在于：控制人口增长速度，提高人口素质；进一步提高土地利用和生产率，克服土地资源的浪费；进一步开发未利用和利用率低的土地资源；适时调整土地利用结构，切实保护耕地；改进地域配置，发挥区域资源优势；提倡持续土地利用，防治土地退化，改善生态环境。"

（一）中国土地可持续利用战略目标

土地是生存之基、发展之本、财富之源、生态之要，是经济社会发展的重要物质基础和空间载体。因此，中国土地可持续发展战略关乎"两个一百年"奋斗目标和实现中华民族伟大复兴的中国梦。2017年10月18日，习近平同志在十九大报告中强调："中国特色社会主义进入新时代，我国社会主要矛盾已经转化为人民日益增长的美好生活需要和不平衡不充分的发展之间的矛盾。"

根据国际国内形势的变化以及中国可持续发展战略的总体要求，当前中国土地可持续利用的战略总体目标：严守18亿亩耕地红线，保障科学发展的建设用地，土地利用结构得到优化，土地整理复垦开发全面推进，土地生态保护和建设取得积极成效。全面推进国土开发、保护和整治，加快构建安全、和谐、开放、协调、富有竞争力和可持续发展的美丽国土。深入实施区域发展总体战略、主体功能区战略和"一带一路"建设、长江经济带与京津冀协同发展战略，以资源环境承载能力为基础，推动国土集聚开发和分类保护相适应，立足比较优势，促进区域协调发展，切实优化国土空间开发格局。

与此同时，中国土地可持续利用战略目标在总体战略目标的基础上又可以细化为具体目标。根据《全国土地利用总体规划纲要（2006—2020年）》《全国土地利用总体规划纲要（2006—2020年）调整方案》《全国国土规划纲要（2016—2030年）》等，中国土地可持续利用战略的具体目标：

1. 守住18亿亩耕地红线

按照坚守18亿亩耕地保护红线，确保实有耕地数量稳定、质量不下降的要求，按照永久基本农田数量和布局基本稳定、优质耕地优先保护的原则，规划期内，确保全国15.46亿亩永久基本农田数量不减少，质量有提高。

2. 保障科学发展的建设用地

新增建设用地规模得到有效控制，闲置和低效建设用地得到充分利用，建设用地空间不断扩展，节约集约用地水平不断提高，有效保障科学发展的用地需求。按照严守底线、调整结构、深化改革的思路，严控增量，盘活存量，优化结构，提升效率，切实提高城镇建设用地集约化程度。

3. 优化土地利用结构与布局

永久基本农田结构和布局优化。在落实永久基本农田保护任务和保持现有永久基本农田布局总体稳定的前提下，各地可依据二次调查和耕地质量等别评定成果，对永久基本农田布局作适当调整。将永久基本农田中林地、草地等非耕地调出，原则上25度以上坡耕地不作为永久基本农田，不得将各类生态用地划入永久基本农田，同时将城市周边、道路沿线和平原坝区应当划入而尚未划入的优质耕地划入永久基本农田，做到永久基本农田保护数量基本稳定、布局更加优化，切实提高永久基本农田质量。

建设用地结构和布局优化。适应生态文明建设、新型城镇化和新农村建设的要求，各地要对建设用地结构和布局进行适当调整，促进形成合理的区域、城乡用地格局。一是以资源环境承载力评价为基础，加强与新型城镇化、城镇体系、生态环境等相关规划和环境功能区划的协调衔接，认真落实国家主体功能区环境政策，引导人口和产业向资源环境承载力较高的区域集聚。二是坚持保护优先，建设用地安排要避让优质耕地、河道滩地、优质林地，严格保护水流、森林、山岭、草原、荒地、滩涂等自然生态空间用地,合理安排生产、生活、生态用地空间。三是严格控制超大城市、特大城市用地规模,合理安排大中小城市用地,报国务院审批土地利用总体规划的超大和特大城市中心城区建设用地规模原则上不增加,以布局优化为主,促进串联式、组团式、卫星城式发展。京津冀、长三角、珠三角等区域逐年减少建设用地增量,推动产业结构向高端高效发展,防治"城市病"。四是适应城乡统筹发展和新农村建设需要,以农村土地综合整治为抓手,在具备条件的地方对农村建设用地按规划进行土地整治、产权置换,促进农民住宅向集镇、中心村集中。五是合理调整产业用地结构,保障水利、交通、能源、通信、国防等重点基础设施用地,优先安排社会民生、脱贫攻坚、战略性新兴产业,以及国家扶持的产业发展用地,严禁为产能严重过剩行业新增产能项目安排用地。

4. 国土空间开发格局不断优化

到2030年,主体功能区布局进一步完善,以重点经济区、城市群、农产品主产区为支撑,重要轴带为主干的新型工业化、城镇化格局基本形成,人口集疏更加有序,城市文化更加繁荣,全方位对外开放格局逐步完善,国际竞争力显著增强,国土开发强度不超过4.62%,城镇空间控制在11.67万平方千米以内。

5. 国土开发的协调性大幅提升

到2030年,城乡一体化发展体制机制更加完善,城乡要素平等交换和公共资源均衡配置基本实现,新型工农、城乡关系进一步完善,基本公共服务均等化总体实现。

6. 资源节约型、环境友好型社会基本建成

到2030年,集约、绿色、低碳、循环的资源利用体系基本建成,生态环境得到有效保护,资源节约集约利用水平显著提高,单位国内生产总值能耗和用水量大幅下降,国土综合整治全面推进,生产、生活和生态功能明显提升,耕地保有量保持在18.25亿亩以上,建成高标准农田12亿亩,新增治理水土流失面积94万平方千米(14.1亿亩)以上。

7. 国土空间开发保护制度全面建立

到2030年,国土空间开发保护制度更加完善,由空间规划、用途管制、差异化绩效考核构成的空间治理体系更加健全,基本实现国土空间治理能力现代化。

(二)中国土地可持续利用战略重点

随着中国经济社会的持续发展,特别是党的十八大以来,在以习近平同志为核心的党中央坚强领导下,中国一跃成为国内生产总值和综合国力均居世界前列的社会主义国家。但是,综合考虑现有耕地数量、质量和人口增长、发展用地需求等因素,我国耕地保护形势仍十分严峻。人多地少、人均耕地更少、耕地质量总体不高、耕地后备资源不足的基本国情没有改变。因此,严格保护耕地是中国土地可持续利用的战略重点,其中以耕地数量管控、质量管理和生态管护"三位一体"保护为核心。

耕地保护是关系我国经济和社会可持续发展的全局性战略问题,"十分珍惜、合理利用土地和切实保护耕地"是中国必须长期坚持的一项基本国策。从生产功能来看,耕地是土地资源的精华部分,是农业生产和农业可持续发展的物质基础,是保证粮食生

产、保障粮食安全、促进农业现代化发展的根本,其可持续利用是影响区域可持续发展的关键问题;从空间功能来看,耕地是优化空间格局和景观风貌的重要载体,严守耕地红线尤其是划定城市周边永久基本农田,将引导各地走串联式、组团式、卫星城式的新型城镇化发展道路,逐步形成合理的空间开发格局;从生态功能来看,耕地是自然生态特别是农业生态系统重要组成部分,发挥着湿地、绿地、景观等多种生态功能,是生态文明建设的需要。

严格耕地管控性保护,尽量"不占少占";加强耕地建设性保护,做到"补足补优";健全耕地激励性保护,搞好"利益调节";加强耕地保护考核监督,压实"目标责任",确保耕地保有量和永久基本农田面积不减少、质量有提升、生态有改善。

党中央、国务院高度重视耕地保护工作,先后出台了《省级政府耕地保护责任目标考核办法》(国办发〔2005〕52号)、《中共中央国务院关于加强耕地保护和改进占补平衡的意见》(中发〔2017〕4号)、《跨省域补充耕地国家统筹管理办法》(国办发〔2018〕16号)、《城乡建设用地增减挂钩节余指标跨省域调剂管理办法》(国办发〔2018〕16号)《省级政府耕地保护责任目标考核办法》(国办发〔2018〕2号)等,构建了保护更加有力、执行更加顺畅、管理更加高效的耕地保护新格局,进一步建立健全省级人民政府耕保责任目标考核制度,强化对耕地保有量、永久基本农田保护面积、耕地占补平衡、高标准农田建设、耕地质量保护与提升等方面的考核,为实现耕地数量管控、质量管理和生态管护"三位一体"保护提供了重要支撑。

 本章小结

可持续发展就是建立在社会、经济、人口、资源、环境相互协调和共同发展的基础上的一种发展,其宗旨是既能相对满足当代人的需求,又不能对后代人的发展构成危害。土地可持续利用是一种既能满足当代人的需求,对后代满足其需求能力又不会构成危害的土地利用方式。土地可持续利用当中存在一系列的影响因素,具体包括自然条件、人口与经济的发展、土地制度和政策和土地利用技术等。

土地承载力是在一定时空范围内,一定的人口、社会、经济和生态环境约束下,土地资源与各要素之间匹配的协调程度或限制程度,并在可持续发展基础上所能承受各种人类活动作用的能力。土地承载力具有可持续性、协调性、时空性等特征。

当前中国土地可持续利用的战略总体目标:严守18亿亩耕地红线,保障科学发展的建设用地,土地利用结构得到优化,土地整理复垦开发全面推进,土地生态保护和建设取得积极成效。全面推进国土开发、保护和整治,加快构建安全、和谐、开放、协调、富有竞争力和可持续发展的美丽国土。

严格保护耕地是中国土地可持续利用的战略重点,其中以耕地数量管控、质量管理和生态管护"三位一体"保护为核心。

关键词

土地利用　可持续发展　外部性　土地承载力　土地利用战略

复习思考题

1. 可持续发展的理论依据有哪些？
2. 土地可持续利用的影响因素是什么？
3. 土地承载力研究的一般程序有哪些？
4. 中国土地利用存在哪些主要问题？
5. 中国土地可持续利用战略目标、战略重点是什么？

拓展阅读

材料一　国土空间规划的"双评价"

材料二　《可持续发展目标报告2020》与《可持续发展报告2020》

（本章编写人员：张小虎，肖泽干）

第三篇

土地财产权利制度

第十章 CHAPTER 10

土地财产权利制度概述

◎ 思维导图

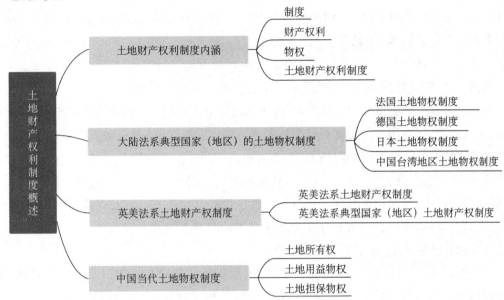

学习目标

1. 掌握土地财产权利制度相关概念。
2. 了解大陆法系和英美法系的土地财产权利制度基本特征。
3. 熟悉中国当代土地物权主要内容。

第一节 | 土地财产权利制度内涵

一、制度

"制度"一词,中国思想史上久已有之①。《商君书》中就有这样的论述:"凡将立国,制度

---

① 刘书楷,曲福田.土地经济学(第2版)[M].北京:中国农业出版社,2004:239.

不可不察也,治法不可不慎也,国务不可不谨也,事本不可不抟也。制度时,则国俗可化而民从制;治法明,则官无邪;国务壹,则民应用;事本抟,则民喜农而乐战"①。《礼记》中也有关于制度的论述:"故天子有田以处其子孙,诸侯有国以处其子孙,大夫有采以处其子孙,是谓制度"②。《商君书》中的制度,与法治、国务和事本并列,其含义为制订法度。制度作为立国之第一支柱,指的是通过设立规则以建立秩序和提高效率。《礼记》中的制度,主要指通过设立一套规则,使当时最基本的生产资料——土地得以被分封,进而使收取税租有章可循、有法可依。由此可见,上述关于制度的基本内涵就是以法令为主要表现形式的规则。这与当代经济学对制度的理解非常接近。

当代经济学,尤其是制度经济学对制度(institution)的概念做了多种阐述。道格拉斯·诺斯(Douglass C. North)对制度的解释是:"制度是一个社会里的游戏规则,更规范地说,它是为决定人们的相互关系而人为设定的一些制约"③。西奥多·舒尔茨(Theodore W. Schultz)则将制度定义为一种行为规则,这些规则涉及社会、政治及经济行为④。

简而言之,制度的内涵可概括为约束人们行为的一系列规则和习惯。

制度可分为正式制度和非正式制度:①正式制度是指人们有意识制定的制度,包括政治制度、经济制度、军事制度等。其具体形式包括宪法、法律、法规、政策等界定的制度。正式制度的基本特征是制度约束具有强制性,必须执行。②非正式制度是指社会意识形态和人们社会观念的集合,是支配人们行为的非强制性准则,包括人们的习惯、习俗、传统文化,如我国的"村规民约"。非正式制度尽管不是通过法律或其他正式形式加以确认的行为准则,但它是长期形成的价值观念和行为定式,在日常社会经济行为中扮演着十分重要的角色,在一些区域和特殊的领域,甚至起着主要作用。

正式制度与非正式制度具有密切关系,具体表现为:①正式制度要以非正式制度中的社会意识形态为基础,否则将是无本之木、无源之水,不仅难以落实更谈不到完善;②非正式制度要以正式制度为保障,否则难以延续、改善和强化;③若两者相契合便会产生积极作用,否则将会产生消极作用。因此,在正式制度与非正式制度的运行和变迁中,两者的协调、配合至关重要⑤。

二、财产权利

财产权利是关于财产的权利,由正式制度(包括宪法、法律、法规、政策等)或非正式制度(如人们的习惯、习俗、传统文化等)界定和表达,并得到社会的认可。财产权利不仅包括已有的法定权利,而且包括当前尚未法定但根据非正式制度可以界定、并得到社会认可的潜在

---

① 巫宝三.中国经济思想史资料选辑(先秦部分)[M].北京:中国社会科学出版社,1981:322.
② 同上书:548.
③ [美]诺斯.制度、制度变迁与经济绩效[M].上海:上海三联书店,1994.
④ [美]舒尔茨.制度与人的经济价值的不断提高[M]//[美]科斯,[美]阿尔钦,[美]诺斯.财产权利与制度变迁:产权学派与新制度学派译文集.上海:上海三联书店,1991:253.
⑤ 周诚.土地经济学原理[M].北京:商务印书馆,2003:157.

的(法定)权利。财产权利的具体表现形式可以是所有权、占有权、使用权、收益权和处分权中的某一独立权利,也可以是若干独立权利组成的集合体或权利束。

在英美法系中,"财产权利"的英文是"property rights",即财产权,又称产权。《牛津法律大词典》认为,"财产权是指存在于任何客体之中或之上的完全的权利,包括占有权、使用权、出借权、转让权、用尽、消费权和其他与财产有关的权利。"诺贝尔经济学奖得主科斯认为:"产权是指一种权利,……我认为,在一些经济学家中,产权的定义是简单而独特的,你能联系某些事物根据法律界定你的权利是什么。"科斯的阐释里,有三个要点:一是"产权是指一种权利";二是产权须"联系某些事物";三是产权来源于"法律界定"。

大陆法系中,与"财产权利"相对应的法律语言是"物权"。"物权"一词最早是由中世纪的注释法学家在解释罗马法时形成的,他们在对物之占有的基础上,建立了物权(ins in rein)学说。2007年3月16日,第十届全国人民代表大会第五次会议通过《中华人民共和国物权法》;2020年5月28日,十三届全国人大三次会议通过《中华人民共和国民法典》(简称《民法典》),其中含有物权编。可见,中国法学界使用的与"财产权利"相对应的表述为"物权",主要源于大陆法系的财产权利逻辑。

综上所述,"财产权利"这个概念在英美法系中的表述为"财产权"或"产权",而在大陆法系中的表述为"物权"。

三、物权

物权是指权利人对特定的物享有直接支配和排他的权利,包括所有权、用益物权和担保物权。我国2020年通过的《民法典·物权篇》第240条规定:"所有权人对自己的不动产或者动产,依法享有占有、使用、收益和处分的权利。"该法第241条规定:"所有权人有权在自己的不动产或者动产上设立用益物权和担保物权。用益物权人、担保物权人行使权利,不得损害所有权人的权益。"用益物权是对他人所有的不动产或者动产依法享有占有、使用和收益的权利。担保物权,是与用益物权相对应的他物权,指的是为确保债权的实现而设定的、以直接取得或者支配特定财产的交换价值为内容的权利。

与债权相比,物权具有如下特征:第一,支配性,即物权的权利人对物进行直接支配的权利;第二,排他性,既包括内容相同的物权之间的相互排斥,又包括排除不法妨碍的性能;第三,对世性,以不特定的任何人为义务主体;第四,绝对性,物权人实现权利不需要义务人的积极行为,只需权利人的合法支配行为即能实现权利。[1]

四、土地财产权利制度

广义上说,土地财产权利制度是对土地财产权利进行界定和表达的一系列正式制度(包括宪法、法律、法规、政策等)和非正式制度(如人们的习惯、习俗、传统文化等)的总和。狭义的土地财产权利制度仅指规范土地财产权利的正式制度。

---

[1] 江平.中国物权法教程[M].北京:知识产权出版社,2007:63—65.

当今世界,土地财产权利制度主要有两大体系(图 10-1):一为以法国、德国为代表的大陆法系的土地物权制度,另一为以英美为代表的英美法系的土地财产权制度。大陆法系的土地物权制度以罗马法为渊源,以成文法为特点;英美法系的土地财产权制度以日耳曼法为渊源,以判例法为特点。

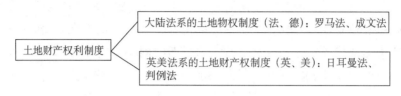

图 10-1　土地财产权利制度的两大体系

第二节　大陆法系典型国家(地区)的土地物权制度

大陆法系又称罗马法系、民法法系、法典法系或罗马日耳曼法系,是承袭古罗马法的传统,仿照 1804 年《法国民法典》和 1896 年《德国民法典》的样式而建立起来的法律制度。其最为明显的特征是法律法典化,主要以成文法形式存在。目前欧洲大陆上的法、德、意、荷兰、西班牙、葡萄牙等国和拉丁美洲,亚洲的日本、泰国、中国台湾地区等国家和地区的法律都属于大陆法系。

一、法国的土地物权制度

法国的土地物权体系,包括土地所有权、土地用益物权和土地担保物权。

(一) 土地所有权

关于土地所有权,《法国民法典》第 552 条第 1 款规定:"土地所有权包含该地上空和地下的所有权"。该法第 553 条规定:"地上地下的一切建筑、种植物及设施物如无相反证据,则推定为土地所有人以自己的费用所设置并归其所有。"该法第 544 条规定:"所有权是对于物有绝对无限制地使用、收益及处分的权利,但法令所禁止的使用不在此限。"该法第 545 条规定:"除非基于公益理由并通过事先合理的补偿,否则任何人不得被强迫转让其财产。"

可见,土地作为可以自由处置的私人财产写入了法国民法典,而且法典赋予了土地所有者绝对的占有、使用、收益和处分的权利。

(二) 土地用益物权

《法国民法典》在第二卷规定了财产以及所有权的各种限制,其中第三编规定了用益权、使用权与居住权,第四编规定了役权与地役权。根据法国民法原理,法国还存在地上权制度,因此法国的用益物权包括用益权、使用权、居住权、地役权和地上权。当然这些用益物权也适用于土地,《法国民法典》第 516 条规定,"一切财产均为动产或不动产";第 518 条规定,"土地及建筑物依其性质为不动产"。

根据《法国民法典》第 578 条规定,"用益权是对他人所有之物如同自己所有,享受其使用和收益的权利";第 581 条规定,"用益权得就各种动产或不动产设立之"。依此规定,土地上可以设立用益权;它即是对他人的土地享有使用和收益的权利,可以依法律规定或依所有权人意思而创设。虽然用益权是所有权的派生权利,但它是独立的他物权。"土地用益权人享有地役权、通行权及一般所有权人所享有的权利,且其享有的方法与所有人本人同"(见《法国民法典》第 597 条)。用益权存续期间,用益权人应当对土地尽不改变标的物用途的消极义务和维护标的物正常状态的积极义务。土地用益权人虽不能处分其用益的土地,但可以处分其拥有的土地用益权。例如,《法国民法典》第 595 条规定:"用益权人得由自己享受,或租赁于他人,或出卖以及无偿让与其权利。"

土地使用权和居住权的权利范围仅限于为自己和家庭的必需之用,故称"小用益权"。法国民法典对它们的流通性采取了更为严格的态度,即土地使用权和居住权均不得出让或出租(《法国民法典》第 631 条、第 634 条)。

地役权是为了利用自己的土地而不得不役使他人土地而产生的权利。《法国民法典》第 637 条规定,地役权系指为供他人不动产的使用或便利而对一个不动产所加的负担。地役权之设置是为了需役地的方便,权利的标的物是供役地。

在法国,地上权坚持使土地所有人的土地与其地上和地下相分离,使地上或地下之财产由土地所有人之外的人享有。地上权在《法国民法典》中并没有明确的表述,以后的承认是通过判例实现的。[①]

(三)土地担保物权

为了有效规避风险或降低交易风险,法国土地物权制度中创设了担保物权。根据法国民法典和商法典以及判例,法国的担保物权主要包括留置权、质权、优先权及抵押权,土地方面主要设有质权和抵押权。根据法律的相关规定,在市场交易场合,权利人以质押从事交易的,要求以担保物占有的转移为条件;以抵押物从事交易的,则无论不动产归谁所有,抵押权随不动产而存在;并且赋予担保权人优先权,以确保其债务清偿时优先受偿。这既维护了交易人各自的利益,又为规避风险选择提供了法律秩序安排,使市场规范有序。

二、德国土地物权制度

德国土地物权包括土地所有权、用益物权和担保物权。

(一)土地所有权

土地所有者对土地拥有完全的所有权。《德国民法典》第 903 条规定:"物的所有者,以不违反法律或第三人的权利为限,可以随意处分物,并排除他人的任何干涉。"德国的土地所有权权限很大,但仍受到很多限制,主要表现为:受土地他项权利的限制、受相邻关系的限制以及社会公共利益的限制等。

---

① 高富平.中国物权法:制度设计和创新[M].北京:中国人民大学出版社,2005:209.

（二）土地用益物权

德国土地用益物权主要表现为地上权、役权、先买权和实物负担。地上权指在他人的土地上营造建筑物而长期使用该土地的权利。实物负担是指从他人的土地产物中获得持续性定期给付的权利。

役权指为特定的土地或特定人的便利和利益,而利用他人之物的权利,但是不能和需役地或享用人分离而存在。役权主要包括地役权、用益权及限制的人役权三种。用益权是德国民法中比较复杂的权利之一。《德国民法典》第1030条至1089条对用益权做了规定,用益权指使用和收益他人之物而不损坏或变更该物本质的权利。按用益权设定标的共分为三种:物上用益权,权利上的用益权与财产上的用益权。《德国民法典》1059条规定,"用益权不得转让。用益权可以由他人行使",据此用益权不得让与和继承,即用益权只能由权利人个人享有,不能由权利人之外的任何人享有,并随权利人的死亡而消灭。但法律却允许他人为权利人行使用益权,即转让用益权的行使权,如由权利人委托的人为权利人取得物的孳息等,并不是将用益权移转给他人。《德国民法典》第1059b条规定,"用益权既不得抵押,也不得用作担保或者再设定用益权",所以德国用益权不能设置抵押或者承受其他负担。德国用益权法律制度表明,土地用益权不得让与和继承,也不得抵押,但可转让用益权的行使权。

（三）土地担保物权

德国土地担保物权有:抵押权、土地债务及作为土地债务之一的定期金土地债务。抵押权是指为担保债权的清偿而以土地不动产为标的设立的物权变价受偿权。土地债务是指从土地获得一定数额的金钱的物权变价权(《德国民法典》第1191条至第1198条)。定期金土地债务实际是土地债务的一种形式,其特殊之处在于:一般的土地债务是一次性变价权,定期金土地债务则是不间断地从土地获得支付定期金土地债务。土地债务可以作为独立的权利被转让,也可以作为土地债务证券进行流通。土地债务是一种极具生命力的土地担保物权。①

三、日本土地物权制度

日本法律对土地权利加以规定的主要是《日本民法典》。日本民法中规定的土地物权主要有土地所有权、土地用益物权和土地担保物权。土地用益物权有地上权,永佃权和地役权;土地担保物权有先取特权,不动产质权和抵押权。

（一）土地所有权

明治维新以前,日本土地所有权归属于封建领主,并且有不得买卖土地的禁令。农民通过租佃关系取得土地使用权,靠出卖劳动力来维持自身的生存。而且由于佃耕权不稳、租佃期不定,地主常常破坏租佃关系,损坏佃农的权利。明治维新后,废除了旧的封建体制,逐步改革德川幕府时期的土地产权制度,1868年颁布法令宣布所有农村土地都是农民的财产,农民可以占有农村土地,一切人都可以自由买卖土地。从空间上讲,日本土地

---

① 娄进波.德国民法典的发展及其评述[J].中外法学,1994(2):60—64.

所有权及于地上和地下,但是该范围由法律界定。按日本所有权理论,所有权是在法律规定的范围内对物的全面支配的权利。如果对所有权加以分解,大致有占有、使用、收益、处分等项权能。

（二）土地用益物权

日本民法上的用益物权,指可在一定范围内对他人的土地使用、收益的物权的总称。① 《日本民法典》第二编物权中规定了地上权(第四章,第 265 条至 269 条)、永佃权(第五章,第 270 条至 279 条)、地役权(第六章,第 280 条至 294 条)三种类型。

地上权是以建筑物及竹木的所有为目的而利用他人土地的物权。在日本,地上权人租借土地所有人的土地,对建筑物享有所有权,承担建筑物一切负担;日本民法中地上权标的物不仅指建筑物,还包括有竹木,即以种植为目的的树木和竹子等植物,但不包括以耕作为目的之植物;《土地租用法》规定,以建筑物的所有为目的而租借土地所有人的土地的永租权与地上权一起称作租用权,因此该永租权实质仍然适用物权的规定。地役权,依《日本民法典》第 280 条规定:"地役权人,依设定行为所定的目的,有以他人土地供自己土地便宜之用的权利",日本民法中的地役权与法、德等国地役权并无原则性差异。

永佃权是指以耕作或者畜牧为目的,通过向土地所有者支付佃租,而使用其土地的物权。《日本民法典》第 270 条规定:"永佃权人有支付佃租,而在他人土地上耕作或牧畜的权利。"依日本学者的解释,日本民法典的永佃权具有下列法律特征:第一,永佃权是存在于他人土地上的权利;第二,永佃权是以耕地或畜牧为目的的权利;第三,支付佃租为永佃权成立条件;第四,继承性和让与性。关于永佃权的处分,《日本民法典》第 272 条规定:"永佃权人可以将其权利让与他人,或于权利存续期间,为耕作或畜牧而出租土地。但是,以设定行为加以禁止时,不在此限。"永佃权,因属物权,所以不待地主的承诺,永佃权人即可以把永佃权让与或出租他人,或供作金钱融资的担保。但永佃权人的这些权利需受下列限制:其一,如设定契约就永佃权的处分进行禁止或限制的,该禁止或限制的约定如未登记,即无对抗第三人的效力;其二,日本《农地法》第 3、4 条规定:关于限制农地权利的移动的规定,得准用于永佃权,所以永佃权人如未获知事的许可,便不能处分永佃权。《日本民法典》第 369 条规定:"地上权及永佃权可为抵押权的标的。"此外,《日本民法典》第 277 条规定:"有与前六条规定不同的习惯时,从其习惯。"即规定了永佃权流转习惯的优先适用效力。据此,日本永佃权可以转让、出租、抵押、继承或者习惯的方式加以流转。

（三）土地担保物权

日本土地担保物权主要包括先取特权,不动产质权和抵押权。依《日本民法典》第 303 条,先取特权是指依该法及其他法律之规定,对债务人的财产的先取特权。《日本民法典》共规定了三种质权:动产质、权利质和不动产质。以不动产为标的物的质权称不动产质。不过,在现实中,由于不动产质使设定人丧失对标的物的利用,质权人也不能够对标的物进行有效率的利用,还将承担标的物的管理费用及其他负担。因此,现今日本不动产质权几乎

---

① 陈华彬.外国物权法[M].北京:法律出版社,2004:169.

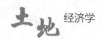

不被利用。此外,日本民法典规定土地、建筑物等可设定抵押权。

四、中国台湾地区土地物权有关规定

台湾地区现行的所谓"物权法"的主要渊源是中华民国民法典中的物权篇(1929年1月30日中华民国政府公布,1930年5月5日施行)。民国民法典的制定,主要借鉴了德国、瑞士等国的民法典。2003年起,台湾地区法务部门着手讨论修正"民法"物权编。2007年通过有关担保物权部分的修正,2009年通过通则及所有权部分的修正,2010年通过有关用益物权及占有部分的修正。显然,台湾地区现行的所谓"物权法"属大陆法传统。

(一) 土地所有权

台湾地区现行土地所有制实行农地农有、市地市有、富源地公有。所谓农地农有,是指"农地归农民所有、所耕,耕作所获的成果归农民所享";市地市有,是"市地属于市民公有,而由'公法人'之市政府管理";富源地公有,是指"富源地属于全体公民共有",而由"政府管理"。

台湾地区制宪性规定第143条规定……土地属于国民全体。人民依法取得之土地所有权,应受法律之保障与限制。"其所谓的"土地法"第10条规定:"……土地,属于……人民全体,其经人民依法取得所有权者,为私有土地。"目前,台湾地区的土地分为私有土地和公有土地。私人依照规定所谓的取得所有权的土地,为私有土地;未经私人依法取得所有权的土地,为公有土地。台湾地区所谓的"土地法"第4条规定:"本法所称公有土地,为国有土地、直辖市有土地、县(市)有土地或乡(镇、市)有之土地。"依此规定,其公有土地的支配权不专属当局所有,也可分属于直辖市、县(市)政府或乡镇自治团体。

土地所有权,根据台湾地区所谓的"民法"第765条,是土地所有人于法令限制的范围内,自由使用、收益、处分其土地,并排除他人干涉之权。第773条规定:"土地所有权,除法令有限制外,于其行使有利益之范围内,及于土地之上下。如他人之干涉,无碍其所有权之行使者,不得排除之。"

(二) 土地用益物权

台湾地区的土地用益物权,主要包括地上权、农育权、不动产役权和典权。

地上权分为普通地上权和区分地上权。根据台湾地区所谓的"民法"第832条规定,普通地上权是以在他人土地的上下有建筑物或其他工作物为目的而使用其土地之权。第841条规定,区分地上权是以在他人土地上下的一定空间范围内设定的地上权。地上权的存续期间可长可短,并可不定期限。地上权是否支付地租,由当事人约定。地上权人可将其权利让与他人或设定抵押权,但契约另有约定或另有习惯者不在此限。地上权没有确定期限的,存续期间超过20年或地上权成立的目的已不存在时,法院得因当事人的请求,斟酌地上权成立的目的、建筑物或工作物的种类、性质及利用状况等情形,确定其存续期间或终止其地上权。

农育权,根据台湾地区所谓的"民法"第850条,是指在他人土地为农作、森林、养殖、畜

牧、种植竹木或保育之权。农育权的期限不得超过 20 年,其与定期或不定期的农地租赁权很不相同,农育权人可将其权利让与他人或设定抵押权,但不得将土地出租给他人。农育权人如果将土地出租给他人的,土地所有人可终止农育权。

不动产役权,根据台湾地区所谓的"民法"第 851 条,是以他人不动产供自己不动产通行、汲水、采光、眺望、电信或其他以特定便宜之用为目的之权。例如,因自己的土地无路可通,而于邻地取得通行权的即是。供便宜之用的他人不动产,称为供役不动产,受得便宜的自己的不动产,称为需役不动产。

典权,根据台湾地区所谓的"民法"第 911 条,是指支付典价在他人的不动产为使用、收益,于他人不回赎时,取得该不动产所有权之权。这种典权是台湾地区特有的物权。典权约定期限不得超过 30 年。典权存续中,典权人除占有典物供自己使用、收益外,还可将典物转典或出租给他人,或将典权让与他人,并可设定抵押权。出典人于典期届满后经过两年不以原典价回赎典物的,典权人即取得典物所有权。

(三) 土地担保物权

台湾地区的土地担保物权主要是土地抵押权。抵押权分为普通抵押权和最高限额抵押权。台湾地区所谓的"民法"第 860 条规定,普通抵押权是债权人对于债务人或第三人不移转占有而供其债权担保的不动产,得就该不动产卖得价金优先受偿之权。第 881 条规定,最高限额抵押权是债务人或第三人提供其不动产为担保,就债权人对债务人一定范围内的不特定债权,在最高限额内设定的抵押权。抵押权人于债权已届清偿期而未受清偿的,可申请法院拍卖抵押物,就其卖得价金而受清偿。

第三节 英美法系土地财产权制度

英美法系又称英国法系、普通法系或判例法系,英国、美国、澳大利亚、新西兰、中国香港地区等国家和地区的法律制度均属于英美法系。英美法系承袭英国中世纪的法律传统,以判例法为主要表现形式。近几十年来,英美法系国家也制定了大量成文法作为对判例法的补充。

英美法系关于财产归属和利用关系的法律规范称为财产法。财产(property)是英美财产法的核心概念,指某人排他享有的对某物的所有权,因此与所有权(ownership)同义。但在一般意义上,property 只是 ownership 的客体,指代一切有价值的权利和利益。[①]

一、英美法系土地财产权制度结构

英美法的土地财产权制度体系包括地产权、非地产权利益和抵押权,地产权分为自主持有地产权(freehold estate)和租赁地产权(leasehold estate),非地产权利益包括地役权

---

① 高富平,吴一鸣.英美不动产法:兼与大陆法比较[M].北京:清华大学出版社,2007:6.

(easement)、许可(license)、获益权(profits a prendre)和限制性契约(restrictive covenant)，如图10-2：

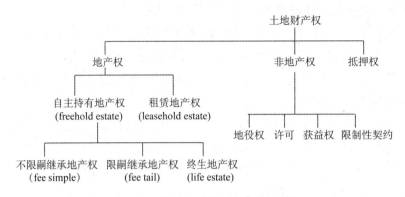

图 10-2　英美法系的土地财产权制度

（一）地产权

为了解决土地的归属与利用关系，英美法创设了地产权制度。该制度解决了土地归国王所有，同时又必须将土地分散到不同主体利用这一矛盾。在英国特殊历史时期，除国王以外的人，拥有土地被认为是持有(hold)土地，而不是所有(own)土地；土地享有者，均是持有者，而不是所有者，这就是英国历史上有名的土地保有制度。《牛津法律指南》中对保有权(tenure)的解释是："封建土地持有制度中，保有人或陪臣一方与封臣或领主一方之间的关系，根据这种关系，保有人持有一定的土地，但并不拥有完全的所有权，而是以定期服役或纳贡为代价而接受他方授予并服从于他方。在保有制度下，保有人和领主都同时享有地产权或土地权益，尽管后者有权实际占有和使用其持有的土地，人们公认各种不同的保有权有着不同的规则，这种差别尤其表现在向领主服役和纳贡方面。"

1925年以后的英国，附加在保有土地上的所有封建义务完全归于消灭。随着保有制度退出历史舞台，现代地产权制度成了英美土地法的基础。英美法的地产权是一个复杂的体系，这一体系是在不断演进中形成的，最基本的框架奠定于1925年英国的《财产法》。据此，地产权分为两类：一类是自主持有地产权(freehold estate)；另一类是租赁地产权(leasehold estate)。其中自主持有地产权可以进一步分成三类：①不限嗣继承地产权(fee simple)，这是存续时间最长的地产权，只要持有人或其继承人尚存，该地产权就始终存在；②限嗣继承地产权(fee tail)，这是一种可以继承的地产权，但只有持有人的直系卑亲属才有权继承；③终生地产权(life estate)，终生地产权的存续时间一般以持有人自己的生命为限，当持有人死亡时，该地产权就自动终止。当前租赁地产权主要可以分为四个种类：确定期限的租赁地产权(tenancy for a term)、定期续展的租赁地产权(periodic tenancy)、随时终止的租赁地产权(tenancy at will)和宽容租赁地产权(tenancy at sufferance)。租赁地产权因属于地产权，而取得与自主持有地产权同样的法律地位。

由于特殊的历史背景，英美法创造了一个抽象的地产概念，即estate。Estate表示对土地的某种权利。由此，estate取代了实物(土地)成为人们财产权的客体。于是，在同一块土地上耸立着多个平行的权利主体,每一个土地权利人均有相对应的客体。① 在英美法中,所有的地产权均具有同一平等的性质,均是对特定土地利益的支配权。英美法的这种制度,与大陆法有很大的差别。大陆法的物权体系是以所有权为核心构造的,所有权是"万权之源",所有权核心主义是大陆法系物权法的重要特点。

(二) 非地产权利益

除了地产权外,英美法也存在非地产权利益。这些土地权益是:地役权(easement)、许可(license)、获益权(profits a prendre)和限制性契约(restrictive covenant)。如果我们将地产权视为自物权的话,那么,这些非地产权利益大致类似于大陆法的他物权,即对他人之土地的权益。这些非地产权利益区别于地产权的主要特征是非以占有土地为内容,仅仅是使用他人或不使用他人土地的权利或者只是在他人土地上获取物的权利。

英美法上的地役权,是权利人为某一特定目的对他人土地及其土地上的物质使用或利用的权利。地役权有积极和消极之分,前者指实施某种行为的权利,后者指阻止他人实施某种行为的权利。地役权可以依法律规定或依明示或默示的授予行为而设立,也可因时效而成立。常见的地役权有通行权、采光权、引排水权和建筑支撑权。获益权是指进入他人土地以取得地表作物或者地表之组成部分的权利,例如,伐木权、采砂权、渔猎权等。这种权利实际上也是一种需役地与供役地的关系。当代的发展趋势是将地役权和获益权合并到地役权的名目之下。许可是对他人为特定目的进入土地的准许。许可就其本质而言是一种准许,即为了一定目的而进入他人土地的准许。该准许使那些进入他人土地的行为获得合法性,否则的话,这些行为将构成非法侵入(trespass)。许可制度的主要目的在于阻却某些行为的违法性,为当事人提供一种有效的抗辩。英国的限制性契约(restrictive covenants),在美国被称为"衡平役权"(equitable servitudes),是利用衡平法上的强制力对土地的使用予以限制的权利,指地役权人限制义务人及土地的承继人于其自己的土地上为一定目的使用,义务人违背此义务,以超出目的范围外的方法使用其土地,权利人可请求衡平法院予以衡平法上的救济,责令义务人停止其对土地的不符合目的使用的权利。在工业化时代,地产约据和衡平役权对于限制地产权的滥用、保持良好的生活居住环境发挥了重要作用。

(三) 抵押权

英美法的土地抵押制度最初赋予债权人以占有土地和收取租金及其他收益的权利。保有制度出现之后,债权人对土地在清偿债务前仅享有对其的扣押权和看管权,抵押权的性质逐渐由财产法转向债务法范畴。

二、英美法系典型国家(地区)土地财产权制度

(一) 英国现代土地财产权制度②

自 1066 年以来,英国的所有土地在法律上都归英王(或国家)所有,而使用土地通过批

---

① 高富平.中国物权法:制度设计和创新[M].北京:中国人民大学出版社,2005:267.
② 赵艳霞,蔡文柳,张晓凤.土地经济学[M].哈尔滨:哈尔滨工程大学出版社,2015:216—217.

租获得,但实际上英国90%左右的土地为私人持有,土地持有者对土地享有永久业权,土地持有人只要不违反土地法、土地规划或侵犯他人利益,就可以自由处分土地。英国地产权制度权属界定清晰,在解决各种权利主体之间的冲突、有效分配资源、把权利引向最有价值的用途、实现土地资源的高效持续利用方面发挥了巨大作用。

1947年,英国颁布的《城乡规划法》创立了土地发展权(development right),明确将"发展"定义为"在地上、地下或地表进行建筑、工程、采矿或其他行动,或使任何建筑物或其他土地的使用上发生任何实质上的变化"。该法规定,私有土地仍然保持私有,但其发展权收归国家,实行所谓的"土地发展权国有化"。也就是说,私有土地所有人或其他任何人如想变更(升高)土地的原有使用类别,在实行建筑发展之前,必须先向政府购买土地发展权。但是,1952年保守党当政后,"土地发展权国有化"的政策予以废止。废止的理由是:自实行土地发展权国有化后,土地发展费(即土地发展权价格)的缴付抬高了土地市价,使得土地市场几乎陷于停顿。

英国通过税收和规划协议等手段实现土地发展权收益归公,促进土地开发的利益共享。由于政党的轮替,英国采用过多种方式确保土地发展权收益国有。早期,征税方式较为流行,如:1947—1952年实施收取发展税,1967—1970年依土地委员会法案征收改良税,1976—1985年依土地发展税法案征收土地发展税。1990年以来,主要采用规划义务与征收社区基础设施税相结合的做法,其实质是基于土地发展权收益公有的理念,要求土地开发者必须为社区或周边区域提供基础设施和服务,达成土地开发的利益共享,促进社会福利公平分配。

英国土地的使用还通过土地信托的方式进行。在英美法上,信托是一种为他人利益而管理财产的制度,是一种财产关系。按照这种关系,一方被称为受托人(trustee),另一方被称为受益人(beneficiates),受托人为了受益人的利益,承担对他控制下的财产(称作信托财产)进行管理和处分的义务。土地信托是土地所有权人(受益人)为了有效利用土地,获取收益,以信托契约方式将土地委托给专业机构(信托公司,受托人),由专业机构运用其专业规划与管理优势,对土地开发进行全盘规划与实施,包括开发规划、资金筹集、建筑物兴建、地产分售、房屋招租、维护管理等,将经营收益按期交付受益人,当信托期限届满,受托人再依照契约将信托财产——土地返还给委托人的一种土地经营管理模式。[①] 现阶段,土地信托主要为了公有土地资源的保护而进行。

(二)美国现代土地财产权制度

美国是典型的资本主义私有制国家,但其土地并非全部私有。美国目前的土地总面积中,60%为私人所有,38%为公有,2%为印第安人保留地(即专门辟给原来美洲土著居民的土地)。私有土地主要是农林牧业用地、居住用地等,公有土地主要是道路用地、军用土地、政府用地、公园、野生动物保护区及森林、草原、沼泽、水域和山地等。在38%的公有土地中,联邦政府所有的为29%,州政府和地方政府所有的为9%。

---

① 刘志仁.农村土地流转中的信托机制研究[M].长沙:湖南人民出版社,2008:41.

美国各州的土地所有权结构不尽相同。美国国家统计局1991年的数据显示,在公有土地比重最大的阿拉斯加州,联邦政府拥有或控制着该州95.8%的土地。在私有土地比重最大的罗得岛州,公有土地仅占不到2%,98.5%的土地为私人所有。

在美国,土地所有者拥有地下的一切财富,可以自由开采地下资源,或者将地下资源单独出售给别人。上述行为的唯一条件是他必须遵守政府关于环境保护的规定并照章纳税。

美国法律规定,土地可以买卖和出租。联邦政府为了国家和社会公益事业,兴建铁路、公路及其他设施,需要占用州属公有土地或私人土地,也要通过交换或购买的方式取得。通信、输电、输油等管线要通过公有土地的地上或地下,都必须向土地管理局通行权处申请批准,并支付租金。美国联邦政府的公有土地收入,是仅次于税收收入的政府第二大财政来源。

美国的土地发展权是土地所有权的一部分,但可以从所有权中分离出来。美国通过发展权购买和转移等方式,实现土地发展权收益归私。具体操作包括土地发展权的购买和转移两种形式。土地发展权购买指政府提供现金一次性买断某块土地的发展权,土地所有者只能以当前的用途和强度继续使用该土地;土地发展权转移则是指政府确定土地发展权交易的发送区和接受区,发送区的土地开发往往受到比区划法案要求更为严苛的限制,但允许其将土地发展权出售或转让给接受区获益,同时使接受区获得更大的开发强度。

(三) 中国香港特别行政区土地财产权制度

香港(Hong Kong),简称"港"(HK),全称中华人民共和国香港特别行政区,区域范围包括香港岛、九龙、新界和周围262个岛屿,陆地面积1 106.66平方公里。截至2018年末,总人口约748.25万人,是世界上人口密度最高的地区之一。香港自古以来就是中国的领土,1842年通过不平等条约被割让给英国之前,是中国边陲的一个海岛型渔农社会,土地制度沿袭中国传统,实行私有制。

1842—1997年,港英政府仿照英国土地制度,将香港土地视为英王所有,称为"Crown Land",俗称"官地",只可批租不可售卖。因此,在1997年之前,香港全部土地实际上是归代表英王的港英政府所有,香港的土地产权制度属于英美普通法系,以判例为主。

同时,香港也制定了一些成文法,特别是在1997年回归之后,香港积极吸取大陆法系的经验。目前,香港地区土地财产权制度主要有《中华人民共和国香港特别行政区基本法》中关于香港土地的规定,以及多年形成的有关土地的判例法和香港立法机构制定的土地成文法。

我国于1997年7月1日恢复对香港行使主权之后,香港土地全部回归中国。《香港特别行政区基本法》第七条规定:"香港特别行政区境内的土地和自然资源属于国家所有,由香港特别行政区政府负责管理、使用、开发、出租或批给个人、法人或团体使用或开发,其收入全归香港特别行政区政府支配。"因此,现行香港的全部土地都属于国家所有。

目前香港的土地使用制为土地租用制,特点是土地只租不买断,其沿袭了港英政府时期的土地批租(grant of land)制度。政府除授予圣约翰大教堂永久业权(freehold)外,其余仅将土地经营权、使用权以一定年限出让或出租给土地使用者,土地使用者获取的权利称为业主权、业权或租业权(leasehold)。土地使用者一般要支付一笔"地价",还要与政府签订土地契约。

对于用作私人房地产开发的土地,香港特区政府一般采取竞争性很强的拍卖、招标等方式批租土地。对于不谋利的公益土地,则采取私人协议方式,而且只收取象征性的地价,不受市场行情左右。对于经济效益不突出但政府决定支持发展的行业和企业,可以申请免缴地价或以低于市场价格的优惠价供地。对于暂不长期出让的土地或临时闲地,以及认为不宜长期出让的土地,通常以短期临时出租的方式租出。至于香港特区政府机关用地,则完全是无偿划拨。

第四节 | 中国当代土地物权制度

为了维护国家基本经济制度,维护社会主义市场经济秩序,明确物的归属,发挥物的效用,保护权利人的物权,2007年3月16日第十届全国人民代表大会第五次会议通过《中华人民共和国物权法》(简称《物权法》),自2007年10月1日起施行。2020年5月28日,十三届全国人大三次会议通过《中华人民共和国民法典》(简称《民法典》),自2021年1月1日起施行,《物权法》同时废止。《民法典》共七编,依次为:总则编、物权编、合同编、人格权编、婚姻家庭编、继承编以及侵权责任编。按照《民法典》物权编,我国的土地权利体系由所有权、用益物权和担保物权三部分构成。

一、土地所有权

《民法典》物权编明确规定我国土地所有权类型有国家所有权和集体所有权两种。所有权人对自己的不动产,依法享有占有、使用、收益和处分的权利。

城市的土地,属于国家所有。法律规定属于国家所有的农村和城市郊区的土地,属于国家所有。森林、山岭、草原、荒地、滩涂等自然资源,属于国家所有,但法律规定属于集体所有的除外。法律规定属于国家所有的财产,属于国家所有即全民所有,由国务院代表国家行使所有权。

集体所有的不动产包括:法律规定属于集体所有的土地和森林、山岭、草原、荒地、滩涂;集体所有的建筑物、生产设施、农田水利设施;集体所有的教育、科学、文化、卫生、体育等设施;集体所有的其他不动产。对于集体所有的土地和森林、山岭、草原、荒地、滩涂等,依照下列规定行使所有权:属于村农民集体所有的,由村集体经济组织或者村民委员会代表集体行使所有权;分别属于村内两个以上农民集体所有的,由村内各该集体经济组织或者村民小组代表集体行使所有权;属于乡镇农民集体所有的,由乡镇集体经济组织代表集体行使所有权。

二、土地用益物权

根据《民法典》物权编第三分编"用益物权"的相关内容,土地相关的用益物权包括:土地承包经营权、建设用地使用权、宅基地使用权和地役权。用益物权是指,用益物权人对他人所有的不动产,依法享有占有、使用和收益的权利。

农民集体所有和国家所有由农民集体使用的耕地、林地、草地以及其他用于农业的土地,依法实行土地承包经营制度。土地承包经营权人依法对其承包经营的耕地、林地、草地等享有占有、使用和收益的权利,有权从事种植业、林业、畜牧业等农业生产。土地承包经营权自土地承包经营权合同生效时设立。

设立建设用地使用权,可以采取出让或者划拨等方式。工业、商业、旅游、娱乐和商品住宅等经营性用地以及同一土地有两个以上意向用地者的,应当采取招标、拍卖等公开竞价的方式出让。严格限制以划拨方式设立建设用地使用权。采取划拨方式的,应当遵守法律、行政法规关于土地用途的规定。建设用地使用权人依法对国家所有的土地享有占有、使用和收益的权利,有权利用该土地建造建筑物、构筑物及其附属设施。建设用地使用权可以在土地的地表、地上或者地下分别设立。

宅基地使用权人依法对集体所有的土地享有占有和使用的权利,有权依法利用该土地建造住宅及其附属设施。宅基地使用权的取得、行使和转让,适用土地管理法等法律和国家有关规定。

地役权人有权按照合同约定,利用他人的不动产,以提高自己的不动产的效益。其中他人的不动产为供役地,自己的不动产为需役地。设立地役权,当事人应当采取书面形式订立地役权合同。

三、土地担保物权

根据《民法典》物权编第四分编"担保物权"的相关内容,担保物权主要包括抵押权、质权、留置权等。土地担保物权主要是指土地抵押权。

就抵押权而言,可供抵押的土地财产包括建设用地使用权,以招标、拍卖、公开协商等方式取得的土地承包经营权。但是土地所有权,宅基地、自留地、自留山等集体所有的土地使用权不得抵押。

 本章小结

土地财产权利制度是对土地财产权利进行界定和表达的制度规范,从全球范围看,主要有两大类:一类为以罗马法为渊源,以法国、德国为代表,以成文法为特点的大陆法系的土地物权制度;另一类为以日耳曼法为渊源,以英美为代表,以判例法为特点的英美法系的土地财产权制度体系。

大陆法系的土地物权制度,包括土地所有权、土地用益物权和土地担保物权。英美法中,在同一块土地上耸立着多个平行的权利主体,每一个土地权利人均有相对应的客体;所有的地产权均具有同一平等的性质,均是对特定土地利益的支配权。

我国的土地权利体系,包括所有权、用益物权和担保物权三部分。

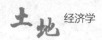

关键词

土地财产权利制度 大陆法系 英美法系 财产权 物权 用益物权 担保物权

复习思考题

1. 土地财产权利制度的内涵及体系。
2. 大陆法系土地物权制度的基本特征是什么?
3. 英美法系土地财产权制度的基本特征是什么?
4. 中国当代土地物权体系结构。

材料一 财产权　　材料二 中国
利权能理论新拓　　1949 年前土地
展:理论框架　　　产权制度的演变

(本章编写人员:邹秀清,谢美辉,任艳胜,徐国良)

第十一章 CHAPTER 11

中国土地所有权制度

◎ 思维导图

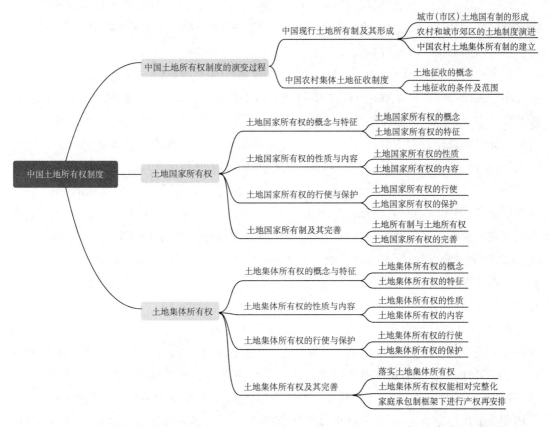

学习目标

1. 掌握土地国家所有权和农村土地集体所有权的概念与特征、性质与内容。
2. 了解我国国有土地所有制和农村集体土地所有制两种土地所有制度的演变历程。
3. 熟悉农村土地集体所有权改革与完善的相关内容及进展。

第一节 中国土地所有权制度的演变过程

一、中国现行土地所有制及其形成

我国实行社会主义土地公有制,即全民所有制和劳动群众集体所有制。

我国土地的全民所有制,具体采取的是社会主义国家所有制形式,简称土地国有制。

(一)中国城市(市区)土地国有制的建立

我国城市(市区)土地所有制经历了私有化到国有有偿化转变,再到无偿国有化两个阶段,最终确立了城市(市区)土地国有制。现行《宪法》第十条第一款直截、简洁而又明确地规定:"城市的土地属于国家所有"。

1. 第一阶段 城市土地私有化向国有有偿化转变(1949—1982年)

中华人民共和国成立后,于1954年制定了第一部宪法,其第十一条规定:"国家保护公民的合法收入、储蓄、房屋和各种生活资料的所有权。"因此,对于城市的私有土地,无论是作为生产资料还是作为生活资料,都受到1954年《宪法》的承认和保护。由此可见,1954年《宪法》仍然承认和保护城市的私有土地,该《宪法》有限地维持城市中资本家的生产资料所有权,包括对土地和厂房的所有权;城市居民的房地产作为生活资料,则受到宪法的明确保护,并可以继承、买卖。实际上,1954年《宪法》的第五条规定:"中华人民共和国的生产资料所有制现在主要有下列各种:国家所有制,即全民所有制;合作社所有制,即劳动群众集体所有制;个体劳动者所有制;资本家所有制。"总之,在20世纪50年代中期之前,当时中国的土地制度改革只限于农村地区,而城市土地制度的状况则仍维持了城市土地国有和私人所有并存的多元复合结构。

在1954年《宪法》颁布之后不久,中国逐渐开始了对部分城市私有土地事实上的国有化。在1955年12月16日中央书记处第二办公室提出并由中共中央于1956年1月18日批转的《关于目前城市私有房产基本情况及进行社会主义改造的意见》(下称《意见》)中,提出了"对私有房产的社会主义改造"政策。改造的"总的要求是加强国家控制,首先使私有房产出租完全服从国家的政策,进而逐步改变其所有制"。改造的具体方式有两种:①国家经租。②公私合营。此外,从国务院批转国家房产管理局《关于私有出租房屋社会主义改造问题的报告》中可知,截至1963年底,"全国各城市和三分之一的镇进行了私房改造工作。纳入改造的私房共约有1亿平方米。"不过,尽管经历了城市私有房产改造,但在事实上城市至少还存在着相当一部分非国有土地,尤其是私人自住(或有少量出租)的私有房地产,作为生活资料仍保留其私人所有权,没有触动①。《意见》还明确提出,要将"一切私人占有的城市空地、街基等地产,经过适当的办法,一律收归国有"。这是最早提出将城市私人土地国有化的

---

① 郑振源.私房土地使用权的历史沿革[N].中国经济时报,2003-06-04(5).

文件。

1967年11月4日发布的《国家房管局、财政部税务总局答复关于城镇土地国有化请示提纲的记录》主张一次性将城镇土地全部收归国有。在这份文件中,将"一切私人占有的城市空地,街基等地产,经过适当的办法一律收归国有"的要求,扩大解释为"其中街基等地产应包括在城镇上建有房屋的私有宅基地";同时强调"无论什么空地(包括旗地),无论什么人的土地(包括剥削者、劳动人民)都要收归国有";"公社社员在镇上的空闲出租土地,应该收归国有"。据此,城镇私有宅基地也被纳入了国有化的范围之中[①]。1982年3月27日,国家城市建设总局发布的《关于城市(镇)房地产产权、产籍管理暂行规定》(〔1982〕城发房字77号)的文件中仍然表示:"根据宪法规定精神,我国城市房屋存在着几种不同的所有制。应加强房屋和土地产权产籍管理";并指出"凡在城镇范围内的房地产,不论属于国家集体或个人所有,均需到当地房管机关办理产权登记,领取房地产所有证";对于"城市土地,城市房地产管理机关,要依照法律的规定,确认产权,区别各种不同的土地所有权及使用权状况"。至此,我国城市土地的国有化迈出了坚实的一步。

2. 第二阶段 城市土地无偿国有化(1982年至今)

1982年12月4日,第五届全国人大第五次会议通过了新的《中华人民共和国宪法》。其第十条第一款简洁而又明确、决然地增加了之前所有宪法及正式的立法所没有规定的:"城市的土地属于国家所有。农村和城市郊区的土地,除由法律规定属于国家所有的以外,属于集体所有;宅基地和自留地、自留山,也属于集体所有。国家为了公共利益的需要,可以依照法律规定对土地实行征用。任何组织或者个人不得侵占、买卖、出租或者以其他形式非法转让土地。一切使用土地的组织和个人必须合理地利用土地。"不仅明确了原来的国有土地的权属,而且把城市中残存的非国有土地通过立法也宣布为国有土地。

在1982年《宪法》颁布后不久,随着经济改革的深入,改革城市土地制度的现实需求就立即凸显出来,进而1988年4月12日,全国人大七届一次会议通过的宪法修正案,将宪法第十条第四款"任何组织或者个人不得侵占、买卖、出租或者以其他形式非法转让土地。"修改为:"任何组织或个人不得侵占、买卖或者以其他形式非法转让土地,土地的使用权可以依照法律的规定转让。"这标志着国家从法律上明确了城市土地使用权可以在法律规定范围内流转,并且延续至今。

(二)农村和城市郊区的土地制度演进

中华人民共和国成立后,通过土地改革、立法以及接管、没收等形式,逐步确立了农村和城市郊区的土地制度。

中华人民共和国成立以后,根据当时起到临时宪法作用的《中国人民政治协商会议共同纲领》以及《中华人民共和国土地改革法》(简称《土地改革法》)的有关规定,没收地主的土地、耕畜、农具、多余的粮食以及多余的房屋;征收祠堂、庙宇、寺院、学校和团体在农村中的土地以及其他公地;大森林、大水利工程、大荒地、大荒山、大盐田和矿山以及湖、沼、河、港

[①] 杨俊峰.我国城市土地国有制的演进与由来[J].甘肃行政学院学报,2011(1):100—107,120.

等,均归国家所有,由人民政府进行经营管理。

城市郊区的土地关系带有封建性,情况较为复杂。许多土地同城市工商业相关联,具有非农化的特殊用途;土地和农产品商品化程度较高;地主兼营工商业和工商业者兼地主的情况同时存在;城市中一些劳动者在郊区也有少量土地出租,等等。为适应城市建设与工商业发展的需要及城市郊区农业生产的特殊情况,1950年10月,政务院颁布《城市郊区土地改革条例》,对没收、征收及分配办法作了具体规定。例如,第四条规定:"祠堂、庙宇、寺院、教堂、学校和团体在城市郊区的农业土地和荒地,照土地改革法第三条规定予以征收。"第五条规定:"工商业家在城市郊区的农业土地和荒地及原由农民居住的房屋,照土地改革法第四条规定予以征收。但其在郊区的其他财产和合法经营,如私人住宅、厂房、仓库以及在农村中有利于生产的投资等,应加保护,不得侵犯。"第六条规定:"革命军人、烈士家属、工人、职员、自由职业者、小贩以及因从事其他职业或因缺乏劳动力而在城市郊区出租的小量农业土地,照土地改革法第五条规定处理。"鉴于城市工业和其他事业的发展需要占用郊区大量土地,而土地归农民私有势必发生征地困难,《城市郊区土地改革条例》第九条还规定:"城市郊区所有没收和征收得来的农业土地,一律归国家所有,由市人民政府管理,连同国家在郊区所有的其他可分的农业土地,交由乡农民协会按照土地改革法第十一条及十二条规定的原则,统一地、公平合理地分配给无地少地的农民耕种使用。"也就是说,城市郊区农民对分得的国有土地只有使用权。国家为市政建设及其他需要收回由农民耕种的国有土地、征用私人所有的农业土地时,应予以补偿或给以适当代价。根据《城市郊区土地改革条例》,从1950年下半年到1951年上半年,全国各地陆续完成了城市郊区的土地改革。

此后,在1954年《宪法》中规定:"矿藏、水流,由法律规定为国有的森林、荒地和其他资源,都属全民所有。"1982年《宪法》中同样规定:"矿藏、水流、森林、山岭、草原、荒地、滩涂等自然资源,都属于国家所有,即全民所有;由法律规定属于集体所有的森林和山岭、草原、荒地、滩涂除外。……城市的土地属于国家所有。农村和城市郊区的土地,除由法律规定属于国家所有的以外,属于集体所有;宅基地和自留地、自留山,也属于集体所有。"我国的土地全民所有制以法律的形式固定下来,并一直沿用至今。在最新的《中华人民共和国宪法(2018修正)》中第十条强调:"城市的土地属于国家所有。农村和城市郊区的土地,除由法律规定属于国家所有的以外,属于集体所有;宅基地和自留地、自留山,也属于集体所有。国家为了公共利益的需要,可以依照法律规定对土地实行征收或者征用并给予补偿。任何组织或者个人不得侵占、买卖或者以其他形式非法转让土地。土地的使用权可以依照法律的规定转让。一切使用土地的组织和个人必须合理地利用土地。"

在土地管理法方面,对农村和城市郊区的土地同样有明确规定,例如1986年版《中华人民共和国土地管理法》第六条规定:"城市市区的土地属于全民所有即国家所有。农村和城市郊区的土地,除法律规定属于国家所有的以外,属于集体所有;宅基地和自留地、自留山,属于集体所有。"在1998年修订的土地管理法中,上述规定变为第八条,同时表述为:"城市市区的土地属于国家所有。农村和城市郊区的土地,除由法律规定属于国家所有的以外,属于农民集体所有;宅基地和自留地、自留山,属于农民集体所有。"此后上述规定沿用至今。

此外，2007年颁布的《中华人民共和国物权法》，对农村和城市郊区土地也有详细规定，例如其第四十七条规定："城市的土地，属于国家所有。法律规定属于国家所有的农村和城市郊区的土地，属于国家所有。"同样，在2020年5月28日表决通过的《中华人民共和国民法典》，第二百四十九条中也沿用了上述规定。

（三）中国农村土地集体所有制的建立

1. 中国农村土地集体所有制的发展历程

（1）第一阶段，农民土地所有制形成时期（1949—1954年）。农民土地所有制是土地归劳动农民家庭所有的土地私有制。1949年以来的土地制度发展史表明，现阶段实行的土地劳动群众集体所有制，是在农民土地所有制的基础上形成的。

中华人民共和国成立前，全国还有三分之二的土地存在着封建土地制度，大约有2.9亿农业人口在新解放区和待解放区，封建土地所有制严重束缚了当时生产力的发展。1949年9月29日，中国人民政治协商会议第一届全体会议通过《中国人民政治协商会议共同纲领》（简称《共同纲领》）。《共同纲领》第三条规定："有步骤地将封建、半封建的土地所有制变为农民的土地所有制"。《共同纲领》第二十七条规定："土地改革为发展生产力和国家工业化的必要条件。凡已实行土地改革的地区，必须保护农民已得土地的所有权。凡尚未实行土地改革的地区，必须发动农民群众，建立农民团体，经过清除土匪恶霸、减租减息和土地分配等项步骤，实现耕者有其田。"

1950年颁布的《中华人民共和国土地改革法》，第一条明确规定："废除地主阶级封建剥削的土地所有制，实行农民的土地所有制，借以解放农村生产力，发展农业生产，为新中国的工业化开辟道路。"在党的领导下，到1953年，除部分少数民族地区外，我国大陆普遍实行了土地改革，全国三亿多农民无偿分得了土地和大批生产资料。土地改革完成后，农村中出现了部分农民依靠资金、农具、劳力等方面的优势，经济实力增长较快，少数人通过雇工、放高利贷等形式成为新富农，有一些农户因为缺乏劳动力、农具等出现生活和生产上的困难，甚至出现了典当、买卖土地的现象。这就导致了一些刚分到土地的农民面临重新丧失土地的危险。另一方面，由于生产力水平低下、分散的、个体的农业生产远远满足不了国家工业化的需要，为了发展生产、兴修水利、抵御自然灾害、采用农业新技术和农业机械，一些带有社会主义萌芽性质的集体劳动组织，在中国农村不失时机地出现了。

从中华人民共和国成立到1953年，全国土地改革基本完成，开始了互助合作社运动。合作社是在劳动者自愿互助的基础上联合起来共同经营的经济组织。最先开始的形式是农民自愿组成互助组，这实际上是一种劳动协作关系，并没有改变原有的土地私人所有权和家庭经营模式。随后，在互助组的基础上开始创办初级农业生产合作社，简称初级社。这是我国农民在农业合作化运动中建立的半私有制性质的农村集体经济组织，是我国农村经济由个体经济转变为社会主义集体经济的过渡形式。其特点是土地入股，牲畜、农具作价入社，由合作社实行统一经营；社员参加集体劳动，劳动产品在扣除农业税、生产费、公积金、公益金和管理费用之后，按照社员的劳动数量和质量及入社的土地等生产资料的多少进行分配。

1954年《宪法》中规定："国家依照法律保护农民的土地所有权和其他生产资料所有

权。"这一时期,通过开展土地改革运动,并以宪法的形式固定下来,实现了名义上的农民土地所有权,但实际上不能进行买卖。

(2) 第二阶段,农民土地所有制向集体所有制转变(1955—1979年)。到1955年夏季,农业生产合作社已经由1954年春季的10万个增加到65万个,加入合作社的农民由180万户增加到1 690万户。1955年10月通过的《关于农业合作化问题的决议》(简称《决议》)明确指出,我国的农业生产合作社,在现阶段一般是以土地入股和统一经营为特点的半社会主义性质的初级农业生产合作社。《决议》关于从半社会主义的初级社向社会主义的高级农业生产合作社转变也做了规定,要求在有条件的地方,重点试办高级社。此外,《决议》对农业合作化的发展做了全面规划,根据不同地区的条件,规定了合作化运动的发展速度。除了在边疆地区采取缓慢的政策以外,全国大多数地方在1958年以前,入社农户达到当地农户的70%—80%。这一新规划比之前的规划大大超前了。1956年6月30日,第一届全国人民代表大会第三次会议通过,同日,毛泽东以国家主席的名义公布的《高级农业生产合作社示范章程》,规定高级农业社实行主要生产资料完全集体所有制,社员的土地必须转为合作社集体所有,取消土地报酬,耕畜和大型农具作价入社。

这时,我国的农业合作化运动处于急剧发展的浪潮之中,一大批刚成立的初级社还立足不稳,社员入股的土地报酬、生产资料折价偿付的许多问题尚未解决,又迅速投入新一轮升级并社的浪潮之中。许多成立不久的互助组、初级社直接转为高级社,远远超过了中央原先规定的"重点试办"要求,只用了一年,就基本完成了高级形式的合作化,显然,我国在农业合作化的这个阶段,进展过快导致了很多问题的出现。但是,农业合作化的完成,实现了中国的土地公有,在广大农村建立起劳动群众的社会主义集体所有制经济,标志着我国完成了对个体农业的社会主义改造,进入了建设社会主义农村的历史时期。农业合作化后,我国农业的发展就有条件对土地的利用进行合理规划,并进行大规模的水利灌溉以及农田基本建设,从而使我国的农业生产条件大为改善。

1958年5月,中共八届二中全会,通过了"鼓足干劲、力争上游、多快好省地建设社会主义"的总路线。1958年8月中央通过了《关于在农村建立人民公社问题的决议》,提出了将农民个人所有和经营的土地改造为以人民公社、生产队为基础的集体所有和经营,此后全国各地掀起了合作并社的高潮,在全国范围内基本实现了以"一大二公""政社合一"为特征的公社化。1958年底,全国74万多个农业生产合作社改组为2.6万多个人民公社,全国农村基本实现了人民公社化。由于公社化后期已经出现了过急过猛的问题,所以人民公社化运动也出现了急于向共产主义过渡的倾向。1958—1960年,我国又开展了极左路线的"大跃进"运动,违背客观生产规律、打乱生产秩序,使国民经济遭受严重挫折。1958年底后,党中央开始逐步纠正人民公社化运动中的错误。1961年,毛泽东主持制定了《农村人民公社工作条例(草案)》,确定了"三级所有、队为基础"的土地权属关系,农村土地仍然为集体所有,土地的集体所有制得到巩固。

人民公社制度一直持续到1979年,1979年党的十一届四中全会通过了《中共中央关于加快发展农业若干问题的决定》,要求人民公社、生产大队和生产队的所有权和自主权应受到国家法律的保护,人民公社继续稳定实施三级所有、队为基础制度,集中力量发展农村生产力。这样,经过农业生产互助组、初级农业生产合作社、高级农业生产合作社和人民公社几个阶段,农民个人的私有土地逐步转变为集体所有,统一经营、按劳分配。农民的土地所有制被废除,取而代之的是土地的集体所有制。

(3) 第三阶段,确立并完善集体所有、家庭承包经营(1979—2017年)。1978年,安徽省凤阳县小岗村农民签下"生死状",将村内土地分开承包,开创了家庭联产承包责任制的先河。1980年5月,邓小平在一次公开谈话中肯定了小岗村"大包干"①的做法。1980年9月,中共中央批准印发了《关于进一步加强和完善农业生产责任制的几个问题的通知》,文件指出:"在那些边远山区和贫穷落后地区,长期'吃粮靠返销、生产靠贷款、生活靠救济'的生产队,群众对集体丧失信心,因而要求包产到户的,应当支持群众的要求,可以包产到户,也可以包干到户,并在一个较长的时间保持稳定。"从此,"包产到户""包干到户"得到广泛推广。

对于各地掀起的家庭联产承包责任制高潮,中央在政策上给予了支持。1981年党的十一届六中全会充分肯定了联产计酬责任制。1982—1986年,连续五个中央一号文件,都强调要稳定和完善家庭联产承包责任制。1982年1月1日,中国共产党历史上第一个关于农村工作的一号文件《全国农村工作会议纪要》,明确指出包产到户、包干到户都是社会主义集体经济的生产责任制。1984年中央一号文件还明确规定土地承包期一般应在15年以上。到1986年初,全国99.6%的农户实行大包干,家庭联产承包责任制在我国农村全面确立。家庭联产承包责任制的确立,彻底打破了以生产队及生产大队为单位的"大锅饭"制度。

此外,中央多次强调要进一步稳定土地承包关系。1991年党的十三届八中全会提出,把以家庭联产承包为主的责任制、统分结合的双层经营体制,作为我国乡村集体经济组织的一项基本制度长期稳定下来。1993年《中共中央、国务院关于当前农业和农村经济发展的若干政策措施》进一步明确,在原定的耕地承包期到期之后,再延长30年不变。1997年,中共中央办公厅、国务院办公厅《关于进一步稳定和完善农村土地承包关系的通知》(中办发〔1997〕16号)指出,在第一轮土地承包到期后,土地承包期再延长30年,指的是家庭土地承包经营的期限。1998年,党的十五届三中全会决定指出,长期坚持以家庭承包经营为基础、统分结合的经营制度。2008年,党的十七届三中全会通过了《中共中央关于推进农村改革发展若干重大问题的决定》,强调现有土地承包关系要保持稳定并长久不变。

(4) 第四阶段,全面深化农村土地集体所有制(2017年至今)。党的十八大以来,以习近平同志为核心的党中央做出了"四个全面"战略布局,将全面深化改革摆上突出位置,对深化农村土地集体所有制度改革做出了一系列重大决策部署。

第一,建立农村土地"三权分置"制度。在实行家庭承包经营后,农民集体拥有土地所有权,农户家庭拥有土地承包经营权,实现了所有权和承包经营权"两权分离"。随着工业化、城镇化不断推进,大量农业人口转移到城镇,农村土地流转规模不断扩大,新型农业经营主

---

① 大包干,也叫包干到户。中国农村家庭联产承包责任制的主要形式。农户承包集体的基本生产资料(主要指土地),自主经营,包交国家和集体应得的各项费款,其余产品或收入归承包户所有。

体蓬勃发展，土地承包权主体同经营权主体分离的现象越来越普遍。实行"三权分置"，坚持集体所有权，稳定农户承包权，放活土地经营权，实现了农民集体、承包农户、新型农业经营主体对土地权利的共享，为促进农村资源要素合理配置、引导土地经营权流转、发展多种形式适度规模经营奠定了制度基础，使我国农村基本经营制度焕发出新的生机和活力。

第二，开展农村土地承包经营权确权登记颁证。长期以来，一些地方存在承包地块面积不准、四至不清、空间位置不明、登记簿不健全等问题，导致农民土地权益依法保障程度低。为把农户承包地搞准、搞清、搞实，党的十八大以后，中央对确权登记颁证工作做出了一系列决策部署。截至2018年6月底，31个省均开展了承包地确权工作，确权面积13.9亿亩，超过二轮家庭承包地（账面）面积；已有17个省（区、市）向党中央、国务院提交农村土地承包经营权确权报告，其余省（区、市）也已进入确权收尾阶段。

第三，发展多种形式适度规模经营。2013年，党的十八届三中全会提出，赋予农民对承包地占有、使用、收益、流转及承包经营权抵押、担保权能，允许农民以承包经营权入股发展农业产业化经营。2014年，中共中央办公厅、国务院办公厅印发《关于引导土地经营权有序流转发展农业适度规模经营的意见》（中办发〔2014〕61号），要求积极培育新型农业经营主体，发展多种形式的适度规模经营；并强调要合理确定土地经营规模，现阶段对土地经营规模相当于当地户均承包地面积10至15倍、务农收入相当于当地二、三产业务工收入的，应当给予重点扶持。2017年，中共中央办公厅、国务院办公厅印发《关于加快构建政策体系培育新型农业经营主体的意见》指出，要发挥政策对新型农业经营主体发展的引导作用。截至2018年底，各类新型农业经营主体超过300万家，新型职业农民达到1 400万人，多种形式适度规模经营占比达到40%。

第四，明确第二轮土地承包到期后再延长三十年。习近平总书记在党的十九大上宣布，第二轮土地承包到期后再延长三十年。从实行第一轮土地承包算起，我国农村土地承包关系将稳定75年，这意味着今后土地集体所有、家庭承包经营的农村基本经营制度不会改变，集体经济组织成员依法承包集体土地的基本权利不会改变，包括农户承包的土地（地块）总体上稳定不变。无论是拥有承包地的农户还是流入承包地的新型经营主体，都有了稳定的预期，有利于促进多种形式的适度规模经营和农村生产力发展，保持农村社会稳定。

第五，统筹推进农村土地征收、集体经营性建设用地入市、宅基地制度改革。党的十八届三中全会提出，建立城乡统一的建设用地市场，在符合规划和用途管制前提下，允许农村集体经营性建设用地出让、租赁、入股，实行与国有土地同等入市、同权同价；缩小征地范围，规范征地程序，完善对被征地农民合理、规范、多元保障机制；保障农户宅基地用益物权，改革完善农村宅基地制度。2014年，中共中央办公厅、国务院办公厅印发了《关于农村土地征收、集体经营性建设用地入市、宅基地制度改革试点工作的意见》，经全国人大常委会授权，2015年，在全国33个县（市、区）开展试点；2017年，将试点延期1年。自然资源部的统计显示，截至2018年12月，全国集体经营性建设用地入市的地块达到1万多宗，面积规模达到9万多亩，总计得到257亿元价款，为国家增收了28.6亿元调节金；集体经营性建设用地抵押贷款228宗，贷款金额达38.6亿元。从集体经营性建设用地入市后的土地用途来看，主要作为工商企业生产性用地和生活性服务业用地。从试点情况看,农村集体经营性建设用地入市改革已形成相对成熟的规则体系,农村宅基地制度改革在健全宅基地权益保障方式、完善宅基地审批制度、探索宅基地有偿使用和自愿有偿退出机制等方面进行了有益探索,农村土地征收制度改革在完善被征地农民多元保障机制等方面取得积极进展。

第六,建立健全农村土地产权流转交易制度。2014年11月,原农业部、中央农办、原国家林业局印发《积极发展农民股份合作赋予农民对集体资产股份权能改革试点方案》,要求试点地区在保障集体经济组织成员权利、积极发展农民股份合作、赋予集体资产股份权能等三方面进行积极探索。2015年5月,经国务院同意,确定在全国29个县(市、区)开展试点。这项改革试点的核心是赋予农民对集体资产股份占有、收益、有偿退出及抵押、担保、继承权等六项权能。到2017年12月底,全部试点工作已经如期完成,达到了预期的试点效果,形成了一批可复制、可推广的改革经验。随着农村土地使用权特别是承包土地经营权流转日益增多,土地产权流转交易市场逐步发展。截至2018年底,已有21个省(区、市)出台农村产权流转交易市场建设的指导性文件,全国共有1 239个县(市、区)、18 731个乡镇建立农村土地经营权流转服务中心。

2. 中国农村土地集体所有制的法律规定

土地所有制是指在一定的社会经济制度下拥有土地的经济形式。它是整个土地制度的核心,是土地关系的基础。土地所有权是土地所有制在法律上的表现,指的是土地所有者拥有的、得到国家法律保护的排他性专有权利。

中华人民共和国实行社会主义土地公有制,即全民所有制和劳动群众集体所有制。农村和城市郊区的土地,除法律规定属于国家所有以外,属于农民集体所有;宅基地、自留山,属于农民集体所有。矿藏、水流、森林、山岭、草原、荒地、滩涂等自然资源,都属于国家所有,即全民所有;由法律规定属于集体所有的森林和山岭、草原、荒地、滩涂除外。①

3. 中国农村土地集体所有权的分类

土地所有权是指土地所有者在法律规定范围内,对其拥有的土地享有的占有、使用、收益和处分的权利,是在一定社会形态下土地所有制的法律表现。中华人民共和国成立后,废除了土地私有制,经过社会主义改造和农业合作化,建立了两种所有制并存的社会主义土地公有制,并在法律上确认下来,形成了土地国家所有权和土地集体所有权。土地所有权受国家法律保护,任何单位和个人不得侵犯。

在《中华人民共和国宪法》《中华人民共和国民法典》《中华人民共和国土地管理法》等法律中,对土地的所有权作了明确规定。《土地管理法》第九条规定:"城市市区的土地属于国家所有。农村和城市郊区的土地,除由法律规定属于国家所有的以外,属于农民集体所有;宅基地和自留地、自留山,属于农民集体所有。"土地集体所有权是由各个独立的集体组织享有的对其所有的土地的独占性支配权利。

中国目前农村土地集体所有权包括以下三类:农民土地集体所有权,村内两个以上农村

---

① 2018年修正的《中华人民共和国宪法》第九条第一款。

集体经济组织的土地所有权,乡(镇)农民土地集体所有权。

根据《中华人民共和国民法典》和《中华人民共和国土地管理法》的规定,农民集体所有的土地依法属于村农民集体所有的,由村集体经济组织或者村民委员会经营、管理;已经分别属于村内两个以上农村集体经济组织的农民集体所有的,由村内各该农村集体经济组织或者村民小组经营、管理;已经属于乡(镇)农民集体所有的,由乡(镇)农村集体经济组织经营、管理。

二、中国农村集体土地征收制度

(一) 土地征收的概念

土地征收是现代各个法治国家普遍设立的一项法律制度。它通常是指"国家根据公共利益的需求,遵照法律明确规定的程序,强制取得其他民事主体的土地并给予相应补偿的一种行政行为"①。在我国,土地征收制度主要规定在《中华人民共和国宪法》和《中华人民共和国土地管理法》等一系列法律法规当中。但在很长的一段时间里,国内的立法和理论层面均混淆了"土地征收"和"土地征用"这两个概念,将政府对集体土地的征收行为错误地规定为土地征用。直到2004年《宪法修正案》将《宪法》第十条第三款"国家为了公共利益的需要,可以依照法律规定对土地实行征用",修改为"国家为了公共利益的需要,可以依照法律规定对土地实行征收或者征用并给予补偿"。土地征收真正地得以明确,使其与土地征用严格区分。随后,《土地管理法》也修订有关征收的概念。

在我国,土地征收是国家为了实现公共利益的需要,依照法定程序强制取得土地所有权并给予公平补偿的一种行为。对于土地所有权人而言,土地征收系权利人对国家特别牺牲。

(二) 土地征收的条件及范围

为了防止征收权的滥用,保障私有财产权,多数国家和地区对土地征收制度十分重视,设计了相当缜密的具体规则。

我国现行法律法规也规定了土地征收的条件和范围等规则。《宪法》《民法典》等一致规定了征收的公益目的要件,《土地管理法》亦不例外,其第二条第四款规定:"国家为了公共利益的需要,可以依法对土地实行征收或者征用并给予补偿。"

此外,《土地管理法》第四十五条列举了可以征收集体土地情形。为了公共利益的需要,有下列情形之一,确需征收农民集体所有的土地的,可以依法实施征收:①军事和外交需要用地的;②由政府组织实施的能源、交通、水利、通信、邮政等基础设施建设需要用地的;③由政府组织实施的科技、教育、文化、卫生、体育、生态环境和资源保护、防灾减灾、文物保护、社区综合服务、社会福利、市政公用、优抚安置、英烈保护等公共事业需要用地的;④由政府组织实施的扶贫搬迁、保障性安居工程建设需要用地的;⑤在土地利用总体规划确定的城镇建设用地范围内,经省级以上人民政府批准由县级以上地方人民政府组织实施的成片开发建设需要用地的;⑥法律规定为公共利益需要可以征收农民集体所有的土地的其他情形。前款规定的

---

① 李鹏,柴方胜.土地征收补偿基本理论探析[J].中共贵州省委党校学报,2009(6):80—82.

建设活动,应当符合国民经济和社会发展规划、土地利用总体规划、城乡规划和专项规划;第④项、第⑤项规定的建设活动,还应当纳入国民经济和社会发展年度计划;第⑤项规定的成片开发并应当符合国务院自然资源主管部门规定的标准。

第二节 土地国家所有权

一、土地国家所有权的概念与特征

(一) 土地国家所有权的概念

关于土地国家所有权,《中华人民共和国民法典》第二百四十六条规定:"法律规定属于国家所有的财产,属于国家所有即全民所有。国有财产由国务院代表国家行使所有权。法律另有规定的,依照其规定。"此外,第二百四十条规定:"所有权人对自己的不动产或者动产,依法享有占有、使用、收益和处分的权利。"第二百四十二条规定:"法律规定专属于国家所有的不动产和动产,任何组织或者个人不能取得所有权"。基于此,土地国家所有权,是指国家作为土地所有者在法律规定的范围内对全民所有的土地享有占有、使用、收益和处分的权利。

(二) 土地国家所有权的特征

1. 所有权主体的唯一性和统一性

唯一性是指土地国家所有权只能由代表全体人民共同意志和根本利益的中华人民共和国享有。统一性是指土地国家所有权只能由国家统一行使,非经国家授权,任何社会组织或个人均不得占有、使用、收益和处分国有土地①。1982年《宪法》首次以法律形式确定国家作为所有权主体享有土地国家所有权,该法第十条规定:"城市的土地属于国家所有。农村和城市郊区的土地,除由法律规定属于国家所有的以外,属于集体所有"。1998年修订的《土地管理法》的第二条第二款规定:"全民所有,即国家所有土地的所有权由国务院代表国家行使。"这是我国首次从法律上明确国务院作为土地国家所有权的主体代表身份。

2. 所有权客体的广泛性

土地国家所有权的客体是法律规定属于国家所有的土地,具有广泛性,《中华人民共和国宪法》第十条规定:"城市的土地属于国家所有。农村和城市郊区的土地,除由法律规定属于国家所有的以外,属于集体所有;宅基地和自留地、自留山,也属于集体所有。"《中华人民共和国民法典》第二百四十九条规定:"城市的土地,属于国家所有。法律规定属于国家所有的农村和城市郊区的土地,属于国家所有。"《民法典》第二百五十条规定:"森林、山岭、草原、荒地、滩涂等自然资源,属于国家所有,但是法律规定属于集体所有的除外。"2019年修正的《土地管理法》第九条规定:"城市市区的土地属于国家所有。农村和城市郊区的土地,除由

---

① 董藩,郑润梅. 土地法学[M]. 北京:北京师范大学出版社,2011:52.

法律规定属于国家所有的以外,属于农民集体所有;宅基地和自留地、自留山,属于农民集体所有。"仅就词义而言,宪法及民法典中所提的"城市"与土地管理法中的"城市市区"的含义是有差别的,但是考虑到法律的传承性以及在词义上城市郊区与城市市区是相对的,而三部法律都对城市郊区土地作了单独规定,就立法者的本意而言,《宪法》和《民法典》中"城市的土地"与《土地管理法》中"城市市区的土地"含义是一致的,都是指城市市区的土地。根据上述立法规定,我国土地国家所有权的客体包括两个部分:一是城市市区的土地,这是土地国家所有权的主要客体;二是城市市区以外的农村和城市郊区,依法明确为国家所有的土地。

针对城市市区范围以外的土地国家所有权客体,原国家土地管理局《确定土地所有权和使用权的若干规定》(2010修正)在第二章梳理了"法律规定属于国家所有的农村和城市郊区的土地"的具体情形。《中华人民共和国土地管理法实施条例》(2014修正)第二条通过列举的方式对土地国家所有权作了进一步规定,除城市市区的土地以外,农村和城市郊区中已经依法没收、征收、征购为国有的土地;国家依法征收的土地;依法不属于集体所有的林地、草地、荒地、滩涂及其他土地;农村集体经济组织全部成员转为城镇居民的,原属于其成员集体所有的土地,特别指出,这类情况是指农村集体经济组织土地被依法征收后,其成员随土地征收已经全部转为城镇居民,该农村集体经济组织剩余的少量集体土地可以依法征收为国家所有[①];因国家组织移民、自然灾害等原因,农民成建制地集体迁移后不再使用的原属于迁移农民集体所有的土地均属于国有土地。因此,城市市区外的国有土地和集体土地的界线是较为清晰的。

3. 所有权转移中的单向流入性

土地所有权转移中的单向流入性是指在土地所有权转移过程中,只存在土地集体所有权转变为土地国家所有权的情形,反之则不可,因土地国家所有权不得以任何方式交易流转,故不存在土地国家所有权转变为土地集体所有权的情形。由于我国法律禁止土地所有权的买卖,因而土地集体所有权除了被国家征收以外,几乎没有发生转移的可能性。

二、土地国家所有权的性质与内容

(一) 土地国家所有权的性质

对于土地国家所有权是不是民法领域的所有权概念,性质是公权还是私权,学界一直存在着争论。有学者主张私权说,认为土地国家所有权是物权中所有权的一种类型,属私权范围,是国家享有的一种财产权,依法享有占有、使用、收益和处分的权利[②]。有学者主张公权说,认为国家享有以及行使的土地所有权,无论从形式还是内容上,都更多地表现为公权性质而非私权性质,其理由是,我国民法通则并没有将国家列为民事主体,民法通则规定的民事主体只有两种,即自然人和法人。我国目前的土地国家所有权只能是一种国家主权的体

[①] 《国务院法制办公室、国土资源部关于对〈中华人民共和国土地管理法实施条例〉第二条第(五)项的解释意见》(国法函〔2005〕36号)。
[②] 黄军.国家所有权的行使原则[J].中南民族大学学报(人文社会科学版),2007(2):86—90.

现,更多地表现为国家的一种行政权力,是公法上的权利,而不是私法权利①②。也有学者采取兼有私权与公权的双重性说,认为土地国家所有权是依附于民事主体的一种特殊民事权利,与其他财产权主体不同,国家在公法与私法关系中具有特殊的法律地位,作为土地国家所有权系指公法意义上的国家代表人民对土地这种社会财富所享有的所有权。但是这并不意味着国家的公法主体须与私法上的主体身份彻底分离,国家所有权带有行政性或公法性的特点③。

从行使国家主权的角度,国家为了公共利益的需要,可以依照法律规定对土地实行征收或征用。政府实际处于土地国家所有者的代表与公有土地管理者的双重地位。在我国,国家既是公法上的主体,享有政治权利等公权;又是私法上的主体,享有财产权利等民事权利。国家究竟是作为民事主体享有土地所有权,还是作为一个独立于社会的公共权利主体而享有所有权,法律并没有明确规定。

(二) 土地国家所有权的内容

所有权的内容就是指所有权的权能,根据《中华人民共和国民法典》第二百四十条规定:"所有权人对自己的不动产或者动产,依法享有占有、使用、收益和处分的权利。"相应的,土地国家所有权包含以下四种权能:

1. 土地国家所有权的占有权能

占有权能,是指所有占有人对其所有物进行控制和管领的事实。关于占有是否应当列为所有权的一项权能,学说上历来存在着争论。一方面,尽管占有可能是一种事实状态,但也可能是一种法定权利。占有人所享有的占有权,不过是从所有权中分离出来的权能。一般情况下,占有权并不是独立于所有权之外的法定权利。另一方面,尽管占有权作为所有权的一项权能,在大多数情况下与所有权是重合的,所有权只有从占有开始,才能由客观权利变为主观权利,而且只有当占有权回复到所有人手中,所有权才最终恢复其圆满状态。

土地国家所有权的占有权能作为一项由土地国家所有权分离出来的权能,其权利便不能超出它本身的范围,即占有权能不能包括使用、收益和处分权,而仅仅为对国有土地实行控制的权利。

2. 土地国家所有权的使用权能

使用权能,指依所有物的性能或用途,在不毁损所有物本体或变更其性质的情形下对物加以利用,以满足生产和生活需要的权能④。在任何社会经济形态中,人们占有生产资料和劳动产品都不是目的,占有的目的是获取物的使用价值或增值价值。所以,不论是所有人还是非所有人,他们占有财产,最终都是为了对财产有效地利用或从中获得经济上的利益⑤。

---

① 赵勇山.房地产法论[M].北京:法律出版社.2002:86—87.
② 陈旭琴.论国家所有权的法律性质[J].浙江大学学报(人文社会科学版),2001(2):93—99.
③ 郭洁.土地资源保护与民事立法研究[M].北京:法律出版社,2002:197.
④ 梁慧星,陈华彬. 物权法(第6版)[M].北京:法律出版社,2016:119.
⑤ 谢在全.民法物权论[M].北京:中国政法大学出版社,1999.

这种利用财产的权利，就是使用权。现代民法中物权制度出现"重所有向重使用"的转化表明使用权的地位逐渐突出。在各种物权中，用益物权的重要权能就是使用权，权利人设立这种权利的目的就是要获得使用的权利。

实际上物的使用权在本质上是由物的使用价值所决定的。获取物的使用价值以满足所有人的需要，是所有人的意志和利益的体现，而所有人以外的其他人，负有不妨碍所有人获取其物的使用价值的义务。因此，使用权能够成为所有人的一项独立权能。所有人根据法律或合同的规定，可将使用权转让给非所有人行使。非所有人取得使用权，即使在已经对物进行事实上的使用的情况下，也必须依据法定的方式，而且非所有人的使用权是由所有权派生出来并依赖所有权的。非所有人行使使用权时，必须根据法律或合同的规定进行，一般要按照指定的用途使用。在法律上，国家往往是以土地使用权的形式，实现对国有土地的使用。由于土地所有权的使用权能关系到土地资源的有效利用，因此没有国家会规定只有土地所有人才能使用其土地。当代国家拥有土地所有权的意义，不在于满足国家对土地的使用需求，而在于调节社会对土地的使用需求，实现资源分配中的社会公平与效率。

3. 土地国家所有权的收益权能

收益权能，是指利用财产并获取一定的经济利益的权能。收益权是所有权的一项重要的权能。所有权人拥有某物，都是为了在物之上获取某种经济利益以满足自己的需要，只有当这种经济利益得到实现后，所有权才是现实的。应注意的是，收益权能虽为所有权的基本权能，但这并不意味着它不能与所有权相分离。事实上，在现代市场经济条件下，收益权能不仅可以完全与所有权分离，而且其分离的形式也呈现出多样、复杂的情形。

就目前的土地国家所有权收益权能而言，《土地管理法》第五十五条第二款规定："新增建设用地的土地有偿使用费，百分之三十上缴中央财政，百分之七十留给有关地方人民政府。具体使用管理办法由国务院财政部门会同有关部门制定，并报国务院批准。"该规定有以下两个问题值得关注：一是地方政府对存量建设用地的土地有偿使用费无须上缴中央，而归地方政府所有。在土地国家所有权制度下，这种土地利益分配模式难以体现土地国家所有。二是中央财政对分成的30%专项用于市、县基本农田建设和保护、土地整理、耕地开发等开支。因此，国有土地虽归国家所有，但中央财政却没有享有收益权能。基于此，应当理顺中央和地方在国有土地收益上的分配关系，调动中央和地方两方面的积极性。

4. 土地国家所有权的处分权能

处分权能，指依法对物进行处置，从而决定物的命运的权能。处分权决定了财产归属，它是所有权区别于他物权的一个重要特征，是所有权的核心权能。处分权通常由所有权人享有，但在法律上也可以受到限制，国家对国有土地的处分权就受到一定的限制，这种限制主要表现为我国的土地国家所有权既不允许转让，也不允许放弃，即国有土地永远属于国家所有，但在保留所有权的前提下，国家可将国有土地使用权以出让或者划拨的方式有偿或者无偿地将国有土地的占有、使用和收益权能让与公民、法人和其他非法人组织。

三、土地国家所有权的行使与保护

(一) 土地国家所有权的行使

1982年《宪法》首次以法律形式确定国家作为所有权主体享有土地国家所有权，其第十条规定："城市的土地属于国家所有。农村和城市郊区的土地，除由法律规定属于国家所有的以外，属于集体所有。"1998年修正的《土地管理法》首次对土地国家所有权由国务院代表国家行使作了明确的规定，修正后的第二条增加了第二款："全民所有，即国家所有土地的所有权由国务院代表国家行使。"《民法典》第二百四十六条也作了同样的规定："法律规定属于国家所有的财产，属于国家所有即全民所有。国有财产由国务院代表国家行使所有权。法律另有规定的，依照其规定。"

《土地管理法》第二条第二款的规定是权利单一代表的体现。《土地管理法》第五条规定："国务院自然资源主管部门统一负责全国土地的管理和监督工作。县级以上地方人民政府自然资源主管部门的设置及其职责，由省、自治区、直辖市人民政府根据国务院有关规定确定。"该规定明确了中央和地方自然资源主管部门的设置和职权。《城镇国有土地使用权出让和转让暂行条例（2020年修订版）》第九条、第十条及第十一条涉及国有土地授权规范："土地使用权的出让，由市、县人民政府负责"，"土地使用权出让的地块、用途、年限和其他条件，由市、县人民政府土地管理部门会同城市规划和建设管理部门、房产管理部门共同拟定方案，按照国务院规定的批准权限批准后，由土地管理部门实施"，"土地使用权出让合同应当按照平等、自愿、有偿的原则，由市、县人民政府土地管理部门与土地使用者签订"。这些都是分级行使权利的体现。

综合以上法律规定来看，中国的土地国家所有权的主体是国家，中央人民政府即国务院是法定行使土地国家所有权的唯一代表，但这并不妨碍权力行使方式的多样性和灵活性，地方政府经中央政府授权也能够行使土地国家所有权。因此，中国土地国家所有权采用的是"单一代表，分级行使"的制度。国务院在抽象层次上作为土地国家所有权的代表，主要是制定行政法规和发布命令，地方各级政府则根据国务院的授权具体行使土地所有权。因此，地方政府的行使权不是以所有权代表的资格为基础，而是以所有权代表即中央政府的授权为基础。

1. 国务院及各级人民政府的权利

(1) 国务院的权利。《土地管理法》规定，国家所有土地的所有权由国务院代表国家行使。国务院代表国家依法行使对国有土地的占有、使用、收益和处分的权利。在具体形式上，可以由国务院直接行使，也可以委托行使。在法律上明确国务院是国有土地所有权代表。因此，主要权利有：规定各类建设用地使用权的最高使用年限，包括划拨用地的无期限使用和国有出让土地的最高出让年限；审批直辖市、计划单列市、省会城市及国务院指定城市的国土空间规划；规定国有土地有偿使用的方式；制定具体的土地出让收入上缴和使用办法；审定自然资源部（原国土资源部）编制的全国土地利用年度计划；审查部分建设用地征收等。

(2) 省级政府的权利。省级政府实际行使的土地国家所有权的权利主要有：下达土地使用权用于房地产开发的建设用地控制指标；审定市、县政府拟订的年度出让土地使用权总面积方案；授权审批土地出让的具体程序和步骤；根据授权的出让土地审批权限，批准市县及以下单位报批的出让土地的用途、年限和其他条件等；审批除直辖市、计划单列市、省会城市及国务院指定城市的国土空间规划。

(3) 市、县级政府的权利。市、县级政府行使的土地国家所有权权利主要有：批准本级规划主管部门组织编制的城市控制性详细规划和修建性详细规划；申报省级政府规定权限的国有土地使用权出让地块的用途、年限和其他条件；批准划拨部分国有土地使用权；批准国有土地出让合同使用年限届满的续期；批准划拨土地使用权的出租、转让、抵押等。

2. 自然资源主管部门的权利

(1) 自然资源部的权利。2018年3月第十三届全国人民代表大会第一次会议审议国务院机构改革方案，组建自然资源部，不再保留国土资源部、国家海洋局、国家测绘地理信息局。自然资源部职责包含原国土资源部的职责，原国土资源部作为国务院自然资源主管部门，除行使国土资源行政管理权力外，还代表国务院具体行使土地国家所有权的权利。根据2018年9月发布的《自然资源部职能配置、内设机构和人员编制规定》第三条第（一）项规定："履行全民所有土地、矿产、森林、草原、湿地、水、海洋等自然资源资产所有者职责和所有国土空间用途管制职责。拟订自然资源和国土空间规划及测绘、极地、深海等法律法规草案，制定部门规章并监督检查执行情况。"

(2) 省级自然资源主管部门的权利。省级自然资源主管部门代为行使的土地国家所有权权利主要有：分解本省级获得的土地利用年度计划指标；负责将新增建设用地土地有偿使用费全额缴入省级国库；提出省级政府审批的建设用地的初审意见；审批省级政府批准改制企业的原划拨土地使用权的地价评估结果和土地使用权处置方案等。

(3) 市、县自然资源主管部门的权利。市、县级自然资源主管部门的土地国家所有权权利主要有：按市、县政府批准的土地位置、土地用途、使用年限和其他条件，具体实施国有土地使用权的出让或者划拨行为；具体实施出让土地公开竞价或者协议谈判；与竞争性确定或协议确定的国有土地使用者签订土地出让合同；代表市、县政府收缴土地出让金；负责核定划拨用地转变为出让土地后的出让期限和补缴出让金额；具体行使土地使用权的期满收回或者提前收回行为；行使未按照出让合同约定期限缴纳出让金的土地出让合同的单方解除权；具体实施土地租赁，签订书面租赁合同，收取土地租赁费；具体实施土地储备等。

在实践中，长期以来，由市、县人民政府及其土地行政主管部门（现为自然资源主管部门）直报上级人民政府审批以及向上级人民政府上缴部分土地收益。

综合分析可见，土地国家所有权权利分配主要是参照土地行政管理权力（现为自然资源管理权力）逐级分级配置的，体现了国务院、省和市、县事权的差异，权利配置从国务院到地方呈现出由宏观到微观、由"虚"到"实"的态势。基本体现了控制增量的权利和责任在中央、盘活存量的权利和利益在地方的精神。

（二）土地国家所有权的保护

土地国家所有权的保护，是指国家依法确定对土地国家所有权在范围、管理、利用、交易等方面的调节和控制措施。在市场经济条件下，一般综合运用法律、行政、经济和技术等手段来保护土地所有权。根据《土地管理法》的规定，在土地所有权的保护过程中，对侵犯土地国家所有权的行为，根据情节的不同，给予程度不同的处罚和惩戒。对土地国家所有权的依法保护主要表现在以下几方面：

（1）未经批准或者采用欺骗手段骗取批准而占用土地的，由县级以上人民政府土地行政主管部门责令其退还非法占用的土地，限期拆除或者没收在非法占用的土地上新建的建筑物，同时对非法占地单位或个人处以罚款。

（2）买卖或以其他非法手段转让国有土地的，由县级以上人民政府土地行政主管部门没收其非法所得，限期拆除和没收在该非法所得的土地上新建的建筑物和其他设施，并对当事人处以罚款。

（3）越权非法批准占用土地的，其批准占用土地的文件一律无效，已占用的土地，应按非法占用土地论处。

（4）依法回收国有土地使用权当事人拒不交出土地的，临时使用土地期满拒不归还的，或者不按照批准用途使用国有土地的，由县级以上人民政府土地行政主管部门责令其交还土地，并处以罚款。

（5）侵犯土地国家所有权的，由县级以上人民政府土地管理部门责令停止侵犯，并赔偿相应损失。

四、土地国家所有制及其完善

（一）土地所有制与土地所有权

《宪法》第六条规定："中华人民共和国的社会主义经济制度的基础是生产资料的社会主义公有制，即全民所有制和劳动群众集体所有制。"此外，根据《土地管理法》第二条规定，我国"实行土地的社会主义公有制，即全民所有制和劳动群众集体所有制"，因此在土地所有权方面，存在着国有土地的国家所有权（即"全民所有制"的体现）和农民集体所有土地的农民集体所有权（即"劳动群众集体所有制"的体现）这两种所有权。城市的土地以及法律规定的其他土地是全民所有制财产的重要组成部分，而全民所有制财产由代表全体人民意志的国家来掌握，故全民所有制也称为国家所有制，土地国家所有权是土地全民所有制在法律上的体现。

（二）土地国家所有权的完善

我国现行的《土地管理法》自1986年颁布以来，历经1988年第一次修正，1998年修订和2004年第二次修正的版本，2018年底进行了第三次修正，2019年8月26日正式发布新的《土地管理法》并于2020年1月1日起实施。历次的《土地管理法》修正、修订在维护土地社会主义公有制，保护和合理开发土地资源，完善土地国家所有权等方面发挥了重要作用。

1. 国有土地使用权的完善

1988年，《土地管理法》的第一次修正，推动了我国土地使用制度改革。20世纪80年代末,我国国有土地使用制度改革步伐加快,深圳、上海等地在国有土地有偿使用制度方面迈出了重要一步,全国各地也相继仿效。土地有偿使用已成为我国土地使用制度改革中不可回避的核心问题。适应这一要求,1988年4月,第七届全国人大第一次会议通过了《中华人民共和国宪法修正案(1988年)》,根据该修正案,删去了宪法第十条第四款中"不得出租土地"的规定,同时在该条款中增加了"土地的使用权可以依照法律的规定转让"的规定。同年12月29日,七届全国人大常委会根据该宪法修正案通过了《关于修改〈中华人民共和国土地管理法〉的决定》,删除了《土地管理法》中"禁止出租土地"的内容,并增加了"国有土地和集体所有的土地的使用权可以依法转让""国家依法实行国有土地有偿使用制度"等内容。我国《宪法》和《土地管理法》对国有土地使用制度改革的修改规定,奠定了这一时期土地立法的基调。

2. 土地国家所有权主体的完善

1982年《宪法》第十条首次宣布国家作为所有权主体享有土地国家所有权以来,国家一直作为一个抽象的主体,《中华人民共和国土地管理法》在1986年颁布及1988年第一次修正时,均未对土地国家所有权的行使主体进行明确规定。直到1998年,土地管理法进行修订,修订后的第二条规定:"国家所有土地的所有权由国务院代表国家行使。"我国才首次从法律上明确规定国务院作为土地国家所有权的主体代表身份,这体现了土地国家所有权主体的完善。

3. 土地征收规则的完善

2004年,《土地管理法》第二次修正,进一步明确征地制度的内涵。2004年3月14日,全国人大第十届二次会议通过的《中华人民共和国宪法修正案(2004年)》,将宪法第十条第三款"国家为了公共利益的需要,可以依照法律规定对土地实行征用。"修改为:"国家为了公共利益的需要,可以依照法律规定对土地实行征收或征用。"同年8月28日,第十届全国人民代表大会常务委员会第十一次会议对《土地管理法》进行修正:一是将《土地管理法》第二条第四款修改为"国家为了公共利益的需要,可以依法对土地实行征收或者征用并给予补偿";二是将其他条款中的"征用"修改为"征收"。此次修正虽规定了用于城市建设占用集体土地必须全部转为国家所有,同时也将征收变成了农地转用的唯一合法形式,且提及规定征收土地的目的为"公共利益"。但对于何谓"公共利益",法律并没有对其内涵及外延给予明确定义。以至于在征地实践过程中,相关法律法规规定相互矛盾,使得我国的征地目的出现扩大化问题[①]。从征地实践来看,公共利益的范围已经被一些政府机关在法律条文的掩饰下从公共设施等狭小领域扩大到了所有的经济建设领域,也就是我国的征地目的早已不限于公共利益[②]。

2019年《土地管理法》的第三次修正,针对土地征收相关问题进行了完善。《土地管理法》第十二条、第十四条规定缩小了土地征收范围。首先,删去了现行《土地管理法》关于从事非农业建设使用土地的,必须使用国有土地或者征为国有的原集体土地的规定,首次对土地征收的公共利益进行界定,采取列举方式明确:军事和外交、政府组织实施的基础设施、公共事业、扶贫搬迁和保障性安居工程建设需要以及成片开发建设等六种情形,确需征收的,

---

① 刘新华.对完善我国征地目的"公共利益"要件的思考[J].安徽农业科学,2011(27):16957—16958.
② 李艳艳,王学生.浅析征地过程中的公共利益问题[J].四川职业技术学院学报,2012(2):16—19.

可以依法实施征收。这一规定有利于缩小征地范围,限制政府滥用征地权。其次,改革土地征收程序,将原来的征地批后公告改为征地批前公告,多数被征地的农村集体经济组织成员对征地补偿安置方案有异议的,应当召开听证会修改,进一步落实被征地的农村集体经济组织和农民在整个征地过程的知情权、参与权和监督权。最后,明确征收补偿的基本原则,将"保障被征地农民原有生活水平不降低、长远生计有保障"的补偿原则上升为法律规定,并以区片综合地价取代原来的年产值倍数法,在原来的土地补偿费、安置补助费、地上附着物和青苗补偿费的基础上,增加农村村民住宅补偿费用和被征地农民社会保障费用的规定,从法律上为被征地农民构建更加完善的保障机制。这两次对《土地管理法》的修正,均体现了在缩小征地范围、规范征地程序、完善多元保障机制等方面开展了多项制度性的探索。

第三节 土地集体所有权

一、土地集体所有权的概念与特征

(一)土地集体所有权的概念

《中华人民共和国宪法》第六条规定:"中华人民共和国的社会主义经济制度的基础是生产资料的社会主义公有制,即全民所有制和劳动群众集体所有制。"集体所有制经济是我国公有制经济的重要组成部分。劳动群众集体所有制是我国现行农村土地的所有制形式,它是当前中国农村处于核心地位的一种生产关系,这种所有制在法律上的反映,就是中国农村土地集体所有权。

在我国,土地集体所有权是指集体组织以及集体组织全体成员对集体财产享有的占有、使用、收益和处分的权利。《中华人民共和国民法典》指出,农民集体所有的不动产和动产,属于本集体成员集体所有。城镇集体所有的不动产和动产,依照法律、行政法规的规定由本集体享有占有、使用、收益和处分的权利。由此可见,土地集体所有权就是集体组织对本集体范围内的土地所拥有的所有权。在成员集体对本集体土地的所有中,每个成员不可分割地享有集体所有权,没有现实的应有份额,只能按照集体分配原则平等地享受利益[1]。

土地集体所有权是在中华人民共和国成立以后逐步发展形成的。中华人民共和国成立初期,我国通过土地改革使农民获得了自己的土地,此时在农村主要是私人土地所有权占主要地位。1952年,在全国土地改革基本完成以后,开始了互助合作运动,之后又发展为初级农业合作社,农民以土地入股,但土地所有权仍归原所有人所有。1956年,随着社会主义改造开展,中国掀起了农业合作化的高潮,开始建立高级农业合作社,这时农民的土地转归集体所有,个人不再享有土地所有权。1958年以后的人民公社化运动促使集体所有制得到进一步发展,土地所有权下放到生产队所有。改革开放以后,虽然在农村开展了家庭联产承包

---

[1] 韩松.坚持农村土地集体所有权[J].法学家,2014(2):36—41.

经营,但土地集体所有权制度仍然没有改变。到1982年,这种土地所有权关系被宪法予以确认,直到现在仍然没有发生较大的变化。由此可见,土地集体所有权是由历史形成的,它并不是土地国家所有权的派生物,而是与土地国家所有权平等的所有权形式。

(二) 土地集体所有权的特征

1. 土地集体所有权的权利主体是农民集体

依照法律规定,土地集体所有权主体有三种基本类型:一是乡(镇)农民集体;二是村农民集体;三是村内两个以上农村集体经济组织的农民集体。相应地,我国农民集体所有土地也有三种基本形式,即乡(镇)农民集体所有土地、村农民集体所有土地、村内两个以上农村集体经济组织的农民集体所有土地。《土地管理法》第十一条规定:"农民集体所有的土地依法属于村农民集体所有的,由村集体经济组织或者村民委员会经营、管理;已经分别属于村内两个以上农村集体经济组织的农民集体所有的,由村内各该农村集体经济组织或者村民小组经营、管理;已经属于乡(镇)农民集体所有的,由乡(镇)农村集体经济组织经营、管理。"可见,农民集体包括三种形式,即村农民集体、村内两个以上农村集体经济组织的农民集体和乡(镇)农民集体。除此之外,不存在其他的主体。

2. 土地集体所有权的确认必须进行所有权登记

《土地管理法》第十二条规定:"土地的所有权和使用权的登记,依照有关不动产登记的法律、行政法规执行。依法登记的土地的所有权和使用权受法律保护,任何单位和个人不得侵犯。"

3. 土地集体所有权是受限制的所有权

在收益权方面,集体所有的土地不能直接用于房地产开发,若用于房地产开发必须先由国家征收转变为国有土地后再由国家出让给房地产开发商,这就使得土地集体所有权中的收益权能受到限制;在处分权方面,《土地管理法》第八十二条规定:"擅自将农民集体所有的土地通过出让、转让使用权或者出租等方式用于非农业建设,或者违反本法规定,将集体经营性建设用地通过出让、出租等方式交由单位或者个人使用的,由县级以上人民政府自然资源主管部门责令限期改正,没收违法所得,并处罚款。"这就使得土地集体所有权中的处分权能受到较大的限制。此外,土地集体所有权经常由集体土地所有者代表行使处分权,受到农民集体这一土地集体所有权主体的限制。

土地集体所有权也可以与土地使用权分离,但需要在国家现行法律框架内依法确定给该集体内的集体经济组织和个人使用。

二、土地集体所有权的性质与内容

(一) 土地集体所有权的性质

目前学界对于这一问题仍然存在较大争议,但是较多数观点比较支持共有说[1][2]。但传统上,学界对土地集体所有权性质有不同看法。有学者认为土地集体所有权是一种由"农村

---

[1] 肖方扬.集体土地所有权的缺陷及完善对策[J].中外法学,1999(4):86—90.
[2] 杨鹭,钟涨宝.论集体土地所有权的性质、主体及其内容的实现[J].生态经济,2009(9):72—78.

集体经济组织"或"农村劳动群众集体经济组织法人"享有的单独所有权,农村的土地由以农民集体组成的"农村劳动群众集体经济组织"享有所有权,而农民个人不享有所有权①。还有学者认为土地集体所有权是一种新型的"共有"或"总有",其权利的主体最终为集体内的农户或农民个人②。此外,还有学者认为土地集体所有权是村、村民小组、乡镇的土地所有权。村、村民小组、乡镇是事实上的土地所有者,因而法律应该赋予其民事主体的地位③。

我国《民法典》第二百六十一条规定:"农民集体所有的不动产和动产,属于本集体成员集体所有。"由此可以看出,我国民法典支持农村集体土地共有学说,认为农村土地集体所有权在性质上应当属于本集体成员共同所有。

(二) 土地集体所有权的内容

1. 土地集体所有权的主体

我国的《民法典》《土地管理法》和《农村土地承包法》均明确规定:农村集体土地的所有权只能属于农民集体所有,即指一定范围内的农民集体对本集体土地拥有所有权。

其中,《民法典》对农村土地集体所有权的主体做了详细明确的规定,其第二百六十一条规定:"农民集体所有的不动产和动产,属于本集体成员集体所有。"第二百六十二条规定,对于集体所有的土地和森林、山岭、草原、荒地、滩涂等,依照下列规定行使所有权:①属于村农民集体所有的,由村集体经济组织或者村民委员会依法代表集体行使所有权;②分别属于村内两个以上农民集体所有的,由村内各该集体经济组织或者村民小组依法代表集体行使所有权;③属于乡镇农民集体所有的,由乡镇集体经济组织代表集体行使所有权。从土地集体所有权的归属上看,只有农民集体才是唯一的主体,农村集体经济组织和村民自治组织只是农民集体的代表主体④。

2. 土地集体所有权的客体

我国《宪法》第十条规定:"农村和城市郊区的土地,除由法律规定属于国家所有的以外,属于集体所有。"我国《民法典》第二百六十条规定,集体所有的不动产和动产包括:法律规定属于集体所有的土地和森林、山岭、草原、荒地、滩涂。《土地管理法》第九条规定,宅基地和自留地、自留山,属于农民集体所有。

3. 土地集体所有权的权能

土地集体所有权的权能包括土地的占有权、使用权、收益权和处分权等权能。

(1) 占有权:土地管理法第十一条规定,"农民集体所有的土地依法属于村农民集体所有的,由村集体经济组织或者村民委员会经营、管理"。由此可见,农民集体充分行使了农村土地的直接占有权,而每个集体成员作为集体组织中的一员,可以行使成员权来要求承包土地和申请宅基地,从而实现占有权。

(2) 使用权:使用权能是土地所有权权能中比较重要的权能。在我国,农村集体土地使

---

① 王卫国.中国土地权利研究[M].北京:中国政法大学出版社,1997:114.
② 张千帆.农村土地集体所有的困惑与消解[J].法学研究,2012(4):115—125.
③ 谭庆康,潘智慧.论我国村的民事法律地位——对我国农村产权制度的构想[J].法学,2003(3):85—89,94.
④ 姜红利,宋宗宇.集体土地所有权归属主体的实践样态与规范解释[J].中国农村观察,2017(6):2—13.

用权能主要包括土地承包经营权、建设用地使用权、宅基地使用权、相邻权、地役权等。

（3）收益权：我国农村土地归农村集体经济组织所有，主要包括农户享有的承包者收益权、经营主体享有经营者收益权和政府享有农村土地的垄断收益权。承包者收益权指农村土地的承包者与集体签订土地承包合同，取得土地承包经营权证书之后，凭借其对所承包土地的资本、劳动力等投入，获得生产经营性收益，或进行抵押担保获得财产性收益，或在承包地流转、转用时依法取得有关部门的补偿或租赁费用等收益的权利。经营者收益权指土地经营权人基于农地经营所依法获得的相应物质利益的权利。政府对农村土地的垄断收益权指政府凭借土地征收的垄断地位获取农村土地转用增值收益的权利。

（4）处分权。处分权主要表现为发包权和收回权。发包权是成员集体按照集体成员民主决议形成的土地承包经营方案将土地发包给农户家庭的权利，是集体土地保障功能的体现；收回权是在土地承包经营权期限届满或者土地经营权期限届满之时，依所有权的"弹性原则"收回集体土地，为新一轮的重新调整和再次发包奠定基础。处分权的行使具有终极意义，土地承包经营权或者土地经营权期满后，土地集体所有权得以恢复至权利的圆满状态。

三、土地集体所有权的行使与保护

（一）土地集体所有权的行使

土地集体所有权应当依法确定，根据《土地管理法实施条例》第四条规定，农民集体所有的土地，由县级人民政府登记造册，核发证书，确认所有权。确认林地、草原、水面、滩涂所有权或使用权，分别依照《中华人民共和国森林法》《中华人民共和国草原法》和《中华人民共和国渔业法》的有关规定办理。《民法典》第二百六十二条对于集体所有的土地和森林、山岭、草原、荒地、滩涂等作出了更加详细的规定：①属于村农民集体所有的，由村集体经济组织或者村民委员会依法代表集体行使所有权；②分别属于村内两个以上农民集体所有的，由村内各该集体经济组织或者村民小组依法代表集体行使所有权；③属于乡镇农民集体所有的，由乡镇集体经济组织代表集体行使所有权。

另外，在《关于统筹推进自然资源资产产权制度改革的指导意见》中，针对自然资源的行使做出了规定，将全民所有自然资源资产所有权代表行使主体登记为国务院自然资源主管部门，逐步实现自然资源确权登记全覆盖。推进农村集体所有的自然资源资产所有权确权，依法落实农村集体经济组织特别法人地位，明确农村集体所有自然资源资产由农村集体经济组织代表集体行使所有权。

（二）土地集体所有权的保护

集体所有的财产是我国社会主义公共财产的重要组成部分，受到国家法律的保护。我国法律对土地集体所有权设置了三个层次保护措施：第一是将土地集体所有权作为单一整体，防止从外部侵害。《宪法》第十二条明确禁止任何组织或者个人用任何手段侵占或者破坏集体的财产。《民法典》第二百六十五条第一款规定："集体所有的财产受法律保护，禁止任何组织或者个人侵占、哄抢、私分、破坏。"第二是着眼于成员利益保护。《民法典》第二百六十五条第二款规定:"农村集体经济组织、村民委员会或者其负责人做出的决定侵害集体成员合法权益的,受侵害的集体成员可以请求人民法院予以撤销。"

我国民法保护所有权的方法,如确认产权、返还原物、恢复原状、排除妨害、赔偿损失等也是保护土地集体所有权的重要措施。除民事制裁以外,必要时还应根据侵犯集体财产的不同程度和情况另外追究行为人的行政责任或刑事责任。

四、土地集体所有制及其完善

土地集体所有制的核心是土地集体所有,这个集体就是村社所有成员[①]。在农村土地制度改革中坚持土地集体所有权,要求在具体的改革措施中必须符合集体所有权的本质,不得改变集体所有权的性质。土地集体所有权制度的基本功能主要包括调节集体成员收入分配、实现农村土地资源价值、促进社会主义民主实现、传承互助协作传统等[②]。土地集体所有权制度的基本功能是在土地集体所有权制度运行实践中形成的。

(一)落实土地集体所有权

十八届三中全会通过的《中共中央关于全面深化改革若干重大问题的决定》(简称《决定》)指出,要始终坚持农村土地集体所有权。此外,在《关于完善农村土地所有权承包权经营权分置办法的意见(2016)》中,也明确了要牢牢坚持和落实农民集体对农村土地的所有权。首先,落实土地集体所有权意味着要保持、坚持土地集体所有权的法律地位,作为农村基本经营制度的基础和根本,任何改革举措都不能削弱、损及土地集体所有权的基础地位,只能是探索坚持土地集体所有权的方式和路径。其次,落实土地集体所有权意味着充实强化土地集体所有权,一改原有的主体虚置缺位、权能残缺不全的情况,充分发挥集体所有权的功能和作用,同时避免强化过程中可能出现的弊病。最后,落实土地集体所有权意味着要尊重作为所有权主体的集体经济组织在占有、处分以及使用、收益方面的权能:一方面发挥防止撂荒的监督作用、整治土地的主导作用、促进土地适度规模经营的桥梁作用;另一方面赋予并落实使用、收益权能,从而促进农村集体经济的有效发展[③]。

目前我国《土地管理法》第十一条规定:"农民集体所有的土地依法属于村农民集体所有的,由村集体经济组织或者村民委员会经营、管理;已经分别属于村内两个以上农村集体经济组织的农民集体所有的,由村内各该农村集体经济组织或者村民小组经营、管理;已经属于乡(镇)农民集体所有的,由乡(镇)农村集体经济组织经营、管理。"这一规定相较于之前的规定明确了所有权主体,但是在实际当中缺乏可操作性。农民集体所有具有什么属性,它是集体的成员还是农民的集体组织所有,集体组织以一个怎样的组织形式出现,诸多问题总结起来就是我国农村土地集体所有权的主体虚位问题。所谓"所有权主体虚位"并不是指权利主体不存在,而是指现有的土地法律制度所规定的土地集体所有权主体,因为功能缺陷而不

---

① 贺雪峰.论农村土地集体所有制的优势[J].南京农业大学学报(社会科学版),2017(3):1—8,155.
② 杨青贵.农村土地"三权分置"对集体所有权制度的冲击与调适[J].求实,2017(4):78—87.
③ 耿卓.农民土地财产权保护的观念转变及其立法回应——以农村集体经济有效实现为视角[J].法学研究,2014(5):98—113.

能正常行使其所有权的情形①。

(二)土地集体所有权权能相对完整化

我国土地集体所有权权能的不完整表现为所有权的占有、使用、收益、处分的权能有所欠缺。这些权能的不完整又表现为权利主体并非实体的占有使用者,而实际依靠土地生产的生产者不能够有效行使土地处分权能。

作为土地所有者身份的乡(镇)集体、村集体和村民小组等农民集体,它们实际的占有状态在土地的分配变动交易中才有所体现,至于对土地性质及其耕作环境的改良是靠地方政府和实际生产者完成,法律没有规定农村集体对土地生产条件的改良义务。

土地集体所有权权能的完整化表现在赋予土地集体所有权主体法律人格,从而行使土地集体所有权权能。农村集体经济组织只是农村土地所有权的代行主体。农民主体应当拥有自己的法律地位,在确定其法律身份的基础上才能完善农村土地集体所有权的行使。根据民法典第五十七条规定:法人是具有民事权利能力和民事行为能力,依法独立享有民事权利和承担民事义务的组织。赋予农民集体法人的身份,确立法人组织中各个机构的内容,首先机构中要有当地农民作为成员,并且保证一定的比例。该法人的执行机构可以是当地集体经济组织的主要负责人为主的工作组织。确定了农民集体的法人身份后,当集体土地使用权份额在集体内部调整时,由其他成员协商分配,在协商不成的情况下平均分配或按所占份额分配;当集体土地使用权份额向集体外部流转时,内部成员在同等条件下享有优先分配权。在赋予了农民集体具体的法律人格后,我国的土地所有权主体便明确为国家和农民集体两个,并且土地所有权主体对自己所有的土地行使权利受法律保护。

(三)家庭承包制框架下进行产权再安排

根据土地产权安排的不同,可以将家庭承包制分为"两权分离"和"三权分置"两个阶段②。"两权分离",即土地集体所有权与土地承包经营权相分离。在"两权分离"阶段,家庭承包制的基本特征是:农民集体拥有土地所有权,即土地集体所有权;同时,农户拥有土地承包经营权,即有权以家庭为基本单位、以承包合同形式承包集体所有的土地。"三权分置",即所有权、承包权和经营权三权分置,在《深化农村改革综合性实施方案》(简称《实施方案》)中,得到了相对全面的阐述。根据《实施方案》的规定,深化农村土地制度改革的基本方向是:落实集体所有权,稳定农户承包权,放活土地经营权。落实集体所有权,就是落实"农民集体所有的不动产和动产,属于本集体成员集体所有"的法律规定,明确界定农民的集体成员权,明晰集体土地产权归属,实现集体土地产权主体清晰。

相比两权分离阶段,土地集体所有权的内容不变,但表述更加清晰具体。农村土地农民集体所有,是农村基本经营制度的根本,必须得到充分体现和保障,不能虚置。农民集体是土地集体所有权的权利主体,在完善"三权分置"办法过程中,要充分维护农民集体对承包地发包、调整、监督、收回等各项权能,发挥土地集体所有的优势和作用。

---

① 周良慧,杨珏.论新时期我国农村集体土地所有权制度的完善[J].农林经济管理学报,2015(1):14—20.
② 魏鲁彬.农村土地所有权共享的理论逻辑——从"两权分离"到"三权分置"[J].财经科学,2018(4):39—53.

本章小结

本章首先通过梳理我国国有土地所有制和农村集体土地所有制的演变历程,帮助同学们更好了解和理解我国公有制基础上创建的独特的土地所有制度。接着,分两节深入剖析土地国家所有权和农村土地集体所有权的概念与特征、性质与内容等,最后给出了土地国家所有权和土地集体所有权改革与完善的相关建议。

 关键词

土地所有制　国有土地所有制　集体土地所有制　土地国家所有权　土地集体所有权　家庭承包经营制　三权分置

 复习思考题

1. 我国现行土地国家所有制是怎样建立的?
2. 我国现行土地集体所有制是怎样建立的?
3. 我国现行土地国家所有权有哪些不尽完善之处?应采取什么对策加以完善?
4. 我国现行农村土地集体所有权有哪些缺陷?如何加以改革和完善?

拓展阅读

中共中央　国务院关于保持土地承包关系稳定并长久不变的意见

(本章编写人员:臧俊梅,李景刚)

第十二章 CHAPTER 12
中国土地征收制度

◎ 思维导图

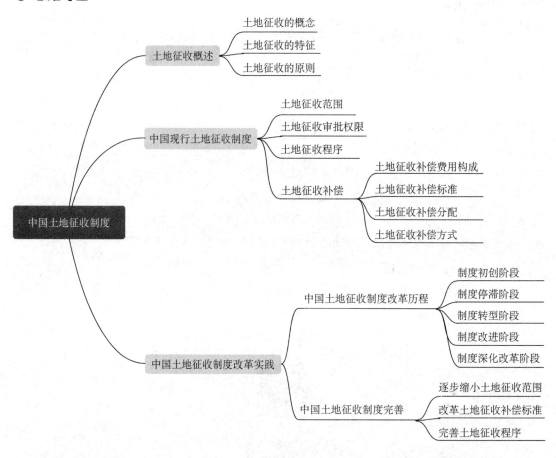

学习目标

1. 掌握土地征收的概念、特征与原则。
2. 熟悉中国土地征收制度的主要内容。
3. 了解中国土地征收制度的改革历程。
4. 理解如何完善中国土地征收制度。

第一节　土地征收概述

一、土地征收的概念

政府基于公共利益的需要,会对土地所有权的行使作出一定的限制,土地征收是其中的主要形式之一。为顺利实现国家的社会公共管理职能,各国法律上均有关于国家征收私人、团体的财产的规定[①]。可以说,土地征收是各国普遍存在的一项重要法律制度。在土地私有制国家,土地征收是公权力对私人土地财产权的一种割让。在我国,实行的是社会主义土地公有制,存在土地国家所有和土地集体所有两种所有制形式,土地征收主要是对集体土地的征收,表现为土地所有权由集体所有变为国家所有。

我国《宪法》《民法典》《土地管理法》均对土地征收作了规定。《宪法》第十条第三款规定:"国家为了公共利益的需要,可以依照法律规定对土地实行征收或征用并给予补偿"。《民法典》第二百四十三条规定:"为了公共利益的需要,依照法律规定的权限和程序可以征收集体所有的土地和组织、个人的房屋以及其他不动产。"《土地管理法》第二条规定:"国家为了公共利益的需要,可以依法对土地实行征收或者征用并给予补偿。"可见,土地征收可界定为:土地征收是指国家为了公共利益的需要,依法将集体所有土地转变为国有土地并给予补偿的行为。

2004年以前,我国在法律上没有区分土地征收和土地征用,统称为"土地征用"。2004年,国家通过修改《宪法》将土地征收和土地征用区分开来。土地征收和土地征用既有相同之处,又有不同之处。相同之处在于,都是为了公共利益的需要,都具有强制性,都要经过法定程序,都要依法给予补偿。不同之处在于,土地征收主要是土地所有权的改变,是对被征收人土地权利的永久性取得,而土地征用主要是土地使用权的改变,是对被征用人土地的暂时性使用。

二、土地征收的特征

1. 公益性

公共利益是政府行使征收权的前提。公益性是指受益的对象并不局限于特定人,而是为了整个社会谋求更大的福祉,增进公共利益,维护社会秩序,其目的是为全体人民带来利益[②]。因此,土地征收具有正当性的核心条件就是公共利益的需要。先有公共利益的存在,才会有征收权。公共利益既使征收权合法成立,同时也可有效防止征收权滥用。

2. 强制性

土地征收的主体是国家,具体是政府代表国家行使征地权。因此它是一种行政行为,具

---

① 刘保玉.物权法学[M].北京:中国法制出版社,2007:227.
② 王蒙.集体土地征收补偿法律制度研究[D].兰州:甘肃政法学院,2019:9.

有一定强制性。如果政府依法履行征收权,被征地的集体经济组织和村民必须服从。

3. 补偿性

尽管土地征收具有强制性,但必须给予被征收人合理补偿,这是土地征收的条件。土地征收不是没收,不是无偿取得农民集体土地所有权,而是国家有偿取得农民集体所有权。土地征收实际上是少数人为了公共利益而作出的"特别牺牲",当国家牺牲无责任的少数特定人的利益以满足其他社会成员的利益需求时,就必须给予这部分人即被征收人以公平合理的补偿。

4. 合法性

土地征收是国家行使公权力的一种。在征收关系中,国家与被征收人是处于一种不对等的法律关系,为了防止处于优势一方的国家公权力侵害被征收人私权利,土地征收必须按照法定的程序进行。

5. 权属变更性

土地征收的对象是土地所有权及其他土地权利。土地征收权的行使,必然导致土地所有权及其他土地权利的变更。征收行为完成后,原土地权利人即丧失土地所有权及其他土地权利,征收人即国家取得被征收土地所有权及其他土地权利。

三、土地征收的原则

1. 依法征收原则

依法征收原则是指政府在征收土地的过程中,应当遵循国家相关的法律规定,严格按照法律规定的权限、范围、条件、方式、程序和标准等进行土地征收。

2. 切实保护耕地的原则

我国人口多,耕地少,且目前耕地仍在继续减少。而导致耕地减少的重要原因之一就是征收权的滥用。"十分珍惜和合理利用每寸土地,切实保护耕地"是我国的基本国策。土地征收要贯彻这一基本国策,必须坚持土地用途管制制度,加强规划,严格管理,切实保护耕地尤其是永久基本农田,优先利用荒地、非农业用地,尽量不占或少占耕地,对于不可避免占用耕地的,必须做到占补平衡。

3. 保证国家建设用地的原则

国家建设征收土地,被征地单位必须无条件服从,这不但因为征收土地是国家政治权力的行使,而且因为国家权力的行使是为了维护社会的公共利益。社会公共利益是一国的最高利益,是全体人民的共同利益体现,私人行使权利不得违背社会公共利益。国家建设即是社会公共利益的体现,因此,土地征收在保护耕地的前提下保证国家建设用地。

4. 妥善安置被征地单位和农民的原则

土地征收意味着农民集体土地所有权的丧失,意味着农民对土地的使用收益利益的丧失,因此应当根据国家法律规定,妥善安排被征地单位和农民的生产和生活:一是对被征收土地的生产单位要妥善安排生产;二是对征地范围内的拆迁户要妥善安置;三是征收的土地要适当补偿;四是征地给农民造成的损失要适当补助。

5. 兼顾国家、集体和个人三者利益的原则

土地征收要注意处理好各方面的关系。被征收土地的农村集体经济组织要维护国家利益,服从国家建设需要,协助国家顺利实现土地征收,而不能乘机漫天要价,延误国家建设的正常进行。国家也要给予被征收土地的农村集体经济组织适当补偿,对因征收土地而受损失的个人给予妥善安置和补助。

第二节 | 中国现行土地征收制度

一、土地征收范围

我国法律规定土地征收的前提是"为了公共利益的需要",并对公共利益的范围作了明确界定。《土地管理法》第四十五条规定了土地征收的六种情形:①军事和外交需要用地的;②由政府组织实施的能源、交通、水利、通信、邮政等基础设施建设需要用地的;③由政府组织实施的科技、教育、文化、卫生、体育、生态环境和资源保护、防灾减灾、文物保护、社区综合服务、社会福利、市政公用、优抚安置、英烈保护等公共事业需要用地的;④由政府组织实施的扶贫搬迁、保障性安居工程建设需要用地的;⑤在土地利用总体规划确定的城镇建设用地范围内,经省级以上人民政府批准由县级以上地方人民政府组织实施的成片开发建设需要用地的;⑥法律规定为公共利益需要可以征收农民集体所有的土地的其他情形。

二、土地征收审批权限

为了有效控制征收土地的数量和防止侵害被征地单位的利益,《土地管理法》规定了征收土地要依法审批,并规定了明确的批准权限,实行国务院和省级人民政府两级审批制度。

1. 国务院的批准权限

属于国务院批准权限的情况包括:①永久基本农田。②永久基本农田以外的耕地超过 35 hm^2 的。③其他土地超过 70 hm^2 的。其他土地是指耕地以外的土地,包括园地、林地、草地、养殖水面、城乡住宅和公共设施用地、工矿、交通、水利设施用地、旅游用地和未利用土地等①。

2. 省级人民政府的批准权限

征收上述情况以外的,属于省级人民政府的批准权限,具体包括:①永久基本农田以外的耕地 35 hm^2 以下。②其他土地 70 hm^2 以下。③永久基本农田以外的耕地和其他土地 70 hm^2 以下。

---

① 黄贤金,张安录.土地经济学(第2版)[M].北京:中国农业大学出版社,2016:299.

在征地审批过程中,涉及征收农用地的,应当先行或同时办理农用地转用审批。

三、土地征收程序

1. 发布土地征收启动公告

需要征收土地,市、县级人民政府认为符合《土地管理法》第四十五条规定的公共利益范围,应当发布土地征收启动公告。征收土地启动公告应当在征收土地所在的乡(镇)和村、村民小组范围内发布。公告内容包括征收范围、征收目的、开展土地现状调查的安排等。土地征收启动公告自发布之日起,任何单位和个人不得在拟征地范围内抢栽抢建,违反规定抢栽抢建的,不予补偿。

2. 开展拟征收土地现状调查

市、县级自然资源部门会同被征收土地的所有权人、使用权人调查和登记被征收土地的权属、用途、面积,地上附着物的权属、种类、数量、规格等,并经被征地的所有权人、使用权人及地上附着物所有人盖章和签字予以确认。

3. 进行社会稳定风险评估

社会稳定风险评估是指与人民群众利益密切相关的重大决策、重要政策、重大改革措施、重大工程建设项目、与社会公共秩序相关的重大活动等重大事项在制定出台、组织实施或审批审核前,对可能影响社会稳定的因素开展系统的调查,开展科学的预测、分析和评估,制定风险应对策略和预案①。进行社会稳定风险评估的目的是从源头上预防或减少社会稳定风险,防止群体性事件的发生。

社会稳定风险评估的主要内容包括:①合法性评估。征地项目的决策和实施是否符合《土地管理法》,是否符合地方性法规和部门规章,是否符合国家级和省级的规范性文件,是否符合法定程序,申报要件是否齐全、真实、有效。②合理性评估。征地项目的决策和实施是否符合本地区经济社会发展规划、国土空间规划和专项规划,是否反映大多数群众的意愿,是否遵循公开、公平、公正原则,是否兼顾群众的现实利益和长远利益。③可行性评估。征地项目的决策和实施是否经过严格的可行性论证,对群众要求进行听证的事项是否经过听证,措施是否完善,是否为大多数群众接受和支持。④安全性评估。征地项目的各项准备工作是否充分,征地补偿安置费用是否已经筹集落实,征地补偿安置政策的宣传是否到位,被征地农民安置途径能否落实等。⑤可控性评估。征地项目的决策与实施是否存在引发群体性事件、严重影响社会稳定的问题,实施征地项目是否会引起被征地农民、周边居民及相关权利人的严重不满,可能出现影响稳定的矛盾隐患是否在可控范围内,是否有应对可能出现不稳定因素的对策措施。

4. 拟定征地补偿安置方案并公告

市、县级人民政府根据社会稳定风险评估结果,结合土地现状调查情况,组织自然资源、财政、人社等部门编制征地补偿安置方案。征地补偿安置方案包括征收范围、土地现状、征

---

① 邵长龙.浅析集体土地征收的"新程序"[J].中国土地,2020(4):57—58.

收目的、补偿标准、安置方式和社会保障等内容。

方案拟定后,市、县级人民政府应当在拟征收土地所在的乡(镇)和村、村民小组范围内发布征地补偿安置公告,听取被征收土地的农村集体经济组织成员的意见,公告时间不少于三十日。公告应载明征地补偿安置方案、办理补偿登记期限、异议反馈渠道等内容。多数被征地的农村集体经济组织成员认为征地补偿安置方案不符合法律、法规规定的,市、县级人民政府应当组织听证,并根据听证会情况修改征地补偿安置方案。

5. 征地补偿登记

被征收土地的所有权人、使用权人应当在补偿安置公告规定期限内,持不动产权属证明材料办理补偿登记手续,未如期办理征地补偿登记手续的,其补偿内容以前期调查结果为准。

6. 预存征地补偿安置费用

市、县级人民政府应组织有关部门对拟征收土地和地上房屋等进行测算评估,将土地补偿费、安置补助费、农村村民住宅、其他地上附着物和青苗等补偿费用以及社会保障费用等足额预存,保证专款专用、足额到位。

7. 签订征地补偿安置协议

市、县级人民政府根据征地补偿安置方案、评估报告等,组织有关部门与拟征收土地的所有权人、使用权人签订征地补偿安置协议。个别确实难以达成协议的,不影响征地申请报批,但需要在申请征收土地时如实说明。对于个别未签订征地补偿安置协议的,市、县级人民政府应依据征地补偿安置方案和补偿登记结果作出征地补偿安置决定。

8. 征收申请报批

上述前期工作完成后,市、县级人民政府方可提出土地征收申请。市、县级的自然资源部门编制"一书四方案",即建设用地说明书、农用地转用方案、补充耕地方案、征收土地方案、供应土地方案,经市、县级人民政府审核同意后,由市、县级人民政府按照《土地管理法》第四十六条的规定,报有批准权的人民政府批准。有批准权的人民政府对征地是否符合《土地管理法》第四十五条规定的公共利益进行审查,符合条件的,应当在国务院规定的时限内批准。

9. 发布土地征收公告

土地征收申请经依法批准后,市、县级人民政府应当发布土地征收公告,并组织实施。公告内容包括征地批准机关、批准文号、批准时间和批准用途,征收土地的所有权人、位置、地类和面积,征地补偿标准和农业人员安置途径等事项。被征收土地的所有权人、使用权人对土地征收不服的,可以依法申请行政复议或者提起行政诉讼。

10. 落实征地补偿措施

征收机关应当依法及时足额支付土地补偿费、安置补助费以及农村村民住宅、其他地上附着物和青苗等的补偿费用,并安排被征地农民的社会保障费用,确保各项补偿安置措施落实到位。

11. 交付土地

市、县级人民政府按照征地补偿方案确定的有关补偿费用足额支付到位后,被征收土地的所有权人、使用权人应在规定期限内交出土地。如果被征收土地的所有权人、使用权人拒绝交出土地,市、县级人民政府可以申请人民法院强制执行。

四、土地征收补偿

(一) 土地征收补偿费用构成

土地征收补偿费用包括以下项目:①土地补偿费,指对被征地的农村集体经济组织因其土地被占用造成经济损失而支付的一种经济补偿。②安置补助费,指对被征地单位安置因征地所造成的农村富余劳动力而支付的补助金额。③农村村民住宅补偿费,指将农村村民住宅补偿从地上附着物补偿剥离出来,单独补偿给农村村民住宅的所有权人。④其他地上附着物补偿费,指对被征收土地上的其他附着物,包括构筑物、农田水利设施、树木、蔬菜大棚等,因征地被毁损而向该物的所有权人支付的一种补偿费用。⑤青苗补偿费,指对被征收土地上的青苗因征地受到毁损,向种植该青苗的单位和个人支付的一种补偿费用。⑥社会保障费用,主要用于符合条件的被征地农民的养老保险等社会保险缴费补贴。

(二) 土地征收补偿标准

征收农用地的土地补偿费、安置补助费标准由省、自治区、直辖市通过制定公布区片综合地价确定。制定区片综合地价应当综合考虑土地原用途、土地资源条件、土地产值、土地区位、土地供求关系、人口以及经济社会发展水平等因素,并至少每三年调整或者重新公布一次①。征收农用地以外的其他土地的土地补偿费、安置补助费标准,由省、自治区、直辖市制定。

征收农村村民住宅的,应当按照先补偿后搬迁、居住条件有改善的原则,尊重农村村民意愿,采取重新安排宅基地建房、提供安置房或者货币补偿等方式给予公平、合理的补偿,并对因征收造成的搬迁、临时安置等费用予以补偿,保障农村村民居住的权利和合法的住房财产权益。

征收其他地上附着物和青苗等的补偿标准,由省、自治区、直辖市制定。

社会保障费用的筹集、管理和使用办法,由省、自治区、直辖市制定。

(三) 土地征收补偿分配

土地补偿费归农村集体经济组织所有,在农村集体经济组织内部合理分配,具体分配办法由省、自治区、直辖市制定。

安置补助费必须专款专用,不得挪作他用。需要安置的人员由农村集体经济组织安置的,安置补助费支付给农村集体经济组织,由农村集体经济组织管理和使用;由其他单位安置的,安置补助费支付给安置单位;不需要统一安置的,安置补助费发放给被安置人员个人或者征得被安置人员同意后用于支付被安置人员的保险费用。

农村村民住宅、其他地上附着物及青苗补偿费归农村村民住宅、其他地上附着物及青苗

---

① 区片综合地价的测算可参考《关于开展制订征地统一年产值标准和征地综合区片地价工作的通知》(国土资发〔2004〕144号)。

的所有者所有。

(四) 土地征收补偿方式

1. 货币补偿

货币补偿是最直接的补偿方式,是指以现金的形式直接支付给被征地农民。货币补偿又分为一次性货币补偿和分期货币补偿。相比一次性货币补偿,分期货币补偿可避免部分被征地农民一次性拿到全部补偿费后,缺乏理性和长远打算,坐吃山空。

2. 安置补偿

安置补偿是指采取货币以外的途径解决因土地征收而导致失业的农业人员的就业问题。具体包括农业生产安置、重新择业安置、入股分红安置、异地移民安置等安置方式。

3. 留地补偿

留地补偿是指将被征收土地在规划确定的建设用地范围内安排一部分建设用地给农民兴办企业、从事经营活动或招商引资,政府在政策、资金、工商、税务等方面提供必要的优惠和支持。

4. 实物补偿

实物补偿主要体现在农村村民住宅补偿中。在农村村民住宅随土地被征收后,采取提供安置房予以实物补偿。

5. 社会保障补偿

社会保障补偿是指将被征地农民纳入社会保障范围,为被征地农民缴纳社会保障费用,保障被征地农民的基本生活和长远生计。

第三节 中国土地征收制度改革实践

一、中国土地征收制度改革历程

(一) 制度初创阶段(1950—1957年)

中华人民共和国成立之初,我国的主要任务是发展生产,恢复经济,进行国家各方面的建设,打好由农业大国向工业大国转变的基础[1]。根据这一需要,国家颁布了相应的法律法规,从而初步创立了土地征收制度。

1950年6月24日,政务院颁布《铁路留用土地办法》,第六条规定:"铁路因建筑关系,原有土地不敷应用或有新设施需要土地时,由铁路局通过地方政府收买或征购之"。同年11月10日,政务院颁布《城市郊区土地改革条例》,第十四条规定:"国家为市政建设及其他需要征用私人所有的农业土地时,须给予适当代价,或以相等之国有土地调换之。对耕种该项土地的农民亦给予适当的安置,并对其该项土地上的生产投资(如凿井、植树等)及其他损

---

[1] 宰俊.当下中国土地征收制度研究[D].南京:南京大学,2014:32.

失,予以公平合理补偿"。该条例首次使用"征用"一词,并提出进行公平合理的补偿。

1953年12月5日政务院颁布《国家建设征用土地办法》(下简称《办法》),这是我国第一部较为完整的土地征收法规,它对国家征地的原则、程序、审批权限、补偿标准、安置办法等作了规定。该《办法》明确提出征地是为适应国家建设的需要,具体包括国家兴建厂矿、铁路、交通、水利、国防等工程,进行文化教育卫生建设、市政建设和其他建设。

1954年9月20日,第一届全国人大第一次会议通过了我国第一部宪法,明确提出征地必须满足"公共利益"的条件,"国家为了公共利益的需要,可以依照法律规定的条件,对城乡土地和其他生产资料实行征购、征用或收归国有。"

随着社会主义农业改造的基本完成,农村土地性质发生了重大转变,开始由农民私有转向集体所有。为了适应土地性质变化,1957年10月18日,《国家建设征用土地办法》经国务院全体会议第五十八次会议修正,主要作了以下修订和完善:一是强调国家建设必须贯彻节约用地的原则;二是征收对象由农民私有土地转变为集体所有土地;三是征收补偿标准有所降低;四是政府征地的审批权限缩小。

(二) 制度停滞阶段(1958—1977年)

受三年困难时期和十年"文化大革命"的影响,我国经济社会建设遭到严重破坏,生产停滞,对于土地的需求锐减。因此,在需求下降和国内政治社会环境的阻滞之下,土地征收制度的发展停滞不前。关于征地的法律法规变化也不大,《国家建设征用土地办法》被一直沿用下来。1975年《宪法》、1978年《宪法》先后颁布,两部宪法均删掉了1954年《宪法》中关于征地的"公共利益"限制。

(三) 制度转型阶段(1978—2003年)

党的十一届三中全会以后,我国实行改革开放政策,经济体制改革率先在农村开始,家庭联产承包责任制在全国迅速推行,土地所有权与承包经营权相分离,将集体土地承包给农户,实行分散经营。同时伴随着国民经济的复苏,建设用地的需求急剧增长。面对这样的新形势,国家对土地征收制度进行了调整。

1982年5月14日,国务院颁布《国家建设征用土地条例》。《国家建设征用土地条例》与《国家建设征用土地办法》相比,主要作了如下改动:一是突出了征地的强制性;二是首次在补偿标准中提出了土地补偿、青苗补偿、附着物补偿以及人口安置补助等;三是采用年产值倍数法来代替原来的产量总值法,土地补偿费和安置补助费的总和不能不得超出被征收土地年产值的20倍①。随后颁布的1982年《宪法》明确了国家和农民集体所有土地的范围,又重新写入了前两部《宪法》中被删掉的"公共利益"的限制,规定"国家为了公共利益的需要,可以依照法律规定实行征用"。

1986年6月颁布的《中华人民共和国土地管理法》采纳了《国家建设征用土地条例》大部分内容,除审批权限有变化以外,征地目的、补偿标准、征地程序与《国家建设征用土地条例》一致。《土地管理法》的颁布实施,标志着我国土地征收步入了法治化轨道。然而随着改革

---

① 王蒙.集体土地征收补偿法律制度研究[D].兰州:甘肃政法学院,2019:12.

的深入和形势的变化,1986年颁布的《土地管理法》已经明显不能适应社会主义市场经济的需要。1998年8月29日,第九届全国人大四次会议通过了新修订的《土地管理法》。新修订的《土地管理法》制定了最严格的土地管理制度,始终坚持保护耕地这一根本目标,并依据需要对征地制度进行调整和完善:一是将地方审批权进一步上收,取消了市、县级人民政府征地审批权;二是征地程序上设立了"两公告一登记"程序,即征用土地方案公告、补偿安置方案公告和补偿登记;三是提高了征地补偿标准,土地补偿费和安置补助费的总和由原来的年产值20倍提高到年产值30倍。

(四)制度改进阶段(2004—2013年)

随着城市化和工业化进程的不断深入,征地过程中出现了一些新的问题,国家对征地制度进行了改进。2004年3月14日,第十届全国人民代表大会第二次会议通过《中华人民共和国宪法修正案》,将第十条第三款修改为:"国家为了公共利益的需要,可以依照法律规定对土地实行征收或者征用并给予补偿。"这是我国首次在宪法层面上明确区分土地征收和土地征用[①]。随后,土地管理法根据宪法作了相应修改。同年10月21日,《国务院关于深化改革严格土地管理的决定》出台,针对征地补偿和安置制度提出了若干意见:确立了使被征地农民生活水平不因征地而降低的原则,要求制定并公布各市县征地的统一年产值标准或区片综合地价、征地补偿做到同地同价,健全征地程序,加强对征地实施过程监管。

2005年7月23日,原国土资源部颁布了《关于开展制定征地统一年产值标准和征地区片综合地价工作的通知》,为确定征地补偿提供依据。2006年8月31日,国务院颁布《关于加强土地调控有关问题的通知》,规定征地补偿安置必须以确保被征地农民原有生活水平不降低、长远生计有保障为原则,做好被征地农民就业培训和社会保障工作,土地出让价款必须首先按规定足额安排支付土地补偿费、安置补助费、地上附着物和青苗补偿费、拆迁补偿费以及补助被征地农民社会保障所需资金的不足。2008年10月12日,中国共产党第十七届中央委员会第三次全体会议通过了《中共中央关于推进农村改革发展若干重大问题的决定》,指出:"改革征地制度,严格界定公益性和经营性建设用地,逐步缩小征地范围,完善征地补偿机制。依法征收农村集体土地,按照同地同价原则及时足额给农村集体组织和农民合理补偿,解决好被征地农民就业、住房、社会保障。"

2010年6月26日,《国土资源部关于进一步做好征地管理工作的通知》发布,要求推进征地补偿新标准实施,确保补偿费用落实到位;采取多元安置途径,保障被征地农民生产生活;做好征地中农民住房拆迁补偿安置工作,解决好被征地农民居住问题;规范征地程序,提高征地工作透明度;切实履行职责,加强征地管理;规范征地程序,认真做好用地报批前告知、确认、听证工作。2013年11月15日,《中共中央关于全面深化改革若干重大问题的决定》发布,要求建立城乡统一的建设用地市场。在符合规划和用途管制前提下,允许农村集体经营性建设用地出让、租赁、入股,实行与国有土地同等入市、同权同价。缩小征地范围,

---

① 黄贤金,张安录.土地经济学(第2版)[M].北京:中国农业大学出版社,2016:293.

规范征地程序,完善对被征地农民合理、规范、多元保障机制。建立兼顾国家、集体、个人的土地增值收益分配机制,合理提高个人收益。

(五) 制度深化改革阶段(2014年至今)

2014年以来,国家启动新一轮土地征收制度改革试点,通过试点总结经验,支撑《土地管理法》修正工作。2014年12月31日,中共中央办公厅、国务院办公厅印发《关于农村土地征收、集体经营性建设用地入市、宅基地制度改革试点工作的意见》,决定在全国选取30个左右县(市)行政区域进行试点。征地制度改革试点的主要内容是,针对征地范围过大、程序不够规范、被征地农民保障机制不完善等问题,要缩小土地征收范围,探索制定土地征收目录,严格界定公共利益用地范围;规范土地征收程序,建立社会稳定风险评估制度,健全矛盾纠纷调处机制,全面公开土地征收信息;完善被征地农民保障机制;建立兼顾国家、集体、个人的土地增值收益分配机制,合理提高个人收益①。2015年2月27日,十二届全国人大常委会第十三次会议审议通过《关于授权国务院在北京市大兴区等33个试点县(市、区)行政区域暂时调整实施有关法律规定的决定》,授权在试点地区暂时停止实施土地管理法、城市房地产管理法有关法律规定,授权期限截至2017年12月31日。2015年6月,改革试点工作全面启动。起初33个试点县(市、区)中,进行土地征收制度改革的只有内蒙古和林格尔县、河北定州、山东禹城3个县市,后来扩大到全部33个试点地区。由于土地征收制度改革在三项改革方式中,难度最大、困难最多也相对缓慢,2017年9月,中央决定将试点工作延期1年至2018年年底。试点结束后,国务院对试点情况进行总结。

2019年8月26日,十三届全国人大常委会第十二次会议表决通过了《关于修改〈中华人民共和国土地管理法〉〈中华人民共和国城市房地产管理法〉的决定》。在土地征收方面,《土地管理法》主要作了以下修改:一是明确界定了公共利益。详细列举了可以征收农民集体所有土地的六种情形。二是调整了征地补偿标准。明确了"保障被征地农民原有生活水平不降低、长远生计有保障"的补偿原则;改变了以前以土地年产值为标准进行补偿,实行按照区片综合地价进行补偿;农民住房不再作为地上附着物补偿,而是作为专门的住房财产权给予公平合理补偿。三是完善了土地征收程序。要求政府在征地之前完成拟征收土地现状调查、社会稳定风险评估、征地公告、签订征地协议等前期工作后,才能办理征地的审批手续。2020年11月5日,自然资源部印发《土地征收成片开发标准(试行)》,规定了成片开发的基本原则、基本流程和红线底线。

二、中国土地征收制度的完善

(一) 逐步缩小土地征收范围

公共利益是土地征收的前提。一直以来,我国相关法律法规都规定土地征收必须以公共利益为目的,但都没有明确规定公共利益的范围。在土地征收过程中,地方政府成为公共利益的判断者和解释者,拥有绝对的自由裁量权,导致征收权的滥用。2019年修正的《土地

---

① 张清勇.中国农村土地征收制度改革:回顾与展望[M].北京:中国社会科学出版社,2018:56.

管理法》首次对公共利益的范围作了明确界定,第四十五条用"正面列举+兜底"的方式列举了六种具体的公共利益事项,即国防外交、基础设施、公共事业、拆迁安置、成片开发、法律规定的其他情形等。各界对于前四项属于公共利益范畴少有分歧,但对于第五项是否属于公共利益存在争议[1]。一方面认为,成片开发既有公益性项目,也夹杂着大量的经营性项目。允许政府通过土地征收实施成片开发,背离了中央关于"缩小征地范围"的精神。另一方面认为,成片开发征收符合我国目前的国情。我国目前正处于工业化、城镇化快速推进时期,城市建设用地需求量大,需要通过成片开发征收保障用地需求。从世界范围土地征收制度发展演变来看,基本呈现出公共利益界定越来越严的趋势。因此,随着我国社会经济的发展,应根据实际情况对成片开发标准作出修改和完善,逐步限制成片开发征收。同时,加快建立城乡统一的建设用地市场,允许农村集体建设用地与国有建设用地同等入市、同权同价。政府逐步退出经营性土地征收,经营性项目建设用地通过集体经营性建设用地入市方式解决。

(二)改革土地征收补偿标准

我国土地征收补偿一直采用年产值标准,这种计算方式不能反映被征收土地的实际价值。这对被征地农民不公平,剥夺了他们对土地增值收益的分享。低价征收、高价出让,巨大的增值收益被地方政府获得。2019年修正的《土地管理法》改为采用区片综合地价标准。相较于年产值标准,区片综合地价标准充分考虑了土地资源条件、土地产值、区位、土地供求关系、人口以及经济社会发展水平等市场因素,有利于促进征地利益在政府和被征地农民之间的公平分配。但从区片综合地价的测算方式来看,年产值仍然是得出该标准的重要依据,通过区片综合地价得出的补偿标准,在补偿数额上并不会大幅度高于年产值标准[2]。因此,应改革土地征收补偿标准,给予被征地农民公平合理补偿。可先在制定区片综合地价及相关补偿标准的基础上逐步改革完善,未来发展趋势是按土地市场价值进行补偿[3],让被征地农民获得更多的土地增值收益。同时应采取多元化的补偿安置方式,妥善安置被征地农民的生产、生活。

(三)完善土地征收程序

2019年修正前,《土地管理法》规定的土地征收程序是"两公告一登记"。2019年修正后,土地管理法则抛弃了原有的程序,改"先批后征"为"先征后批",即土地征收程序开始于征地审批之前,并设置"调查—评估—公告—听证—登记—协议"的前置程序,对保障土地征收的公平公正,具有十分显著的进步意义[4]。但是,这一看似周密的土地征收程序仍需进一步完善,以保障被征地农民的知情权、参与权和诉讼权。

一是增加公共利益认定程序。在很多情形下,一个拟建设项目是否符合公共利益很难

---

[1] 高飞.土地征收中公共利益条款适用的困境及其对策[J].学术月刊,2020(4):109—117.
[2] 赵秀梅.农村集体土地征收补偿立法构建研究——以《土地管理法》修改为中心[J].中国农业大学学报(社会科学版),2018(6):87—95.
[3] 毕宝德.土地经济学(第8版)[M].北京:中国人民大学出版社,2020:158.
[4] 吴越,宋雨,赖虹宇.土地征收中的公私利益平衡与正当程序[J].农村经济,2020(8):28—36.

判断,这就需要为公共利益的识别和判断建立一个程序性的认定机制。公共利益的认定作为征地的前置程序①,应在广泛征求公众和被征土地的权利人及利害关系人意见的基础上,由上级行政机关审查拟建设项目是否符合公共利益。只有认定符合公共利益后,才可以开展后续工作。

二是前置征地补偿安置方案听证程序。2019年修正的《土地管理法》第四十七规定,"多数被征地的农村集体经济组织成员认为征地补偿安置方案不符合法律、法规规定的,县级以上地方人民政府应当组织召开听证会"。这实质上是一种事后听证,且由于召开听证会存在一定的门槛,极易导致听证制度流于形式。因此,应前置征地补偿安置方案听证程序,在制定征地补偿安置方案前就召开听证会,赋予失地农民在制定补偿安置方案中的议价权,确保征地补偿安置方案的科学性、合理性②。

三是完善征地纠纷司法救济。行政裁决是目前征地纠纷的主要解决方式,但行政救济违背了程序正义的"不能做自己的法官"的原则而具有天然缺陷,很难在处理征地争议中保持中立,影响了争议裁决的公正性。为此,应建立以司法救济为中心的征地纠纷解决机制。明确法律解决征地纠纷的地位,将征地合法性、征地程序、征地补偿标准、补偿方式、安置途径、补偿款分配等方面的争议均纳入司法救济范围,提高农民的法律意识、维权意识,为被征地农民提供法律援助③。

本章小结

土地征收是指国家为了公共利益的需要,依法将集体所有土地转变为国有土地并给予补偿的行为,具有公益性、强制性、补偿性、合法性、权属变更性等特征。从土地征收范围、土地征收审批权限、土地征收程序、土地征收补偿等方面介绍了我国现行土地征收制度。我国土地征收制度改革经历了制度初创、制度停滞、制度转型、制度改进、制度深化改革等五个阶段。2019年《土地管理法》修正后,对我国土地征收制度作了较大的修改,弥补了部分缺陷,但仍需从逐步缩小土地征收范围、改革土地征收补偿标准、完善土地征收程序等方面加以完善。

关键词

土地征收　土地征收补偿　制度　改革　中国

---

① 段文技,宋燨青.土地征收中公共利益前置界定及争议裁决机制探讨[J].行政管理改革,2020(9):92—99.
② 房绍坤.土地征收制度的立法完善——以《土地管理法修正案草案》为分析对象[J].法学杂志,2019(4):1—12.
③ 刘春湘,虞莎莎,刘峰.农村集体土地征收纠纷的解决机制探究[J].湖南社会科学,2019(4):74—79.

复习思考题

1. 土地征收的概念与特征。
2. 中国土地征收的范围。
3. 中国土地征收的程序。
4. 中国土地征收补偿费用的构成与标准。
5. 如何完善中国土地征收制度？

拓展阅读

材料一 国外典型国家土地征收制度

材料二 土地征收制度改革试点典型案例

（本章编写人员：周飞）

第十三章
CHAPTER 13

中国土地用益物权制度

◎ 思维导图

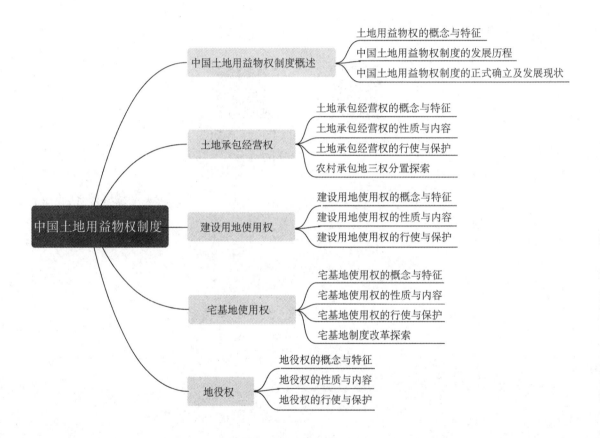

学习目标

1. 了解中国土地用益物权制度的发展历程及现状。
2. 掌握中国土地用益物权概念和特征。
3. 熟悉中国土地用益物权的种类、内容与性质。

第一节 中国土地用益物权制度概述

一、土地用益物权的概念与特征

(一) 用益物权的定义

《中华人民共和国民法典》规定，用益物权是指用益物权人对他人所有的不动产或者动产，依法享有占有、使用和收益的权利。可见，用益物权是对他人所有物享有以使用收益为内容、一定范围内享有支配的他物权。

用益物权的产生表明和记载了经济关系的要求，即初创的动因是商品社会中经济的迅速发展。其设立的目的是利用他人之物的使用价值满足生产或者生活的需要。

(二) 土地用益物权的概念

1. 土地用益物权的定义

用益物权主要以不动产为标的物，以土地为主。土地是人们财富的源泉，在不动产中处于基础性地位。土地用益物权是指土地用益物权人对他人所有的土地依法享有占有、使用和收益的权利，即凡具备法定条件者依照程序或依照约定对国有土地或农民集体土地所享有的占用、使用和收益的权利。土地用益物权是外延比较大的概念，这里的土地包括农用地、建设用地、未利用地。土地用益物权是中国土地使用制度在法律上的体现。

2. 土地用益物权的分类

按土地用益物权的确立方式分为两类：一类是政府登记并核发使用权证，包括确定使用权、划拨使用权、宅基地使用权、采矿权；另一类是签订合同确认使用权，包括国有土地出让使用权和农村土地承包使用权。按照民法典的规定，土地用益物权有四种类型：土地承包经营权、建设用地使用权、宅基地使用权以及地役权。

(三) 土地用益物权的特征

1. 具有显著的法律特征

①物权性。基于对物的使用收益的物权，即用益物权。②他物性。用益物权是在他人所有的物上设定的物权。③限制性。依据物权法理论，所有权属于完全物权，用益物权和担保物权属于限定物权。相对于土地所有权来说，土地用益物权只不过是在一定限制范围内对标的物占有、使用、收益和处分，既要受法律的一般限制，还要受所有权人对其权利内容、范围的限制，它不具有如所有权那样彻底支配的性质。④独立性。所谓独立性是指用益权人不以其对标的物所有权人享有的其他权利为其存在的前提。权利的存在本身并不依赖他种权利。用益物权是从所有权中分离出来的，但单独存在于他人所有物之上的权利，不随土地所有权的让渡而让渡，也不因土地所有权的灭失而消失，其存在无需具备他种权利。

2. 主体具有广泛性

凡民事主体均可依法成为土地用益物权的主体。《中华人民共和国城镇国有土地使用权出让和转让暂行条例》第三条规定："中华人民共和国境内外的公司、企业、其他组织和个人,除法律另有规定外,均可依照本条例的规定取得土地使用权,进行土地开发、利用、经营。"这里所称的"境内外的公司、企业、其他组织和个人",实际包括了一切民事主体。

3. 客体是依法归国家或集体所有的特定的土地

土地用益物权派生于国家或集体土地所有权,是所有权部分权能与所有权分离的结果。当国家所有或集体所有的土地的特定部分通过确认或划拨等方式确定给其他主体(非所有人)使用后,这些被确认或划拨的特定部分土地也就同时成为用益物权的客体。以国家所有或集体所有的土地的特定部分为客体,是土地用益物权区别于其他用益物权的重要特征之一。

4. 权利期限具有长期性乃至永久性

土地用益物权具有长期性,且某些土地用益物权的期限,实际上具有永久性。包括以下四种:

(1) 土地承包经营权,是伴随着农村经济体制改革即土地承包经营制度的实行而产生的一种土地使用权利。我国农村集体经济组织实行家庭承包经营为基础、统分结合的双层经营体制。农民集体所有和国家所有由农民集体使用的耕地、林地、草地以及其他用于农业的土地,依法实行土地承包经营制度。依据2018年修正的《中华人民共和国农村土地承包法》第二十一条规定:"耕地承包期为三十年,草地的承包期为三十年至五十年,林地的承包期为三十年至七十年。前款规定的耕地承包期届满后再延长三十年,草地、林地承包期届满后依法相应延长。"

(2) 宅基地使用权,无偿无限期使用,农户拥有继承权,只要该农户存在,就享有宅基地使用权。也就是说,此种他物权具有无限期性,与特定住宅的所有权伴随始终,而且即使特定住宅所有权因住宅的毁损灭失而归于消灭,宅基地使用权也继续存在,宅基地使用权人有权另行新建住宅。

(3) 住宅建设用地使用权是指住宅建设用地使用权人依法对相应国有土地享有占有、使用、收益和处分的权利。居住用地的土地使用权出让的最高年限为70年。但我国《民法典》第三百五十九条规定:"住宅建设用地使用权期间届满的,自动续期。"

(4) 划拨土地使用权,是指土地使用者通过各种方式无偿取得的没有使用期限限制的国有土地使用权。

二、中国土地用益物权制度的发展历程

1978年改革开放以来,中国土地利用与土地经营方式的变革使土地使用制度朝着用益物权制度方向发展,2007年颁布的《中华人民共和国物权法》明确了土地用益物权的内涵及种类,2020年颁布的《中华人民共和国民法典》进一步完善了土地用益物权内容。

(一) 集体土地用益物权制度的发展过程

改革开放之后,土地改革从农村发端,农村土地制度变迁对农民的土地使用权经历了限制—鼓励—引导的发展脉络,物权法治化不断得到强化。

1. 确立了以家庭承包为主的土地经营制度,土地承包经营权得以立法

1978年末,以安徽小岗村为代表的农民自发实行"包产到户""大包干"的生产经营方式,与当时农村亟待变革的社会背景相契合。1983年,中央一号文件在肯定家庭联产承包责任制的前提下,明确指出改革人民公社体制,实行生产责任制,实行政社分离,标志着农地集体所有集体经营的体制已经走到了尽头。随着生产责任制在全国农村的推行,家庭承包制下统分结合的双层经营体制建立并逐步以法律的形式稳定下来,将土地所有权和承包经营权分设,所有权归集体,承包经营权归农户,极大调动了亿万农民积极性,有效解决了温饱问题。

1984年1月,中共中央一号文件规定了农村土地的第一轮承包期限:要稳定联产承包责任制,延长土地承包期,一般在15年以上;树木、林木、荒山、荒地等的承包期应当更长一些。党的十九大提出了第二轮土地承包期到期后再延长30年;1998年修正后的土地管理法,从法律的层面将30年的土地承包期上升为一项制度。2002年通过的《中华人民共和国农村土地承包法》(简称《农村土地承包法》)进一步完善了土地承包经营权制度,该法针对土地承包经营权的主体、内容、期限,土地承包合同,土地承包方式等方面做出了详细规定。

20世纪80年代中期,我国改革的重心从农村转移到城市,国家在政策上开始允许农村剩余劳动力向城镇流动,对农地的流转政策也开始松动。国家在推行家庭联产承包责任制的初期是明确禁止农用地流转的。1988年10月,中共中央发文明确鼓励农地流转,提出要在自愿、有偿的原则下依法进行土地使用权的合理流转。2002年通过的农村土地承包法、2005年通过的《农村土地承包经营权流转管理办法》等相关法律和政策规范了农村土地流转程序和方式,流转面积大幅度上升,改善了农村土地产权的配置效率。2014年12月通过的《关于农村土地征收、集体经营性建设用地入市、宅基地制度改革试点工作的意见》指出:现阶段深化农村土地制度改革,探索农地的"三权分置",将土地承包经营权分为承包权和经营权,实行所有权、承包权、经营权分置并行,着力推进农业现代化。2018年12月修正的《农村土地承包法》规定,承包方承包土地后,享有土地承包经营权,可以自己经营,也可以保留土地承包权,流转其承包地的土地经营权,由他人经营。

2. 加强了对集体建设用地使用权的管制

农村建设用地作为农村土地的一部分,主要由村办和乡(镇)办的企业用地、乡村公共建设用地和宅基地组成。改革开放初期,具有无偿无限期使用、安排随意性以及尚无明确的法律规定,隐形市场十分普遍的特征。虽然在法律层面上,集体建设用地使用权流转受到严格限制;然而,社会生活中却广泛存在集体建设用地使用权流转的现象。隐形市场导致集体土地流失严重,因此,原国土资源部从1995年开始在全国各地先后批准30多个地区开展建设用地使用权流转试点,产生了安徽芜湖模式、广东南海模式、江苏苏州模式、山东济南模式、深圳模式等。2004年国务院发布《国务院关于严格深化改革严格土地管理的决定》、2006年原国土资源部出台《关于坚持依法依规管理集约节约用地支持社会主义新农村建设的通知》等,集体建设用地流转逐渐有法可依,不断规范完善。

1982年《宪法》出台后,农村宅基地的集体所有制以宪法的形式被确认,所有权和使用

权相分离的宅基地产权制度正式确立。1988年修正的《土地管理法》,进一步规定了禁止出卖、出租宅基地及其农房,且确立了"一户一宅"的宅基地使用制度。然而因此导致了这一时期土地浪费、耕地面积不断减少的现象,而且现实中农民的宅基地使用权私下流转已经是普遍现象,这种不受法律保护的交易以及农村房屋及宅基地所涉及的金额较大,由此引发的矛盾纠纷较多且尖锐。各地政府开始实行农村宅基地有偿使用的试点改革。通过试点地区总结的实践经验,2004年11月,原国土资源部《关于加强农村宅基地管理的意见》指出:"农村宅基地占用农用地的计划指标应和农村建设用地整理新增加的耕地面积挂钩。"2018年中央一号文件提到,探索宅基地"三权分置"制度,村庄建设用地整治复垦腾退,积极探索完善闲置宅基地和闲置农房使用政策。

(二) 国有土地用益物权制度的发展过程

中国自20世纪80年代初开始了朝向国有土地用益物权制度的改革,针对无偿、无限期、无流动的传统城市土地行政划拨制度导致的土地所有权虚化、土地资源配置效率低下、严重脱离市场经济的运行框架等一系列弊端,实行国有土地有偿使用制度的改革,把国有土地使用权从所有权中分离出来,进入市场流转,全面开放国有土地使用权市场。大致经历了四个阶段。

1. 征收以土地使用费和使用税为主要方式的国有土地有偿使用制度

向国有土地使用者征收土地使用费,最初是1979年对中外合资企业提出的。1980年,国务院颁布了《中外合营企业建设用地暂行规定》(国发〔1980〕201号),指出:"中外合营企业用地,不论新征用土地,还是利用原有企业的场地,应计收场地使用费。"这一举措拉开了我国国有土地有偿使用制度改革的序幕。1982年,深圳特区开始按城市土地的不同等级向国内土地使用者收取不同标准的使用费,随后,抚顺、广州等城市从1984年起也先后推行此种方法。

经过一段时间的探索,1988年修正后的《宪法》、1988年修正后的《土地管理法》、1988年出台的《中华人民共和国城镇国有土地使用税暂行条例》,规定对城市、县城、镇和工矿区范围内的土地使用者开征土地使用税,为国有土地有偿使用制度提供了法律依据。

2. 开展以签订协议为主要形式的土地使用权有偿出让和转让试点

征收土地使用费(税)的改革,虽然在一定程度上体现了土地有偿使用,但尚未允许土地使用权转让,对传统土地使用制度改革力度不大。1987年下半年,深圳特区先后采取协议方式、招标方式、公开拍卖方式出让国有土地使用权,进行土地使用权有偿出让和转让的试点,被香港《信报》称为此次土地使用权公开拍卖,标志着中国经济改革进入新的里程,是"触及产权的经济体制改革的大突破"。在深圳市的成功基础上,福州、海口、广州、厦门、上海、天津等城市也相继开展了国有土地使用权的出让活动。

3. 制定以国有土地使用权出让和转让为内容的法律法规

为了使土地使用权有偿出让、转让活动法治化,做到有法可依,自1987年11月起,各地相继出台地方法规规范国有土地使用权的有偿出让、转让。

由于土地出让带来的巨大收益给地方政府以强烈激励,导致了出让过程中各地在土地分级标准、基准地价、审批程序等方面存在着较大的差异,缺乏统一的、合理的规范。1990年5月,国务院发布了《中华人民共和国城镇国有土地使用权出让和转让暂行条例》,对土地使用权出让、转让、出租、抵押、终止等问题作了明确具体规定。这一规定表明，国家正式确认了国有土地使用权为相对独立的可以流通的产权制度。

4. 确立以招标、拍卖、挂牌为主要方式的国有土地使用权制度

国有土地使用权出让可以采取协议、招标、拍卖、挂牌四种方式，其中，招标、拍卖、挂牌出让能够较好地体现市场竞争原则，而协议出让易形成政府寻租行为，故对不同土地出让方式的适用范围做出了明确规定，并逐步限制协议出让方式。因此，进入2000年以后，国有土地使用权的出让方式和程序更为严格和规范，原国土资源部于2002年发布了《招标拍卖挂牌出让国有土地使用权规定》，规定商业、旅游、娱乐和商品住宅等各类经营性用地，必须以招标、拍卖或挂牌方式出让。随后，2006年发布《招标拍卖挂牌出让国有土地使用权规范（试行）》和《协议出让国有土地使用权规范（试行）》，进一步细化了招标、拍卖、挂牌或协议出让土地使用权的范围和出让的具体规程，建立了国有土地出让的协调决策机制和价格争议裁决机制，规范了国有土地使用权出让市场。

三、中国土地用益物权制度的正式确立及发展现状

2007年《中华人民共和国物权法》的颁布标志着我国土地用益物权制度体系在基本法层面的正式确立，2020年《中华人民共和国民法典》的出台标志着我国土地用益物权制度体系进一步完善，将土地承包经营权、国有建设用地使用权、宅基地使用权等权利类型明确界定为用益物权性质，土地用益物权制度的改革已经走在了规范化、市场化、法治化的轨道上。

（一）土地用益物权的确权登记进一步规范化

土地确权登记工作始于2008年，是在《土地登记办法》确立的基本框架和规则的基础上展开的，对土地确权登记的定义、原则、效力、内容、类型、程序以及土地确权登记各项制度等做出了明确的规定。土地确权登记以宗地为单位，严格准确界定土地的用途。完善规范土地确权登记制度，有利于明确公示土地财产的权利归属状态与范围、维护土地权利人的土地交易安全，推动土地要素市场化发展。

（二）土地承包经营权的流转加速且形式呈多样化发展

土地承包经营权流转开始于2008年，《中共中央关于推进农村改革发展若干重大问题的决定》首次提出推进农村土地使用权的物权化、市场化进程，在之后连续几年中央一号文件的大力支持下，我国农村土地承包经营权流转迅速发展。

土地流转面积快速扩大。农业农村部和国家统计局数据显示，截至2017年底，全国家庭承包耕地流转面积5.12亿亩，流转面积占家庭承包经营耕地面积的37%，2018年，全国家庭承包耕地流转面积超过5.3亿亩，较1994年（0.09亿亩）增长近60倍[1]。土地流转形式也

---

[1] 国家统计局.农村经济持续发展乡村振兴迈出大步——新中国成立70周年经济社会发展成就系列报告之十三[R/OL],[2020-08-09],http://www.stats.gov.cn/tjsj/zxfb/201908/t20190807_1689636.html；农业农村部.新中国成立70年来我国粮食生产情况[R/OL],[2020-08-09]http://www.moa.gov.cn/ztzl/70zncj/201909/t20190917_6328044.htm；中国农村网.新中国70年农业农村巨变（全文）[R/OL],[2020-08-09],http://www.crnews.net/xwn/htysj1/126528_20191115110716.html.

更加灵活。土地承包经营权可以通过转包、出租、互换、转让、股份合作等多种形式进行流转。农地权能更加完整。随着2014年中央1号文件的发布，中国承包地权利开始创造性地一分为三，即所有权、承包权和经营权在集体、农户和承包地经营者之间的"三权分置"。2018年农村土地承包法修正，标志着承包地"三权分置"制度改革正式在法律层面得以确认。

（三）集体建设用地使用制度更加规范

自2007年开始，我国法律规定集体土地使用权不得出让、转让或者出租用于非农建设，以严格控制集体建设用地使用权的流转范围。但是随着城镇化、工业化快速推进，用地需要不断扩张，原有集体土地制度已经阻碍了社会经济向前发展，对集体建设用地提出了新的要求。2015年国家决定将北京市大兴区等33个县（市、区）作为农村土地征收、集体经营性建设用地入市和宅基地管理制度改革试点单位（简称"三块地"改革试点），探索农村土地制度改革路径。截至2018年12月31日，试点取得阶段性成效，并将相关试点经验纳入2019年土地管理法的修正内容。

一是关于宅基地管理制度改革，主要体现在对以往宅基地"无偿无限期无流转"规定的重大突破，允许进城落户的农村村民依法自愿有偿退出宅基地，鼓励农村集体经济组织及其成员盘活利用闲置宅基地和闲置住宅，以及对"户有所居"的规定更加重视农民意愿，将宅基地审批权限下放至乡镇人民政府。二是关于集体建设用地流转制度改革，创新规定了农村集体土地可以与国有建设用地同地同权、同等入市，并着重强调了其入市的条件、途径、方式等具体安排，完善了我国土地用益物权体系。

（四）国有建设用地使用权市场化程度进一步提高

2007年颁布物权法、《招标拍卖挂牌出让国有建设用地使用权规定》，2008年《国务院关于促进节约集约用地的通知》等肯定了以招标、拍卖、挂牌为主要方式的公开竞价出让，实行有偿使用制度，并逐步提高土地出让的市场化程度。为加强和改善城市房地产市场的调控，2012年3月《国土资源部关于大力推进节约集约用地制度建设的意见》强调实行土地资源市场配置，发挥市场配置土地资源的基础性作用，缩小划拨供地范围，依据规划确定用途，通过市场竞争确定土地价格和用地者。

第二节 土地承包经营权

一、土地承包经营权的概念与特征

（一）土地承包经营权的概念

根据《民法典》第三百三十一条可以得知，土地承包经营权是指"土地承包经营权人依法对其承包经营的耕地、林地、草地等享有占有、使用和收益的权利"。

土地承包经营权制度是我国在特定历史时期土地制度变迁的特殊产物，是极具中国特色的法律制度之一。改革开放初期,为改变集体"大锅饭"的低能低效状况,充分激发和调动广大人民群众的生产积极性,我国在坚持农村土地归集体所有的基础前提下,将土地承包经营权从原来封闭的集体所有、集体经营的生产经营方式中剥离出来,实施家庭承包责任制,土地承包经营权的概念随之诞生。

但从20世纪80年代至2002年8月《中华人民共和国农村土地承包法》正式颁布的近20年时间里,在法律和法规、政策与学术著作中,土地承包经营权的具体称谓一直处于动态变化中:

(1) 称为"土地使用权"。1993年11月,中共中央、国务院颁布的《关于当前农业和农村经济发展的若干政策措施》中规定,经发包方同意,允许"土地使用权有偿转让"。

(2) 称为"土地承包使用权"。1994年彭万林[1]在其所著的《民法学》中称其为"土地承包使用权",以此与经营权范畴的企业承包经营权相区别开来。

(3) 称为"农业土地使用权"。1997年梁慧星[2]在其所著的《中国物权法研究》中称之为"农业土地使用权",他认为"承包经营"是典型债法范畴的概念,在实践中充满了歧义。

(4) 称为"永佃权"等。杨立新[3]认为"土地承包经营权"的称谓具有时代历史限制特征,又与国外通用法律概念不一致,不具备法律概念特性,建议以"永佃权"代替。

(5) 称为"土地承包经营权"。大部分学者认为应保留"土地承包经营权"的概念并以此作为统一称谓。土地承包经营权的概念具有中国历史特征,已被广大劳动人民群众及各级政府所接受,并且体现了法律和政策的稳定性、连续性,还体现了具有中国特色的物权法的内在规律等。2002年出台的《中华人民共和国农村土地承包法》在规定"国家实行农村土地承包经营制度"的同时,明确使用了"土地承包经营权"这一称谓,至此,"土地承包经营权"正式成为一个法律概念。

(二) 土地承包经营权的特征

土地承包经营权的性质为用益物权,其主要特征如下:

1. 身份性

2002年出台的《农村土地承包法》规定"农村土地承包采取农村集体经济组织内部的家庭承包方式",即具有本集体经济组织成员身份,才有资格对本集体经济组织所有的农村集体土地进行家庭承包。2018年修正后的《农村土地承包法》作出补充规定"国家保护进城农户的土地承包经营权。不得以退出土地承包经营权作为农户进城落户的条件",此项补充规定的目的是在城乡融合发展进程中,维护进城务工和落户农民的土地承包权益。

2. 财产性

《民法典》明确规定了土地承包经营权的用益物权属性,用益物权本身即是一项财产权利,因此土地承包经营权是以经济利益为内容的权利,具有明显的财产性特征。2018年修

---

[1] 彭万林.民法学[M].北京:中国政法大学出版社,1994.
[2] 梁慧星.中国物权法研究[M].北京:法律出版社,1998.
[3] 杨立新.论我国土地承包经营权的缺陷及其对策——兼论建立地上权和永佃权的必要性和紧迫性[J].河北法学,2000(1):5-13.

正的《农村土地承包法》中,新增了"承包方承包土地后,享有土地承包经营权,可以自己经营,也可以保留土地承包权,流转其承包地的土地经营权,由他人经营""承包方可以用承包地的土地经营权向金融机构融资担保,并向发包方备案"等条款,确立"三权分置""土地经营权流转和融资担保"等,进一步凸显土地承包经营权财产性的特征。

3. 可转让性及转让的限制性

2018年修正的《农村土地承包法》第三十四条规定"经发包方同意,承包方可以将全部或者部分的土地承包经营权转让给本集体经济组织的其他农户",表明土地承包经营权具有可转让的特征。但根据农业土地利用的有关法律法规,其转让具有如下的限制性:一是转让的期限不能超过承包剩余期限;二是转入方不得改变土地的农业用途;三是未经发包方同意,承包方不得擅自转让。

4. 期限性

在法律上土地承包经营权是一项有期限的物权,有明确的法定存续期限,耕地的承包期为三十年,草地的承包期为三十年至五十年,林地的承包期为三十年至七十年。2018年修正的《农村土地承包法》中增加了"耕地承包期满后可再延长30年,草地、林地承包期满后依照前款规定相应延长"的条款,进一步保证农村土地承包关系的长期稳定。

二、土地承包经营权的性质与内容

(一)土地承包经营权的性质

自土地承包经营权诞生之日起,学术界关于其权利性质的讨论始终众说纷纭,莫衷一是。2007年颁布的《中华人民共和国物权法》一锤定音,将土地承包经营权的权利性质定义为用益物权,结束了土地承包经营权的性质之争。但回顾和分析关于土地承包经营权性质的各种观点,有利于深入了解土地承包经营权的权利属性。现将有关土地承包经营权权利性质的典型观点梳理如下:

1. 债权说

陈祥健[①]等认为我国实行的家庭联产承包责任制,通过集体与农户签订联产承包合同,属债权关系、债权制度,因此基于联产承包合同所取得的土地承包经营权也应属于债权性质。

2. 社会保障权说

邓大才[②]等认为土地承包经营权与其他财产权利不同的是其生产资料的属性,农民通过对土地的投入可以满足基本的生存需求,因此农村承包地承担了一定的社会保障职能,具有社会保障性质。

3. 成员权说

巩固[③]认为土地承包经营权具有一定的身份属性,其取得主体通常仅局限于集体经

---

① 陈祥健.《农村土地承包法》草案若干问题的思考[J].法学,2001(9):52—54,60.
② 邓大才.农村承包土地的性质、局限与制度规范[J].云南财贸学院学报,2001(2):31—33.
③ 巩固.农村土地承包金法律问题研究[J].法学,2003(3):99—105.

组织内部成员,集体内部成员"人人有份",彰显了土地承包经营权中的身份性特征。

4. 物权债权混合权说

陈煜①等学者认为土地承包经营权是我国民事基本法所确认的一种他物权,具有物权的某些特征,但承包经营合同的订立本身是一种债权行为又具有债权性质,因此是一种混合权利,兼具物权债权属性。

5. 物权说

丁关良②等认为土地承包经营权的标的是土地,且土地承包方可以对所承包的土地进行管理、支配、收益和排他干涉,具有追及效力等,符合物权所具有的基本特征的全部内容,因此土地承包经营权是一种物权。

(二) 土地承包经营权的内容

土地承包经营权法律关系的构成包括主体、客体和内容。作为物权,土地承包经营权的内容必须具有法定的性质和意义,这主要是通过物权法或其他特别法规定土地承包经营权的基本权利义务体现出来。结合现行的土地承包经营权相关法律和法规内容,土地承包经营权主要包含以下几种权能:

1. 经营自主权

经营自主权,也称经营决策权。它是指承包方有权自主组织农业生产经营活动,在法律法规的框架内,自主决定种植作物、种植面积,或者安排畜牧业项目。2018年修正的《农村土地承包法》新增了"承包方承包土地后,享有土地承包经营权,可以自己经营,也可以保留土地承包权,流转其承包地的土地经营权,由他人经营"的条款,进一步强化了经营自主权。

2. 收益权

它是指承包方对自己承包经营集体土地所产生的收益——农牧渔产品拥有占有、使用、收益的权利。

3. 部分处分权

它是指承包方对其占有和利用集体土地从事农业生产经营活动的权利依法享有的处分的权能,主要包括出租、转让、转包、互换、入股、抵押等。但其处分权受法律规定和合同约定的制约,土地承包经营人只享有受限制的处分权,即部分处分权。

4. 征收征用的补偿权

它是指承包方在基于公共利益的土地征收中,所享有的要求国家对其给予公平补偿特别是合理补偿的权利。

5. 单方解除权

它是指承包方在符合法律规定的条件下,对土地经营权流转合同可作出单方解除。单方解除权是在土地承包经营权"三权分置"背景下新增的权能,旨在维护承包方的合法权益。

---

① 陈煜,彭俊瑜.对于完善我国土地承包经营权的几点思考——兼论建立地上权和永佃权的概念考证[J].甘肃农业,2005(8):32—33.

② 丁关良.农村土地承包经营权性质的探讨[J].中国农村经济,1999(7):23—30.

2018年《农村土地承包法》修正后新增第四十二条"承包方不得单方解除土地经营权流转合同,但受让方有下列情形之一的除外:①擅自改变土地的农业用途;②弃耕抛荒连续两年以上;③给土地造成严重损害或者严重破坏土地生态环境;④其他严重违约行为"。

6. 其他权利

此外,土地承包经营权的权能还包括地役权、相邻权、继承权等。

三、土地承包经营权的行使与保护

(一)土地承包经营权的行使

土地承包经营权的行使,主要包括以下内容:

1. 行使主体

2002年出台的《农村土地承包法》规定土地承包经营权的行使主体为集体经济组织内部成员,2018年修正后的《农村土地承包法》赋予进城落户农户的土地承包经营权,扩展了行使主体的范畴。

2. 行使客体

土地承包经营权的行使客体包括农民集体所有和国家所有依法由农民集体使用的耕地、林地、草地,以及其他依法用于农业的土地,不宜采取家庭承包方式的荒山、荒沟、荒丘、荒滩等农村土地不在土地承包经营权的行使客体范围内。

3. 行使方式

承包方获得土地承包经营权后,依法对所承包的土地进行使用、收益、互换、转让、流转等方式,具体实现土地承包经营权的权能。

4. 行使期限

2002年出台的《农村土地承包法》规定:"耕地的承包期为三十年。草地的承包期为三十年至五十年。林地的承包期为三十年至七十年。"2018年,《农村土地承包法》修正时新增了"前款规定的耕地承包期届满后再延长三十年,草地、林地承包期届满后依照前款规定相应延长",土地承包关系继续朝着稳定、长久的方向前进。

5. 行使限制

权利限制是指立法机关为界定权利边界而对权利的客体和内容等要素以及对权利的行使所作的约束性规定。土地承包经营权的行使限制,集中体现在2018年修正后的《农村土地承包法》第十八条中,即承包方"维持土地的农业用途,未经依法批准不得用于非农建设;依法保护和合理利用土地,不得给土地造成永久性损害;履行法律、行政法规规定的其他义务等"。

(二)土地承包经营权的保护

2018年修正后的《农村土地承包法》第二章第四节对保护土地承包经营权作出了具体规定,主要内容如下:

(1)承包期内,发包方不得收回承包地,新增条款"国家保护进城农户的土地承包经营权。不得以退出土地承包经营权作为农户进城落户的条件",从法律层面对进城落户农户土地承包经营权的权益进行了保障。

（2）承包期内，发包方不得调整承包地。其主要目的在于稳定土地承包关系、保障农户对土地进行中长期土地投资的积极性等。

（3）利用机动地等调整承包土地或者承包给新增人口。

（4）保护妇女的土地承包经营权。承包期内，妇女结婚，在新居住地未取得承包地的，发包方不得收回其原承包地等。

（5）承包期内，承包方可以自愿将承包地交回发包方。承包方自愿交回承包地的，可以获得合理补偿。

（6）承包人应得的承包收益，依照继承法的规定继承等。

四、农村承包地三权分置探索

根据《中共中央办公厅 国务院办公厅关于完善农村土地所有权承包权经营权分置办法的意见》（中办发〔2016〕67号），土地承包经营权三权分置是指"将土地承包经营权分为承包权和经营权，实行所有权、承包权、经营权分置并行"，落实集体所有权，稳定农户承包权，放活土地经营权，充分发挥"三权"的各自功能和整体效用，形成层次分明、结构合理、平等保护的格局。2021年3月1日施行的《农村土地经营权流转管理办法》（简称《办法》）中对农村承包地三权分置有相关规定。

（一）落实集体所有权

《办法》第二条：土地经营权流转应当坚持农村土地农民集体所有、农户家庭承包经营的基本制度。第三条：土地经营权流转不得改变承包土地的所有权性质和农业用途，始终坚持农村土地农民集体所有是落实和稳定农村承包地集体所有权的基本前提。

（二）稳定农户承包权

《办法》第二条：保持农村土地承包关系稳定并长久不变，遵循依法、自愿、有偿原则，任何组织和个人不得强迫或者阻碍承包方流转土地经营权。第三条：土地经营权流转不得损害农村集体经济组织和利害关系人的合法权益，不得破坏农业综合生产能力和农业生态环境。第六条：承包方在承包期限内有权依法自主决定土地经营权是否流转，以及流转对象、方式、期限等。第七条：土地经营权流转收益归承包方所有，任何组织和个人不得擅自截留、扣缴。第十五条：承包方依法采取出租（转包）、入股或者其他方式将土地经营权部分或者全部流转的，承包方与发包方的承包关系不变，双方享有的权利和承担的义务不变。这些规定，无一不体现出对农户承包权的尊重和保护。

（三）放活土地经营权

《办法》第九条给出了土地经营权主体的范围，即土地经营权流转的受让方应当为具有农业经营能力或者资质的组织和个人。在同等条件下，本集体经济组织成员享有优先权。现实中，土地经营权不仅主体灵活多样，而且土地经营权流转的方式、期限、价款和具体条件，由流转双方平等协商确定（第十条），甚至受让方可将流转取得的土地经营权再流转以及向金融机构融资担保（第十二条）。

《办法》第二十条明确规定了终止、收回土地经营权的情形。承包方不得单方解除土地经营权流转合同，但受让方有下列情形之一的除外：①擅自改变土地的农业用途；②弃耕抛荒连续两年以上；③给土地造成严重损害或者严重破坏土地生态环境；④其他严重违约行为。有以上情形，承包方在合理期限内不解除土地经营权流转合同的，发包方有权要求终止土地经营权流转合同。受让方对土地和土地生态环境造成的损害应当依法予以赔偿。

农村承包地"三权分置"是现阶段深化农村土地制度改革、顺应农民意愿、推进农业现代化的又一重大制度创新，是农村基本经营制度的自我完善，符合生产关系适应生产力发展的客观规律，展现了农村基本经营制度的持久活力。农村承包地"三权分置"改革和探索主要有以下几方面意义：①有利于明晰土地产权关系，更好地维护农民集体、承包农户、经营主体的权益，落实"三权分置"制度，确保农地农用；②有利于促进土地资源合理利用，构建新型农业经营体系，发展多种形式适度规模经营，提高土地产出率、劳动生产率和资源利用率，推动现代农业发展，保障国家粮食安全；③有利于实现社会公平，有利于推动新型工业化、信息化、城镇化、农业现代化同步发展，维护农村社会和谐稳定。

第三节 建设用地使用权

一、建设用地使用权的概念与特征

（一）建设用地使用权的概念

根据《民法典》第三百四十四条的规定，建设用地使用权人依法对国家所有的土地享有占有、使用和收益的权利，可以利用该土地建造建筑物、构筑物及其附属设施。建设用地使用权可以在土地的地表、地上或者地下分别设立。将建设用地使用权的客体从平面发展到立体空间。建筑物是指人工建造的供人们进行生产、生活等活动的房屋或场所，如各种房屋；构筑物是指一般不直接在里面进行生产和生活活动的工程建筑，如道路、桥梁、隧道等。附属设施是指附属于建筑物和构筑物的其他建筑物，如各种自来水、天然气、电力以及通信设施。由此可知，建设用地使用权，是指公民、法人或其他组织依法对国有土地享有的占有、使用、收益并排斥他人干涉的权利。

在我国，城市土地属于国有，但国家并不直接利用土地从事经营等活动。要最大限度地发挥土地的效益，实现土地资源的优化配置，促进市场经济的繁荣和发展，国家就必须通过设立建设用地使用权，从而将国有土地交给自然人、法人或其他组织来利用。我国民法典所规定的建设用地使用权，专指对国有土地的使用权。

（二）建设用地使用权的特征

建设用地使用权区别于土地承包经营权和宅基地使用权。虽然这三种权利都是对土地进行利用的权利，但这些权利的目的是不同的，建设用地使用权的目的是在国有土地上建造房屋等建筑物、构筑物及附属设施,宅基地使用权的目的是在农村集体经济组织所有的土地上为其成员建造住宅,土地承包经营权的目的是从事农业生产。基于此,建设用地使用权具有以下特征:

1. 特定性

《民法典》第三百四十四条将建设用地使用权的客体限于国有土地,因而只能在国有土地之上才能设立建设用地使用权。不仅如此,《民法典》第三百六十一条规定:"集体所有的土地作为建设用地的,应当依照土地管理的法律规定办理。"

2. 特殊性

建设用地使用权的内容重点在"建设"二字上。建设,是指利用国有土地建造建筑物、构筑物及其附属设施,权利人建造的建筑物,可能是工业用房、商业用房、住宅用房等。不管建设用地使用权上的建筑物是何用途,它们都属于建设用地使用权的范围,权利人之所以能对特定的土地享有占有、使用、收益的权利,都是围绕"建设"的需要而产生的。

3. 期限性

根据《中华人民共和国城镇国有土地使用权出让和转让暂行条例》第十二条的规定可知,土地的用途不同,土地使用权出让的期限也将不同。凡是通过出让方式设立的建设用地使用权都是有期限的物权,且国有土地出让金的数额与出让年限是紧密联系的。建设用地使用权期限一般都比较长,这是出于对建设用地使用权人从事长期的投资开发经营活动的考虑,需要建设用地使用权具有相对稳定性。

4. 自由流转

建设用地使用权作为一种典型的用益物权,权利人取得该权利不受身份的限制,尤其是该权利可以依法自由转让,而且该权利可以抵押、出租或继承。此外,划拨建设用地使用权的取得是无偿的,而且往往是为了公共利益的需要而设立的,所以其流转要受到限制,即使可以流转,也必须补交土地出让金。

二、建设用地使用权的性质与内容

(一) 建设用地使用权的性质

建设用地使用权是民法典中具有重要地位的一类用益物权,在我国物权立法的过程中,对于是否采用"建设用地使用权"的概念,曾经出现了激烈的争论,形成了"土地使用权说""地上权说""基地使用权说"几种不同的观点。通过对这几种观点的了解,可以深刻认识建设用地使用权的性质。

1. 土地使用权说

有学者认为,物权法应当采用土地使用权的概念,主要是因为中国的土地使用权与大陆法系中的地上权是不同的,二者存在重大区别。

2. 地上权说

地上权是因建筑物或其他构筑物而使用国家或集体土地的权利,通常可独立进行一定程度的处分。因建设用地使用权可以独立于所有权进行一定程度的处分,对特定土地进行转让、互换、出资、赠与、抵押等行为,可采用"地上权"这一说法。

3. 基地使用权说

梁慧星认为中国土地使用权相当于大陆法中的地上权,但考虑到我国习惯问题,拟称为基地使用权。基地使用权是指在他人所有的土地上建造建筑物或其他附着物而使用他人土地的权利。

(二)建设用地使用权的内容

建设用地使用权法律关系的构成包括主体、客体和内容。内容是建设用地法律关系中最基本的要素,即建设用地使用权人享有的权利,主要包括以下几种:

1. 占有、使用和收益的权利

建设用地使用权人享有用益物权的各项权能。建设用地使用权人依法对特定的土地进行占有,按照合同约定的期限和用途等对土地进行合理的使用,通过建设行为获得土地的使用价值,满足自己的各项需求,并获取土地之上的收益。

2. 保有权

《民法典》第三百五十二条规定:"建设用地使用权人建造的建筑物、构筑物及其附属设施的所有权属于建设用地使用权人,但是有相反证据证明的除外。"这表明建设用地使用权人享有保有建筑物、构筑物及其附属设施所有权的权利。既然建设用地使用权是以保存建筑物或其他工作物为目的,则其必须与建筑物共命运,建设用地使用权转让、互换、出资或者赠与的,附着于该土地上的建筑物、构筑物及其附属设施一并处分。

3. 处分权

《民法典》第三百五十六条规定:"建设用地使用权转让、互换、出资或者赠与的,附着于该土地上的建筑物、构筑物及其附属设施一并处分。"第三百五十七条规定:"建筑物、构筑物及其附属设施转让、互换、出资或者赠与的,该建筑物、构筑物及其附属设施占用范围内的建设用地使用权一并处分。"表明处分权具有房地一体化特征。

4. 自动续期

《民法典》第三百五十九条规定:"住宅建设用地使用权期限届满的,自动续期。续期费用的缴纳或者减免,依照法律、行政法规的规定办理。"也就是说,无须权利人申请,法律即自动延长该权利的期限。但对于非住宅建设用地使用权期限届满后的续期,依照法律规定办理。该土地上的房屋以及其他不动产的归属,有约定的,按照约定;没有约定或者约定不明确的,依照法律、行政法规的规定办理。

三、建设用地使用权的行使与保护

(一)建设用地使用权的行使

1. 行使主体

从权利主体方面看,不同类型的建设用地使用权的主体的身份不同。例如,行政划拨的建设用地使用权的主体,限于国家机关、有关人民团体、军事部门、有关事业单位、某些公司;出让的建设用地使用权主体是自然人、股份公司、中外合资经营企业、中外合作经营企业、外商独资企业等。此外,集体土地上的建设用地使用权的主体,主要为乡镇企业或村集体,不能是农民、国家机关、军事部门等。

2. 行使客体

建设用地使用权行使的客体是国家所有的土地,包括工业用地、住宅用地、商业用地、基础设施用地等。从权利客体的所有制性质方面看,建设用地使用权的客体原则上为国有土地,在兴办乡镇企业、建设乡(镇)村公共设施和公益事业等情况下,经依法批准,可以是集体所有的土地。从发展趋势看,集体所有的土地作为建设用地的领域会有所扩大。

3. 行使方式

国家作为土地所有权人与使用权人之间通过出让、划拨等方式将土地的占有、使用和收益的权利转移给使用权人,由使用权人在其之上建造建筑物、构筑物及其附属设施。

4. 行使期限

针对出让建设用地使用权,《中华人民共和国城镇国有土地使用权出让和转让暂行条例》根据不同行业和经营项目的实际需要,规定各类土地用途使用权出让的最高年限为:①居住用地七十年;②工业用地五十年;③教育、科技、文化、卫生、体育用地五十年;④商业旅游、娱乐用地四十年;⑤综合或者其他用地五十年。

(二)建设用地使用权的保护

建设用地使用权保护的主要内容如下:

1. 建设用地使用权取得的方式

《民法典》第三百四十七条规定:"设立建设用地使用权,可以采取出让或者划拨等方式。工业、商业、旅游、娱乐和商品住宅等经营性用地以及同一土地有两个以上意向用地者的,应当采取招标、拍卖等公开竞价的方式出让。严格限制以划拨方式设立建设用地使用权"。在民法典颁布实施前,现行法律对建设用地的取得方式已有明确的规定,即有偿出让和无偿划拨这两种方式。《民法典》再次对此做出明确的规定,实际是对我国土地法律制度及现行土地政策的肯定和延续。应当注意的是,《民法典》对建设用地使用权的取得方式做了弹性规定,即规定为可以出让或划拨"等"方式设立。也就是说,除了出让和划拨方式以外,还可能有其他方式,如国有土地租赁、国有土地使用权作价出资或者入股等。

2. 建设用地使用权出让合同

《民法典》第三百四十八条规定,通过招标、拍卖、协议等出让方式设立建设用地使用权的,当事人应当采用书面形式订立建设用地使用权出让合同。建设用地使用权出让合同一般包括下列条款:①当事人的名称和住所;②土地界址、面积等;③建筑物、构筑物及其附属设施占用的空间;④土地用途、规划条件;⑤建设用地使用权期限;⑥出让金等费用及其支付方式;⑦解决争议的方法。根据上述法律规定,只要以出让方式取得国有土地使用权,都应当签订建设用地使用权出让合同,这是法律强制性的规定。民法典所规定的建设用地使用权出让合同,是建设用地使用者为获取建设用地使用权与国家签订的具有民事权利义务关系的协议,国家作为土地所有人且为建设用地使用权出让方与建设用地使用权受让方为平等的民事主体,因此,建设用地使用权出让合同属于调整平等主体之间物权关系的民事合同。民法典将建设用地使用权出让合同的双方定义为平等主体更有利于保护土地使用权人

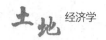

的利益,发挥土地的使用功能。

3. 建设用地使用权的公示原则

《民法典》第三百四十九条规定:"设立建设用地使用权的,应当向登记机构申请建设用地使用权登记。建设用地使用权自登记时设立。登记机构应当向建设用地使用权人发放权属证书。"建设用地使用权的客体是国有土地,而土地属于不动产。因此,使用权人应当向登记机构申请设立登记,并经登记后产生物权的法律效力。只有办理了设立登记手续,并将土地使用权的内容记载于登记机构的不动产登记簿,才取得了建设用地的使用权,才能在该土地上建造建筑物、构筑物及其附属设施。

4. 建筑物、构筑物及其附属设施的原始取得

《民法典》第三百五十二条规定:"建设用地使用权人建造的建筑物、构筑物及其附属设施的所有权属于建设用地使用权人,但是有相反证据证明的除外。"这是对建设用地上形成的建筑物等不动产权属的规定。此外,在依法取得的房地产开发用地上建成房屋的,应当凭土地使用权证书向县级以上地方人民政府房产管理部门申请登记,由县级以上地方人民政府房产管理部门核实并颁发房屋所有权证书。因此,土地使用权人在完成了建筑物等不动产建设后,就有权凭建设用地使用权证书申请不动产登记,取得该不动产的所有权,法律推定其享有该不动产的所有权。这就是建筑物、构筑物及其附属设施的原始取得。

第四节 宅基地使用权

一、宅基地使用权的概念与特征

(一) 宅基地使用权的概念

根据《民法典》第三百六十二条,宅基地使用权是指宅基地使用权人依法对集体所有的土地享有占有和使用的权利,可以依法利用该土地建造住宅及其附属设施。农民宅基地由农户提出申请,村集体经济组织(或村民委员会)依据农户家庭人口状况,经当地县(市)政府审批,按照统一标准分配给农民长期无偿使用。宅基地使用权是我国特有的一种用益物权形式,取得宅基地使用权是权利人居住、生活的基本保障。

(二) 宅基地使用权的特征

现行的宅基地使用权有别于一般物权,是一种不稳定、不完全、有条件的、受限制的用益物权。我国农村长期实行传统农业社会原始意义的土地保障制度,包括农村宅基地在内的农村土地承载着保障农民基本生活的特殊功能,具有极强的社会保障性。农村宅基地使用权具有以下显著特征:

1. 身份性

2019 年修正的《土地管理法》中的有关规定将农村宅基地使用权的主体限定在"农村村民",且为以家庭为单位的"户";并不得批准城镇居民占用农民集体土地建设住宅。鉴于农民的住房和

宅基地使用权涉及农民最为基本的生存条件,且在"一户只能拥有一处住宅",宅基地面积不得超过省、自治区、直辖市规定的标准下,农户原则上仅有一次机会获得一处宅基地使用权。一般来说,宅基地使用权具有成员权性质,只有本集体成员才能依法申请获得宅基地使用权。

2. 特殊性

中华人民共和国成立以后,我国在相当长的时期内还保留了城镇居民宅基地使用权,但1986年《土地管理法》颁布之后,城镇居民的宅基地使用权已逐渐消失,取而代之的是建设用地使用权。所以,宅基地使用权只能是在集体土地上设定的一种用益物权,只有集体经济组织才有权设立此权利。

3. 无偿性

宅基地使用权的取得和享有,无须支付任何对价。

4. 无期限性

宅基地使用权无期限限制,农户拥有继承权,只要该农户存在,就享有宅基地使用权。

5. 限制性

宅基地使用权的流转受到严格的限制。现行法律规定,宅基地本身不能转让,宅基地之上房屋的转让也只能在集体经济组织成员间进行。

二、宅基地使用权的性质与内容

(一) 宅基地使用权的性质

《民法典》已明确,宅基地使用权是用益物权。在此之前,学术界对宅基地使用权性质的争议可以分为以下三类:

1. 地上权说

房绍坤等认为土地使用权与地上权没有差别,在概念和制度构建上完全可以照搬地上权,并主张以现行的国有土地使用权、农村土地使用权、宅基地使用权以及国家或集体山岭、荒地、草原、滩涂造林权为基础,创建统一的地上权制度。

2. 我国特有用益物权说

王卫国指出土地使用权是一种新型的用益物权,虽然在某些方面与地上权有相同之处,但这并不说明它们之间有着本质上的一致性。

3. 人役权说

关涛认为农村宅基地使用权具有生存权属性,在立法目的、属性、权利的构成等方面相较于地上权而言,它更接近于人役权。它是为广大农民的生存利益而设定的权利,具有极强的社会福利性。

(二) 宅基地使用权的内容

我国农户宅基地产权制度经历了由农户拥有所有权向集体拥有所有权、农户拥有使用权转变,在此过程中,农户拥有使用权的权能也经历了从大(完全私有)到小(仅拥有使用权)再变大(转为用益物权)的过程,现行法律框架下,宅基地使用权主要内容有以下几点:

1. 占有、使用宅基地

占有权,对宅基地的独占权,任何组织和个人均不得非法干预或剥夺其宅基地的使用权。使用权,除了建造房屋外,宅基地使用权人在其主要住宅建筑外、宅基地范围内,可自行建设其他生产或生活需要的建筑和设施。

2. 有限处分权

在现行政策框架下,宅基地使用权仅能在本集体经济组织内部随同住宅所有权一同流转,不得向本集体经济组织之外流转,也不得抵押。宅基地使用权仅有极为有限的处分权,其身份属性至为明显。

3. 重新分配权

《民法典》第三百六十四条规定:"宅基地因自然灾害等原因灭失的,宅基地使用权消灭。对失去宅基地的村民,应当依法重新分配宅基地。"

4. 退出权

《土地管理法》第六十二条规定:"国家允许进城落户的农村村民依法自愿有偿退出宅基地,鼓励农村集体经济组织及其成员盘活利用闲置宅基地和闲置住宅。"明确要求要尊重农民的意愿、保障农民的宅基地财产权利和保持社会稳定。

三、宅基地使用权的行使与保护

(一)宅基地使用权的确权登记

对宅基地使用权进行确权登记,有利于明晰宅基地的产权,减少因宅基地权属争议引发的各种社会矛盾。宅基地确权登记的目的不仅是为了发证,保障宅基地使用权规范行使等后续的工作才是国家的重点。加快推进宅基地确权登记发证是维护农民合法权益,促进农村社会秩序和谐稳定的重要措施,是深化农村改革,促进城乡统筹发展的产权基础。2020年5月14日,《自然资源部关于加快宅基地和集体建设用地使用权确权登记工作的通知》(自然资发〔2020〕84号)印发,对宅基地"一户多宅",缺少权属来源资料,超占面积,权利主体认定等复杂情况做出了明确规定,规范了宅基地确权登记工作内容。

(二)宅基地使用权的行使

1. 行使主体

《土地管理法》第六十二条规定:"农村村民一户只能拥有一处宅基地,其宅基地面积不得超过省、自治区、直辖市规定的标准。"因此,宅基地使用权行使的主体限于集体经济组织的内部成员。

2. 行使客体

宅基地使用权行使的客体是集体所有的土地,且必须是非耕地,任何组织和个人都不得擅自将耕地变为宅基地。

3. 行使方式

宅基地权利人取得宅基地后,依法利用宅基地建造住宅及其附属设施。

4. 行使期限

宅基地使用权具有社会福利性质,关系到广大农村集体经济组织成员的基本生存和居住问题,法律对宅基地未设明确的期限限制,能够最大限度地保障权利人的基本生存条件。

5. 行使限制

宅基地使用权人不得擅自变更宅基地用途,严格按照批准的面积利用宅基地。我国现行法律禁止宅基地使用权转让、抵押、出租。农村村民出卖、出租住房后,再申请宅基地的,不予批准。

(三) 宅基地使用权的保护

宅基地使用权的保护问题涉及全国9亿农民"安身立命"之本及攸关社会和谐稳定,国家政策和立法一直从严保护农民宅基地使用权,相关规定如下:

1. 责令停止侵害

农民宅基地使用权权益受到他人不法侵害,如侵权人在相邻权利人的宅基地上挖井、挖沟排水,而导致权利人房基下陷,房屋倾斜等,权利人可诉诸人民法院责令侵权人停止侵害。

2. 排除妨碍

权利人受到他人非法妨碍,该妨碍行为虽然没有直接损害权利人的房产、宅基地,但使权利人不能正常行使其占有、使用、收益、处分的权能,如在权利人房屋、宅基地附近的房屋土地上垒墙、挖坑、堆物,阻碍权利人正常通行;他人的房屋或其他建筑物、构筑物影响权利人的房屋通风、采光等,权利人可依法诉请法院排除妨碍,消除不法行为。

3. 消除危险

当行为人的行为可能对宅基地使用权人的土地房屋造成损害时,如深挖行为有可能导致权利人房屋倒塌,或危险建筑物可能砸毁或损坏权利人房产,或在他人宅基地旁从事易燃易爆、严重污染等高度危险作业威胁他人生活的,权利人可诉请人民法院,责令行为人或危险物主消除危险。

4. 恢复原状

当权利人的土地、房屋等建筑物被他人损坏、拆除或变更物质形态时或未经土地使用权人同意,便非法在权利人的土地上建房、挖坑的,权利人可诉请人民法院责令侵害人恢复原状。

5. 赔偿损失

当权利人的房屋等建筑物或宅基地受到他人不法侵害造成损失而又无法恢复原状时,被侵害人可诉请人民法院责令侵害人赔偿损失。

四、宅基地制度改革探索

自改革开放尤其是进入21世纪以来,我国工业化、城镇化进程加快推进,中国正在实现从"乡土中国"向"城乡中国"的历史转型,近年来外出务工、进城定居的农民不断增加,进城农民"人地分离""进城留宅"现象愈演愈烈,导致农村宅基地及农房闲置、废弃及低效利用呈加剧态势,违背了土地节约集约利用的原则。如何盘活利用农村宅基地、挖掘农村存量建设用地利用潜力,以实现农村建设用地集约高效利用、保障城乡发展用地需求,亟须进行宅基

地制度改革。

党的十八届三中全会以来,中央以完善宅基地用益物权、凸显宅基地财产属性为导向不断为宅基地使用权流转解禁松绑。2013 年起尝试农民住房财产权抵押、担保和转让的可行做法,2015 年 4 月在全国 15 个区域设立宅基地改革试点,开始了第一轮改革试点的尝试,并且取得了较好的成果。

一是放活宅基地使用权,实行有偿使用,鼓励多种方式盘活经营闲置宅基地。在北京、上海等试点,利用闲置住宅和宅基地,发展符合乡村特点的产业,比如休闲农业、乡村旅游、餐饮民宿、文化体验等产业。浙江等地试点,采取整理、复垦、复绿等方式,开展农村闲置宅基地整治,依法依规利用城乡建设用地增减挂钩、集体经营性建设用地入市等政策。

二是赋予农户宅基地退出权,允许符合条件的农户退出宅基地,创新宅基地多元化退出机制。其中宁夏平罗形成了将宅基地使用权、房屋所有权、土地承包经营权和成员权相结合的退出机制;江西余江表现出将无偿退出与有偿退出相结合的特点;四川泸县表现出部分农户可以免费入住安置房、带地进城的特征;安徽金寨表现出以地方政府为主导的层级制特征。浙江义乌形成了以各类住房补偿为主,保障异质性农户的差异化住房需求,实现农户集中居住的退出机制。

2020 年 6 月 30 日,中央全面深化改革委员会第十四次会议审议通过了《深化农村宅基地制度改革试点方案》,强调进一步放活宅基地使用权,意味着将在总结此前改革经验的基础上,对全面深化宅基地制度改革作出新一轮部署。随后,中央农办、农业农村部批复了全国 104 个县(市、区)和 3 个设区市为新一轮农村宅基地制度改革试点地区,标志着农村宅基地制度改革试点进入全面深化阶段。

第五节 | 地役权

一、地役权的概念与特征

(一) 地役权的概念

根据《民法典》第三百七十二条,地役权是指地役权人有权按照合同约定,利用他人的不动产,以提高自己的不动产效益的权利。他人的不动产为供役地,自己的不动产为需役地。虽然地役权独立于建设用地使用权、土地承包经营权、宅基地使用权,但地役权在性质上仍属于用益物权的范畴。第一,地役权是按照当事人的约定设立的用益物权。第二,地役权是存在于他人不动产上的用益物权。第三,地役权是为了需役地的便利而设立的用益物权。

(二) 地役权的特征

1. 从物权

地役权是为需役地人的利益而设定的,其目的是满足需役地人的实际需要。

2. 用益物权

地役权是为了自己的方便和利益而取得的权利。

3. 他物权

地役权是预定在他人提供的役地上的权利,具有限制地役权利的作用。

4. 协作关系

地役权实际上是在需役地人与供役地人之间发生的互有权利、义务的一种协作关系,但地役权与相邻权不同,地役权是由当事人设定的。

5. 协商确定

设立地役权应当按照法律规定或习惯,由当事人协商确定。可以是有偿的,也可以是无偿的。如有必要在供役地上建立设施时,应当选择对供役地损害最小的办法。建立设施及修缮等,是一方负担、共同使用,还是共同负担、共同使用,应协商解决。

二、地役权的性质与内容

(一) 地役权的性质

民法典在法律上采用了"地役权"的概念,这是借鉴大陆法系国家的立法经验的结果:

(1) 从古罗马到现代,大陆法系各国民法普遍采用了"地役权"的概念。在我国,地役权的最早规定可以溯源到我国近代变法修律时的《大清民律草案》。地役权毕竟是大陆法传统的概念,其用语比较精准。

(2) 这一概念也准确概括了不动产权利人利用他人不动产的财产利用方式。在现代社会,地役权越来越重要,随着时代的发展,地役权的内容和适用范围都不断扩大。尤其是随着我国市场经济的发展,为了更有效率地利用有限的自然资源,促进资源的优化配置,需要采纳地役权这一用益物权制度。

1. 以地役权的内容为标准可将地役权分为以下类型

(1) 通行地役权。是指以在他人土地上通行以便到达自己土地为目的的地役权。

(2) 眺望地役权。是指为了确保在自己的土地或建筑物中能眺望风景,约定供役地的物权人不得建造或种植超过一定高度的建筑物或竹木的权利。

(3) 采光地役权。是指为了改善自己的土地或建筑物中能够眺望风景,约定供役地的物权人在一定的区域不得建造建筑物或种植竹木,或者建筑物、竹木不得超出一定高度的权利。

(4) 支撑地役权。是指利用他人已经建成的墙壁搭建房屋或其他地上定着物的权利,设立此种地役权往往是为了节省建筑成本或是为了扩大房屋的使用面积。

(5) 放牧地役权。是指按照约定在供役地上放牧牛、马、驴等牲畜的地役权。

(6) 建造附属设施或安设临时附着物的地役权。需役地的物权人为了更好地利用自己的土地或建筑物,可以与供役地的物权人协商,支付一定的对价,取得一项在供役地建造附属设施或安设临时附着物的地役权。

(7) 排污地役权。是指在生产过程中需要排放污染物的企业,尽管其营业可能已经获取环保部门的行政许可,但此种排污行为客观上会给相邻不动产的利用造成损害或不便,企业可以与相邻不动产物权人订立契约，支付对价，获得一项排污地役权。

2. 地役权人的权利

（1）对供役地利用的权利。以使用供役地为内容的地役权被设立后，地役权人即有权使用供役地，但必须按照合同约定的利用目的和方法使用，尽量减少对供役地权利人物权的限制。

（2）实施必要的附随行为、设置并保有必要的设施的权利。地役权人因行使或维持其权利，有权为必要的随附行为设置一些设备。所谓必要的随附行为，是指为达到地役权目的或实现其权利内容所必需的随附行为，如取水地役权场合为达到取水目的而通行于供役地的行为。

（3）优先权。地役权人对供役地的使用并不具有独占性，地役权人既可以与供役地权利人共同使用供役地，也会因供役地上可设立多个地役权而与数个地役权人共同使用同一供役地。当地役权人和供役地权利人在使用供役地上发生冲突时，原则上依双方当事人的约定处理；若无约定，则应贯彻地役权的效力优于供役地权利的效力的原则。

（4）物权请求权。在地役权受到妨害或侵害时，地役权人可以基于本权行使妨害防止请求权以及妨害排除请求权。

三、地役权的行使与保护

（一）地役权的行使

1. 行使主体

地役权是各类需役地人所享受的权利，与此相适应，在我国地役权的主体具有相当的广泛性，除了土地所有权人之外，建设用地使用权人、土地承包经营权人、宅基地使用权人等他物权人都可以成为地役权的行使主体。

2. 行使客体

在我国，地役权的客体具有鲜明的特征。首先，地役权必须在他人的不动产上设立负担而不能在自己的不动产上设立。所以地役权无法脱离供役地而单独存在，即地役权是以供役地所有权或者使用权为基础的。其次，地役权的客体不仅包括所有权，还包括各种用益物权等。这是因为我国实行土地公有制，土地的使用权和所有权相分离导致对土地的利用多由土地使用权人进行。最后，地役权还可以存在于他人不动产上下的空间。

3. 行使方式

地役权是基于当事人的约定设立的，需要通过合同的方式转移。

4. 行使期限

《民法典》虽然允许当事人自行约定地役权的期限，但也有相应的限制。当事人不能在合同中约定无期限的地役权，否则就改变了他物权的性质。此外，当事人约定的期限要以主权利的期限为限。《民法典》第三百七十七条规定："地役权期限由当事人约定；但是，不得超过土地承包经营权、建设用地使用权等用益物权的剩余期限。"如果超过该期限，超过部分的地役权是无效的。

5. 行使限制

地役权不得单独转让。土地承包经营权、建设用地使用权等转让的，地役权一并转让，但是合同另有约定的除外。地役权不得单独抵押。土地经营权、建设用地使用权等抵押的,在实现抵押权时,地役权一并转让。

(二) 地役权的保护

地役权自地役权合同生效时设立。当事人要求登记的,可以向登记机构申请地役权登记;未经登记,不得对抗善意第三人。供役地权利人应当按照合同约定,允许地役权人利用其不动产,不得妨害地役权人行使权利。供役地以及供役地上的土地承包经营权、建设用地使用权等部分转让时,转让部分涉及地役权的,地役权对受让人具有法律约束力。地役权人有违反法律规定或者合同约定,滥用地役权的或者有偿利用供役地,约定的付款期限届满后在合理期限内经两次催告未支付费用的,供役地权利人有权解除地役权合同,地役权消灭。

本章小结

　　土地用益物权制度的建立是随着我国社会主义市场经济不断发展,模糊不清的土地使用权制度逐步向用益物权制度转变,标志着土地资源市场配置机制不断完善。主要包括土地承包经营权、建设用地使用权和宅基地使用权等。本章在介绍中国土地用益物权概念、特征、发展历程的基础上,分别对土地承包经营权、建设用地使用权、宅基地使用权、地役权四种典型的土地用益物权的概念与特征、内容与性质、行使与保护等相关内容进行详细论述,并结合现行农村土地制度改革,对农地"三权分置"制度、宅基地制度改革相关政策和试点实施进行详细阐述。

关键词

| 土地用益物权 | 土地承包经营权 | 农地"三权分置" | 建设用地使用权 |
| 宅基地使用权 | 地役权 | | |

复习思考题

1. 什么是土地用益物权?请简述中国土地用益物权发展历程。
2. 我国土地用益物权有哪些种类?
3. 土地承包经营权"三权分置"的意义有哪些?
4. 建设用地使用权行使具体包括哪些内容?
5. 现行宅基地制度改革的重点是什么?

材料一 宅基地"三权分置"的理论阐释与法律构造

材料二 集体土地建设租赁住房的研究

（本章编写人员：黄善林，臧俊梅）

第十四章
CHAPTER 14

中国土地担保物权制度

◎ 思维导图

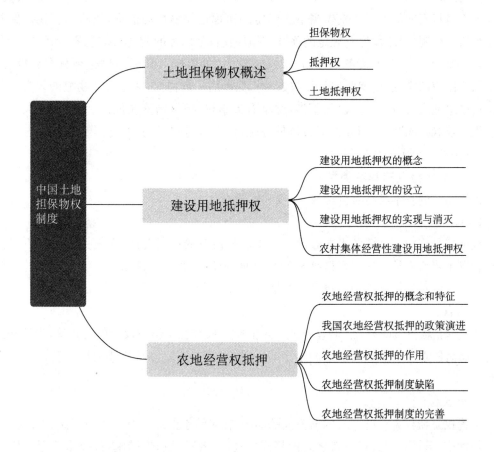

学习目标

1. 掌握担保物权制度相关概念。
2. 了解建设用地抵押权的主要内容。
3. 了解农地抵押权主要内容。

第一节 土地担保物权概述

一、担保物权

（一）担保物权的概念

担保物权是指债权人所享有的为确保债权实现，在债务人或者第三人所有的物或者权利之上所设定的，当债务人的债务不履行时，或者发生当事人约定的实现担保物权的情形时，优先受偿的他物权[①]。《中华人民共和国民法典》第三百八十六条规定："担保物权人在债务人不履行到期债务或者发生当事人约定的实现担保物权的情形，依法享有就担保财产优先受偿的权利，但法律另有规定的除外。"担保物权不以标的物的实体利用为目的，而是注重于其交换价值，以确保债务的履行，故又被称为"价值权"，其标的物必须具有交换价值。为了保障债权的实现，也就要保障债权人对担保物的一定物权，从而具有物权的效力。债权人有权排除他人（包括所有人）的干涉，并享有追索权，担保物落在他人手中，债权人可以追随主张其权利。同时，在债务人不履行债务时，可实行对担保物的处分权，取得优先受偿的权利，以保护债权人的合法利益。

（二）担保物权的基本类型

担保物权的基本类型有抵押权、质权和留置权。

1. 抵押权

抵押权是债权人对债务人或者第三人不转移占有的担保财产，在债务人届期不履行债务或者发生当事人约定的实现抵押权的情形时，依法享有的就该抵押财产的变价处分权和优先受偿权的总称。土地担保物权只有抵押权这一种形式。

2. 质权

质权是指债务人或第三人将动产或一定的财产权利移交给债权人作为担保，当债务人不履行到期债务或发生当事人约定的事由时，债权人享有可就该动产或财产权利优先受偿的权利。

3. 留置权

留置权是债权人对已占有的债务人的动产，在未清偿前加以留置作为担保的权利。

抵押权、质权和留置权三者之间的相同之处：三者都是担保措施，都要求担保人履行担保义务和承担担保责任。不同之处：抵押权不改变占有；质权改变占有，即由质权人占有出质物；留置权具有优先性，同一动产上已经设立抵押权或者质权，该动产又被留置的，留置权人优先受偿。

（三）担保物权的消灭

担保物权的消灭使担保物权对于担保财产所具有的优先受偿的支配力终止。民法典第

[①] 曾志凤.关注担保物权优先受偿权的例外情形[J].中国农村金融，2018(6)：57—58.

三百九十三条规定担保物权的消灭主要包括以下情形:

1. 主债权消灭

担保物权属于从权利,主债权消灭,担保物权亦消灭。根据民法典第五百五十七条的规定,债权债务终止主要包括以下几种情形:

(1) 债务已经履行,是指债务人或第三人清偿全部主债权,从而主债权消灭。

(2) 债务相互抵销,是指当事人互负债务,根据法律规定或者合同约定符合抵销条件而导致主债权消灭。

(3) 债务人依法将标的物提存,是指当出现债权人无正当理由拒绝受领、债权人下落不明、债权人死亡未确定继承人、遗产管理人,或者丧失民事行为能力未确定监护人等法律规定的情形,导致债务人难以履行债务的,债务人将标的物或者将标的物依法拍卖、变卖所得价款交付提存部门,从而导致主债权消灭。

(4) 债权人免除债务,是指债权人在不损害第三人合法权益的情况下全部免除债务人的债务而使主债权消灭。

(5) 债权债务同归于一人。

(6) 法律规定或者当事人约定终止的其他情形。

以上几种情形均可导致主债权消灭,使担保物权保全债权的目的不复存在。

2. 担保物权实现

担保物权的实现,是指担保物所担保的债权已届清偿期而债务人不能履行债务时,担保物权人通过行使担保物权而使其债权得到优先受偿。担保物权的实现,担保法律关系消灭。即使其债权未完全受偿,担保物权也消灭。

3. 债权人放弃担保物权

权利既可以行使,也可以放弃,这是权利人的自由。债权人放弃担保物权必须有明确的意思表示,且须具备民事行为能力。

4. 法律规定担保物权消灭的其他情形

这是法律规定的兜底条款。法律明确规定担保物权消灭的,担保物权依法律的规定而消灭。例如,《民法典》第四百五十七条规定:"留置权人对留置财产丧失占有或者留置权人接受债务人另行提供担保的,留置权消灭。"当然,担保物权的消灭既可以基于法律的规定,当事人也可以约定其消灭的情形。

二、抵押权

(一) 抵押的概念

抵押,是指抵押人和债权人以书面形式订立约定,不转移抵押财产的占有,将该财产作为债权的担保。当债务人不履行债务时,债权人有权依法以该财产折价或者以拍卖、变卖该财产的价款优先受偿。[1]

---

[1] 潘锋平.保证担保与质押担保并存时的责任承担[J].西南交通大学学报(社会科学版),2003(6):27—31.

(二) 抵押财产

1. 可以抵押的财产

《民法典》第三百九十五条规定,债务人或者第三人有权处分的下列财产可以抵押:①建筑物和其他土地附着物;②建设用地使用权;③海域使用权;④生产设备、原材料、半成品、产品;⑤正在建造的建筑物、船舶、航空器;⑥交通运输工具;⑦法律、行政法规未禁止抵押的其他财产。抵押人可以将前款所列财产一并抵押。相较物权法,民法典新增第三项海域使用权,可抵押财产的范围更加广泛,抵押权的客体范围呈现扩张趋势。此外,我国法律规定将来取得的动产也可作为抵押财产,即浮动抵押。《民法典》第三百九十六条对浮动抵押做出了规定:"企业、个体工商户、农业生产经营者可以将现有的以及将有的生产设备、原材料、半成品、产品抵押,债务人不履行到期债务或者发生当事人约定的实现抵押权的情形,债权人有权就抵押财产确定时的动产优先受偿。"

2. 不可以抵押的财产

《民法典》第三百九十九条对禁止抵押财产的范围做出了明确规定,主要包括以下几项:①土地所有权;②宅基地、自留地、自留山等集体所有的土地使用权,但法律规定可以抵押的除外;③学校、幼儿园、医院等以公益为目的成立的非营利法人的教育设施、医疗卫生设施和其他公益设施;④所有权、使用权不明或者有争议的财产;⑤依法被查封、扣押、监管的财产;⑥法律、行政法规规定不得抵押的其他财产。

(三) 抵押种类

1. 不动产抵押

不动产抵押是指以不动产为抵押物而设置的抵押。所谓不动产是指不能移动或移动后会丧失其原有价值或失去其使用价值的财产,如土地(在中国仅限于建设用地使用权和可以抵押的土地承包经营权)、建筑物和其他土地附着物(如房屋等)等。

2. 动产抵押

动产抵押是指以动产作为抵押物而设置的抵押。动产是指可以移动并且移动后不影响其使用价值,不降低其价值的财产。

3. 权利抵押

权利抵押是指以法律规定的各种财产权利作为抵押物客体的抵押,依据现行的中国法律,权利仅可用于质押。

4. 财团抵押

财团抵押又称企业抵押,是指抵押人(企业)以其所有的动产、不动产及权利的集合体作为抵押权客体而进行的抵押;此类型实为各种担保类型的集合,并不是法定的抵押方式。

5. 共同抵押

共同抵押又称总括抵押,是指为了同一债权的担保,而在数个不同的财产上设定的抵押,此类型实为各种担保类型的集合,并不是法定的抵押方式。

6. 最高额抵押

最高额抵押是指抵押人和抵押权人协议,在最高额限度内,以抵押物对一定期间内连续发生的债权作担保。

三、土地抵押权

（一）土地抵押权的概念

土地抵押权，即土地使用权抵押，是土地使用权人在法律许可的范围内不转移土地占有而将土地使用权作为债权担保，在债务人不履行债务时，债权人有权对土地使用权及其上建筑物、其他附着物依法进行处分，并以处分所得的价款优先受偿的担保物权。土地受押人称为土地抵押权人。

（二）土地抵押权的特点

土地抵押权作为抵押权的一种，具备抵押权的共同属性，适用抵押权制度的共同规则，具有以下几个特点：

（1）土地抵押不是实物抵押而是权利抵押。

（2）抵押权的客体是法律允许转让的土地使用权，即权利客体的限制性。

（3）抵押人必须是享有土地使用权的债务人或第三人。

（4）土地使用权抵押不影响土地上其他权利人的权利。

（三）土地抵押权的标的物

1. 出让方式取得的国有土地使用权

所谓以出让方式取得的国有土地使用权，是指国家以国有土地所有人的身份将土地使用权在一定年限内让与土地使用者，并由土地使用者向国家交付土地使用权出让金后取得的国有土地使用权。因此以出让方式取得国有土地使用权人是有偿取得使用权，对土地使用权有权作出处分，包括抵押。《中华人民共和国城镇国有土地使用权出让和转让暂行条例》第三十二条规定："土地使用权可以抵押。"第三十三条规定："土地使用权抵押时，其地上建筑物、其他附着物随之抵押。地上建筑物、其他附着物抵押时，其使用范围内的土地使用权随之抵押。"可以看出，以出让方式取得的国有土地使用权可以连同地上建筑物一并抵押，也可以在无地上建筑物的情况下单独抵押。

2. 划拨方式取得的国有土地使用权

所谓划拨国有土地使用权，是指经县级以上人民政府依法批准，土地使用者在缴纳土地补偿费和安置补助费后取得的土地使用权。由于通过划拨方式取得土地使用权是无偿的，所以以划拨国有土地使用权作抵押应符合《中华人民共和国城镇国有土地使用权出让和转让暂行条例》第四十五条的规定：经市、县人民政府土地管理部门和房产管理部门批准，其划拨土地使用权和地上建筑物、其他附着物所有权可以转让、出租、抵押，但必须符合下列条件：①土地使用者为公司、企业、其他经济组织和个人；②领有国有土地使用证；③具有地上建筑物、其他附着物合法的产权证明；④依照本条例第二章的规定签订土地使用权出让合同，向当地市、县人民政府补交土地使用权出让金或者以转让、出租、抵押所获收益抵交土地使用权出让金。

3. 依法承包并经发包方同意抵押的荒山、荒沟、荒丘、荒滩等荒地的土地使用权

根据《民法典》第三百九十九条的规定：宅基地、自留地、自留山等集体所有的土地使用

权不可以抵押,但法律规定可以抵押的除外。由此可以看出集体所有的土地使用权一般不能抵押。集体所有的土地使用权包括耕地、宅基地、自留地、自留山等集体所有的土地使用权。值得注意的是,相较《物权法》第一百八十四条的规定,《民法典》第三百九十九条删除了耕地使用权不得抵押的规定,以适应"三权分置"后土地经营权入市的需要。

4. 乡(镇)村企业的厂房等建筑物占用范围内的集体土地使用权

《民法典》第三百九十八条规定:"乡镇、村企业的建设用地使用权不得单独抵押。以乡镇、村企业的厂房等建筑物抵押的,其占用范围内的建设用地使用权一并抵押。"第四百一十八条规定:"以集体所有土地的使用权依法抵押的,实现抵押权后,未经法定程序,不得改变土地所有权的性质和土地用途。"

(四)土地抵押权的性质

(1)土地抵押权具有担保物权和土地他项权利双重性质。土地抵押权作为抵押权的属概念,应当归入担保权或者担保物权的范畴,因此,从物权的意义上说,土地抵押权是一种担保物权;同时土地抵押权又是土地他项权利的一种,是设立于土地使用权之上的权利和负担。因此,土地抵押关系的调整,不仅要适用《民法典》的规定,而且要适用土地法的规定。

(2)土地抵押权的标的物为土地使用权。土地使用权与抵押权是两种不同的权利,但土地抵押权必须是基于土地使用权(主权利)才能成立,并以土地使用权作为实现抵押权的标的[①]。土地抵押权成为他项权利,因其标的物为土地,地上物及某些土地权利,抵押在于确保债的经济价值的实现。故提供担保之物必须具有交换价值。出让土地使用权是使用者以出让金钱为代价而取得的,因此,土地使用权可以成为抵押标的物。

(3)土地抵押权附属于土地使用权,土地抵押权的效力对土地使用权有着重大影响。一方面,土地抵押权的发生要以土地使用权的存在和行使为条件,根据我国现行法律,作为主权利的土地使用权,因行政机关依照《中华人民共和国城镇国有土地使用权出让和转让暂行条例》规定,土地管理部门作出收回土地使用权的处罚后,在该土地使用权上设定的抵押权随之消灭。另一方面,它的实现必然导致土地使用权归属的变动。

(4)土地抵押权的设定属于要式行为。依据《中华人民共和国城镇国有土地使用权出让和转让暂行条例》第三十四条的规定,土地使用权抵押,抵押人与抵押权人应当签订抵押合同。该法第三十五条规定:"土地使用权和地上建筑物、其他附着物抵押,应当依照规定办理抵押登记。"《民法典》第四百零二条对此也做出了规定:以建筑物和其他土地附着物、建设用地使用权、海域使用权和正在建造的建筑物抵押的,应当办理抵押登记。抵押权自登记时设立。由此可见,登记是抵押权设立的要件,但并不是抵押合同的生效要件,未经登记不影响抵押合同的效力,若如其他无效事由,抵押合同成立并生效。根据最高人民法院 2015 民申字第 3299 号判决书,当事人仅签订抵押合同未办抵押登记时,提供抵押的人应当在担保的范围内对债务承担连带清偿责任。但由于抵押权尚未设立,不能

---

① 武培云,秦云.农村产权抵押融资与《物权法》的相关问题研究[J].内蒙古金融研究,2013(12):43—45.

就土地使用权优先受偿。

(5) 土地抵押权通过土地权益归属的变更来实现债权的保障,而不是直接满足对土地的利用需求。因此,它不具有对土地占有使用的权益。从土地他项权利性质来分,土地抵押权是担保性他项权利,而其他诸如地上权、地役权等均归属于用益性他项权利。这也是土地抵押权不同于其他土地他项权利的重要特征。

(五) 土地抵押权的实现

1. 土地抵押权的实现条件

债务履行期满债权未受清偿或出现其他法定或者约定事由的,抵押权人有权通过拍卖、变卖的方式将该土地使用权及其上的属于抵押人的建筑物、其他附着物转让于第三人,并由转让所得价款优先受偿。根据《民法典》第四百一十条的规定:债务人不履行到期债务或者发生当事人约定的实现抵押权的情形,抵押权人可以与抵押人协议以抵押财产折价或者以拍卖、变卖该抵押财产所得的价款优先受偿。协议损害其他债权人利益的,其他债权人可以请求人民法院撤销该协议。抵押权人与抵押人未就抵押权实现方式达成协议的,抵押权人可以请求人民法院拍卖、变卖抵押财产。抵押财产折价或者变卖的,应当参照市场价格。

2. 土地抵押权的实现方式

实现抵押权的方式主要有三种:①拍卖抵押物;②订立合同取得抵押物的使用权或经营权;③以其他方法处分抵押物。我国《民法典》第四百一十条规定抵押权实现的方法有三种:折价、拍卖、变卖。

第二节 建设用地抵押权

一、建设用地抵押权的概念和特征

(一) 建设用地抵押权的概念

建设用地使用权抵押是指建设用地使用权人为担保自己的债务或他人的债务,以建设用地使用权作为债权的担保,当债务人不能履行债务时,债权人有权以建设用地使用权变价优先受偿。建设用地抵押权就是指在建设用地抵押关系中,抵押权人对作为抵押物的建设用地使用权和土地附着物所享有的处分权和优先受偿的相关权利。[1] 建设用地使用权有出让建设用地使用权和划拨建设用地使用权之分,出让建设用地使用权具有自由流动性,权利人对其享有处分权。因此,出让建设用地使用权的抵押是毫无疑问存在的。划拨建设用地使用权是否能够抵押,《民法典》并未规定。从我国现行的其他法律法规来看,划拨建设用地原则上不得抵押,只有具备了法律所规定的条件后才允许抵押,并且应当按要求补交或者抵

---

[1] 李抗. 完善土地抵押权制度的探析[J]. 资源与人居环境,2008(24):20—22.

交土地使用权出让金。

(二) 建设用地抵押权的特征

建设用地抵押权是一种物权担保,它具有物权的排他性和追及性等一般特征,同时由于抵押权的特殊性,使其又有自身的特征,从而也有别于其他担保方式。

1. 建设用地抵押权具有担保物权和土地他项权利双重性质

建设用地抵押权作为抵押权的属概念,应当归入担保权或者担保物权的范畴,《民法典》第三百九十五条和三百九十八条把建设用地使用权作为可以抵押的财产。因此,从《民法典》的意义是说,建设用地抵押权是一种担保物权;同时,建设用地抵押权又是土地他项权利的一种,是设立于土地使用权之上的权利和负担。因此,建设用地使用权抵押关系的调整,不仅要适用《民法典》的规定而且要适用土地法的规定。建设用地抵押的目的是通过建设用地使用权的权益归属的变更来实现债权的保障,而不是直接满足对建设用地的利用需求,因此,它不具有对建设用地占有使用的权益。从土地他项权利性质来分,建设用地抵押权是担保性他项权利,而地役权属于用益性他项权利。这也是建设用地抵押权不同于其他土地他项权利的重要特征。

2. 建设用地抵押权的标的物为建设用地使用权

抵押权由于为支配标的物的交换价值,确保债务的清偿为目的的价值权,故其标的物的范围与所有权标的物的范围应属同一,也就是说,所有权的标的物,即为抵押权的标的物。然而,我国土地属于公有,实行的是土地所有权与土地使用权相分离的土地政策,因此,土地所有权不可能成为抵押标的物,而只能以使用权进行抵押。根据我国法律,抵押的标的物可以是动产或不动产,建设用地使用权抵押则是以建设用地使用权作为标的物而设定的抵押。建设用地使用权与抵押权是两种不同的权利,但建设用地抵押权必须是基于建设用地使用权才能成立,并以建设用地使用权作为实现抵押权的标的物。

3. 建设用地抵押权具有从属性

担保物权需要从属于债权而存在,其成立以债权成立为前提,并因债权之转移而转移,因债之消灭而消灭,是为担保物权之从属性。与其他抵押一样,建设用地使用权抵押是附设于主债的从法律关系。主债关系的有效存在,是建设用地使用权抵押关系存在的前提,主债消灭,抵押关系也归于消灭。建设用地抵押权附属于建设用地使用权,但两者又有着密切的联系,建设用地抵押权的效力对建设用地使用权有着重大影响。一方面,它的发生要以建设用地使用权的存在和行使为条件,根据我国现行法律,作为主权利的建设用地使用权,因行政机关依照《中华人民共和国城镇国有土地使用权出让和转让暂行条例》规定,土地管理部门作出收回土地使用权的处罚后,在该建设用地使用权上设定的抵押权随之消灭。另一方面,它的实现必然导致建设用地使用权归属的变动。

4. 建设用地抵押权具有优先受偿性

当债务人不履行到期主债务时,抵押权人有权以抵押的建设用地使用权折价或变卖,从折算价金或变卖价金中优先于债务人的其他债权人而获得清偿。

5. 建设用地抵押权的设定属于要式行为

设立建设用地抵押权必须订立书面的抵押合同,并进行建设用地抵押权抵押登记。我国对建设用地抵押权登记实行强制登记制度,抵押权登记应当作为抵押权成立的要件,当事人订立书面抵押合同后未办理登记的视为抵押权不成立。

二、建设用地抵押权的设立

1. 以无地上建筑物的建设用地使用权设立抵押权

《民法典》第三百九十五条规定,债务人或者第三人有权处分的下列财产可以抵押:①建筑物和其他土地附着物;②建设用地使用权;③海域使用权;④生产设备、原材料、半成品、产品;⑤正在建造的建筑物、船舶、航空器;⑥交通运输工具;⑦法律、行政法规未禁止抵押的其他财产。抵押人可以将前款所列财产一并抵押。该条第七项为兜底性条款,而第一、二项分别把地上建筑物和附着物与建设用地使用权列为独立的抵押标的物,也就是说,建筑物和其他土地附着物可以进行抵押,建设用地使用权也可以进行抵押。第四百一十七条规定:"建设用地使用权抵押后,该土地上新增的建筑物不属于抵押财产。该建设用地使用权实现抵押权时,应当将该土地上新增的建筑物与建设用地使用权一并处分,但新增建筑物所得的价款,抵押权人无权优先受偿。"毫无疑问,无地上建筑物或附着物的建设用地使用权,是可以进行抵押的。

2. 以建设用地使用权和房屋所有权一起设立抵押权

所谓房屋所有权和建设用地使用权一起抵押,是指抵押人以其合法的房屋和该房屋占用的建设用地使用权结合为一个统一的房地产作为抵押物向抵押权人提供债务履行担保的行为。①《民法典》第三百九十七条规定:"以建筑物抵押的,该建筑物占用范围内的建设用地使用权一并抵押。以建设用地使用权抵押的,该土地上的建筑物一并抵押。"第三百九十八条规定:"乡镇、村企业的建设用地使用权不得单独抵押。以乡镇、村企业的厂房等建筑物抵押的,其范围内的建设用地使用权一并抵押。"从我国上述法律规定中不难看出我国是采取了房产和地产同时抵押的方法。这是我国在处理房地产关系时的一个重要原则,即"地随房走或者房随地走"。所谓"地随房走"就是转让房屋的所有权或者使用权时,建设用地使用权同时转让。所谓"房随地走"就是转让建设用地使用权时,该土地上的房屋也应一并转让。实现抵押权,必然带来抵押财产的转让,因此在设定抵押权时,房屋的所有权和建设用地使用权应当一并抵押,只有这样,才能保证实现抵押权时,房屋所有权和建设用地使用权同时转让。

3. 以建设用地使用权或房屋所有权单独设立抵押权

建设用地使用权或者房屋所有权单独抵押是指单独抵押建设用地使用权或者房屋所有权,并且在行使抵押权时单独拍卖建设用地使用权或者单独拍卖房屋所有权的抵押方式。从自然属性来说,房屋和土地具有密切的联系,房屋是不可能脱离土地而独立存在的,具有房依地建、地以房载,房地不可分的特性。但在法律上,对土地和房屋的权利是否可以分开,土地、房屋是否可以作为相互独立的不动产,历来存在两种不同的立法案例:一种是以德国、瑞士民法为代表,这些国家深受罗马法"附着于土地物即属该土地"思想的影响,认为房屋应

---

① 高富平.中国物权法:制度设计和创新[M].北京:中国人民大学出版社,2005,209.

为土地的部分,不能构成独立的不动产;另一种是以日本民法为代表,认为土地和定着物都为独立的不动产。依照一些学者的解释,日本采用这一原则的原因在于,日本木制房屋较多,容易移动,不实行主体的统一性,不会造成太大的财产浪费。我国现行法律在土地和房屋权利的相互关系方面采纳了土地和房屋不可分的观点,但就两者的关系而言,是房屋附随于土地,还是土地附随于房屋,法律未作规定。

三、建设用地抵押权的实现与消灭

1. 建设用地抵押权的实现

抵押权的实现也称抵押权的实行,是指抵押权人在特定条件下对抵押物行使优先受偿权的行为。建设用地使用权抵押的最终目的是保证债权人贷出的资金或其他经济利益的安全。当债务人债务履行期限届满而不履行偿还义务,必须依法处分已抵押的建设用地使用权。因此,建设用地抵押权的实现应满足一定的条件:①债务人于债务履行期限届满不履行义务;②抵押权存续期间债务人被宣告解散或破产,因而失去履行义务的能力。当出现上述情形之一,抵押权人就可以行使建设用地抵押权。在大陆法系各国(地区)中,近现代民法主要规定了三种实现抵押权的方式:拍卖抵押物、订立契约取得抵押物所有权,以及以其他方法处分抵押物。《民法典》第四百一十条规定:"债务人不履行到期债务或者发生当事人约定的实现抵押权的情形,抵押权人可以与抵押人协议以抵押财产折价或者以拍卖、变卖该抵押财产所得的价款优先受偿。"由此可以看出,建设用地抵押权实现的方法有三种:拍卖、变卖、折价。

2. 建设用地抵押权的消灭

建设用地抵押权在性质上为担保物权,其设定有存续期限,为有期物权,并非像所有权那样永恒存续。建设用地抵押权就会因为一定的法律事实而消灭,作为一种担保物权,建设用地抵押权消灭的情形主要有下面几种:

第一,债务清偿。债务人到期清偿债务或者债务人的担保人或者债务人的清算组织在债务到期后已经将债务清偿完毕,该建设用地抵押权自行消灭。

第二,抵押物消灭。抵押物消灭主要有:①被抵押的建设用地使用权被国家收回或者期限届满未续期;②建设用地使用权随建筑物抵押的,该建筑物灭失;③发生自然灾害使该宗土地也不复存在。

第三,建设用地抵押权实现。抵押人到期不履行债务或者发生当事人约定的实现抵押权的情形,抵押权人有权依照国家法律、法规和建设用地抵押合同的规定处分抵押财产,并就处分抵押物的价款优先受偿,抵押物转归第三人。此时,抵押权实现,设立于建设用地使用权之上的抵押权也随即消灭。

第四,抵押权无效。抵押权因抵押合同或者主合同具有法定无效事由而被依法确认无效。抵押权无效是建设用地抵押权消灭的一种特殊情况。例如,以划拨方式取得的国有土地使用权单独设立抵押的,以划拨土地房地产设定抵押未经政府主管部门同意审批的。

四、农村集体经营性建设用地抵押权

农村的集体建设用地分为三大类:宅基地、公益性公共设施用地和集体经营性建设用地。中共十八届三中全会作出的《中共中央关于全面深化改革若干重大问题的决定》(简称《决定》)提到:"建立城乡统一的建设用地市场。在符合规划和用途管制前提下,允许农村集体经营性建设用地出让、租赁、入股,实行与国有土地同等入市、同权同价。"2014年1月19日中共中央、国务院发布的《关于全面深化农村改革加快推进农业现代化的若干意见》提出:"在符合规划和用途管制的前提下,允许农村集体经营性建设用地出让、租赁、入股,实行与国有土地同等入市、同权同价,加快建立农村集体经营性建设用地产权流转和增值收益分配制度。"《民法典》第三百六十一条规定:"集体所有的土地作为建设用地的,应当依照土地管理的法律规定办理。"《土地管理法》第六十三条第三款规定:"通过出让等方式取得的集体经营性建设用地使用权可以转让、互换、出资、赠与或者抵押,但法律、行政法规另有规定或者土地所有权人、土地使用权人签订的书面合同另有约定的除外。"因此,依照我国法律的规定,农村集体经营性建设用地使用权可以设立抵押权。《土地管理法》第六十三条第四款规定:"集体经营性建设用地的出租,集体建设用地使用权的出让及其最高年限、转让、互换、出资、赠与、抵押等,参照同类用途的国有建设用地执行。具体办法由国务院制定。"

2016年5月3日,《农村集体经营性建设用地使用权抵押贷款管理暂行办法》(简称《办法》)出台,农村集体经营性建设用地抵押贷款有了专门的管理办法。农村集体经营性建设用地使用权抵押贷款,是指以农村集体经营性建设用地使用权作为抵押财产,由银行业金融机构向符合条件的借款人发放的在约定期限内还本付息的贷款。

该《办法》第五条规定,在符合规划、用途管制、依法取得的前提下,以出让、租赁、作价出资(入股)方式入市的和具备入市条件的农村集体经营性建设用地使用权可以办理抵押贷款。农村集体经营性建设用地使用权抵押的,地上的建筑物应一并抵押。第十条对以农村集体经营性建设用地使用权作抵押申请贷款的条件进行了明确:①依法进行不动产登记并取得县级以上人民政府或政府相关主管部门颁发的农村集体经营性建设用地权属证书并可办理抵押登记;②用于抵押的农村集体经营性建设用地符合土地利用总体规划及城乡规划;③用于抵押的农村集体经营性建设用地使用权及其地上建筑物、其他附着物未设定影响处置变现和银行业金融机构优先受偿的其他权利;④具备入市条件的,应具备所有权主体履行集体土地资产决策程序同意抵押,试点县(市、区)政府同意抵押的证明材料等;⑤法律、行政法规和中国银监会规定的其他条件。以上五个条件应同时满足。

同时,该《办法》第二十一条对农村集体经营性建设用地抵押权的实现作出了规定:"贷款到期后,借款人未清偿债务或出现当事人约定的实现抵押权的情形,银行业金融机构可以通过折价、拍卖、变卖抵押财产等合法途径处置已抵押的农村集体经营性建设用地使用权。所得价款由银行业金融机构优先受偿。土地所有权人在同等条件下享有使用权优先购买权。"

第三节 农地经营权抵押

一、农地经营权抵押的概念和特征

(一) 农地经营权抵押的概念

农地经营权抵押,是指土地承包经营权人在法律允许的范围内,在坚持所有权、承包权和农地农业经营活动不变的原则下,在依法确权登记的基础上,将权属明晰无争议的农地经营权(以合法方式取得,比如家庭承包方式或者通过入股、转让等有偿流转方式获得)作抵押。《民法典》第三百四十二条规定,通过招标、拍卖、公开协商等方式承包农村土地,经依法登记取得权属证书的,可以依法采取出租、入股、抵押或者其他方式流转土地经营权。当以农地承包经营权抵押的债务人不履行到期债务时,债权人可以依照法律规定处置其农地承包经营权,并就取得的价款享有优先受偿的权利。2016年3月15日,中国人民银行、银监会、保监会、财政部、农业部发布《农村承包土地的经营权抵押贷款试点暂行办法》(简称《办法》),并明确规定,所谓农地经营权抵押贷款就是农户通过依法取得的土地承包经营权或者通过合法流转方式获得的承包土地的经营权向银行业金融机构申请抵押贷款并在约定的时间内还本付息。

该《办法》第六条规定,通过家庭承包方式取得土地承包经营权的农户以其获得的土地经营权作抵押申请贷款的,应同时符合以下条件:①具有完全民事行为能力,无不良信用记录;②用于抵押的承包土地没有权属争议;③依法拥有县级以上人民政府或政府相关主管部门颁发的土地承包经营权证;④承包方已明确告知发包方承包土地的抵押事宜。

同时,该《办法》第七条规定,通过合法流转方式获得承包土地的经营权的农业经营主体申请贷款的,应同时符合以下条件:①具备农业生产经营管理能力,无不良信用记录;②用于抵押的承包土地没有权属争议;③已经与承包方或者经承包方书面委托的组织或个人签订了合法有效的经营权流转合同,或依流转合同取得了土地经营权权属确认证明,并已按合同约定方式支付了土地租金;④承包方同意承包土地的经营权可用于抵押及合法再流转;⑤承包方已明确告知发包方承包土地的抵押事宜。

(二) 农地设立抵押权的特征

1. 农地集体所有权、承包权不可改变性

农地集体所有,就是保证农村集体组织拥有所有权的现状不能变化。不改变农地集体所有,有利于双方承包关系的维护和保持;有利于农地融资的完善和推进;有利于维持农村经济关系的稳定和健康发展。

根据我国现行法律规定,农村土地归国家和集体所有,农民仅享有土地承包权,行使除所有权以外的其他财产性权利,把农村土地权利分为所有权、承包权和经营权后,对土地的经营权进行融资担保,农民还保留承包权。因此,土地经营权融资担保的标的物只能是从承包权中析出的土地经营权。

土地经营权融资担保需要变现时,土地经营权易主,并不影响农村土地集体所有制和家庭承包责任制。当土地经营权人未偿还债务或履行合同义务时,银行等金融机构有权对土地经营权依法进行处置,且享有优先受偿的权利。银行等金融机构是对借款人的土地经营权进行依法处分,而不是农村集体的所有权和农民的承包权。因为农地权利是三权分置的,虽然土地经营权易主,但是所有权和承包权却没有丧失。

2. 农地用途的不可变更性

农地用途,就是按照国家原有的规定农地不能用于非农业生产来获利,只能按照规定进行农业生产。坚持农地用途不改变,有利于在人地矛盾突出的情况下保住18亿亩耕地红线不动摇,有利于保证国家粮食质量和数量,也有利于农村经济推动国家经济。

3. 农地经营权抵押主体复杂性

土地经营权融资担保的主体包括拥有土地经营权的农民和从农民那里获得土地经营权的其他新型农业经营主体。农民向银行等金融机构贷款时,土地承包权和土地经营权的主体都是农民自己。当承包主体和经营主体分离时,土地经营权融资担保主体就变成了其他新型农业经营主体。虽然上述两种都是土地经营权融资担保,但是从银行等金融机构的角度来说,银行提供贷款给农民,其承担的风险较大,因此,要对土地经营权融资担保主体进行相应的界定。

(三) 农地经营权抵押贷款模式

目前,国内农地经营权抵押贷款的三种典型模式如下:"农地经营权+流转合作社"模式、"农地经营权+担保公司"模式、"农地经营权直接抵押贷款"模式。①

1. "农地经营权+流转合作社"模式

该模式是农户自发地将所持有的、按一定比例(在保障自身基本生活的前提下,同时考虑申请的贷款额度和承贷能力)的农地经营权作为抵押入股。当社员有资金需求时,挑选两户及两户以上信用条件良好的农户组成联保体,以担保人的身份与流转合作社签订农地经营权抵押贷款担保协议。在以土地承包经营权流转合作社为总担保与农业信用合作社(简称"农信社")签订担保协议的前提下,借款农户再向农信社申请贷款,农信社审批后发放贷款资金。当借款农户不能按期还贷,则由担保人或流转合作社代为偿还,担保人或流转合作社从农户的农地经营权流转所得的收益中获得补偿,当所得收益足以偿还贷款的本金和利息时,农户重新获得抵押的农地经营权。该模式的特点是以农户个体为借款主体,小组联保,稳定承包权和抵押经营权。

2. "农地经营权+担保公司"模式

该模式的最大特点是农户进行农地经营权抵押贷款时,农户不直接将农地经营权抵押给银行,而是由第三方担保公司向银行提供担保,农户将经营权作为反担保抵押给担保公司,因此银行不再是以农户的农地经营权为抵押而是直接以担保公司的担保来审核贷款申

---

① 吴今,吴静黎,梁振英等.基于农地金融的林地经营权抵押贷款模式研究[J].资源开发与市场,2019(7):903—909.

请。具体流程是:首先向产权服务中心呈递书面申请,提供土地租赁和承包的有关证明,产权服务中心在审核后登记确权并颁发确权证书。有贷款需求或有农地评估的农地经营主体可向产权服务中心提出评估申请,产权服务中心组织评估委员会进行评估,待相关手续符合条件后,即可颁发他项权证书;然后农业经营主体携带相关资料到农信社申请农地经营权抵押贷款,农信社审查相关资料确认符合贷款条件后,向农业经营主体发放"同意贷款意向函";农业经营主体持"同意贷款意向函"和其他有关资料到担保公司,担保公司核实农户贷款资格后向农信社发去可放款通知。若担保公司和农信社需要其他相关材料,农业经营主体应及时提交,经审核批复后即可发放贷款。

3."农地经营权直接抵押贷款"模式

该模式运转的第一步是成立国资公司和经济合作社。有贷款需求的农户把农地流转给农村经济合作社,农村经济合作社再以发包方的身份将农地流转给其他合作社、企业或个人租种。国资公司是土地流转的中介平台,负责农业的招商引资。农业经营主体携带相关文件到区土地流转中心提出确权申请,经土地流转中心审核资料、办理相关手续后,颁发农地经营权流转证书。在持有农地经营权流转证书的基础上,农户如有贷款需求可再向土地流转中心申请他项权利证书,待得到他项权利证书后即可向农商银行提出贷款申请。

二、我国农地经营权抵押的政策演进

我国农地由集体所有、家庭承包经营并实行所有权、承包权、经营权"三权分置",这种特殊的产权安排决定了农地经营权抵押具有与建设用地使用权抵押不同的经济效果。改革经历了以下几个阶段:

两权分置阶段。我国的改革始于农村,自20世纪80年代初中央明确家庭联产承包责任制以来,农村土地一直沿用的是所有权和承包经营权"两权分置"的方式,即集体占有所有权,农户占有承包经营权。当时农户主要经营自家承包的耕地,承包户和经营户合二为一。在这种情况下,农业收入是农民的最主要收入,土地承担着重要的社会保障功能,因此有关法律规定承包经营权不能抵押,以防止农民的失地风险。

三权分置阶段。进入21世纪以来,随着工业化、城镇化进程加快,农民的收入来源逐步多元化,农民对土地的依赖在逐步降低,现实中激活土地资本属性的要求越来越迫切,政策研究领域和实际工作部门要求赋予农地抵押贷款权能的呼声也越来越高。在这一背景下,关于农地抵押的政策规定呈现逐步松动的趋势。

2016年10月,中共中央办公厅、国务院办公厅印发《关于完善农村土地所有权承包权经营权分置办法的意见》,明确将土地承包经营权分为承包权和经营权,实行农村土地所有权、承包权、经营权分置并行,强调要落实集体所有权、稳定农户承包权、放活土地经营权,充分发挥"三权"的各自功能和整体效用,形成层次分明、结构合理、平等保护的格局。"三权分置"是因应农地承包权主体和经营权分离的现实问题而推出的,把经营权单列出来,主要目的是保护新型经营主体的土地权益,其背后是改善融资条件、促进土地流转、发展规模经营、推进农业现代化的政策考量。

2019年1月1日,农村土地承包法在第二次修正后,于第二章第五节专门对土地经营权作出了规定,特别是在第四十七条明确提出:"承包方可以用承包地的土地经营权向金融机构融资担保,并向发包方备案。受让方通过流转取得的土地经营权,经承包方书面同意并向发包方备案,可以向金融机构融资担保。"可以说,农村土地承包法修正后,农村承包土地经营权抵押贷款的法律障碍基本消除。①

三、农地经营权抵押的作用

(一)有助于拓宽农业融资渠道,维护农民合法权益

由于缺乏必要的担保财产,农民在农业生产的过程中往往很难向银行等金融机构获得农业贷款。允许将农村土地承包经营权进行抵押,以此向银行等金融机构获得贷款可以有效解决"三农"融资难的问题,弥补农村融资缺口。

土地作为一种稀缺资源,对于农业生产具有重要意义。农地经营权抵押贷款有助于将农地从有更多机会脱离农地的农户手中转移到热爱农业,有更多生产经验并且愿意经营农业的农户手中,有利于提高农业经营效率,同时又拓宽了农户融资渠道,使其能够获得所需资金进行农业投资,促进农业的现代化经营

(二)有利于扩大农业生产规模,充分发挥土地价值

允许土地承包经营权抵押可以实现农业生产经营的机械化和集约化,大大提高农村土地资源的利用效率,使更多劳动力得到解放,开展副业,搞活农村经济;有助于推动农业产业结构的调整,建设社会主义农业强国。而且,拓宽了农村地区的融资渠道,在一定程度上推动金融公平的实现。

农地权利结构改革是为了解放和发展生产力。"三权分置"的提出就是为应对"两权分离"的农地权利结构不能满足当前土地流转的现实需要、制约了农村生产力的持续发展而作出的制度性创新。为了提高土地利用效率,促进农业农村现代化,增加农民收入,实现农业的集约化经营,关键在于推动土地经营权顺畅流转。物权性土地经营权无疑有助于形成稳定繁荣的土地流转市场,激发广大投资者的热情,盘活农村土地价值。

(三)有助于解放农民,推进城镇化进程

"三农"问题关系着党和国家、人民事业的发展全局,一直是我党工作的重中之重。党的十七大提出统筹城乡发展,推进社会主义新农村建设;十七届三中全会概括了我国农村发展所处的历史方位,提出农村建设和改革的具体措施;党的十八大对推动城乡一体化作了重要部署,明确指出要着力促进农民增收,不断完善农村基本经营制度;十八届三中全会进一步明确,必须健全体制机制,形成以工促农、以城带乡、工农互惠、城乡一体的新型工农城乡关系,要加快构建新型农业经营体系,赋予农民更多财产权利,推进城乡要素平等交换和公共资源均衡配置。这意味着我国一定会稳定现有的土地承包经营关系并保持长期不变,今后

---

① 闫三曼.农业供给侧改革背景下农地经营权抵押贷款博弈机制分析[J].石家庄铁道大学学报(社会科学版),2018(1):30—35.

还将赋予土地承包经营权更多的权利内容,丰富其流转方式。农地经营权抵押贷款可以在一定程度上促进农地的流转,使农地更为集中。这样一方面可以促进农地的规模化经营;另一方面有助于解放农民,促进农村劳动力向城市转移,推动城镇化建设。

(四) 有助于实现公平和效率

抵押作为一种重要的农地流转方式,它允许农民以土地经营权进行抵押从而获得贷款,解决农户的资金难题,而农地抵押也正是通过赋予承包主体支配和移转的自由,为权利找到合适的主体,提高利用效率,实现土地资源的优化配置。同时,土地承包经营权抵押也有助于实现公平。在社会主义初级阶段,初次分配和再分配都要注重公平,而再分配要更加注重公平。土地承包经营权抵押立足于我国农村的土地利用现状,按照不同的经营状况,实现权利的二次流转。因而,农户会更加慎重,充分权衡利弊之后再做出决定。因噎废食、限制抵押,使农民在紧缺资金的时刻折价转让经营权,给人可乘之机,不利于保护农户的利益,也没有体现公平。

四、农地经营权抵押制度缺陷

(一) 农地经营权抵押保障制度不完善

国家的土地流转政策确实能推动土地抵押工作的进行,但是社会明显缺少对农户抵押贷款的保障机制。理论运行模式:农户以地换钱,投资生产经营后获取利润,然后再以钱换地,实现资金和土地的合理化利用。但是从以地换钱跳跃到以钱换地的过程中,农户要承担经营不善赔本的风险,农村社会又不能提供足够的风险规避和保障机制。土地承载着农户的生活、医疗、养老等多种家庭重担,缺乏必要的保障机制,农户不敢放心地把农地交出去,一旦无法回赎土地,那么自己就丧失了谋生的途径,农地也不能得到更好的利用。①

在农村社会保障机制不健全的情形下,一旦农户违约,农民将失去农村土地经营权,也就意味着失去了最后的社会保障。另外,由于我国农业保险机制尚未十分完善,损失发生时,由于缺少相应的救助体系与保险机制,农业生产经营主体就会面临巨大风险,当经济损失通过农村土地直接抵押转嫁给金融机构时,将会发生第一还款来源风险。

(二) 土地抵押权实现难

目前,我国农村土地经营权流转机制还不完善,农村土地流转信息渠道不畅,缺少规范、有序的交易市场与中介组织,"要转的,转不出;要租的,租不到"、农地经营权流转费用较高、时间长的现象普遍存在,极大地制约了农村土地经营权的变现进程。

(三) 金融体系不完善

改革开放以来,我国金融体系的构建逐渐趋于完善,金融市场发展日益加快,但是农村金融却存在短板。农村土地融资涉及很多主体,既包括农民个人,又包括村民组织,更包括

---

① 肖培耻.我国农地经营权抵押融资风险控制——基于直接抵押融资模式的视角[J].江苏农业科学,2019(1):334—337.

农村金融机构,关键是农村金融机构对土地经营权融资担保的态度如何,在很大程度上决定着该政策的落实。依据目前的相关资料显示,农村金融机构很少接受农民将土地经营权进行抵押贷款。虽然新修正的农村土地承包法规定土地经营权可以融资担保,但是相应的配套金融制度还没建立和健全,以及相关立法上的缺陷,导致金融机构不愿意展开土地经营权融资担保业务。按照土地抵押贷款合同约定,一旦农户无法按时偿还贷款,农村土地经营权就会被金融机构(银行)处置,然而,对相当一部分的农户家庭来说,土地占据十分重要的地位,所抵押的土地经营权由哪个部门(机构)来处置、怎样执行、如何再流转等操作难度很大,金融机构对此心生畏惧。另外,出于社会稳定考虑,政府部门还会进行直接或间接的干预、施压,农村信用合作社等金融机构很可能会暂缓甚至放弃变现农村土地抵押权,还款来源风险发生将不可避免。由于农地经营权抵押贷款存在着成本高、额度小、风险高、收益低等现实问题,国有商业银行参与积极性低。

从借款人角度来看,农地经营权抵押存在评估价值低、贷款期限短、金融机构手续复杂、审批时间长等劣势,该模式还不能完全适应农业生产经营的需要。可以认为,在供需双方积极性都不高的情况下,政府不得不扮演起交易撮合以及风险补偿角色以推动农地经营权抵押试点,内生市场化机制未能发挥根本性作用。

(四)土地价值评估体系不健全

农村土地经营权是以农用地为基础而衍生出的一种用益物权,其深深根植于经济环境、社会环境和自然环境之中,其市场价值必须通过市场进行评估。然而,我国农村土地价格评估机制尚不完善,缺少专业、权威的第三方性质的农村土地价值评估机构,传递平台或手段相对落后,没有客观、统一的土地价值评估标准,直接影响了农村土地抵押贷款业务的健康发展。

当前我国农村还没进行土地定价工作,且缺乏科学的土地价格评估体系,随着经济发展,历史土地价格也没有实际参考价值,造成土地价格具有很大的随意性和不确定性。而且农民文化素养较低和信息交流不畅通,尚不具备对土地价值的评估能力。农民在土地融资担保中经常处于劣势,其权益经常受到侵犯,亟须土地价值评估机制出现。

(五)抵押供需不匹配

对承包土地经营权抵押贷款有制度需求的农户其资金需求量相对较大。现行农户小额信用贷款已不能满足农户资金需求,抵押贷款成为农户可选的正规融资渠道。作为农户最重要抵押财产的承包土地经营权本身抵押价值却相对较低,导致承包土地经营权抵押融资金额难以满足农户发展资金需求。一方面是因为单个农户所拥有的土地承包经营权总量小因而总价值低,这一问题短期内无法解决;另一方面就是承包土地特殊性导致其单位价值较低,提升承包土地经营权单位价值应纳入制度改革目标。按照经济学一般理论,土地价值(价格)是"地租的资本化"。承包土地经营权的价值(价格)也应该是承包土地经营权收益的资本化,因此其价值决定因素为承包土地经营权可获得的市场租金(地租)、承包土地经营权的期限及贴现率。承包土地经营权单位价值低是上述因素共同作用之结果。

首先,农业"市场+自然"双重风险特征促进承包土地资本化贴现率提高。土地价值(价格)与贴现率成反比,在地租和贴现时间不变的前提下,贴现率提高会导致土地价值(价格)降低。承包土地经营权抵押所面临的直接风险主要是来自农业经营。农业经营具有"市场+自然"的双重风险特征:农业经营决策与市场价格变动不一致对农产品市场波动造成的不良影响已被蛛网模型系统分析说明,农产品市场波动相对于一般商品市场而言更为复杂,因此,农业经营所面临的市场风险也相对较大;农业区别于一般产业的另一重要特征就在于其与自然条件(气候条件、自然灾害等)密切相关,因此农业经营还面临较大"自然"风险。农业经营"市场+自然"双重风险使得农业经营较一般投资项目风险更大,投资者就要求更高的回报率。因此,在进行承包土地经营权价值评估时,贴现率也要提高。

其次,用途管制下农业经营收益低限制承包土地地租的提高。阿朗索竞租曲线已说明农业用途的地租相对于二、三产业是最低的。在完全竞争市场下,农户会按照最大化地租原则决定土地用途甚至是将农用地转化为建设用地。但严格的土地用途管制制度禁止农户擅自将农用地转化为建设用地以寻求更大地租。另一方面,不同农作物之间的转换也会带来级差地租。经济作物的收益远大于传统粮食作物,但基本农田的划定及其用途管制也限制了农户将传统粮食作物改为收益更高的经济作物以获得用途转变产生的级差地租。

(六) 农地抵押权的价值偏低

农地经营权的抵押价值是影响这项业务开展的重要因素。我国的国情是人多地少,户均耕地约 0.67 hm^2。目前,银行对土地经营权的价值评估一般按照土地流转费用再乘以折扣比率(40%—70%)来测算。据经济日报社调研组的调查数据显示,新型农业经营主体转入土地时支付的平均租金为 12 257 元/hm^2。按这个价格测算,平均下来农地经营权一年的抵押价值仅为 5 000—6 000 元,抵押的价值实际上很低。即使将经营权抵押期限放宽到 2023 年,全部抵押价值也就是两三万元,比农村小额信贷的额度还要少。因此,可以认为,对于全国大部分地区的自有承包户来讲,农地经营权抵押的现实意义并不是很大。相比承包权和经营权合一的自有耕地承包户,新型农业经营主体通过流转土地,承包期和经营权是分离的,这类主体一般经营规模比较大,对融资需求也更加迫切。当前龙头企业的平均经营耕地规模为 52.2 hm^2,家庭农场的平均经营耕地规模为 11.8 hm^2,这些主体在流转土地及耕地整理中投入了较多的资金,因此对激活流转耕地的资本属性的愿望也最为强烈。由于经营规模较大,经营权抵押价值也比较可观。测算下来,龙头企业每年流转土地的经营权评估价值为 35 万—45 万元,家庭农场也可以达到 8 万—11 万元,如果再算上流转的期限因素,这笔资金对新型农业经营主体发展经营就能起到促进作用。然而,在现实中对新型农业经营主体抵押土地经营权也往往存在一个问题,那就是虽然新型经营主体与承包户签订了一定年限的土地流转协议,但流转费用基本上都是一年一付,实际上在付完流转费以后,经营权才真正迁移到新型经营主体一方,对以后几年的经营权,虽然签订了协议,但由于还没有支付流转费,只能认为是债权,这种"经营权"实际上并没有任何抵押的价值。因为一旦出现经营不善和贷款违约,无法支付承包户的流转费后,一种情况是经营权重新回到承包农户手中,银行的债权悬空;另一种情况是银行来补充农户的利益,然后再处置经营权,这样对银行来讲也是不利的。因此,在土地流转费一年一付的情况下,新型农业经营主体去抵押经营权,实际上是一种经营权的空转,没有实质性地抵押。

五、农地经营权抵押制度的完善

(一) 完善农村社会保障制度

通过完善农村社会保障制度来减少农地社会功能,以确保流转的顺利进行,增强农民抗风险能力,有效防控可能因土地流转带来的社会风险。客观地说,农村人口社会保障的缺失是我们的历史欠债,这一点在近年来从中央到地方已经形成基本共识并已开始逐步建立农村的社会保障制度。正是因为农村社会保障不足,才导致人们对全面开禁承包经营权流转的担忧,尤其是对失地农民生计的担忧。因此,这个问题是确立农村土地全面流转最为关键的问题和障碍。当然,要全面建立和完善农村的社会保障制度,需要以"真金白银"为基础,可能存在一定障碍,但并非不可克服。首先,经过改革开放四十多年来的发展,我国已具备一定财力,这为我们解决这个问题奠定了坚实的物质基础。其次,开源节流以及统筹使用资金是非常重要的,尤其是对资金的统筹使用上是大有文章可做的。总之,建立和完善农村的社会保障制度是农村土地流转的基本保障。

(二) 建立和完善农村土地登记制度

这是实现农村承包经营权全面流转的重要制度。农地流转交易的基本前提条件是权属清晰,无论承包经营权抵押、入股,抑或是作为用益物权整体的转让,都是以承包经营权登记为前提条件。因此,土地承包经营权登记对于推动承包经营权的流转具有重要作用。我国的土地确权工作虽然已经展开,并取得一些成效,但是,显然还不完全,甚至还存在迟缓拖沓的状况。因此,应该根据《不动产登记暂行条例》规定,由县级以上地方人民政府对不动产登记的机构进行确定,由各县级以上地方人民政府确定统一的登记部门,进行统一登记发证。

(三) 建立承包经营权流转服务机制和交易平台

承包经营权流转其实就是一个产权的交易,凡是交易都需要有相应的服务机构和交易平台。虽然从各地承包经营权流转的推行和试点情况看,已有了地方机构和交易平台,但处于初级阶段的我国土地产权交易市场,很多农地流转仍然多为农民自发、分散和无序流转,交易双方存在信息不对称、不畅通的问题,这就直接导致了土地交易的高成本和土地资源配置的低效率。因此,要促进承包经营权的市场化流转,需要搭建第三方服务机构和交易平台。我们欣喜地看到,我国农村产权交易平台的建设和试点已经在很多地区已经开始出现了。例如四川省成都市的产权交易所,建立农村产权交易中心,可以为交易信息的汇集和发布提供一个有效载体,为流转双方提供一个公开透明的平台。出让方可以将其想要进行流转耕作经营权的意图向农村产权交易所表明,并将与流转相关的内容都交给产权交易所,如土地的坐落、面积、出让价格等。如果受让方想要获得农地经营权,就将其想要接受流转的意愿向交易所表达,并说明想要权属的条件,比如面积、价格等。交易所及时公布收集到的当事人的相关信息,然后,再由农村产权交易所通过一定的渠道例如网络平台,将耕作经营权流转信息分类整合、及时发布,以此确保供需双方能以快捷的方式获得自己所需要的信息,减少交易的成本,从而加快耕作经营权的流转。

(四) 建立起完备的承包经营权评估制度

承包经营权作为财产权具有经济价值,在其流转过程中,必然涉及对其价值的评估。因此评估机构的建立也是非常迫切的。当前我国还未建立起完备的承包经营权评估制度,但是部分农地权利抵押试点地区对贷款数额确定了一个标准,在此标准之上的贷款业务,则要求由有资质的专业评估机构进行评估,在此标准之下的贷款业务,则允许双方协商或者由金融机构自行确定。诸如此类做法比较灵活,简化了贷款业务的办理程序,但是因双方协商或金融机构自行确价,则很可能导致贷款机构乘人之危,利用其优势地位压低估值。因此,需要建立一套完整的价格评估机制,由第三方专业评估机构对承包经营权进行科学评估并出具评估报告,从而保证价值评估的中立性。目前,农地价格评估公司虽已经在我国部分承包经营权抵押试点地区设立了,但是,应当尽快在全国范围内进行推广、完善。

本章小结

担保物权是指债权人所享有的为确保债权实现,在债务人或者第三人所有的物或者权利之上所设定的,当债务人的债务不履行时,或者发生当事人约定的实现担保物权的情形时,优先受偿的他物权。担保物权的基本类型有抵押权、质权和留置权。担保物权的消灭使担保物权对于担保财产所具有的优先受偿的支配力终止。

土地使用权抵押,是土地使用权人在法律许可的范围内不转移土地占有而将土地使用权作为债权担保,在债务人不履行债务时,债权人有权对土地使用权及其上建筑物、其他附着物依法进行处分,并以处分所得的价款优先受偿的担保物权。土地抵押权作为抵押权的一种,具备抵押权的共同属性,适用抵押权制度的共同规则,具有以下几个特点:土地抵押不是实物抵押而是权利抵押;抵押权的客体是法律允许转让的土地使用权,即权利客体的限制性;抵押人必须是享有土地使用权的债务人或第三人;土地使用权抵押不影响土地上其他权利人的权利。

建设用地使用权抵押是指建设用地使用权人为担保自己的债务或他人的债务,以建设用地使用权作为债权的担保,当债务人不能履行债务时,债权人有权以建设用地使用权变价优先受偿。建设用地抵押权是一种物权担保,它具有物权的排他性和追及性等一般特征,同时由于抵押权的特殊性,使其又有自身的特征,从而也有别于其他担保方式。

农地经营权抵押,是指土地承包经营权人在法律允许的范围内,在坚持所有权、承包权和农地农业经营活动不变的原则下,在依法确权登记的基础上,将权属明晰无争议的农地经营权作抵押。农地设立抵押权的特征有农地集体所有权、承包权不可改变性;农地用途的不可变更性;农地经营权抵押主体复杂性。我国农地集体所有、家庭承包经营并实行所有权、承包权、经营权"三权分置",这种特殊的产权安排决定了农地经营权抵押具有与国有建设用地抵押不同的经济效果。

第十四章　中国土地担保物权制度

关键词

担保物权　土地抵押权　农地抵押权　宅基地

复习思考题

1. 土地抵押权的内涵与标的物是什么？
2. 土地抵押权的实现方式是什么？
3. 建设用地抵押权的设立、实现与消灭是什么？
4. 农地设立抵押权的特征。

拓展阅读

材料一　农户承包土地经营权抵押：实践、困境与制度创新——西藏山南市滴新村土地经营权抵押案例研究

材料二　集体建设用地抵押：缘何叫好难叫座——对江苏省海门市农村集体建设用地抵押试点工作的调研

材料三　宅基地抵押权的争论与面临的问题

（本章编写人员：高星）

第四篇

土地市场与收益分配

第十五章 CHAPTER 15

土地市场

◎ 思维导图

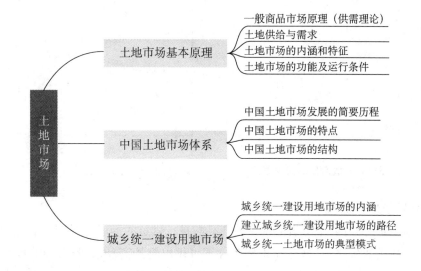

学习目标

1. 掌握土地市场的基本原理、内涵、基本特征、功能和运行条件。
2. 了解中国土地市场发展的历程。
3. 掌握中国土地市场的格局。
4. 熟悉建立城乡统一土地市场的路径。

第一节 土地市场基本原理

一、一般商品市场原理

人类社会生产力发展到一定历史阶段,出现了可以交换的劳动产品,即商品。商品经济社会,所有可用的东西都可看作商品,如木材、矿产、石油、汽车,等等。提供商品的人称之为供给者,购买商品的人称为需求者,市场上某种商品出现的数量是由供给者和需求者共同决定的。

(一) 需求及需求曲线

根据西方经济学观点,需求是指在某一特定时期内消费者对某种产品每一可能的价格愿意并且能够购买的数量。因此,需求的形成需同时满足两个条件:一是消费者有购买意愿;二是消费者有支付能力。影响需求的因素主要有商品价格、消费者偏好、消费者收入、替代品与互补品的价格、消费者预期价格等。简单来讲,在其他因素不变的情况下,商品价格与需求量之间呈反向关系,商品的需求量随价格的上升而下降,随价格的下降而上升,一般商品的需求曲线见图15-1。

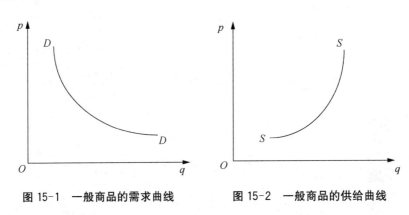

图 15-1 一般商品的需求曲线　　图 15-2 一般商品的供给曲线

(二) 供给及供给曲线

供给是指一定时间内,生产者所提供的商品数量。供给的形成也需同时满足两个条件:一是生产者能接受的价格;二是在此价格条件下可供出售的商品数量。影响供给量的因素主要有价格、生产技术与管理水平、生产成本、替代品与互补品的价格、生产者预期价格等。一般情况下,价格越高,生产者愿意提供的商品就越多;价格越低,生产者愿意提供的商品就越少,一般商品的供给曲线见图15-2。

(三) 供需均衡

当一种商品的需求价格与供给价格一致时,即供给曲线和需求曲线相交时,该商品达到均衡价格(图 15-3)。

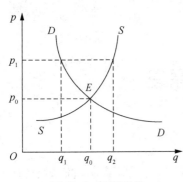

图 15-3 中,SS 是供给曲线,DD 是需求曲线,点 E 是供需均衡点,对应的均衡价格为 p_0,当市场价格为 p_1 时,对应的商品供给量为 q_2,需求量为 q_1,此时供大于求,商品滞销,只有当市场价格下降,逐渐接近 p_0 时,此类商品的需求量才会逐渐上升,并不断接近 q_0,达到供需平衡。

图 15-3 均衡价格

二、土地供给与需求

土地作为特殊商品形成其独特的市场,如同其他普通商品一样,土地市场主要由供给者和需求者构成,遵循一般商品市场的供需规律,但由于土地的自然特性,导致土地的供需也有别于普通商品。

(一) 土地需求

土地需求是在某一特定时间内,在某一土地市场,某类用途土地在某一价格下被购买或租出的数量。"对不动产而言,假定其他因素如人口、所得及消费者偏好维持不变下,需求是在特定期间与特定市场,某类型不动产在不同价格被希望购买或承租的数量。"[①] 在不同的地域市场内,某一时期的某一土地价格下,土地的需求是不相同的。不同用途的土地,即使在同一地域市场内需求量也是不同的。

土地作为一种生产要素,其需求是一种引致需求。由于土地的产品,如农产品、房屋等,是消费者的最终消费品,人们的消费能给投资者带来利润。消费者对土地产品的欲望和需求最终引致投资者对土地的需求。城市人口对城市住宅需求的增加,引致住宅价格的上涨,住宅价格上涨,使住宅投资利润增加,从而吸引更多的社会资金投资住宅生产,最终导致对城市住宅用地需求的增加,土地需求是有弹性的。

土地需求量的决定因素主要有:土地价格、消费者或投资者的货币收入和融资能力、土地投机、人口因素和家庭因素、消费者或投资者偏好、对未来的预期等。一般而言,土地价格越高,对土地的需求越小,土地价格越低,对土地的需求就越大。当消费者的货币收入增加,购买住房的能力增强时,对住宅用地的需求就增加。当投资者在社会上能更方便、更容易获得资金,对土地开发的能力增强时,对土地的需求就增加。土地市场的投机程度及政府对投机的限制程度,城市人口的增加或减少,家庭单元的细化或融合,对不动产投资的偏好或是否把土地投资当作抵御通货膨胀的手段等,都会引起土地需求量的变化。

图 15-4 反映了一种特殊情况下的土地需求规律,当土地价格上涨时,需求量反而增加。该现象反映了当存在土地市场投机时,购买土地的目的是待土地价格上涨后再卖出去,价格上涨较快的土地(如城市中心地段的土地)更容易出售,因此需求量更高。

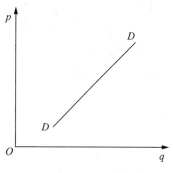

图 15-4 特殊的土地需求曲线

(二) 土地供给

土地供给是在一定的时期内,土地的所有者在某一价格水平下,在市场上所愿意且能够提供的土地的数量。通常,在一个特定价格下,土地所有者愿意且能够提供的土地数量,称为供给量。受地理位置、气候条件、海拔、地形地貌、土壤、水文、交通条件等因素的限制,地球上并非所有土地都可以利用。土地所有者愿意且能提供的土地数量是指可提供给人类利用的土地数量。土地供给通常分为自然供给和经济供给。

1. 土地的自然供给

自然供给是指土地以其自然存在状况,供给人类利用,以满足人们生产、生活所需要各种土地总量。因此,土地自然供给是指地球供给人类可利用的土地数量,包括已被利用的土

---

① [美]美国估价师协会.不动产估价[M].不动产估价翻译委员会,译.北京:地质出版社,2001.

地资源和未来可利用的土地资源。一般来说,土地自然供给是相对稳定的,不受任何人为因素或社会经济因素的影响。

土地自然供给受以下因素制约:①适宜于人类生产生活的气候条件;②适宜于植物生长的土壤质地和气候条件;③具有可资利用的淡水资源;④具有可供人类利用的生产资源;⑤具有一定的交通条件。

2. 土地的经济供给

经济供给是指在自然供给基础上,通过投入资金和劳动加以改造,成为人类可以直接用于生产、生活各种用途的土地供给①。开发新土地、用地结构调整等活动都会影响土地的经济供给。因此,土地经济供给是可变化的。

土地经济供给的增加主要体现在经济供给总量的增加、某种用途土地随着利用效率的提高在数量上的增加、一定面积土地上产出的增加等方面,前两者是土地经济供给的直接增加,后者是土地经济供给的间接增加。

土地经济供给和自然供给的联系和区别主要体现在:①土地自然供给是土地经济供给的基础,土地经济供给只能在自然供给的范围内变动;②土地自然供给是针对人类的生产、生活及动植物的生长而言的,而土地的经济供给则主要是针对土地具体的不同用途而言的;③土地的自然供给在相当长的时间内是一定的,无弹性的,而土地的经济供给是变化的,有弹性的,并且不同用途土地的供给弹性是不同的;④人类难以或无法增加土地的自然供给,但可以在自然供给的基础上增加经济供给。

土地经济供给的影响因素主要有:①各类土地的自然供给,某种用途的土地自然供给从根本上限定了该用途土地经济供给的变化范围,它是经济供给的前提和基础;②利用土地的知识和技能,随着人类利用土地的知识和技能逐步提高,人类可以更多地利用原来未被利用的土地,或使利用效益不高的土地变为利用效益高的土地;③社会需求,社会需求的变化能促进土地利用方向的改变,从而影响各种土地经济供给的数量;④产品价格,某类产品市场价格上升,会导致生产该类产品的土地价格上升,从而导致该类土地的经济供给增加;⑤土地利用计划,土地利用计划是根据土地利用总体规划和经济社会发展需要,对各类用地数量进行具体安排,作为土地供给者,政府对土地供应结构的调整对土地经济供给也产生重要的影响。

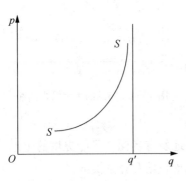

图 15-5 特殊的土地供给曲线

由于土地具有位置固定不变的自然特性,自然供给不变,经济供给弹性有限,因此土地供给曲线在一定范围内遵循一般商品的供给规律,即价格上升时土地供给也增加。但土地自然供给总量有限,超过该限度,不管价格如何上涨,土地供给也无法继续增加(图 15-5)。

---

① 毕宝德.土地经济学(第 8 版)[M].北京:中国人民大学出版社,2020.

（三）土地供需平衡

土地价格和地租是由土地的供给与需求二者共同决定的。根据上述土地的供给和需求原理，在一般情况下的土地市场，当土地的价格持续上升，土地的供给量增加，但土地的需求量减少，最后该市场的土地供给量就会超过需求量，出现过剩，从而会使部分土地卖不出去，土地价格就会下降；相反，当土地价格持续下降时，土地需求量就会增加，但土地供给量会减少，最后该市场的土地需求量就会超过供给量，出现短缺，从而会使土地价格上涨。需求与供给二者相互作用的结果，最终使土地的供给和需求会在某一价格上相等，这时，既没有过剩，也没有短缺，出现了市场均衡，这时的价格就称为均衡价格（图15-6）。

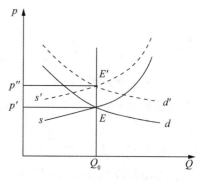

图 15-6　土地供求均衡曲线

三、土地市场的内涵和特征

（一）土地市场的内涵

在西方经典的经济理论中，市场被界定为一种制度或机制，通过这种制度或机制可以集合特定商品、服务以及资源的买方（需求方）和卖方（供给方）。著名经济学家保罗·萨缪尔森（Paul A. Samuelson）在《经济学》教科书上也将市场定义为一种通过把买者和卖者汇集在一起交换商品的机制。从这一概念来看，土地市场显然是一种特定的商品市场。它是集合土地买卖双方的一种制度或机制。它能够通过"看不见的手"的作用，以相对较低的交易成本有效地调节供需各方的交易行为，使土地资源或资产达到有效配置。周诚教授认为："土地市场是人们进行土地商品交易所形成的相互关系，它由主体和客体所构成。主体是指从事土地资产交易的各种相关人员或单位，客体是指交易的对象，包括土地或土地权利。"[①]

综合现有研究可以总结得出，土地市场是指土地这种特殊商品交易的场所，是土地交易过程中发生的经济关系总和。由于土地具有位置固定性，发生交易的实为土地的各种权利，如土地所有权和土地使用权等。市场主体是土地的供给与需求者，市场客体是土地权利。

（二）土地市场的特征

土地是一种特殊商品，具有位置固定和稀缺性等特征，因此不同于普通商品，不会因为市场需求的增加而无限增加土地供给，也不会因为某一地区土地供应不足而将其他区域土地流动过来作为补充。一般情况下，土地交易价值大，并且完成土地交易需要一定的周期。综上所述，土地市场具有以下主要特征：

1. 区域性

由于土地位置的固定性，土地市场具有强烈的地域性特点，不同地域土地市场之间的相互影响较小，难以形成全国性统一市场。

---

① 周诚.土地经济学原理[M].北京：商务印刷馆，2003.

2. 竞争不充分性

由于在某一市场交易中,进入市场的交易对象和交易主体不多,同时市场信息获取较难,国有土地在一级市场供给中易形成垄断,使得土地市场竞争不充分。

3. 层次性

由于土地市场上交易的内容(权利)不一样,因此存在不同层次的交易市场。中国土地市场主要由土地使用权出让市场、土地使用权转让市场、土地使用权租赁市场、土地使用权抵押市场等构成。

4. 供给弹性小

土地资源不可再生,因此其自然供给没有弹性,经济供给弹性也相对较低。在同一地域性市场内,土地价格主要由需求决定,由于社会发展和人口持续增加,对土地需求日增增大,土地市场价格总体呈上升趋势。

5. 政府主导

由于土地资源的利用对社会经济发展的影响巨大,因此政府会对土地市场的交易权利、规模、形式等多方面进行干预。

四、土地市场的功能及运行条件

(一)土地市场的基本功能

1. 优化配置土地资源

土地资源的配置方式因配置手段不同而分为行政划拨方式和市场方式。行政划拨方式是由政府用行政手段把土地资源分配到各土地使用者手中,实现土地资源与其他生产生活资料的结合。市场方式是通过市场机制的作用把土地资源分配到各土地使用者手中,实现土地所有者和使用者利益最大化。目前,中国已逐步实现大部分土地资源的市场优化配置。

2. 调整产业结构,优化生产力布局

经济的健康发展,需要有合理的产业结构和生产力布局。以价格机制为核心的市场机制就像一只"无形的手",时刻对一个国家或地区的产业结构和生产力布局依市场原则进行调整,以实现最大的经济效益。地租、地价是土地市场中最重要的经济杠杆,是引导土地资源在不同产业中配置的重要信号,这种信号比任何其他非经济信号和指令更科学,更能促进生产力布局的优化。比如,一个城市工业用地供给过多,商业服务业用地供给过少,则工业用地价格就会下降,商业服务业用地价格就会上升,理性的供给者就会减少其工业用地供给而增加商业服务业用地的供给,以获取更大的利益。这种市场的调节通过对土地在工业与商业服务业之间的合理分配而实现产业结构的合理调整。

3. 健全市场体系,实现生产要素的最佳组合

一个完整的市场体系,不但有消费品市场、一般生产资料市场,还应包括金融市场、土地市场、房产市场、劳务市场、技术市场等。市场机制只有在一个完整的市场体系中才能充分发挥作用。土地是人类的基本生产要素,只有实现其市场配置,才能健全市场体系,最大限度地发挥市场机制的作用。

（二）土地市场运行的基本条件

土地市场正常运行需要具备以下基本条件：

1. 稳定的市场经济环境

价格机制和风险机制等市场机制是决定理性的市场参与者行为的主要因素，是市场运行的内因和原动力；一切非经济的行政、法律、道德等力量只有通过市场机制才能发挥作用，是市场运行的外因和推动力。土地市场的运行同样离不开市场经济这一最基本的外部环境。

2. 明晰的土地产权

土地是最基本的资产，无论是私有或公有，明晰的土地产权是建立土地市场的最基本条件。由于土地市场的客体是土地的各种权利，如果权利界定不明、归属不清，权利的交易就无法进行。因此，明晰土地所有权及以所有权为核心的各种派生权利是土地市场运行的基本前提。

3. 发达的土地金融市场

土地开发是一项投资额巨大、回收期很长的投资活动。世界各国的经验表明，地产业的发展离不开金融业的支持。大多的土地投资者难以靠个人资本进行土地开发，而必须借助银行的资金。具有健全和完善的银行信贷、土地抵押、土地债券等土地金融形式，土地市场才能繁荣兴旺。

4. 完善的土地法规

法律法规是政府对市场进行干预的基本手段。为了建立正常的土地市场秩序，保护土地投资者利益及交易双方的权益，解决地产纠纷，抑制土地投机，引导土地市场健康发展等，都需要建立配套的土地法规。健全的土地法律法规是土地市场运行的根本保证。

5. 良好的市场中介机构

由于土地市场信息不全和需要大量专业知识，大多数市场主体处于不对等的位置。为了土地交易顺利进行，服务于土地市场的专业人员和机构必不可少。土地价格评估、土地交易法律政策咨询、土地交易经纪等中介服务，是土地市场运行不可或缺的组成部分。

第二节　中国土地市场体系

一、中国土地市场发展简要历程

1949年后，城市土地逐渐收归国有，农村土地实行集体所有，法律规定所有土地不允许买卖出租，因此至1978年之前，中国城市和农村均不存在土地市场。改革开放之后中国土地市场的建立与发展主要经历了以下阶段：

(一) 试验和探索阶段

1978年起,我国开始实行农村土地家庭承包经营制度,极大激发了农民的生产热情,农地生产效率大大提升。与此同时,城市使用制度也开启改革之路,1979年,《中华人民共和国中外合资经营企业法》规定外资企业使用中国土地要支付土地使用费。1982年,深圳特区按土地不同等级开征城市土地使用费。1987年,深圳市分别以协议、招标、拍卖方式出让了三宗土地。突破了土地无偿、无限期、无流动的使用制度,初步形成土地市场制度。1987年11月,国务院决定在深圳、上海、天津、广州、厦门、福州等城市进行土地使用制度改革试点,按照土地所有权和使用权分离的原则,国家在保留土地所有权的前提下,通过协议、招标、拍卖的方式将国有土地使用权以一定的价格、年期和用途出让给使用者,出让后的土地使用权可以转让、出租和抵押。这是我国城市土地使用制度的根本性改革,突破了土地无偿、无限期、无流动的使用制度。

(二) 建立和发展阶段

1988年4月,《中华人民共和国宪法修正案》删除了《宪法》中关于土地不得出租的规定,增加"土地使用权可以依照法律规定转让"。同年8月,修正后的《中华人民共和国土地管理法》明确规定"国家依法实行国有土地有偿使用制度"。1990年5月,国务院颁布《中华人民共和国城镇国有土地使用权出让和转让暂行条例》和《外商投资成片开发经营土地暂行管理办法》,为中国土地市场的全面建立与发展提供了明确的法律依据。1992年,邓小平南方谈话和中共十四大确立了经济体制改革的基本目标是建立社会主义市场经济体制后,全国土地市场的培育和发展进程进一步加快。

(三) 规范和调整阶段

1992—1993年,中国海南、广西等地出现房地产热,全国各地出现开发区热、土地投机等现象,1993年7月,国务院开始整顿房地产市场,城市土地市场进入调整时期。2001年,针对各地土地使用权95%以上仍采用协议出让的现状,国务院印发《关于加强国有土地资产管理的通知》,大力推行土地使用权出让的招标和拍卖方式。2002年8月,《中华人民共和国农村土地承包法》提出在依法、自愿、有偿的原则下进行土地承包经营权流转,逐步发展规模经营,对农村土地市场建设提供了稳定的法律基础。

2003年,全国范围内再次出现土地市场过热的问题,违法用地、盲目圈占土地、乱设开发区、乱占滥用耕地等现象突出。针对以上问题,2004年,国务院下发《国务院关于深化改革严格土地管理的决定》,严格控制建设用地供应增量,工业用地逐步实行招拍挂,严禁低价出让工业用地。2007年9月,国土资源部下发《招标拍卖挂牌出让国有建设用地使用权规定》,进一步扩大了招、拍、挂的范围,更大程度发挥市场对土地资源的配置作用。2007年10月,《中华人民共和国物权法》正式施行,这是我国第一次用物权法的形式明确界定我国土地的各种权利。

2008年,国务院下发《关于促进节约集约用地的通知》,进一步强调市场调配土地资源的基础性作用;为改变我国长期存在的城乡土地市场二元结构问题,2013年11月,十八届三中全会通过《中共中央关于全面深化改革若干重大问题的决定》,提出"建立城乡统一的建设用地市场"。在符合规划和用途管制的前提下,允许农村集体经营性建设用地出让、租赁、入股,实行国有土地等同入市、同权同价;2015年1月,中共中央办公厅国务院办公厅印发《关于农村土地征收、集体经营性建设用地入市、宅基地制度改革试点工作的意见》,开始推行农村"三块地"改革(农村土地征收、集体经营性建设用地入市、宅基地制度改革等三项改革的简称)。2016年10月,中共中央办公厅、国务院办公厅印发《关于完善农村土地所有权承包权经营权分置办法的意见》,推进农村土地"三权分置",为农村土地市场的顺利运行奠定了基础。2019年9月,全国人大常务委员会对《中华人民共和国土地管理法》和《中华人民共和国城市房地产管理法》进行修正,进一步明确了农村土地征收的范围和程序,明确了集体经营性建设用地入市的条件和后续管理,为建立统一的城乡建设地市场提供了可操作的指导意见。2020年5月,十三届全国人大三次会议表决通过了《中华人民共和国民法典》,该法第三百五十九条明确规定:"住宅建设用地使用权期限届满的,自动续期。续期费用的缴纳或者减免,依照法律、行政法规的规定办理。"这条规定对住宅建设用地有偿使用年期到期后的续期做了进一步明确。

二、中国土地市场的特点

中国土地市场的主要特点有以下几个方面:

(一)中国土地市场以社会主义土地公有制为基础

中国进入土地市场交易的只是一定年期的土地使用权,土地所有权不进入市场,在此性质下,决定了市场交易权利的种类、土地收益分配的原则和市场监管的制度等都与以土地私有制为基础的土地市场有着根本区别。

(二)中国土地市场是政府驱动型市场

中国在计划经济体制时代,土地以行政划拨方式进行配置,未形成土地市场。随着社会主义市场经济的逐渐发展和完善,土地资源市场配置成为经济发展的客观需求,在此背景下,中国政府根据经济发展的客观规律,有步骤地建立符合中国经济发展的土地市场。并且,政府对进入市场的主体和客体都有严格的限定。

(三)中国城镇国有土地使用权市场是垄断竞争型市场

根据宪法、土地管理法和城市房地产管理法等法律规定,国家对国有土地使用权实行有限期出让、转让和出租等制度。在土地出让市场中,国家是土地使用权的唯一供给者,因此国家在土地使用权出让市场中形成垄断。土地使用权转让市场中,土地使用权供给者呈现出多元化特征,在符合区域政策、法规和土地利用规划等条件下,土地供求双方可根据市场行情自由转让、出租和抵押土地使用权。

(四)统一的城乡建设用地市场尚未完善

改革开放以来,我国城镇国有建设用地市场建设从无到有、从小到大、从无序到规范,取得了明显成效,但农村集体建设用地市场发展不平衡、不规范的问题十分突出,城乡建设用地市场呈现明显的二元特点。党的十八届三中全会通过的《中共中央关于全面深化改革若干重大问题的决定》提出建立城乡统一的建设用地市场,明确了深化农村土地制度改革的方向、重点和要求,对于全面建立土地有偿使用制度、构建现代市场体系、发挥市场在资源配置中的决定性作用;对于缓解城乡建设用地供需矛盾、优化城乡建设用地格局、提高城乡建设用地利用水平、促进政府职能和发展方式转变;对于切实维护农民土地权益、促进城乡统筹发展、保持社会和谐稳定,都将产生广泛而深远的影响。2019年9月,全国人大常委会对《中华人民共和国土地管理法》和《中华人民共和国城市房地产管理法》进行修正,进一步明确了农村土地征收的范围和程序,明确了集体经营性建设用地入市的条件和后续管理,为建立统一的城乡建设地市场提供了可操作的指导意见,但具体操作细则仍需进一步完善。

三、中国土地市场的结构

由于我国城乡统一的土地市场仍在建设阶段,目前中国土地市场格局仍主要由城市土地市场和农村土地市场构成。其中城市土地市场分为城市土地一级市场(出让、租赁)和城市土地二级市场(转让、抵押)。农村土地市场包括耕地承包经营权流转市场、集体经营性建设用地出让、转让和租赁市场等。

(一) 中国城市土地市场

1. 城市土地使用权出让市场

土地使用权出让是指国家以土地所有者的身份将土地使用权在一定年限内让与土地使用者,并由土地使用者向国家支付土地使用权出让金的行为,属于城市土地一级市场。通过出让的国有土地使用权可以转让、出租和抵押。出让的形式有协议、招标、拍卖和挂牌,在国有企业改制过程中还出现了作价入股、授权经营等形式。随着房地产市场的蓬勃发展,我国城市土地出让收入呈现不断上升的态势(图15-7)。

图 15-7　2012—2019 年国有建设用地出让面积与出让合同价款情况①

---

① 2012—2016 年土地出让面积和出让数据来源于《中国国土资源公报》,2017—2019 年土地出让面积和出让数据来源于媒体报道。

2. 城市土地使用权租赁市场

城市土地使用权租赁市场包括一级土地市场和二级土地市场中的租赁行为。一级土地市场中土地使用权租赁是指土地所有者作为出租人将土地使用权出租给承租人使用,由承租人向出租人支付租金的行为,承租人获得的是债权,而非物权。二级土地市场中土地使用权租赁是指土地使用者作为出租人将土地使用权出租给承租人使用,由承租人向出租人支付租金的行为,承租人获得的是债权,而非物权。

3. 城市土地使用权转让市场

土地使用权转让是指国有土地使用者将土地使用权再转移的行为,包括出售、交换和赠与。与土地使用权出让市场不同的是,土地使用权转让市场是一个竞争性市场,属于城市土地二级市场。

4. 城市土地使用权抵押市场

土地使用权抵押是指土地使用权人(抵押人)以其合法的土地使用权以不转移占有的方式向抵押权人提供债务履行担保的行为。

(二) 农村土地市场

农村土地市场主要由耕地承包经营权流转市场、集体经营性建设用地出让、转让和租赁市场等组成。

1. 耕地承包经营权流转市场

耕地承包经营权流转是指拥有土地承包经营权的农户将土地经营权(使用权)通过互换、出租、入股等形式转让给其他农户或经济组织,即保留承包权,转让使用权。我国农村土地流转率每年逐步提升,2010年全国农村土地流转率为14.7%,到2018年,大部分地区的耕地流转率达到30%—50%。我国农村土地流转市场仍处于起步阶段,从整体上看,我国农村土地流转的服务体系不健全,全国有三分之二的县和乡镇没有建立土地流转服务平台,因此要逐步建立和完善县服务中心、乡镇服务站和村级服务店的三级服务网络,建立流转信息库,推动农村土地流转市场的快速发展。

2. 集体经营性建设用地市场

根据《土地管理法》第六十三条规定:"土地利用总体规划、城乡规划确定为工业、商业等经营性用途,并经依法登记的集体经营性建设用地,土地所有权人可以通过出让、出租等方式交由单位或者个人使用,并应当签订书面合同,载明土地界址、面积、动工期限、使用期限、土地用途、规划条件和双方其他权利义务。前款规定的集体经营性建设用地出让、出租等,应当经本集体经济组织成员的村民会议三分之二以上成员或者三分之二以上村民代表的同意。通过出让等方式取得的集体经营性建设用地使用权可以转让、互换、出资、赠与或者抵押,但法律、行政法规另有规定或者土地所有权人、土地使用权人签订的书面合同另有约定的除外。集体经营性建设用地的出租,集体建设用地使用权的出让及其最高年限、转让、互换、出资、赠与、抵押等,参照同类用途的国有建设用地执行。具体办法由国务院制定。"以上条款对农村经营性建设用地市场进行了明确。

第三节 | 城乡统一建设用地市场

一、城乡统一建设用地市场的内涵

农村的集体建设用地分为三大类：宅基地、公益性公共设施用地和集体经营性建设用地。农村集体经营性建设用地，是指具有生产经营性质的农村建设用地，包括农村集体经济组织使用乡（镇）土地利用总体规划确定的建设用地兴办企业或者与其他单位、个人以土地使用权入股、联营等形式共同举办企业、商业所使用的农村集体建设用地。目前，城乡统一土地市场主要是指城乡统一建设用地市场，是针对农村集体经营性建设用地与城市建设用地市场的统一。

长期以来，农村集体土地所有权与国有土地所有权地位不对等、集体建设用地产权不明晰、权能不完整、实现方式单一等问题已经成为统筹城乡发展的制度性障碍。法律规定，农村集体所有土地的使用权不得出让、转让或者出租用于非农建设，农村集体建设用地不能单独设立抵押。除农村集体和村民用于兴办乡镇企业、村民建设住宅和乡（镇）村公共设施和公益事业外，其他任何建设不能直接使用集体土地，都要通过征收程序将集体土地变为国有建设用地。法律限制过多，导致农村集体建设用地财产权利实现渠道受阻，制约了农村集体建设用地市场建设，农民土地权益受到损害。

2008年10月，《中共中央关于推进农村改革发展若干重大问题的决定》提出："改革征地制度，严格界定公益性和经营性建设用地，逐步缩小征地范围，完善征地补偿机制。""在土地利用规划确定的城镇建设用地范围外，经批准占用农村集体土地建设非公益项目，允许农民依法通过多种方式参与开发经营并保障农民合法权益。逐步建立城乡统一的建设用地市场，对依法取得的农村集体经营性建设用地，必须通过统一有形的土地市场、以公开规范的方式转让土地使用权，在符合规划的前提下与国有土地享有平等权益。"意味着农村宅基地将在一定程度上逐步融入城乡统一土地市场。

二、建立城乡统一建设用地市场的路径

农村集体建设用地流转目前还受到诸多制约，如何建立起一个农村集体建设用地的自由流转市场非常重要，总体来看，建立稳定有序的城乡统一土地市场的路径主要包括以下方面。

（一）继续扩大农村建设用地权能

实践证明，土地产权关系明晰、主体界定明确是集体建设用地入市有序进行的基本前提。长期以来，农村集体土地所有权与城市国有土地所有权地位不对等，农村集体土地产权主体残缺不全，表现为没有明确的土地所有权主体代表、土地产权关系模糊不清、治理结构不完善等问题。农村土地承包权与城市土地出让权不一致，农民未能拥有农地转非的处置

权,这是造成农地转用中农民权益流失的重要制度根源。要按照建立城乡统一的建设用地市场的要求,构建适应产权市场化的农村集体土地产权制度。农民集体应该拥有与城市国有土地相一致的土地财产权利,包括占有、使用、处分、收益等权利。

因此,完善农村集体经营性建设用地权能是建立城乡统一土地市场的根本基础。2013年11月,《中共中央关于全面深化改革若干重大问题的决定》提出:"在符合规划和用途管制前提下,允许农村集体经营性建设用地出让、租赁、入股,实行与国有土地同等入市、同权同价。……完善土地租赁、转让、抵押二级市场。"这进一步扩大了土地的权能,不仅允许土地承包经营权抵押、担保,而且赋予了农村集体经营性建设用地与国有建设用地平等的地位和相同的权能,为建立城乡统一的建设用地市场提供了保障。同等入市,意味着农村集体经营性建设用地可以与国有建设用地以平等的地位进入市场,可以在更多的市场主体间、在更宽的范围内、在更广的用途中进行市场交易,为完善农村集体经营性建设用地权能指明了方向;同权同价,意味着农村集体经营性建设用地享有与国有建设用地相同的权能,在一级市场中可以出让、租赁、入股,在二级市场中可以租赁、转让、抵押等,为完善农村集体经营性建设用地权能提供了具体明确的政策依据。

(二)建立城乡统一规划体系

农村建设用地使用与城市规划长期脱节,土地用途管制不到位,城市规模扩张后,原有的农村与扩张的城市规划普遍不匹配,农村建设用地发展权无法从规划层面实现与城市建设用地的统一,因此建立城乡统一规划体系对完善城乡统一建设用地市场具有重要的意义。

同时,农村集体经营性建设用地流转要以严格用途管制、符合用地规划为前提。建设用地具有较强的不可逆性,实现土地资源的优化配置,既要发挥看不见的手的作用,也要发挥看得见的手的作用。要坚持两手抓、两手都要硬。实行用途管制是世界大多数国家的通行做法,这是确保土地利用经济效益、社会效益、生态效益相统一的根本途径,是统筹经济发展与耕地保护的重要举措。无论是国有建设用地还是农村集体经营性建设用地都要遵守用途管制和用地规划。总体规划应有确实的调研论证基础和前瞻性,根据本地经济发展的需要,各级土地管理部门要制定符合实际的国土空间规划,必须严格执行国土空间规划,坚持集约利用土地的基本原则,根据实际情况、市场原则和发展前景合理规划各类用地;严格控制耕地"农转非",确保使用耕地必须符合国土空间规划和土地年度计划;落实严格的耕地占补平衡,占用耕地后必须补充相等数量和相同质量的耕地。通过前瞻性的规划和市场的筛选机制确定土地的用途。在确定土地规划和用途时,要坚持环境保护和持续发展原则,对于与周围环境生活不相容的建设项目,要给予坚决的清理和整顿。

(三)改革和完善征地制度

征地制度既是国有建设用地市场建设的基本制度,也关系到农村集体经营性建设用地市场发展的空间,更关系到农民的切身利益。目前,我国深化征地制度改革的方向和重点任务,就是缩小征地范围,规范征地程序,完善对被征地农民合理、规范、多元保障机制;建立兼顾国家、集体、个人的土地增值收益分配机制,合理提高个人收益。多年来,土地征收制度在保障我国工业化、城镇化对建设用地的需求方面作出了历史性贡献。但在实践中,现行征地制度暴露出一系列突出问题。随着征地规模和被征地农民数量的逐年增加,引发的社会矛盾也逐年增多,导致涉及征地的信访居高不下,群体性事件时有发生,社会风险加剧。这既与现行法律法规执行不到位有关,也与征地范围过宽、征地补偿标准偏低、安置方式单一、社会保障不足、有效的纠纷调处和裁决机制缺乏有关。按照党的十七届三中全会深化征地制度改革的要求,各省(区、市)制订公布并实行征地统一年产值标准和区片综合地价,较大幅度提高被征地农民的补偿标准并建立定期调整机制;一些地方积极开展征地制度改革试点,探索缩小征地范围和留地安置等让被征地农民分享增值收益的多种方式,为改革征地制度奠定了基础。

缩小征地范围,就是按照宪法的精神,将征地界定在公共利益范围内,逐步减少强制征地数量,从源头上减少征地纠纷的产生,同时也为建立农村集体经营性建设用地市场留出充足空间。规范征地程序,就是通过改革完善征地审批、实施、补偿、安置、争议调处裁决等程序,强化被征地农民的知情权、参与权、收益权、申诉权、监督权,进一步规范和约束政府的征地行为,防止地方政府滥用征地权。完善对被征地农民合理、规范、多元保障机制,就是从就业、住房、社会保障等多个方面采取综合措施维护被征地农民权益,使被征地农民生活水平有提高、长远生计有保障,确保社会和谐稳定。

三、城乡统一土地市场的典型模式

(一)深圳"城市更新"模式

深圳市于1992年开始在原特区内开展农村土地"统征",2004年,在原特区外开展农村土地"统转",分两批完成了全市范围内城市化转地,将所有农村土地转为国有,但因部分土地征转补偿未完善,实际仍然掌握在集体手中,在深圳市对违法建筑的严控下,该部分土地陷入"业主不得收入、市场不得资源、政府不得税收"的尴尬境地。随着深圳市新增建设用地不断减少,与产业快速发展形成的用地需求产生极大矛盾,2004年,深圳市人民政府印发了《深圳市城中村(旧村)改造暂行规定》,开始走上存量建设用地挖潜的道路。2009年出台了《深圳市城市更新办法》及系列配套文件,允许每个更新单元范围内不高于40%的未完善征转的集体土地参与城市更新[①],在与范围内具有合法权属的土地经统一规划后,将规划为经营性建设用地的部分协议出让给项目实施主体,剩余部分移交政府土地储备,用于建设公共设施。通过城市更新项目的实施,原农村集体获得集体土地和物业补偿,原村民获得物业置换补偿,政府获得公共设施用地及其他公配设施。

另外,为充分挖掘存量建设用地潜力,2013年1月,深圳出台了一系列文件,首次提出允许深圳市集体建设用地当中的工业用地上市流转。其中,《深圳市完善产业用地供应机制拓

---

① 《深圳市城市更新办法》要求更新项目内合法用地比例需高于60%方可申报城市更新计划。其中"合法用地"是指更新项目拆除范围内城中村用地("统征统转"时划定给村集体的留用地范围)、旧屋村用地(指1993年前已经建成,至2009年前未加建、改建、扩建,或者有以上行为但面积未超过480平方米的集中住宅区域)、国有已出让用地、历史违法建筑处理用地、历史用地处置用地等。

展产业用地空间办法(试行)》提出允许深圳市区集体建设用地当中的工业用地上市流转,深圳本次公布的试点方案则明确,原农村集体经济组织继受单位合法工业用地可申请进入市场流通、原农村集体经济组织继受单位实际占用的符合城市规划的产业用地,在理清土地经济利益关系,完成青苗、建筑物及附着物的清理、补偿和拆除后,可申请以挂牌方式公开出(转)让土地使用权,同时公布两种收益分配方式供选择:第一种方式是所得收益50%纳入市国土基金,50%归原农村集体经济组织继受单位;第二种方式是所得收益70%纳入市国土基金,30%归原农村集体经济组织继受单位,并可持有不超过总建筑面积20%的物业用于产业配套。深圳首宗原农村集体工业用地12月20日下午挂牌交易。深圳市方格精密器件有限公司以1.16亿元的挂牌底价拿下该宗地。

(二)重庆"地票"模式

2008年,重庆报经中央同意,成立农村土地交易所,启动了地票交易试点。该模式是将农村闲置的宅基地及其附属设施用地、乡镇企业用地、公共设施用地等集体建设用地复垦为耕地,盘活农村建设用地存量,增加耕地数量。按照我国土地用途管制制度和城乡建设用地增减挂钩、耕地占补平衡的要求,增加的耕地数量作为国家建设用地新增的指标。这个指标除优先保障农村建设发展外,节余部分形成了地票。按照增减挂钩政策,地票与国家下达的年度新增建设用地指标具有相同功能。通过交易,获得地票者可以在重庆市域内,申请将符合城乡总体规划和土地利用规划的农用地,征转为国有建设用地。

重庆地区制定颁布了一系列的规章法规,为了保证农村土地交易所合法有序地运行,其中有《地票交易文书示范文本》《农村土地交易所交易流程(试行)》《农村土地交易所管理暂行办法》等文件,为农村土地流转提供了科学合理的制度保障。"地票"交易需满足一下三个条件:一是充分尊重农民意愿,规定宅基地复垦必须是农民自愿,且经集体经济组织书面同意;农村公共用地复垦必须2/3以上成员同意。二是科学分配收益,地票价款扣除必要成本后,按15:85的比例分配到集体经济组织和农户。集体经济组织虽然只获得15%的地票净收益,但还能获得复垦形成的那份耕地,不仅不受到任何损失,还有一部分现金收益,充分保护了集体所有权。农户获得地票净收益的大头,主要是对农民退出土地使用权的补偿,切实维护了农民的利益,同时也有增加农民财产性收入的考虑。三是落实土地用途管制,规定地票的产生、使用都必须符合规划要求,复垦形成的耕地必须经过严格验收,避免了"先占后补"落空的风险,确保了守住耕地红线。截至2015年,重庆累计交易地票15.26万亩,成交额307.59亿元,成交均价稳定在20万元/亩左右。在创新城乡建设用地置换模式、建立城乡统一的土地要素市场、显化农村土地价值、拓宽农民财产性收益渠道及优化国土空间开发格局等方面,都产生了明显效果。

(三)浙江德清"同权同价"模式

作为国务院确定的15个农村集体经营性建设用地入市改革试点县之一,全国人大常委会已于2015年2月27日授权国务院同意德清等地暂停实施部分土地法律条款,允许其在符合规划、用途管制和依法取得的前提下,对存量农村集体经营性建设用地在使用权出让、租赁、入股等方面,实行与国有建设用地使用权同等入市、同权同价。在试点期间,德清县完成了全国首宗集体建设用地入市,成功举办了首次集体经营性建设用地使用权出让拍卖会。截至2019年底,已实现集体经营性建设用地入市208宗,面积1 593.64亩,成交金额4.22亿元,集体收益3.39亿元。

德清县根据集体经济组织的不同形态和土地所有权性质,确定了"镇、村、组"三类入市主体。通过"一村一梳理,一地一梳理",摸清了1 881宗、10 691亩集体经营性建设用地存量底数,并对照土地利用总体规划、城乡建设规划、产业发展规划和生态保护规划,确定符合就地入市地块1 036宗、5 819亩,其余纳入异地调整入市。将农村集体经营性建设用地与国有土地统一纳入县公共资源交易中心,实行统一的交易平台运作。建立了城乡统一的建设用地基准地价和租金体系,实行统一的地价体系定价。最后,根据用地性质和范围,实行"按类别、有级差"的调节金收取方式,根据不同土地用途,收取16%—48%比例不等的土地成交价款,差别化落实集体内部收益分配,按照实物、股权、现金三种分配模式实现集体与个人收益的公平分配。

本章小结

本章主要阐述了土地市场的基本原理,包括一般商品市场原理、土地市场的内涵、特征、土地市场的功能及运行条件;分析了中国土地市场发展的简要历程,总结了中国土地市场特点和市场格局。重点探讨了城乡统一土地市场的内涵和建立城乡统一土地市场的路径,总结了三种较为典型的城乡统一土地市场的运行模式。

关键词

土地市场　土地市场体系　城乡统一土地市场　土地二级市场

复习思考题

1. 土地市场具备哪些基本特征?
2. 土地市场有哪些功能?
3. 中国土地市场具备怎样的特点?
4. 建立城乡统一土地市场的意义是什么?
5. 建立城乡统一土地市场的关键路径有哪些?

农村集体经营建设用地入市案例

（本章编写人员：杨俊，汤江龙）

第十六章 CHAPTER 16
地租理论

◎ 思维导图

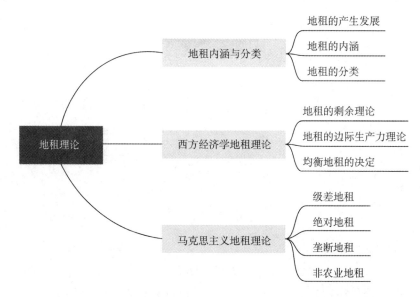

学习目标

1. 熟悉地租的内涵及其分类。
2. 了解西方经济学的地租理论。
3. 掌握马克思主义地租理论的内容。

第一节 地租概述

一、地租的产生发展

地租最初形成于奴隶制社会中,奴隶主拥有绝大多数土地,却无法全部耕种,为了谋取更多利润,奴隶主选择将部分土地尤其是生产力不高的土地,出租给奴隶,让奴隶自行耕种,耕种收获除满足自身需求之外,全部交给奴隶主,这就是最早出现的地租。这个时期的地租主要是劳役地租,是土地使用权的价值表现。这种地租形式建立在奴隶主和奴隶的政治经济地位不平等的基础上,一般带有强权色彩,具有较强的剥削性。进入封建社会后,随着专制主义中央集权制度的不断强化,社会等级森严,形成了一个新的阶级——地主阶级,依靠自身对土地的所有权无偿占有农民的剩余产品和劳动力。封建社会地租包含了直接生产者的全部剩余生产物,反映了地主剥削农民的生产关系。该时期地租以实物地租和货币地租为主。

在资本主义生产关系下,资本家不再直接占有全部的剩余产品,而是占有超过平均利润的那部分超额利润。地租由超经济的强制关系变为土地所有者和产业资本家共同剥削雇佣工人的经济关系。资本主义地租以货币地租为主,其形成的源泉来自剩余价值,是土地经营者和土地所有者之间激烈争夺的对象。

在社会主义土地公有制的前提下,由于土地本身存在先天性分等定级的差异,在国家或者农民集体所有的土地制度中,土地所有者和使用者相分离的情况依旧存在,因此产生地租的前提条件仍然具备。但是与其他社会的地租不同,社会主义社会的地租反映的是国家、集体和个人利益一致的前提下对土地收益的分配关系[①]。

二、地租的内涵

地租是一个历史范畴,租源于拉丁文的 rendita,后派生了英语 rent,原义为报酬或产出。它原指土地所有者将土地让渡给他人使用时所获得的报酬。但是随着经济的发展,人们对土地的开发和利用不断拓展,赋予了土地更丰富多样的内涵,土地不仅是自然资源,也具有资产和资本属性。由此带来地租的变化,使得地租不只是来自土地自然物,还来自人们对土地的投资,即马克思所述的土地资本。在经济学及土地经济学中,地租主要指的是经济地租。

经济地租有广义地租和狭义地租之分。广义地租指生产要素让渡给其他人时所获得的超额利润,它不仅包括狭义地租,还包括土地资本、土地的投资、投资利息以及经营利润等。当今对土地的利用已经从平面向立体扩展,土地的开发也延伸至居住、工矿等建设用地,故地租的发展已经不仅限于土地,其他生产要素也有地租的发生,尤其是房地产开发中的地租已成为一种普遍的经济现象。

土地经济学所称的地租大多是指狭义地租,被认为是真正的地租。狭义地租是指土地作为自然资源,所有权人将其使用权让渡给他人所获得的报酬,其实质是土地所有者凭借土地所有权垄断向使用者索取的报偿。可见,狭义地租是由土地的使用价值和产权价值转换的,即土地作为资源在其利用过程中产生的超额利润以及由于产权垄断所产生的利润构成了狭义地租。地租实际上反映了一种社会经济关系,在不同的时代土地所有者和土地使用

---

① 王克强,王洪卫,刘红梅.土地经济学[M].上海:上海财经大学出版社,2014:97.

者表现为不同的经济关系。当土地使用者在利用土地时,有生产剩余物产生并为土地所有者占有则地租便产生了。换言之,当土地所有权和土地使用权两权分离,就具备地租产生的条件。

马克思主义地租理论认为,地租是土地使用者由于使用土地而缴给土地所有者的超过平均利润以上的那部分剩余价值。该定义具有三层含义:①一切地租都是剩余价值,是剩余劳动的产物;②一切形态的地租都是土地所有权在经济上的实现;③地租是土地所有者出租其土地每年获得的超额收入。

经济学家保罗·萨缪尔森则认为地租是为使用土地付出的代价。由于土地供给数量是固定的,因此地租量完全取决于土地需求者之间的竞争。

美国土地经济学家雷利·巴洛维(Raleigh Barlowe)认为,地租可以简单地看作是一种经济剩余,即总产值(或总收益)减去总要素成本(或总成本)之后余下的那一部分,即纯收益。这里的总成本包括工资、利息和正常利润(平均利润)。

三、地租的分类

(一) 经济学的地租分类

早期的经济学家认为,"租金"指的是任何具有固定供给特征的要素的服务价格。后来,租金泛指一般资源或要素的服务价格,而不管该资源或要素的供给如何。资源或要素从整体上来讲是一种绝对性的固定供给,从个体上来讲则是存在相对的固定供给。西方经济学中认为土地与其他资源或要素的报酬一样,土地所有者赚取的收入就是他向土地使用者收取的地租。根据广义地租概念,可将地租分为四种形式。

1. 契约地租

契约地租,又称商业地租,是指土地所有者将土地租给土地使用者,土地承租者在一定时期内与土地出租者签订租赁契约所确定的租金。

2. 经济地租

经济地租,也称理论地租、经济租。在经济理论中,如果一种可供使用的资源量长久地不受为使用这种资源所作的支付额多寡的影响,这种支付就是经济租。土地之所以产生地租,并不是因为它是一种自然的恩赐,而只是因为土地的固定性,人们既不能移动它,又不能增加它的数量。地租只是固定资本的一种收益。流动资本由于它卓越的流动性,它的利息几乎总是一致,而固定资本没有那样的流动性,不能那样方便地增加,所以它的收益一般大于流动资本的收益。

经济地租是由土地产品的价格决定的,而不是由它来决定土地产品的价格。它是一种剩余,即是由对土地产品的需求所决定的收入超过生产成本的余额。如图 16-1 所示,土地作为生产要素,其要素全部收入为 OR_0EQ_0,要素

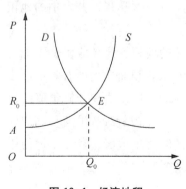

图 16-1　经济地租

所有者提供 Q_0 量要素所愿接受的最低要素收入为 $OAEQ_0$，因此，去掉 R_0AE 部分不会影响要素的供给量，所以 R_0AE 部分为经济地租。[①] 经济地租作为要素收入的一部分，但并非获得该要素所必需的，它是超过要素收入在其他地方可能得到的收入部分。由此可得：

$$经济地租＝要素收入－机会成本 \qquad (16\text{-}1)$$

3. 准地租

准地租是经济地租的一个特例，当要素的机会成本为零时，经济地租就称为准地租。从广义地租角度来说，准地租是某些素质较高的生产要素在短期内供给不变的情况下，所产生的一种超额收入。例如：生产经营者使用的厂房、机器、设备等，从短期看其供给数量是固定不变的，不因其是否取得收入而影响其供给，在短期内，只要产品价格能够补偿平均可变成本，生产经营者就会利用这些厂房和设备进行生产。在这种状况下，产品价格超过其平均可变成本的余额，代表固定设备的收入。很显然，这种收入由于存在足够大的需求，以致产品的价格超过其平均可变成本之后尚有余额，因而使用这些要素所获取的报酬相当于地租，具有地租的性质，被称为准地租。准地租可以用短期成本曲线来进行几何分析。如图 16-2 所示，产品价格为 P_0，产量为 Q_0，MC、AC、AVC 分别表示边际成本、平均成本和平均可变成本，则可变成本为面积 $OGBQ_0$，固定成本为面积 $GDEB$，经济利润为面积 DP_0CE，则固定要素得到为剩余部分 GP_0CB。[②] 由此可得：

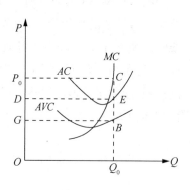

图 16-2 准地租

$$准地租＝固定总成本＋经济利润＝总收入－总变动成本 \qquad (16\text{-}2)$$

4. 纯地租

纯地租，指利用土地资源应支付的经济报酬。主要包括土地及其改良设施地租、位置地租以及因土壤肥力或场地质量带来的地租等。

(二) 马克思主义的地租分类

马克思主义地租理论从地租产生的条件将地租主要分为级差地租、绝对地租和垄断地租。

1. 级差地租

在资本主义生产关系下，资本家不再直接占有全部的剩余产品，而是占有超过平均利润的那部分超额利润。由于耕种土地质量优劣不同，所获超额利润也不同，产生级差收益。级差地租也被称为差额地租，指由于耕种的土地优劣等级不同而形成的地租，是农产品的个别生产价格低于社会生产价格的那部分超额利润的转化形式。

马克思按级差地租形成的条件不同，将级差地租分为两种形式：级差地租第一形态

[①] 高鸿业.西方经济学(微观部分)(第5版)[M]. 北京：中国人民大学出版社，2011：267.
[②] 同上.

（即级差地租Ⅰ）和级差地租第二形态（即级差地租Ⅱ）。级差地租Ⅰ，是指农业工人因利用肥沃程度和位置较好的土地所创造的超额利润转化而成的地租。级差地租Ⅱ，是指对同一地块上的连续追加投资，由各次投资的生产率不同而产生的超额利润转化而成的地租。两者实质都是由产品的个别生产价格低于社会生产价格的差额所产生的超额利润。

从西方经济学视角，边际生产力理论对于解释级差地租提供了一种很好的思路。假定只有土地和劳动两种生产要素，边际生产力曲线为凹性的，体现了要素的边际报酬递减原理。如图16-3所示，纵轴表示劳动力的工资水平，横轴表示劳动力数量。左图表示优等地的地租，此时劳动力的工资水平是OW，劳动力数量为OQ，边际生产力曲线为FH，则劳动力的工资总额为$OWHQ$所围成的矩形面积，此时地租为WFH所围成的扇形面积。右图所示为劣等地的地租，同样的劳动力水平为OW。由于土地质量差，产量低，边际生产力曲线收缩为F_1H_1，劳动力数量减少为OQ_1，此时，劳动力工资总额为OWH_1Q_1所围成的矩形面积，地租为WF_1H_1所围成的扇形面积。将两图对比，可见优等地的地租明显大于劣等地的地租，说明优等地的边际生产力高，获得地租多，两者之间的差额FF_1H_1H所围成的扇环面积即为级差地租[①]。

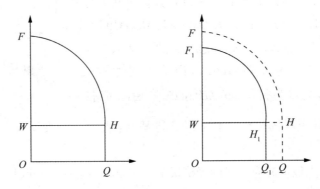

图16-3 优等地与劣等地的地租比较

2. 绝对地租

马克思主义地租理论认为，因存在土地所有权的垄断，一切土地，包括最劣等土地，也必须向土地所有者支付地租，即绝对地租。因此，在资本主义经济条件下，地租的来源是农业资本家雇用农业工人进行生产所获得的剩余价值。在农业生产部门，绝对地租的来源则是农业生产部门产品价值高于生产价格的部分。尽管历史条件发生了变化，但马克思的研究方法依然有效。

3. 垄断地租

垄断地租是指由某一特殊地块带来的产品能高于生产价格和产品价值而形成的垄断利润转化而成的地租。由于其垄断地租的产生与土地所有权无关，所以垄断价格的大小取决

---

① 石莹，何爱平. 马克思经济学与西方经济学地租理论的比较研究[J]. 南京理工大学学报（社会科学版），2013(12)：16.

于购买者对特质土地的购买欲望和支付能力。

第二节 | 西方经济学地租理论

西方主流经济学对地租理论的研究主要有两种,遵循不同的分析路径,分别流行于经济思想史上的特定时期。第一种是以李嘉图为代表的古典经济学方法,其以斯密主义传统为基础,被称为地租的剩余理论。第二种是边际主义者的新古典方法,被称为地租的边际生产力理论,系现代地租理论的主要内容。

一、地租的剩余理论

地租的剩余理论起源于古典主义经济学时期,其基本观点认为地租是土地收益减去成本后的剩余,剩余的规模取决于农产品的需求和供给成本,农产品的成本又取决于土地的位置和肥沃程度。

1. 威廉·配第的地租理论

英国古典经济学创始人威廉·配第(William Petty)在《赋税论》中主要从劳动价值论和工资论这两方面来研究地租理论,他指出地租是劳动产品扣除生产投入、维持劳动者生活必需后的余额,即地租是剩余劳动的产物。同时他认为由于土壤肥沃程度不同、耕作技术高低的差异及生产地距市场的远近不同,因而地租也不同,从而为级差理论的建立奠定了基础。

2. 亚当·斯密的地租理论

最早系统研究地租理论的古典经济学家亚当·斯密(Adam Smith)在《国富论》中划分了资本主义社会的三大阶级,即工人阶级、资产阶级、地主阶级,与此对应又区分了三种基本收入,即工资、利润和地租。他认为地租是土地私有制的产物,把地租定义为因使用土地而支付给地主阶级的代价,利润和地租都是劳动者创造的价值的一种扣除。斯密的地租理论分为两个层面。第一个层面是,对生产者个人而言,地租是成本的一部分,因此,地租变为单个厂商产品价格的一部分。第二个层面是,在宏观的分配理论中,土地作为整体,没有其他可供选择的用途,其机会成本为零。土地的供给曲线是一条垂直的线,所以地租的大小取决于需求①。

3. 詹姆斯·安德森的地租理论

"现代地租理论的真正创始人"詹姆斯·安德森(James Anderson)在《谷物法本质的研究:关于为苏格兰提出的新谷物法案》中指出并不是地租决定农作物的价格,而是价格决定地租,并说明了土地因肥沃程度的不同而产生差额地租。

具体来说,安德森的级差地租理论主要包括三个方面:①同一市场价格是形成地租的前

---

① 周立群,张红星.从农地到市地:地租性质、来源及演变——城市地租的性质与定价的政治经济学思考[J].经济学家,2010(12):80.

提。他认为,等量谷物,不论它来自哪一个等级的土地,可以按照同一价格出售。②土地因肥沃程度不同而形成级差地租,即级差地租。他认为,等量资本投入肥力不同的各级土地,产量不等,但是它们的产品是按照同一市场价格出售的。因此,耕种较肥沃的土地所得的超额利润就转化为级差地租。③安德森不仅分析了级差地租,还认识到土地肥力一部分源于自然生产力,另一部分源于土地所有者对土壤肥力的投入。由土地改良投资造成的土地生产力,会同土地的"自然"生产力融合在一起,从而提高地租。

4. 大卫·李嘉图的地租理论

古典经济学中对地租研究最充分的经济学家大卫·李嘉图(David Ricardo)在《政治经济学与赋税原理》中指出土地的占有产生地租,地租是为使用土地而给土地所有者的产品,地租是由农业经营者从利润中扣除并支付给土地所有者的部分,是由劳动产生的。李嘉图认为,地租的存在必须有两个条件:一是土地数量的有限性,二是土地在肥沃程度以及区位上的差异性。据此他认为土地产品的价值是由劣等土地的生产条件决定的,即由最大的劳动消耗决定的,因此优等土地、中等土地的产品价格,除了补偿成本和利润外,还有超额利润,从而形成级差地租。李嘉图的地租理论阐述了两种形式的地租:

(1)粗放地租。李嘉图按照土地肥沃程度对差额地租量进行分析,他假定有I级、II级、III级等肥沃程度不同的土地,对他们投入等量的生产成本,所产净产品分别为100夸特、90夸特和80夸特谷物。当只耕种I级土地时,则无所谓地租;当需要同时耕种I级、II级土地时,I级土地出现地租,其地租量是两个土地所产出的净产品量的差额(100 - 90 = 10夸特);当需要同时耕种I级、II级和III级土地时,I级土地产生地租,地租量为10 + 10 = 20夸特,II级土地也产生地租,地租量为10夸特①。由此可得,李嘉图认为地租的存在是由于对农产品的需要导致不断耕种劣等土地的结果,即农产品价格上涨导致地租的出现。

(2)集约地租。他把地租的产生与土地报酬递减规律相联系,认为在同一块土地上连续追加投资,生产物可以按照递减的比率增加,如果在同一块土地连续追加投资,能够使产出大于耕种第二等地的产出,便可追加投资而不耕种劣等地。集约地租蕴含了级差地租II的基本思想。

二、地租的边际生产力理论

地租的边际生产力理论起源于新古典主义经济学时期。古典经济学探讨较多的是地租的性质、来源,而新古典经济学将更多的精力放在地租的数量决定上。其基本观点认为把地租看作是特殊剩余是毫无意义的,商品的价值由它的边际效用决定,生产要素的价值由它的边际生产力决定。

1. 克拉克的地租理论

美国边际学派的典型代表约翰·克拉克(John B. Clark)在《财富的分配:关于工资、利息和利润的理论》中扩大了边际效用的应用,建立起一个以分配论为中心的经济理论体系。

---

① 曲福田,诸培新.土地经济学[M].北京:中国农业出版社,2018:56.

在其经济理论中,他认为地租不是一个独立的范畴,地租是利息的派生形式,确定利息的方法也适用于地租,由此提出地租由土地的边际生产力决定。克拉克认为在一定的土地上不断增加劳动力所得到的报酬是逐渐减少的,当再增加一个工人所增加的报酬只够支付这个工人的工资时,这一生产率就是土地的边际生产力,地租量则是之前所有工人生产的产量值减去与最后一个工人产量和人数的乘积(即这块土地的边际生产力与人数的乘积)。他举例说明,如果把一个工人放在一块有牧场又有森林的土地上进行徒手劳动。该工人的收获必定是丰富的。以后,陆续增加工人,每增加一个工人的收获量会比前一个工人少,因为土地的数量是固定的,土地的报酬是递减的。假设增加到第 10 个工人时,其收获量只等于所得的工资。他的生产率就称为土地边际生产力。全部工人的工资都由土地的边际生产力决定。地租则为 10 个工人的总产量减最后 1 个工人劳动生产量的 10 倍。如果第 1 个工人独占农场时所生产的产量为 P_1,第 2 个工人的产量为 P_2,以此类推,最后一个工人的产量为 P_{10},则

$$P_1 - P_{10} = 第 1 个工人所生产的超额产量$$
$$P_2 - P_{10} = 第 2 个工人所生产的超额产量$$
$$\vdots \qquad\qquad \vdots$$
$$P_9 - P_{10} = 第 9 个工人所生产的超额产量$$

"假如我们把该系列这种减法无一省略地做完,而且把 9 个差数相加,那么,所得之和就等于这片土地的租金了",即

$$总产量 = P_1 + P_2 + P_3 + P_4 + \cdots + P_{10}$$
$$总工资 = 10 \times P_{10}$$
$$地租 = 总产量 - 最后 1 个工人产量的 10 倍$$

由于地租为总产量扣除工资的金额,所以克拉克称地租为"经济盈余",称这种确定地租的方法为"剩余法"。余额多寡以农产品价格水平为转移,这样地租就不是来自劳动,而是来自土地了。

2. 马歇尔的地租理论

新古典学派创始人阿尔弗雷德·马歇尔(Alfred Marshall)在《经济学原理》中用供求关系来说明地租的形成,他认为与其他生产要素的重要区别在于土地供给的有限性,地租受土地需求的影响,取决于土地的边际生产率。

马歇尔认为,如果对同一块土地不断投入资本和劳动,投资的报酬会逐渐递减,直到达到边际点为止——在该点上所获报酬仅足以偿付他的开支并补偿他的劳作。该点就是耕种土地的边际投资水平,即投资水平和所获报酬相等。总产量若超过这一数量的余额,就是耕种者的生产者剩余。① 进一步地,他认为"这种剩余取决于两个因素:一是土地的肥沃程度;

---

① [英]马歇尔.经济学原理(四)[M].刘生龙,译.北京:中国社会科学出版社,2007:1317.

二是土地耕种者必须售出的产品与他需要购进的物品的相对价值。"[1]对于前者,土地的肥沃程度受所种作物的性质、耕种方法、耕作的集约度等的影响;对于后者,生产者购入的各种必需品的价格以及其售出农产品的价格,都取决于市场。市场供求的变化在不断改变着不同农作物的相对价值,从而改变着不同位置土地的相对价值。

马歇尔还提出了准地租概念,这一概念是对传统地租理论较为突出的发展。他把传统的地租原理运用到在短期内供给数量不变的其他各种生产要素(如厂房和生产设备等固定资产)的报酬上,他认为厂房和生产设备的数量在一定时期内不会改变,这一特性类似于土地的供给。如果社会对该厂生产的产品需求增加,厂房和设备等生产要素的收益也随之提高,由此获得的收益,与地租相似。为了与地租相区别,马歇尔称这种收益为准地租。

3. 萨缪尔森的地租理论

美国当代著名经济学家保罗·萨缪尔森(Paul A. Samuelson)认为土地的有限性导致整个社会的土地供给量是一定的,土地的价格主要取决于社会对土地的需求,而社会对土地的需求则由对土地产品的需求引起。如某一时期社会对玉米地的需求增加,被认为是消费者对玉米的需求上涨所导致的。由此可知,土地需求是一种派生需求。

萨缪尔森认为:一方面,由于土地的自然供给数量是固定的,因此地租量完全取决于土地需求者之间的竞争;另一方面,土地的经济供给并非完全无弹性的,地租在一定程度上反映了土地产品的市场价格。比如,当市场上玉米的价格上升时,种植玉米的收益会超过种植其他农作物(比如小麦)的收益,那么原来用于种植小麦的土地会有一部分转为种植玉米,由此可知土地的经济供给曲线是向右上方倾斜的。

三、均衡地租的决定

西方经济学中认为土地与其他生产要素的报酬一样,土地所有者赚取的收入就是他向土地使用者收取的地租。按照均衡价格理论,地租是由土地市场上的土地供给曲线和土地需求曲线的交点决定的。就一个整体经济而言,供给量是固定的,土地供给无弹性,其市场供给曲线为一条垂直线(这里假定土地没有自用价值)。土地的需求曲线是一条向右下方倾斜的曲线。因此,将土地的需求曲线与土地的供给曲线结合起来,即可决定使用土地的均衡价格。

如图16-4所示,土地需求曲线 D 与土地供给曲线 S 相交于点 e_1,这时决定了地租 R_1。当土地需求发生变动,土地的供给是固定不变的,故地租完全由土地的需求曲线决定,它随需求曲线上升而上升,随需求下降而下降。当对土地的需求增加时,土地的需求曲线 D_2 与土地供给曲线 S 相交于 e_2,决定了地租为 R_2;当对土地的需求减少时,土地的需求曲线下降到 D_3,则地租消失。

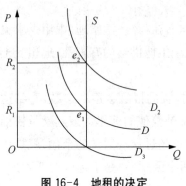

图16-4 地租的决定

---

[1] [英]马歇尔.经济学原理(四)[M].刘生龙,译.北京:中国社会科学出版社,2007:1317.

第三节 | 马克思主义地租理论

马克思主义地租理论在批判和继承资产阶级早期地租理论的基础上,以劳动价值论、生产价格论和剩余价值论为理论指导,按形成条件和原因的不同,科学而深刻地揭示了资本主义土地私有制及其地租的本质:一切地租都是剩余价值,是剩余劳动的产物。阐明了资本主义地租的三种形式:绝对地租、级差地租和垄断地租。

一、级差地租

(一) 产生的条件及原因

级差地租是指由于耕种的土地优劣等级不同而形成的地租,是农产品的个别生产价格低于社会生产价格的那部分超额利润的转化形式。马克思认为,资本主义级差地租是经营较优土地的农业资本家所获得的并最终归土地所有者占有的超额利润。土地质量的差异给土地投资带来了生产率的差别,导致不同质量土地产品的个别生产价格与社会生产价格之间出现差额,这种差额最终由土地所有者占有。所以级差地租的本质是劳动创造的剩余价值[1]。

在农业中,土地生产条件具有好坏差别,土地肥力优劣、地理位置均存在等级差异。土地面积的有限性使得仅仅依靠优等或中等土地进行生产是不能满足社会需求的,当农产品价格上涨到种植劣等地的农业资本家也可以获得平均利润时,劣等地便重新投入农业生产,因此,劣等地必须同样用于耕种。在不同等级的土地上投入同量资本,会有不同的生产率。经营生产条件较差的土地,劳动生产率低,产量少,农产品的个别生产价格高;经营生产条件较好的土地,劳动生产率高,产量多,农产品的个别生产价格低。可见,等量资本投在相等面积土地上的生产率也是有等级差别的,从而由此产生的超额利润和由它转化的地租也是有等级差别的,即产生级差地租。故由土地的自然力的等级差别性而引起的资本生产率的等级差别性,是级差地租的形成条件。

资本主义土地经营权的垄断是使超额利润转化为地租形式的原因。由于土地的有限性和不可再生性,在土地的资本主义经营权垄断下,利用优越自然条件形成的超额利润便具有持久性和稳定性,这一超额利润也必然只能以级差地租的形式交给土地所有者。马克思认为,土地所有权的垄断和土地经营权的垄断是两种不同的、但有必然联系的现象。他对比分析了国有土地和私有土地两种不同性质的土地后指出,即使资本家不是在私有土地上,而是在资产阶级国家所有的土地上经营农业,由于土地数量的有限性,仍然会产生土地经营权的垄断,并可以在较好的土地上获得超额利润,从而产生级差地租[2]。

(二) 级差地租的两种形式

由土地自然肥力和地理位置等客观条件差异产生的超额利润转化为级差地租的第一形

---

[1] 李周,杜志雄,朱钢.农业经济学[M].北京:中国社会科学出版社,2017:183.
[2] 毕宝德.土地经济学(第7版)[M].北京:中国人民大学出版社,2016:291.

态,为级差地租Ⅰ;由土地不同投资的生产率形成的超额利润转化为级差地租的第二形态,为级差地租Ⅱ。

1. 级差地租Ⅰ

级差地租Ⅰ的超额利润是利用优越的自然条件获得的。由于自然条件的不同,在同等投资的情况下,土地的产量和收益也会不同。自然条件越优越,劳动生产率便越高,从而获得的超额利润也就越多。

(1) 土地肥沃程度。在面积相同的土地上投入等量的资本,如果土地肥力存在差异,土地本身的劳动生产率便存在差异,造成个别生产价格不同,种植肥力较高土地的资本家便能够获得超额利润。

如表16-1所示,假设在面积相同的优等土地A、中等土地B、劣等土地C三个等级的土地上投入等量资本50元,平均利润率都为20%,即平均利润都为10元。其产量分别是40千克、30千克和20千克,其单位产品的个别价格分别为6元、7元和10元。在市场上的出售价格是按照劣等地的个别生产价格10元/千克计算,那么全部产品的社会生产价格便分别为400元、300元和200元。除去资本总支出后,A、B两地块就分别获得了160元和70元的超额利润,这些超额利润均转化为级差地租Ⅰ交给土地所有者。

表16-1 由土地肥力差异形成的级差地租Ⅰ及地租量

土地等级	投入资本(元)	平均利润(元)	产量(千克)	个别生产价格(元)		社会生产价格(元)		利润(元)	级差地租Ⅰ(元)
				单位产品	全部产品	单位产品	全部产品		
优等地A	50	10	40	6	240	10	400	170	160
中等地B	50	10	30	7	210	10	300	80	70
劣等地C	50	10	20	10	200	10	200	10	0

(2) 土地位置差异。当土地面积、土地肥力及投资额度均相同时,土地距离市场的远近不同,收益也就存在差异。如表16-2所示,假设在A_1、B_1、C_1三块面积和肥沃程度均相同的土地上,投入等量的资本50元,由于三块地距离市场的里程差异,运输总费用分别为10元、20元和30元,则资本总支出分别为60元、70元和80元。按10%的平均利润计算,个别生产价格分别为66元、77元和88元。在市场上的出售价格是按照劣等地的个别生产价格计算的,在该情况下距离市场最远的土地C_1便相当于劣等地,则社会生产价格为88元,除去总支出后,A_1和B_1就分别获得了22元和11元的超额利润,即级差地租Ⅰ。

表16-2 由土地位置差异形成的级差地租Ⅰ及地租量

土地等级	投入			平均利润(元)	个别生产价格(元)	社会生产价格(元)	级差地租Ⅰ(元)
	生产投入(元)	运输投入(元)	合计(元)				
A_1	50	10	60	6	66	88	22
B_1	50	20	70	7	77	88	11
C_1	50	30	80	8	88	88	0

2. 级差地租Ⅱ

由在同一块土地上各个连续投资劳动生产率的差异而产生的超额利润转化的地租成为级差地租Ⅱ。如表16-3所示,在优等地上追加投资50元,由于新投资的劳动生产率提高,每千克产品的个别生产价格降为2元。若产品仍按照社会生产价格,即劣等地的生产价格6元/千克出售,追加投资后的优等地全部产品可得180元,其中比劣等地全部产品价格60元多出的120元就是优等地追加投资所得的超额利润,它将转化为级差地租Ⅱ。同理,即使劣等地,只要追加投资也可提高生产效率,个别生产价格降为4元/千克,全部产品可得90元,比未追加投资的劣等地多获得30元,即级差地租Ⅱ形成的地租。

表16-3　级差地租Ⅱ及地租量

土地等级	生产资本（元）	平均利润（元）	产量（千克）	个别生产价格（元）		社会生产价格（元）		级差地租（元）
				单位产品	全部产品	单位产品	全部产品	
劣等地	50	10	10	6	60	6	60	0
优等地	50	10	20	3	60	6	120	60(Ⅰ)
在劣等地上追加投资	100(追加投资50)	10	15	4	60	6	90	30(Ⅱ)
在优等地上追加投资	100(追加投资50)	10	30	2	60	6	180	120(Ⅱ)

3. 两种级差地租的联系与区别

级差地租Ⅰ与级差地租Ⅱ紧密联系,级差地租Ⅰ先于级差地租Ⅱ,级差地租Ⅱ是以级差地租Ⅰ为基础的。两者的本质相同,均由个别生产价格与社会生产价格之间的差额所产生的超额利润转化而成的,都是剩余价值的转换形式。

两者的区别是明显的,首先,它们形成的条件不同,是由两种不同的投资方法和耕种方式造成;其次,它们所有者不同,级差地租Ⅰ直接归土地所有者占有,而级差地租Ⅱ在租约有效期间归农业资本家所有,续约时才可能归土地所有者成为地租。

二、绝对地租

(一) 绝对地租的产生条件及原因

绝对地租,是指由于土地私有权的垄断,租种任何土地都必须缴纳的地租。绝对地租区别于级差地租的地方是绝对地租不受到土地客观条件的影响,是必须缴纳的。

马克思说:"如果最坏的土地A——虽然它的耕种会提供生产价格——不提供一个超过生产价格的余额,即地租,就不可能被人耕种,那么,土地所有权就是引起这个价格上涨的原因。土地所有权本身已经产生地租。"[①]这就是说,绝对地租形成的原因是土地的私有权垄断。由于农业中存在着土地私有权的垄断,因而阻碍其他部门的资本自由转入农业部门,所

---

① [德]马克思.资本论纪念版(第3卷)[M].北京:人民出版社,2018:852.

以农业部门的剩余价值不参加利润的平均化过程。这样,农产品就不能够按照社会生产价格出售,而是按照高于社会生产价格的价值出售。于是,农产品价值高于生产价格的余额,或者说剩余价值高于平均利润的余额而形成的超额利润,就有可能保留在农业部门,转化为绝对地租,被土地所有者占有。则:绝对地租=农产品价值(或价格)－农产品生产价格(社会生产价格)。

但是,为什么农产品能按照高于社会生产价格的价值出售呢?在资本主义早期,农业机械化程度低,主要使用人力进行耕作,农业的劳动部分占比较大。马克思认为,如果该资本中投在工资上的可变部分(V)和投在物质劳动条件上的不变部分(C)的比率,大于社会平均资本中可变部分与不变部分的比率,那么,它的产品的价值就必然会高于它的生产价格,①即:农业部门的资本有机构成($C:V$)一般低于社会平均资本有机构成,因而创造的剩余价值和利润率较高,农业产品的价值也就高于它的生产价格。因此,农业资本有机构成低于社会平均资本有机构成,是绝对地租形成的条件。

如表16-4所示,假设工业A的资本有机构成为$70C+30V$,工业B的资本有机构成是$90C+10V$,农业资本有机构成是$60C+40V$,所有产品的剩余价值率m'均为100%,平均利润率为20%。每100元的投资中,工业A、工业B和农业的产品价值则分别为130元、110元和140元,生产价格都为120元。由于工业部门内部资金可自由流动,竞争导致工业内部的超额利润在利润平均化的过程中消失,工业产品按照生产价格出售,故工业A和工业B的市场价格等于生产价格120元。但在农业部门,由于土地私有权的垄断,资本无法自由流动,利润无法被平均化,故农产品可以按照高于生产价格的产品价值出售,市场价格为140元。绝对地租即为农产品价值与生产价格之间的差额20元。

表16-4　绝对地租的形成及地租量

生产部门		资本有机构成	剩余价值(元)	产品价值(元)	平均利润(元)	生产价格(元)	市场价格(元)	绝对地租(元)
工业	A	$70C+30V$	30	130	20	120	120	—
	B	$90C+10V$	10	110	20	120	120	—
农业		$60C+40V$	40	140	20	120	140	20

(二)绝对地租的表现形式

如图16-5中,P代表粮价,C为生产成本,Ⅱ为级差地租,A为绝对地租。假设有甲、乙两块土地,当粮价为P_0时,甲地为超边际土地,乙地为边际土地。甲地有级差地租Ⅱ$_0$,乙地无级差地租。现令乙地投入生产,索取绝对地租,造成粮价由P_0上涨至P_1。此时,甲地的地租除原有的级差地租Ⅱ外,另有绝对地租A。可见,绝对地租发生在边际土地上,而由于边际土地拥有了绝对地租,故超边际土地自然也相应有了绝对地租。②

---

① [德]马克思.资本论纪念版(第3卷)[M].北京:人民出版社,2018:856.
② 曲福田,诸培新.土地经济学(第4版)[M].北京:中国农业出版社,2018:53.

三、垄断地租

垄断地租是一种特殊的地租形式,是由产品的垄断价格带来的超额利润转化成的地租。需要注意的是,这里所说的垄断价格与由土地所有权垄断的存在使农产品按照超过生产价格的价值出售而形成的垄断价格不同,由购买者的购买欲和支付能力决定,而与一般生产价格或产品价值所决定的价格无关[①]。这是一种"自然的垄断",即对特殊自然条件的垄断,在这种自然条件下生产出来的特殊产品,是一般条件生产不出来的。例如,驰名中外的茅台酒,是用贵州仁怀县茅台镇当地的泉水酿造成的,离开了那里的泉水,用同样的原料、配方,都无法生产出这种名酒,因

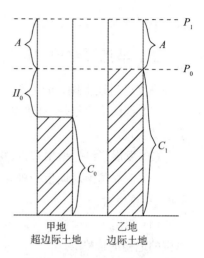

图 16-5 绝对地租的表现形式

此,茅台酒的市场价格会以高于价值的垄断价格出现。可见,垄断地租不是来自生产领域,而是来自流通领域,由土地所有者对这块特殊土地的所有权转化的,并以地租的形式落入土地所有者手中。这种垄断地租不仅存在农业用地中,在城市用地中也同样存在。

四、非农业地租

(一)矿山地租

在采矿业中,矿山所有者和开采者是两个不同的主体,因此,矿业资本家租用矿山需支付一定的地租。矿山地租是为获得物质财富的贮藏场所而支付的,也包括级差地租、绝对地租和垄断地租。

(二)建筑地段地租

建筑地段地租是资本家为建造工厂、商店和居民住宅等使用土地而支付的地租。建筑地段地租是为获得生产场地而支付的,其自然物质不参与产品的形成。建筑地段地租既包括级差地租,也包括绝对地租。在建筑业,土地的级差地租主要是由土地的位置决定的,且主要体现在城市土地的区位差异上。如图 16-6 所示,O 代表中心城市(市场),t 为产地式企业所在地与中心城市的距离;P_0 为总产值,总成本 T_c 为生产成本和运输成本之和,其中生产成本假定为固定成本 C,运输成本为变动成本。则企业的最优选址为 t_0 处,此时总产值与总成本曲线相交于均衡点 A,P_0CA 区域则为区位级差地租 $R = P_0 - T_c$,t_0 处的级差地租为零。在生产成本固定不变的情况下,区位

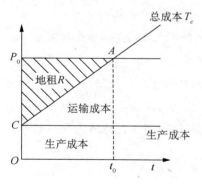

图 16-6 城市区位级差地租

---

① 陈征.社会主义城市地租研究[M].福州:福建人民出版社,2017:103—104.

级差地租的大小取决于运输成本。①

五、马克思对地租理论的贡献

马克思对地租理论的主要贡献表现在以下几个方面：

(1) 否认了地租是"自然对人类的赐予"的错误观点，明确指出地租是土地所有权在经济上的实现。

(2) 发展了级差地租理论，将其分成级差地租Ⅰ和级差地租Ⅱ进行分析。

(3) 创立了绝对地租的概念。马克思之前的地租理论都认为最劣等地是不需要缴纳地租的，马克思对此进行了矫正，认为劣等地也是有地租的。

(4) 提出土地价格的计算方法。认为土地价格不是购买土地的价格，而是购买土地所提供的地租的价格。②

本章小结

> 经济地租有广义地租和狭义地租之分。土地经济学所称的地租大多是指狭义地租，被认为是真正的地租，即指土地作为自然资源，所有权人将其使用权让渡给他人所获得的报酬，其实质是土地所有者凭借土地所有权垄断向使用者索取的报偿。
>
> 西方主流经济学对地租理论的研究主要有两种：地租的剩余理论、地租的边际生产力理论。
>
> 马克思主义地租理论则认为，地租是土地使用者由于使用土地而缴给土地所有者的超过平均利润以上的那部分剩余价值。马克思主义地租理论从地租产生的条件将地租主要分为级差地租、绝对地租和垄断地租。
>
> 绝对地租，是基于土地所有权而必须缴纳的地租，是农产品价格高于社会生产价格而产生的差额。绝对地租形成的原因是土地的私有权垄断。农业资本有机构成低于社会平均资本有机构成，是绝对地租形成的条件。
>
> 级差地租是指由于耕种的土地优劣等级不同而形成的地租，是农产品的个别生产价格低于社会生产价格的那部分超额利润的转化形式。级差地租根本源泉是劳动者的剩余劳动，即剩余价值。由土地的自然力的等级差别性而引起的资本生产率的等级差别性，是级差地租的形成条件。资本主义土地经营权的垄断是使超额利润转化为级差地租的原因。
>
> 由土地自然肥力和地理位置等客观条件差异产生的超额利润转化为级差地租的第一形态，为级差地租Ⅰ；由土地不同投资的生产率形成的超额利润转化为级差地租的第二形态，为级差地租Ⅱ。

---

① 曲福田，诸培新.土地经济学[M].北京：中国农业出版社，2018：52.
② 王克强，王洪卫，刘红梅.土地经济学[M].上海：上海财经大学出版社，2014：109.

关键词

地租　经济地租　级差地租　绝对地租　马克思主义地租理论

复习思考题

1. 地租的内涵是什么？
2. 西方主流经济学对地租理论的研究主要有哪两种？分别阐述其主要思想。
3. 什么是绝对地租？其产生条件和原因是什么？
4. 级差地租有哪两种形态？其产生条件和原因是什么？

拓展阅读

空间级差地租

（本章编写人员：曾艳）

第十七章 CHAPTER 17

地 价

◎ 思维导图

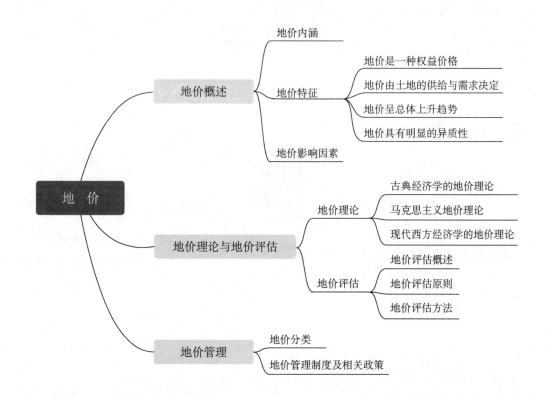

学习目标

1. 掌握地价的相关概念。
2. 了解地价理论与地价评估的内容和主要方法。
3. 了解地价分类与地价管理的相关内容。

第一节 地价概述

一、地价内涵

根据马克思的劳动价值理论,对地价比较经典的解释是:"土地是自然物,而非人类创造,不包含人类的劳动价值,因而土地也就没有价值,当然不存在其价值的货币表现——地价。但是由于土地是一种垄断财产,土地的垄断是因为土地本身的稀缺性及其满足人类需要的特殊使用价值,所以土地有价格。"价格是商品价值的货币表现,而商品价值是凝结在商品中的人类抽象劳动。自然土地不是人类劳动产品,不包含人类的抽象劳动。那么,地价的内涵是什么呢?土地能向人类永续提供产品和服务,即在一定的劳动条件下土地本身能产生纯收益,谁垄断了土地,谁就垄断了土地纯收益(地租)。由于土地的恒久性,这种纯收益是一种恒久的收益流。随着土地权利的转移,这种收益流的归宿也发生了转移。购买土地实际上是购买一定时期的土地纯收益(地租),土地纯收益现值(地租)的总和就表现为地价。因此,地价是地租的资本化价值。

一般情况下,地价是指公开市场上形成的土地价格。雷利·巴洛维(R. Barlowe)教授认为:"市场价值:①如法庭所定义的,是一种财产带到公开市场展销,允许有充足的时间觅到对产品应有的及目前实用的所有用途有全面了解的买者,而出售所得用货币计量的最高价;②通常是指卖者乐意出售,而买者乐意购买,并且两者都不受压力时的价格;③是在有足够时间找到买方并且买卖双方都有充足信息的期望价格。"

因此,土地价格的内涵是在正常市场条件下,土地在未来年期所能提供的土地纯收益(地租)的资本化价值。这种土地纯收益,是劳动者创造的剩余价值的一部分,它可能来自本宗地劳动者,也可能因为土地资源的稀缺和垄断,来自全社会劳动者剩余价值的转移。这一土地纯收益的资本化价值,在正常市场条件下能够弥补自然土地的价值补偿和凝固在土地中的土地资本的有效价值补偿。

2014年7月24日,我国颁发《城镇土地估价规程》(GB/T18508—2014),规定我国城镇地价评估的价格内涵是:"在市场条件下形成的土地权利价格,包括在公开市场条件下形成的客观合理价格和在特定市场条件下形成的市场关联各方接受的价格。无特殊说明下,指公开市场条件下形成的,一定年期建设用地使用权的权利价格,其空间内涵包括地表及地上、地下的一定范围。也可依据权属划分,单独界定为地下空间使用权或空中使用权价格。"

二、地价特征

土地作为一种特殊的商品,由于本身的自然特性和经济特性,其价格特征与一般商品价格不同。

(一) 地价是一种权益价格

土地,这种产品和服务的获得是以土地权利限定为基础的。因此,土地交易实质上是土地权益的交易,得到的是获得土地收益的权利。土地权利包括土地所有权、土地使用权、土地他项权。同一块土地,可能因为土地权益的不同而产生很大的价格差异。

(二) 地价由土地的供给与需求决定

土地是一种自然物,自身无所谓生产成本,没有价值;而且人类在长期土地开发利用中所固化在土地上的劳动,不足以体现其价格,现实中土地的开发成本是土地的投资与回报的资产价值。因此地价不由生产成本决定。

地价与一般商品的价格一样,由土地市场的供给与需求决定。在土地供给不变的情况下,社会经济发展和人口增加,引起对土地需求的增加,地价就会上涨;而需求减少,地价就会下跌。同时,应注意土地的自然供给是一定的,经济供给是有弹性的,且不同用途土地的供给弹性不同。因此,从长远和总体上来看,土地市场价格主要由土地需求决定。

(三) 地价呈总体上升趋势

地价随着经济特有的周期性波动呈现出一定的周期性,但是随着社会进步发展和人口增加,土地自然供给缺乏弹性,对土地的需求是持续增加的,致使地价不断上涨。

(四) 地价具有明显的异质性

由于土地的空间位置是固定的,不能像其他商品一样随意移动,导致地价具有明显的异质性。各地区土地市场之间,很难相互影响,难以形成统一的市场价格。地价一般是在地域性市场内根据其供求关系,形成各自的差异化价格。

三、地价影响因素

(一) 一般因素

一般因素是指对地价高低及其变动具有普遍性、一般性和共同性影响的因素。这些因素对地价的影响是整体性的,覆盖面是整个地区。包括土地资源禀赋、经济因素、行政因素、社会因素、国际因素。

1. 土地资源禀赋

各个国家、各个地区的土地资源禀赋不同,决定了其土地资源的总供给水平不同。我国人多地少,特别是耕地资源匮乏,且优质耕地又主要分布在东中部地区,这就决定了我国耕地资源的供给和东中部城镇建设用地的供给压力很大,地价水平总体上呈上涨趋势。

2. 经济因素

经济因素,主要是指经济发展状况、储蓄和投资水平、居民收入和消费水平、利率水平、生产力发展状况等对地价产生影响的因素。

经济发展意味着财政、金融景气,经济繁荣,就业机会增加,社会总投资增加,对土地的总需求不断扩大,致使地价上涨。

储蓄水平和投资水平呈正相关,即储蓄增长则投资也相应增加。当储蓄能力越大而且储蓄意愿越高时,储蓄额越多,资本积累越快。由于房地产价格比其他财产价格总量高,储蓄率高的家庭,才能提供足够的购房首付款。一般而言,储蓄率高的时期往往是超额储蓄累积期,是房地产低谷期,此时地价会下跌;反之亦然。

根据马斯洛的需求层次理论,随着居民收入的增加,人们在解决温饱问题之后,对消费水平会有新的要求,改善型需求上升,表现在住宅上是对房屋的质量、面积的要求会更高。居民收入水平提高,并且用于住宅消费的支出增加,从而对土地的需求增加,拉动地价的上涨。

由于一般消费者或投资者的收入不可能一次性地支付房地产巨额款项,所以必须直接向银行贷款或是以房地产作为抵押取得抵押贷款。一般而言,地价与利率呈负相关,利率下降,房地产价格会上升,也带动地价上升,反之亦然。

技术革新、技术进步是生产力发展的表现,能极大地降低开发成本、提高不动产的功能和质量,更重要的是,促进产业结构调整,致使人们对各种类型不动产的需求变化,从而影响不动产价格。当前,随着互联网和电子商务的发展,人们将更多在虚拟环境中购物,这一趋势可能导致人们对城市商业中心零售物业的需求减少,而对郊外仓储和配送设施的需求增加,从而影响不同类型土地的价格。

3. 行政因素

行政因素,主要是指国家通过国家经济制度、行政法规以及政策等多种方式对地价的干预。包括土地制度、城市规划、土地税制等。

土地制度主要包括土地所有制和使用制。1949年以来,我国长期实行禁止土地流转的使用制度,不存在地价,无偿无限期无流转。随着经济体制的改革,土地有偿使用制度逐渐开始实行,国有土地所有权和使用权分离,土地使用权作为一种特殊的商品进入流通领域,形成了地价。在市场经济的作用下,地价的涨落更符合市场规律。

城市规划决定着城市未来各区位的不动产开发价值和有效利用程度。土地因其用途和利用强度不同具有不同的收益能力,因此会形成不同的地租、地价水平。商业用地一般高于居住用地,规划容积率高的一般地价越高。土地用途、土地利用强度的规定直接影响地价。

土地税制,若以土地为主体的土地增值税和财产保有税制度较为健全,土地囤积、房产囤积和房地产投机就会减少,地价会较为平稳;反之,会出现剧烈波动。

4. 社会因素

社会因素,主要是指社会状态、人文、心理状况和一般社会行为等对地价的影响。主要包括人口因素、城市化、社会治安、心理因素等。

人口因素对地价的影响主要表现在人口密度、人口素质和家庭结构方面。人口增加,人口密度提高,对土地的需求增加,从而使地价上涨。人口素质高的住宅区往往秩序良好,文明礼貌,邻里和谐,在心理上给人以好感,间接引起对该类住宅区的需求,促使地价上涨。家庭结构的小型化,即使人口总数不变,由于户数增多,也会影响对住宅套数的需求,引起地价的上涨。

城市化是指随着一个国家或地区社会生产力的发展、科学技术的进步,以人口的非农结构比重的增加和城市人口比重的提高以及城市规模的扩大为主要特征的发展过程。其影响地价表现在两个方面:一是城市地区人口分布密集的地方,地价涨幅较高;二是人口迁入比例高,及城市化速度快的地方,地价涨幅和上涨速度都高于一般地区。

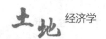

社会治安是指社会秩序及政局的稳定状况。无论是商业区还是住宅区,社会秩序良好,人们会感到安全,从而愿意投资、购买、居住,因此带动地价上升。

心理因素对物品的需求有很大的影响,是影响价格的重要因素。人们急于购买和出售土地的心理往往会导致成交价格偏离其正常价格。一般来说,急于购买的价格会高于正常价格,而急于出售的成交价格往往低于正常价格。此外,讲风水,对故乡水土的认同情结等心理因素也会影响地价。

5. 国际因素

随着世界经济一体化水平不断提升,地价的变动,除了受国内各项因素影响之外,必然受到世界金融和经济形势的影响。如果国际经济状况好,往往会刺激国内扩大生产和增加出口,从而增加对不动产的需求,提升地价,反之亦然。同时,国与国之间的政治关系往往是经济关系的综合。一个国家同其他国家有良好的关系,对外交往频繁、外交环境轻松、和谐,有利于投资者的越洋投资,使土地需求见涨,从而推动地价上涨;反之,对立国家往往会彼此实行经济封锁,限制人员往来和资金的流向,特别是发生军事冲突时,这种状况会更严重,结果就是对土地需求下降,地价下跌。

(二) 区域因素

由于土地位置的固定性和不可移动性,决定了影响某一地块的地价本质因素是地块所在区域的土地供求状况。区域是一个均质概念,在同一区域内,土地的利用条件和利用方向大体一致,包括区位、基础设施条件、规划限制、环境质量等。同一区域因素对不同用途土地的价格影响不同。

影响商业区地价的主要区域因素有街道的宽度、布置方式、人行道设置状况及街道外围的公共设施状况,交通便捷度和交通管制状态,商场的数量与面积、娱乐设施状况、顾客人流量、购买力等。影响住宅区地价的主要区域因素有街道宽度、道路分布以及不同道路的连接情况,交通便捷程度,居民接近车站、市中心、文教机构等方便程度,社区人文环境形象因素等。影响工业区地价的主要区域因素有对外交通便利度、工程地质(土地承载力)条件等。

(三) 个别因素

个别因素是指宗地本身的条件和特征对宗地地价的影响。如宗地面积、形状、临街宽度、宗地开发程度、土地利用状况及规划条件、地质条件等。同一因素对不同用途土地价格影响程度不同。

第二节 | 地价理论与地价评估

一、地价理论

马克思指出:"土地不是劳动的产品,从而没有任何价值。"[①]但土地却具有价格。这是

---

① 马克思.资本论纪念版(第3卷)[M].北京:人民出版社,2018:702—703.

词汇中则称为土地的售价。"

日本一桥大学经济学教授野口悠纪雄将地价理论总结为两个层次：

（1）古典地价理论。以地租的现值作为地价，即地价是由市场上的地租决定的。

（2）将地价作为资产价格的现代地价理论，这种理论的核心就是持有土地可能得到的利益，不仅有土地的利用收益，而且还应把卖掉土地所产生的利益考虑进去。因此，不是用土地收益决定地价，而是在资产市场上决定地价。

戴维·皮尔思在研究资源环境问题时，认为为了有效利用资源，产品价格应按边际社会成本（包括边际生产成本和由于污染或者由于生产该物品而引起的资源退化引起的外部成本）确定，而在市场上的价格一般是按边际私人成本确定的。地价不仅包含它所产生的经济价值，还应计入土地的生态价值等。

美国哈佛大学教授威廉·阿朗索在杜能研究的基础上，于1964年提出城市地价的竞租模型。他假定研究的城市坐落在一个均质平原上，买主和卖主都对市场非常了解，各种潜在的土地使用者将对土地竞价，而地主将把土地出售给出价最高的竞价者。由于土地使用者都受其收入一定情况下效用最大的约束，其所利用或购买土地的区位都由其最低竞价曲线（即土地需求价格）在与价格结构曲线（即土地供给价格）相切时出现的切点来决定，这时，市场出现均衡。

总之，现代西方经济学的地价理论分为土地收益理论和土地供求理论。土地收益理论认为，土地纯收益（地租）最终决定地价；土地供求理论的核心是，土地市场的供求关系决定地价。

二、地价评估概述

地价评估是指估价人员依据地价评估的原则、理论和方法，在充分掌握土地市场交易资料的基础上，根据土地的经济和自然特性，按土地的质量、等级及其在现实经济活动中的一般收益状况，充分考虑社会经济发展、土地利用方式、土地预期收益和土地利用政策等因素对土地收益的影响，综合评定出某块土地或多块土地在某一权利状态下及某一时点的价格的过程。地价评估包括宗地地价评估和区域性地价评估。宗地地价评估以宗地个体为对象，选择适宜的估价方法，评估判定待估宗地的公开市场价值；区域性地价评估以特定区域为对象，利用宗地评估方法和统计学方法，在对大量宗地地价样点统计分析处理的基础上，评估判定待估区域在公开市场下的区域平均市场价值。

从地价评估的概念可以看出地价评估具有以下几个方面的内涵：

（一）地价评估必须依据地价评估的原理和方法

土地虽然像商品一样可以交易，但由于它不是人类劳动的产品，因此不存在劳动价值，其价格受到经济、社会和自然等许多因素的影响。有别于一般商品的价格。这就决定了地价评估具有自己独特的理论和方法；只有遵循地价评估的原则，依据地价评估理论，正确选择地价评估的方法，充分考虑各种因素对土地价格的影响，才能正确评估出土地价格。

(二) 地价评估必须依据充足的土地市场资料

土地价格的形成最终取决于土地交易双方。也就是说,土地价格形成于市场,不充分掌握土地市场的交易情况,不了解土地的供求情况,不把握土地市场的过去、现在和未来的发展趋势,也就不能评估出公正客观合理的土地价格。

(三) 地价评估必须考虑政府土地政策的影响

如政府的城镇规划对地价可产生巨大影响。同一块土地,规划可使之一夜之间身价百倍,也可以使之无人问津。如果不考虑政府的土地政策,地价评估结果难以达到公正合理的要求。

(四) 地价评估要充分了解估价对象地块的各种权利状况

同样一块土地,不同的权利,其价格可能相差很大。因此在地价评估之前,必须通过查阅不动产登记资料并进行现场勘察弄清评估对象土地的各种权利状况。

(五) 地价评估所评估出的地价是该地块某一时点的价格

这是因为地价随着社会经济的发展变化也在不断涨落和变化。如果不明确所评估的价格是哪个时点的价格,那么所评估出的价格就毫无意义。

三、地价评估原则

(一) 替代原则

根据经济替代原则,在同一公开市场上同质的商品应有相同的价格。根据市场规律,在同一商品市场中,价格相同效用大者需求大,效用相同价格低者需求大。一种商品的价格升高会引起另一种商品的需求增大,则称这两种商品是互为替代品。土地作为一种特殊商品也是如此。在同一供需圈、同一时期、同一功能或类似功能的土地在相同土地利用条件下,其使用价值相近,即在同一区域或类似区域,同一用途土地彼此间形成竞争,互相影响,最后地价趋于一致。这一原则是运用市场比较法的理论基础,即在对某一宗土地进行地价评估时,可以在同一供需圈内,或同一区域内,调查取得近期发生的多宗同一用途的土地交易实例,通过对地价因素的比较修正,求得土地的价格。

(二) 预期收益原则

地价是土地未来收益的资本化。过去的土地收益不决定地价,但有助于估价人员推测未来收益的变化趋势。遵循预期收益原则是指地价评估应以估价对象在正常利用下的未来客观有效的预期收益为基准。预测的未来收益必须是客观的、合理的,是在正常的市场状况、经营管理水平下的土地纯收益。这要求评估人员必须了解过去的收益状况,认真分析土地市场的现状、发展趋势以及对土地市场产生影响的政治经济形势、各项政策,合理预测各种土地投资行为在正常情况下客观的投入产出状况。对预期收益的准确预测,是运用收益还原法和剩余法评估土地价格的关键。

(三) 最有效利用原则

最有效利用原则是指,在一般情况下地价评估应以估价对象的最有效利用为前提进行。土地的权利,经济用途和利用程度是多方面的。在不同的权利形态及不同的用途下,土地的价值不同;同一用途不同利用程度下土地价值也不同。只有当土地利用在当时当地处于最有效利用状态时,其土地价值才能达到最大。以土地的最大价值进行土地资源配置,有利于土地资源的最有效利用。因此,地价评估要以土地的最有效利用为前提。但是,在现实土地利用中,土地的不合理利用和非最佳利用的案例很多,当待估宗地处于非最有效利用时,除个别行政性政策性评估外,应以最有效利用为前提来实施地价评估。几种特殊的地价评估,对土地利用状态有不同的要求:基准地价评估以估价对象的现状利用为最有效利用;企业改制、资产清算、地税征收、公益用地等估价,以估价对象的现状利用为最有效利用;农地估价中,未获得转用许可的农地以现状利用为最有效利用;可转为建设用地者,以实际最佳用途为最有效利用。

(四)供需原则

在市场经济条件下,一种商品的价格由该商品的市场需求和市场供给共同决定。土地作为一种特殊的商品,其供给与需求对其价格决定的影响也很大。由于土地位置的固定性和市场的地域性,土地的供给与需求不同于一般商品的供给与需求,也具有强烈的地域性特点。从总体上说,土地的自然供给是固定的、无弹性的;土地的经济供给因土地区位不同、用途不同和政策不同而有多种表现。因此在一般情况下,地价主要取决于需求方的竞争。同时,由于土地的经济供给在一定程度上是可变的,它对市场价格的影响也很大。由于土地市场的不完全性,以及我国城镇土地一级市场的垄断性,因此,地价不可能完全由市场的供给与需求决定。在进行地价评估时,应充分考虑土地供需及土地市场特性。

(五)贡献原则

按经济学中的边际收益原则,衡量各生产要素的价值大小,可依据其对总收益的贡献大小来决定。对于地价评估,这一原则是指不动产的总收益是由土地及建筑物等构成因素共同作用的结果。其中某一部分带来的收益,对总收益而言,是部分与整体之间的关系。就土地部分的贡献而言,由于地价是在生产经营活动之前优先支付的,故土地的贡献具有优先性和特殊性,评估时应特别考虑。评估时,可以利用收益还原法分别估算土地、建筑物价格,进而评估整个不动产价格;也可根据整个不动产价格及其他构成部分的价格,采用剩余法估算地价。因此,贡献原则是关于部分收益递增递减原则的应用,也是收益还原法和剩余法估价的基础。

(六)报酬递增递减原则

经济学中的边际效益递减原则,是指增加各生产要素的单位投入量时,纯收益随之增加;但达到某一数值以后,如继续追加投资,其纯收益不再会与追加的投资成比例增加。土地投资同样遵循这一原则。在任何给定的条件下,土地、劳动力、资金、管理水平之间都存在着一定的最优组合,超过一定限度,每一要素的继续增加,其收益却不会相应成比例增加。这一原则说明成本的增加并不一定会使土地价格增加。在进行地价评估时,需要遵循这一原则,找出土地的边际使用点,即最大收益点。

四、地价评估方法

(一)市场比较法

市场比较法是将待估土地与在近期已经发生了交易的同类型土地加以比较对照,从已经发生了交易的类似土地的已知价格,修正得出待估地价的一种估价方法。

市场比较法的基本原理是替代原理。根据经济学理论,在同一市场上,具有相同效用的物品应具有相同的价格,即具备完全的替代关系。这样,在同一市场上,两个以上具有替代关系的商品同时存在时,商品的价格就由这种有替代关系的商品相互竞争,相互牵制,最终趋于一致。所以,在地价评估中,当待估土地与比较的实例土地之间具有相关性和替代性,且比较的实例土地是近期市场上发生的案例,此时待估土地若在市场上出售,就应具有类似的市场反应,从而推算出待估地价。市场比较法的公式为:

$$待估地价 = 比较交易实例价格 \times 交易情况修正系数 \times 交易日期修正系数 \times 区域因素修正系数 \times 个别因素修正系数 \times 容积率修正系数 \times 使用年期修正系数$$

市场比较法的特点是:首先,市场比较法利用近期发生的与待估对象具有替代性的交易实例作为比较标准,修正推算待估地价,能够反映近期市场行情,也使测算的价格具有较强的现实性,容易被接受;其次,以替代关系为原理,所求得的评估结果为"比准价格",由于是以价格求取的市场价值,理论基础欠缺;再次,运用市场比较法需要对交易情况、交易日期、区域因素及个别因素等一系列状况进行比较修正,这就要求估价人员具备多方面的知识和丰富的经验,以提高估价结果的精确度;最后,市场比较法是由实践中产生的实用可行的方法,应用范围广,但方法的理论性尚不完善。

市场比较法可应用于各种类型、各种性质、各种经济目的土地的估价,而且最能为市场所接受。但由于市场比较法的应用基础是发达的土地市场及非常翔实的交易实例资料,所以仅适用于有大量交易案例的地区,并且交易案例与待估案例有较强的相关性和替代性,交易案例甚少或无交易案例的地区则不适用。

(二) 收益还原法

收益还原法是地价评估常用方法之一,它是对土地或其他具备收益性质资产进行估价的基本方法。此法在用于地价评估时,把获取土地作为一种投资,投入的资本即为购买未来若干年土地收益的地价款。因此,收益还原法是在估算土地未来若干年预期纯收益的基础上,以一定的还原利率,将评估对象未来收益还原为评估时日收益总和的一种方法。

收益还原法基于预期收益原理,即土地未来收益权利的现在价值。收益还原法的一般计算公式为:

$$待估地价 = 未来各年纯收益折现值之和$$

当纯收益和还原利率每年都相同,且土地收益年限为无限期时,则:

$$待估地价 = 纯收益 \div 土地还原利率$$

收益还原法的特点是:第一,具有理论基础,生产要素分配理论是收益还原法的理论依据。土地、劳动、资本三大生产要素组合产生收益,要素投入的多少将决定与之相关的收益的大小,土地利用产生的收益是总收益中扣除劳动工资、资本利息及经营报酬后剩余的收益,以一定的还原利率将土地收益还原即可求得待估地价;第二,所求评估结果为"收益价格"。收益还原法以收益途径测算价格,土地收益是土地利用所产生的超额利润,将因土地所有权的存在而转化为地租,地租是土地所有者凭借土地所有权而得到的收益,是土地所有权借以实现的经济形式,土地收益和地租二者在量上具有一致性,对土地使用者而言,称之为土地收益,对土地所有者而言,称之为地租。将地租进行资本化所得到的价格就是土地收益价格;第三,还原结果准确度取决于纯收益和还原利率的准确度。土地纯收益的测算是否正确,还原利率的确定是否合适,将直接影响到收益价格的计算结果,尤其是还原利率,其微小的变化将对结果产生较大的影响。

收益还原法是以求取土地纯收益为前提条件的估价方法,因此,该方法最适合于以获取收益为目的的土地的估价。它对于商业性经营、租赁或有潜在收益的土地的估价最为适合,而对于那些没有收益土地的评估则不太适用。此外,土地纯收益应该是经常性的、稳定的收益,对现实收益不正常的土地应以其客观收益来计算收益价格。

(三) 成本逼近法

成本逼近法,又叫成本法,是以开发类似土地资产所耗费的各项费用之和为基础,再加上正常的利润和应缴纳的税金、费用来确定待估地价的一种估价方法。

从经济学理论上看,成本逼近法与收益还原法是从两个迥然不同的角度对地价作出的估计:一个是基于土地的"生产费用",另一个是基于土地将产生的效用。其理论基础,前者可以说是生产费用价值论,后者可以说是效用价值论。另外,成本逼近法的理论依据,从买方的角度看,是替代原理。即买方愿意支付的价格,不能高于他所预计的重新开发该土地资产所需花费的代价,如果高于该代价,他还不如自己开发。从卖方的角度看,是生产费用价值论。即卖方愿意接受的价格,不能低于他为开发该土地资产已花费的代价,如果低于该代价,他就要亏本。成本逼近法的计算公式为:

$$待估地价 = 土地取得费用 + 土地开发费用 + 相关税费 + 利息利润 + 土地增值收益$$

成本逼近法的特点有:适用范围的限制性,一般适用于新开发的土地,对已开发成熟的土地不太适应;当土地市场狭小,缺乏足够数量的交易资料和收益资料时,成本逼近法可弥补收益还原法与市场比较法的不足;成本逼近法以成本累加为途径,但成本高并不意味效用与价格高,因此,其评估结果只是一种"算术价格",而对土地的实际效用与市场有效供需均未有所考虑,这成为成本逼近法的一大缺陷;成本逼近法可为投资者衡量投资效益,进行不动产投资可行性研究提供重要依据。

成本逼近法有其特殊的用途,特别适用于既无收益又无较多交易的土地的估价,尤其适合于新开发土地的估价,如成片开发的工业园区、技术开发区等。在运用此法时应区分实际成本与客观成本,同时考虑市场供求状况,然后确定估价值。成本逼近法还适合于没有经济效益或没有潜在效益的土地资产的估价,如政府用地、军事用地、宗教用地等。

(四) 剩余法

剩余法,又称假设开发法,是在估算开发完成后土地正常交易价格的基础上,扣除建筑物建造费用和与建筑物建造、买卖相关的专业费、利息、利润、税收等费用后,以剩余之数来确定估价对象价格的一种方法。

剩余法的理论依据类似于地租原理,只不过地租是每年的租金剩余,剩余法是一次性的价格剩余。其计算公式为:

待估地价＝开发价值－建筑费与专业费－投资利息及利润－销售费用－税费

剩余法有如下特点:①剩余法是从开发商的角度分析、测算其所能支付的最高场地购置费。其可靠性如何取决于以下几点:一是是否根据最有效使用原则合理确定土地最佳利用方式;二是是否正确掌握了土地市场行情及供求关系,并正确判断了开发完成后的物业总价值;三是是否正确确定了土地开发费用和正常利润等。②剩余法以一定的假设或限制条件为前提。剩余法通常设定以下方面的假设:假设估价中涉及的开发总价、租金和成本数据在开发期间不发生不规则的变化;假设在开发期间各项成本的投入是均匀或分段均匀投入的。③剩余法有动态与静态两种计算方式。所谓静态与动态之分主要是有没有考虑到资金的时间价值。静态计算不考虑时间因素,即不需要对发生在不同时点的费用进行贴现。而动态计算则要将所有不同时点发生的费用全部贴现到地价发生的时点,由于考虑了时间的因素,因而包含了利息的概念,利息就不需再单独计算,这一点与静态计算法要单独计算利息不同。

从剩余法的计算公式和特点可以看出,剩余法主要适用于下列几种类型的地价评估:一是待开发土地的估价;二是待拆迁改造的再开发房地产的估价,这时公式中的建筑费还包括拆迁费用;三是仅将土地或房产整理成可供直接利用的土地或房地产的估价,此时公式中的开发价值为整理后的地价,建筑费为整理费用;四是现有新旧房地产中地价的单独评估,即从房地产价格中扣除房屋价格,剩余之数即为估价对象价格。

(五) 基准地价系数修正法

基准地价系数修正法,是利用城镇基准地价和基准地价修正系数表等评估成果,按照替代原则,把待估宗地的区域条件和个别条件与其所处区域的平均条件相比较,并对照修正系数表,选取相应的修正系数对基准地价进行修正,从而求取待估宗地在估价期日市场价格的方法。

基准地价系数修正法实际上是市场比较法的一种特殊情况,此时,市场比较法中的实例价格变成了基准地价。其基本计算公式为:

待估地价＝某类用地某一级别的基准地价×(1＋影响因素总修正值)×
年期修正系数×估价时点修正系数×容积率修正系数

基准地价系数修正法适用于各类地价的估算。

(六) 路线价法

路线价法是在特定的街道上设定标准临街深度,从中选取若干标准临街宗地求取平均市场价格,将此平均市场价格称为路线价,然后再配合深度指数表和其他修正率表,用数学方法算出临接同一街道的其他宗地市场价格的一种估价方法。

路线价估价法与市场比较法类似,只不过以路线价取代了市场比较法中的可比实例市场价格,以深度等差异修正取代了区域因素和个别因素等的修正,其基本原理是替代原则和区位论的具体运用。其技术思路为基于类似土地的市场交易价格来衡量其价格。

路线价法实质上是一种市场比较法,是市场比较法的派生方法,主要适用于城镇街道两侧商业用地的估价,特别适用于房地产税收、市地重划(城镇土地整理)、城市房屋拆迁补偿或者其他需要在大范围内同时对大量土地进行估价的情形。运用路线价法估价的前提条件是有可供使用的科学合理的深度指数表和其他各种修正率;有完善的城市规划和系统完整的街道;土地排列比较整齐。

第三节 地价管理

一、地价分类

(一)按土地权利划分

按土地权利分类,地价可分为所有权价格、使用权价格、租赁价格、抵押价格等。土地作为一种能带来永久收益的资产,其价格不是土地实物本身的价格而是土地权利的收益价格。土地权利是一束权利的集合,包括土地的所有权及使用权、租赁权、抵押权等。相应地,地价可以划分为所有权价格、使用权价格、租赁价格、抵押价格等。土地所有权价格是一种土地所有权转移价格。土地使用权价格,是在一定期限内持有土地的使用权、收益权所形成的一种价格,包括土地使用权出让价格(包括协议价格、招标价格、拍卖价格、挂牌价格)、土地使用权转让价格等。同样,租赁权和抵押权也分别会形成租赁价格和抵押价格。

(二)按地价形成方式划分

按地价形成的方式分类,地价分为交易价格和评估价格。交易价格是通过市场交易形成的土地成交价格。而评估价格是评估人员按照地价评估程序,运用相关估价方法和技术所估算的地价。如运用市场比较法、收益还原法、成本逼近法、剩余法等对某块土地进行评估,所得的结果便是评估价格,它是交易价格的基础。土地在进行交易前,一般都要对土地进行价格评估,得出评估价,然后,买卖双方根据各自的评估价在市场中讨价还价,最后成交。因而,同一块土地利用不同的评估方法,有不同的评估价格,评估人员不同,其评估价格也不同,而交易价格也可能与评估价格相等或不相等。

(三)按政府管理手段划分

按政府管理手段分类,地价可以分为申报地价、公告(示)地价和补地价。申报地价是由土地所有者或使用者向有关机关提出申报的地价。公告(示)地价是政府定期确定并公布的地价,它一般是征收土地增值税和征收土地补偿的依据。补地价是中国所规定的原无偿划拨土地转为土地出让方式或改变国有建设用地使用权出让合同约定的土地使用条件等而应向国家缴纳的地价,有些地方称之为土地增值费,它实际上是土地市场购买价格中的一部分。

(四) 按土地使用权交易管理层次划分

按土地使用权交易管理层次,可以将地价划分为基准地价、标定地价、出让地价和交易地价。基准地价是根据土地不同的使用类别、区位及基础设施配套、土地开发情况,分别评估测算的各类用地的平均价格。基准地价是对土地交易市场进行调控,限制过低价格的交易,并为宗地地价评估或房地产商投资进行可行性研究提供测算基础的地价类型。标定地价是以基准地价为基础,测算的具体宗地的价格。出让地价是政府根据正常市场状况下地块应达到的地价水平而确定的某一地块出让时的最低控制价格。交易地价是土地使用权转让双方,按照一定的法律程序,在土地市场中实际达成的成交价格。

(五) 按土地开发程度划分

按土地的开发程度,可以将地价划分为熟地价和毛地价(生地价)。土地使用权出让包括熟地出让和生地出让。熟地是指已经完成了征地拆迁、七通一平等市政基础设施建设的地块。熟地出让地价称熟地价。生地是指未完成拆迁补偿和七通一平的地块,也称为毛地。生地出让地价称为生地价或者毛地价。

(六) 按地价计算方法划分

按地价的计算方法,可将地价划分为土地总价、单价(单位土地面积价格,也称地面地价)和楼面地价。其中,楼面地价是指单位建筑面积的地价,即以土地总价除以规划允许建造的总建筑面积。

二、地价管理制度及相关政策

(一) 地价评估制度

自20世纪80年代后期,原国家土地管理局就在全国范围内逐步推行地价评估制度,要求各城镇必须开展土地定级和基准地价评估,并对政府出让土地使用权进行交易底价评估。2016年颁布《中华人民共和国资产评估法》(以下简称《资产评估法》),确立了包括地价评估在内的资产评估的地位。现在,地价评估已介入绝大多数土地交易,如土地出让、土地转让、企业改制、土地抵押、房产买卖等,城乡土地基准地价评估、标定地价评估和征地区片综合地价评估,为地价管理部门制定地价政策和对土地市场进行宏观调控提供了依据。

(二) 地价评估机构和评估师的资格认证制度

开展地价评估,必须由专门的机构和专业人员进行。为了确保地价评估结果的科学性,管理机关要求开展这项工作的机构和人员必须经过资格认证。根据《资产评估法》第五条、第十五条、第十六条等和《国土资源部关于开展土地估价机构备案工作的通知》(国土资规[2017]6号),土地评估机构执业应向工商登记所在地的省级自然资源主管部门备案,评估师必须在取得规定学历的基础上,通过全国性评估行业协会按照国家规定组织实施的评估师资格全国统一考试。

（三）基准地价和标定地价定期确定并公布制度

《城市房地产管理法》规定，基准地价和标定地价要定期确定并公布。基准地价和标定地价是城市政府管理地价的基本参照地价，也是房地产投资者进行投资决策的主要依据。为提高基准地价监督管理水平，加强公示地价体系建设和管理，建立了基准地价更新成果报备自然资源部的管理制度。

（四）城镇地价监测公布制度

为了更好地调控市场和科学制定地价政策，从1999年开始，原国土资源部即着手在全国各城市建立地价监测系统，依据该系统监测的各城市地价变化情况及时制定相应的地价管理政策。目前，自然资源部开展地价监测的城市已从35个增加到106个，地价监测点已超过1万个。自然资源部每季度向社会公布地价监测结果，主要是各监测城市不同用地类型地价的变动情况，同时利用监测数据编制地价指数并定期发布。

（五）土地供应计划制度和土地储备制度

为了实现土地管理的宏观目标，有效地调控土地市场，保证地价的平稳，各地都建立了土地供应计划制度和土地储备制度。各级政府根据全国土地利用总体规划和土地利用年度计划，结合当地经济发展的实际和土地资源的禀赋，制定并公布土地供应年度计划，并实施调控土地市场的土地储备制度。

（六）土地交易最低限价制度

《城市房地产管理法》及相关法律法规规定，土地交易价格不得低于城市政府规定的标定地价，否则，政府有优先购买权。此外，为使工业用地价格能充分反映市场供求状况和资源稀缺程度，行政主管部门合理制定了工业用地出让价格的最低控制标准。

本章小结

在市场经济条件下，作为自然物的土地本身不具备价值，随着人类长期的开发，土地凝结的劳动力转化成为土地的固有资本，即在一定的劳动条件下土地本身产生了纯收益，随着土地权利的转移，这种收益流也发生转移。所以购买土地的权利时，实际上是购买一定时期的土地收益，土地纯收益现值的总和就表现为地价，而衡量土地价格的过程就是地价评估，所谓地价评估，是指专业人员按照一定的地价评估目的，遵循科学的地价评估原则、程序与方法，对土地市场价格的测定。本章主要介绍地价的概念与特征、地价理论的主要观点、地价评估的原则与方法以及地价管理等内容。

关键词

地价　地价理论　地价评估　地价分类　地价管理

 复习思考题

1. 地价的内涵是什么?
2. 地价的影响因素有哪些?
3. 地价评估的方法有哪些、都适用于什么种类的土地?
4. 地价管理主要的制度有哪些?

 拓展阅读

地价与房价

（本章编写人员：黄善林）

第十八章 CHAPTER 18

土地税收

◎ 思维导图

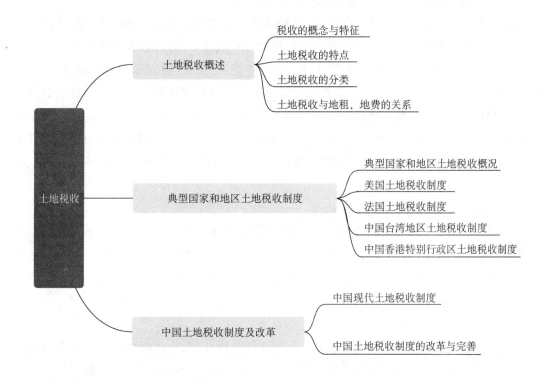

学习目标

1. 掌握土地税收制度相关概念。
2. 了解典型国家和地区的土地税收制度基本特征。
3. 了解中国现代土地税收制度的基本内容。
4. 熟悉中国现代土地税收制度改革。

第一节 土地税收概述

一、税收的概念与特征

(一) 税收的概念

税收是国家或政府为了满足社会成员的公共需要,凭借政治权力,或称公共权力,按照法律规定的标准,强制、无偿地取得财政收入的一种形式。税收概念的这种表述,可以明确以下几点:

1. 税收的主要目的是满足社会公共需要

社会公共需要是同个人消费需要相对应的,它指不能或不能完全通过市场提供用于满足全体社会成员共同的需要。社会公共需要分为三个层次:一是国家保证执行其职能的需要,包括国家执行某些社会职能的需要,如国防、外交、司法、行政管理及普及教育、卫生保健、基础科学研究和生态环境等。这类需要是典型的社会公共需要。二是介于社会公共需要和个人需要之间在性质上难以严格划分的一些需要。三是大型公共设施,甚至包括基础产业和自然垄断产业。由于社会公共需要具有消费的非排他性、效用的不可分割性和受益的不可阻止性,它们不能由市场来提供,只能由国家及其各级政府来提供。而税收正是满足公共需要的一种手段。

2. 税收是由国家或政府来征收的

税收是由国家或政府来征收的,不是税务机关或其他的机构和组织。税收的主体只能是代表社会全体成员行使公共权力的政府,而其他任何社会组织或个人无权征税。征税权作为国家主权的一个组成部分,只属于国家。税务机关、海关等对日常税收负责征管,只说明它们代表国家,行使国家赋予的征税权力。

3. 国家征税凭借的是政治权力或称公共权力

国家征税,实质上是国家对一部分社会产品的无偿分配,这种强制地将一部分社会产品从社会成员中转变为国家所有,必然会改变社会成员各自占有社会产品的份额,必须依据一定的权力来进行。马克思指出:"在我们面前有两种权力:一种是财产权力,也就是所有者的权力;另一种是政治权力,即国家的权力。"①税收对社会产品的分配,不同于地租、利息、利润等以财产所有权为依据进行的分配,它是以国家的政治权力为依据的。在财产私有制存在的条件下,只有依据政治或公共权力才能把分别属于不同所有者的一部分社会产品变为国家所有。这种公共权力是全体社会成员集体让渡或赋予政府的,凭借这种公共权力,政府可以征税。而与此相对应的是政府应履行对公共产品的提供和管理义务。

---

① 马克思恩格斯选集(第1卷)[M].北京:人民出版社,1972:170.

4. 税收是政府掌握用以调控经济的重要手段

税收在满足国家经费开支需要的同时,还是积极影响社会经济生活的经常性因素。政府在对纳税人征税,将其收入的一部分转变为国家所有的同时,也会通过引起他们收入份额的相应变化而对居民、企业,乃至各地区间的实际收入及其资源配置产生重大影响。由于政府征税的涉及面非常广,作用的范围非常大,几乎遍及国民经济的各个领域和社会生活的各个方面,可以说,税收在干预、调控经济生活方面的广度和深度都是相当大的,也是其他许多经济手段不能比拟的。另外,由于人们取得收入的能力不同及占有财产的具体情况不同,因此在市场体系中所形成的收入分配会造成较大的差距。对国民收入分配上的这种悬殊状况如不通过税收和其他手段加以适当调节,势必要影响社会各阶层、不同劳动者之间的矛盾,阻碍社会经济健康稳定发展。所以,税收也是节制国民收入分配的重要手段。

(二) 税收的特征[①]

税收的形式特征体现的是税收范畴与其他财政收入形式之间的区别。作为财政收入主要形式的税收,同时具有三大形式特征:强制性、无偿性和固定性。

1. 税收的强制性

税收的强制性,是指政府征税行为依托于国家的行政权力和相关的法律法规,任何有纳税义务的单位和个人都必须依法纳税;同时政府也只能依法征税,任何一方违法都会受到法律的制裁。因为税收关系的实现是以政权而非物权为前提的,政府征税是私人财产公共化的过程,是对私人财产的有限侵犯,加之市场经济是法治经济,这种以政权为依托的强制性在市场经济条件下就必然转化为法律的强制性。通过税收法律法规来协调征纳双方的利益冲突,并成为规范两者的行为准则,税收的权利和义务关系也由此得到法律上的确认。在税收法律关系的体现上,政府与纳税主体之间法律地位的对等性是核心。市场经济中内在的等价要求(交换双方具有平等独立的政治、经济权利和人格地位),必然外在化为税收法律关系上的平等状态,即市场中每个活动主体的行为都应处于税收法律的有效约束之下。税收的强制性特征使其与公债、政府收费和接受捐款等财政收入形式区别开来,是税收形式的最根本特征。与税收形式相比,政府发债取决于债权人的认购意愿,政府收费有着直接的服务对象,政府接受捐款更是依赖于捐赠者的行为选择,这些都不具有强制性的形式特征。

2. 税收的无偿性

税收的无偿性,是指在形式上政府征税不需要对纳税人付出任何等价物,即对政府和具体的纳税人关系而言,政府通过征税占有和支配一部分资源和要素,不具有直接返还性。因为政府征得税款作为财政收入后,用于生产和提供各种公共物品,满足各方面的公共需求,而不是直接用于满足具体的纳税人的单方面需求。这种无偿性是由于征税过程和税款使用过程分离且彼此独立,每位纳税人从政府支出中所获得的利益与其所纳税款在价值上不一定相等而导致的。如前所述,税收在本质上具有非市场的"等价交换"性质,它是人们为了享受政府所提供的公共物品而支付的价格费用。每位社会成员都有权利享受政府所提供的公

---

① 张裕凤.土地经济学[M].北京:科学出版社,2019:104.

共物品,也都有义务为所消费的公共物品付费——纳税。这种权利与义务、消费与付费的对称关系不能因税收的不直接返还性而改变,也不会因所纳税额与所获利益在价值量上的不一致而消失。也就是说,税收的无偿性不能妨碍税收与公共物品之间"交换"关系的质的规定性,更不能得出税收是社会成员对国家或社会的无偿贡献的结论。税收的无偿性是税收最重要的特征,它的存在有赖于税收的强制性也使得税收更加有别于其他财政收入形式。

3. 税收的固定性

税收的固定性,是指税收是一种按照税收法律事先规定的标准,连续征收和持续缴纳的规范性财政收入的形式。具体来说,可以从以下几方面理解税收的固定性特征。

第一,税收是用法律的形式规定政府和纳税主体的行为准则及双方的权利与义务,这种规范必须以确定的形式来表达。也就是说,私人财产公共化的过程必须转化为具体的对象、数量、方法和时间等要素,才能防止在征税过程中的随意性,即防止有损于税收法律严肃性、权威性行为的发生。

第二,税收的固定性实际上是指税法的确定性,并不意味着税收制度的一成不变,税收制度的建立和完善应该与一国的社会、政治和经济发展相适应。但是在一定的时期内,税收制度要保持相对稳定性,以保证税法的规范性。

第三,税收的固定性还可以从纳税义务的不变性来衡量。不论一国的税收制度如何变迁,更多的情形下还是以法律形式来规定每个社会成员的纳税义务。

由于税收对经济主体的行为具有激励和约束作用,过高的税收有可能降低人们对经济利益追求的激励,而过低的税收则不能为政府提供充足的财政投入。因此,最优税收就是有关税收的三个基本要素(征税对象、纳税人、税率)之间的一种权衡,以确定出各个经济主体的合理税负,从而一方面保证政府的财政收入,另一方面又不扭曲各个经济主体在生产、消费、投资过程中的决策行为(也就是保证税收的中性原则)。因此,在现代税收理论中,特别关注的是征税中的公平与效率、税收的合理负担、税负的转嫁与归宿等问题。

(三) 税收的构成

税收制度可以从税收结构和税收法律制度两个方面来理解。从税收结构分析,税收制度是指一国各种税收及其要素的构成体系。从税收法律制度的角度来看,税收制度是一国税收法律、法规、规章的总称。以法律规范形式出现的制度体系,也称为"税收法律制",它是政府向纳税单位和个人征税的法律依据和工作规范。

一般来讲,税收制度主要包括征税对象、纳税人、税率、减免税、征收期限、征收方式和违章处理等要素。征税对象,也称征税客体,是指税法规定的对什么征税。纳税人又称纳税主体或纳税义务人,是指税法上规定的直接负有纳税义务的单位和个人。例如,耕地占用税的纳税人即占用耕地并用于非农业建设的单位和个人。税率,是指应征税额占征税对象的比例。税率是计算税额的尺度,是税收制度的中心环节,它直接关系着国家的财政收入和纳税人的负担。税率一般有四种:①比例税率:不论征税对象数额大小,都按同一比例征收;②累进税率:按征税对象数额大小,规定不同等级的税率,征税对象数额越大,税率越高;③累退税率:与累进税率相反,征税对象数额越大,税率越低;④定额税率:对单位征税对象规定固定税额。

此外,为照顾纳税人或鼓励某项事业,以及其他原因,税法经常有一些减免税条款。同时,税法中还对征收方式、征收期限和违章处理做出了具体的规定。

二、土地税收的特点[①]

土地税收是指国家以土地为征税对象,凭借其政治权力,应用法律手段,从土地所有者或土地使用者手中无偿、强制、固定地取得部分土地收益的一种税收。具体地说,土地税收是以土地或土地改良物的财产价值或财产收益或自然增值为征收对象。

1. 土地税收是国家税收中最悠久的税种

在古代,利用土地最主要的生产事业就是耕种。当时由于工商业还没发展起来,有收入而能成为税收对象的几乎只有农业,于是赋税就首先在农地上产生,农地税是人类税制史上最古老的税种。

2. 土地税收以土地制度为基础

在不同的社会制度下,因土地制度不同,土地税收的性质、征收方式和办法也不一样。一般来说,土地税的本质是财产税、收益税或所得税。所谓财产税,是指公民所有的财产价值达到某一数额以上,政府就要依法征收其中的一部分作为公用,不论所有权人是否从利用这些财产中获得利益。因此,即使荒芜而未被利用的农地以及城市内未建筑的土地,只要法律规定,都要缴纳土地税。因此,土地税的征收往往以宗地价格为依据,或者以能反映土地价值大小的其他指标为依据。

3. 土地税税源稳定

由于土地具有位置固定性和永续利用的特性,因此,土地作为征税客体,税源比较稳定。

4. 土地税收在特定情况下可以转嫁

税收转嫁是指纳税人将所缴纳的税款通过各种途径和方式转由他人负担的行为和过程。在市场经济条件下,纳税人在商品交换过程中通过税负转嫁的途径来追求自身利益的最大化,是一种普通的经济现象。在土地税收领域,纳税人就自己利用的宅基地和娱乐用地来说,如果征收土地税,是没有转嫁的可能的。但是对于许多生产用地,如矿业用地、农业用地、工商业用地以及用于出租房屋的基地等等,它们所负担的土地税可能转嫁。土地税可以前转,如土地使用者在转让土地时,将未来要负担的赋税全部在地价中扣除,这样,出让者就把土地税一次性地转嫁给受让者。土地税也可以后转,如在出卖土地时通过提高卖价,把已支付的税收转嫁给购买土地者。土地税转嫁是一个客观存在的事实,国家在制定和执行土地税收制度时,应当认识到这一点并尽量加以避免,以便保证税收的中性原则。

三、土地税收的分类

(一) 财产税式的土地税

财产税(property tax)式的土地税是将土地看作财产而课征的一种税,是以反映土地拥

---

① 黄贤金,张安录.土地经济学(第2版)[M].北京:中国农业大学出版社,2016:381.

有量的数值作为课税依据的。由于课税方式不同,可以分为从量土地财产税和从价土地财产税两类①。

1. 从量土地财产税

从量征税的土地财产税,以从量征收的方法,对土地课税。在历史发展过程中出现过两种形式:依面积征收和依等级征收。早期土地税是按照土地的面积征收的,不管土地的质量好坏,相同面积的土地缴纳相同的税款。随着人们认识水平的提高,开始按土地的肥力、产量水平课税。

(1) 按土地面积征收。不分土地肥沃程度的差异及产量或地租的高低,而仅以土地面积为征税标准的最原始的农地征税方法,通常采用单一税率,各地区的税率不一。优点是简便,但缺点是不公平。只有在土地广阔,土地自然条件相似的情况下才适用。目前,实行按土地面积征税的国家很少,只有在印度的塔凡柯城及巴拉圭、突尼斯等国家还可以看到,但也不是纯粹按土地面积征税,而是与其他税种配合征收。

(2) 按土地等级征收。由于土地肥瘠不一,耕作经营和管理方法经常变动,而且各地的生产力亦有差异,如果纯粹按土地面积征税,将有失公平,因此,在土地税征收中除土地面积外,又根据土质的肥瘠、水利灌溉的条件、收获量的多寡、距离市场的远近等,规定了土地分级的标准。对优等土地课以重税,劣等土地课以轻税,这样就避免了不公平的出现。现在,在西约旦、埃塞俄比亚、巴西的巴拉省等地还可看到这种征税方法。

2. 从价土地财产税

从价征收的土地财产税是以土地价值为课税标准的土地财产税。按其征收依据又可分成土地价值税和土地增值税。土地价值税是按其拥有的土地的价值来征税,是真正的财产税。土地增值税是对土地价值随社会进步而产生的增加额的课税,也可以看作是一种流转税。前者如澳大利亚、荷兰、加拿大的土地原价税等;后者如我国现行的土地增值税。

在现代税收中,都以土地的价格作为衡量土地财产的依据和课征土地财产税的依据。依据土地的具体存在状态,现代征收土地财产税分为三类:一是土地取得税,包括土地遗产税、土地赠与税、土地登记税(契税)等;二是土地保有税,包括地价税、房产税、房地产税和土地增值税等;三是土地流转税,针对土地流转的所得而课税,其实质是对土地财产价值的实现而课税。

(二) 所得税式的土地税

所得税(income tax)式土地税,是把从土地上获得的纯收益作为一种所得而征税。这是根据纳税人所得的多少来判断纳税能力的差异。这种征收不仅包括来自土地本身的收益,还包括其他生产要素创造的所得。根据土地收益征收的土地税,可分为以下四种方式:

(1) 按总收益征税。即以土地总收益量的一定比例为征收标准。

(2) 按纯收益征收。这是按土地总收益减去土地的负担及利用土地的一切支出的剩余征收。以纯收益为税基的例子较少。法国曾于1789—1917年施行此法。现在阿尔及利亚

---

① 毕宝德.土地经济学(第8版)[M].北京:中国人民大学出版社,2020:392.

及印度的马德拉斯省还有一些地方施行此种税法。

(3) 按估定收益征税。即政府在一定时间内以估定的收益征税,实质上是按估定的土地生产能力征税,而不是按实际产量征税。日本曾施行此法。

(4) 按地租征税。按地租征税是以出租人与承租人约定的地租为税基,由政府按受益人本身并未付出任何努力或牺牲而得来的收益征收。一方面,从整体社会福利来讲,这样做是公平的;另一方面,把契约租额作为征税税基,征税税基比较容易确定。英国地方政府所征收的不动产税属于此类。

财产税式土地税与所得税式土地税优劣互见。从公平原则来讲,所得税式土地税要优于财产税式土地税。以征收难易来讲,所得税式土地税较财产式土地税的征收更困难。以征收标准的经久性而言,以土地面积为征税标准较有经久性,土地价值次之,收益或所得又次之。然而,就实际征收而言,土地税如采用所得税方式征收,最符合现代经济发展的要求,但由于手续烦琐,征税成本高,所以多主张征收地价税。

四、土地税收与地租、地费的关系

土地税收、地租和地费是国家参与土地收益分配的三种形式。目前,人们在理论和实践中,普遍存在着对土地税收、地租、地费界定不清问题,如以税代租、以税代费、以费代租、以费代税等。对有关土地税收、地租及各种使用费的概念、内涵和作用还不十分明晰,使用比较混乱,概念亦有所混淆。因此有必要对三者的基本内涵、存在条件及其性质予以阐述并加以区分,理顺三者之间的关系,这对于完善土地税收体系是极为必要的[①]。土地税、地租和地费的区别如表 18-1 所示。

表 18-1 土地税收、地租和地费的区别

项目	土地税收	地租	地费
存在条件	国家政权	土地所有权的垄断及土地所有权与使用权的分离	资金和管理投入
涉及主体	国家与土地所有者或国家与土地使用者	土地所有者和土地使用者	国家与土地所有者或国家与土地使用者
相互关系	权利义务关系	经济关系	经济交换关系
特点	无偿性、强制性、固定性	有偿性、垄断性、动态性	补偿性、互利性、选择性
分配层次	国民收入的再分配	国民收入的初次分配	国民收入的再分配

税收是国家为维持其运转而向单位或个人征收的一部分国民收入,税收的最终源泉不外乎各种生产事业及国民所有财产的收入。一般来说,土地税收是国家为了满足一定的公共需要,凭借土地所有者身份和政治权力,按预定标准从土地所有者或土地使用者手中强制地、无偿地、固定地占有部分土地收益,以获取财政收入的一种方式。只要国家存在,不论何

---

① 谭术魁.中国城市土地市场化经营研究[M].北京:中国经济出版社,2001:156.

种社会制度下,税收都会存在。土地税的征收是由国家以政权身份用法律形式颁布税收制度和法令,纳税人必须依法纳税,是一种法律行为。在征收土地税收时,需要以土地的价值为依据,或者以能反映土地价值大小的其他指标为依据。土地税收具有税收的三个基本特征,即强制性、无偿性和固定性。土地税收属于国民收入的再分配。

地租是"土地所有权在经济上借以实现即增值价值的形式"[①],即地租是作为土地所有权在经济上的实现。任何社会,只要存在对土地所有权的垄断,存在土地经营(使用)权与土地所有权的分离,存在土地使用者与土地所有者之间的租赁关系,就必然会产生来源于土地收益的地租,这是地租形成的基本条件。地租的存在具有对等性,即所有者不能无偿地从使用者手中获取地租,只能以土地的使用权为代价,所反映的是一种等价的经济关系。在分配层次上,地租属于国民收入的初次分配。

地费也是政府参与国民收入分配的方式,是国家的补充性财源。它表现为一种直接对应的经济交换关系,也可以认为是一方对另一方所付劳动或物质的报酬(价格)。地费是国家向土地所有者或土地使用者收取的行政服务行为的补偿,它应是平等、互利、有选择性的,即它的收取必须以一定的资金或管理投入为前提,反映出一种等价的服务关系。

综上所述,土地税收、地租和地费这三者之间的区别表现为:

(1) 就本质而言,土地税收反映的是一种法律关系,是国家借政权力量,依据立法强制、无偿、固定地取得一部分国民收入。地租是反映土地所有者与使用者之间的租赁关系,是土地所有权在经济上的实现。地费是对行政服务的一种补偿,是政府提供各种服务,包括安全保护的服务、产权保护的服务、社会管理与协调的服务及一切社会公共事业的服务而收取的费用。

(2) 就特点而言,土地税收的征收是由国家以政权身份用法律形式颁布税收制度和法令,纳税人必须依法纳税,是一种法律行为;而地租的产生是由于土地所有权的垄断,不是一种强制行为,所反映的应是一种等价的经济关系;地费则是对于政府行政服务行为的补偿,是以一种自愿,松散的形式出现的,所反映的是一种等价的服务关系。

(3) 从存在的范畴来看,土地税收存在于法律关系之中,来源于土地资产的总价值;地租是一种经济关系的反映,是产权明晰化的结果,来源于土地收益;地费则来自行政服务所带来的直接收益或间接收益。

(4) 从国民收入分配层次开看,土地税收、地费属于国民收入的再分配,而地租属于国民收入的初次分配。

第二节 典型国家和地区土地税收制度

世界各国和地区在税收制度建设中,均十分重视全面发挥土地税的调节作用,很多国家不仅从保障财政收入角度来完善,而且从土地资源配置角度加以改善,即从占有、使用、转

---

① 马克思恩格斯全集(第25卷)[M].北京:人民出版社,2016:698.

移、收益等各个环节来建立和完善土地税收制度,充分发挥土地税对土地资源合理使用、保障国土资源安全的调节作用①。

一、典型国家和地区土地税收概况

各个国家和地区土地税按开征环节的不同可以分为以下三个方面:

1. 土地取得税

土地取得税是对个人或法人在通过购买、接受赠与或继承财产等方式取得土地时所课征的税。按照取得方式的不同,主要分为因接受赠与或继承财产等无偿转移取得土地时的课税和因购买、交换等有偿转移取得土地时的课税。因无偿转移取得土地时的课税的主要税种是遗产税、继承税和赠与税。目前世界上大多数国家和地区都设立这三个税种,并进行征收。例如,美国同时征收遗产税和赠与税,日本既征收继承税又征收赠与税。也有一些国家和地区只设立其中的一个税种,例如,新加坡和中国香港特别行政区只设立遗产税,马来西亚、伊朗等国只征收继承税,秘鲁只征收赠与税,等等。各国对因有偿转移取得土地时的课税税种设置主要包括登记许可税、不动产取得税和印花税。登记许可税是在土地发生权益变更进行所有权登记时,政府向登记人收取的税,如德国、意大利、荷兰等国都设有登记许可税;不动产税是政府在个人或法人原始取得或继承取得不动产时对其征收的税,如韩国的不动产购置税和日本的不动产取得税等;有些国家和地区对土地等不动产在产权发生转移变动时,就当事人双方订立的契约对不动产取得人征收印花税,如中国。

2. 土地保有税

土地保有税是在土地保有环节对个人或法人所拥有的土地资源课征的税。目前大多数国家和地区对土地保有税的设置方式主要有两种:①单独设置土地保有税;②将土地保有税合并在其他财产税中征收。一般单独设置土地保有税的国家大都是土地资源丰富的国家,如巴西、印度和新西兰等。在不单独征收土地保有税的国家中,合并征收的税种主要有财产税、不动产税、房地产税、财产净值税等。财产税是把不动产税包含于财产税中,对纳税人某一时点的所有财产课征,代表国家如美国;不动产税是对土地或房屋所有或占有者征收的税,如加拿大的不动产税税基包括两个部分,一部分是土地,另一部分是建筑物和其他不动产;房地产税是土地税和房屋税的总称,有些国家将土地和房屋合并在房地产税中征收,如巴西的城市房地产税;财产净值税是对纳税人所拥有的全部财产总额扣除债务后的余额所课征的税,如印度等国将土地合并在财产净值税中征收。此外,还有一些国家的土地保有税由其他税种组成,如日本的土地保有税是由地价税、固定资产税、城市规划税和特别土地保有税组成的。

3. 土地转让税

土地转让税是在土地所有权或使用权转让时一次性课征的税,但具体的课征方法各国差异很大。例如,日本、美国、法国、英国等是对土地有偿转让时的收益课征;德国则是对投

---

① 曲福田,诸培新.土地经济学(第4版)[M].北京:中国农业出版社,2018:276.

机性土地交易课征,对非投机性土地交易原则上不课征;为有效地防止土地投机,日本、法国、韩国等对短期的土地转让还实行重税或追加特别税。目前,多数国家和地区将土地转让产生的收益以及定期增值的收入归并到一般财产收益中,统一以所得税的形式课税,如美国、英国等将土地转让收入并入个人或法人的综合收入,征收个人所得税和法人税。部分国家和地区单独征收土地增值税,如我国的土地增值税和韩国的土地超额增值税等。土地增值税是对土地所有者的土地增值额课征的税。土地增值可分为土地有偿转让增值和土地定期增值两种。土地有偿转让增值是指土地买卖或交易时的价格超过其原来入账时价格的增值部分;土地定期增值是指土地所有者所拥有的土地因地价上涨而形成的增值部分。

二、美国土地税收制度

美国是一个以所得税为主体的复税制国家。从税权划分上看,美国实行联邦、州和地方三级政府各有侧重,税种、税权彼此独立的课税制度。其中,联邦政府以所得税为主,州和地方政府以销售税和财产税为主。

1. 美国主要的土地税种

(1) 所得税性质的土地税——地租税和土地改良物租金税。所得税性质的土地税包括对这类土地、土地改良物租金收入的课税。这类土地税并非美国的独立土地税种,因为土地或土地改良物租金仅仅是所得税的计税基础的一个组成部分。由于美国的三级政府均课征所得税,所以,租金型土地税不仅是美国的国税收入,也是州和地方税收收入的组成部分。

(2) 财产税性质的土地税——房地产价值税。财产税是美国州及州以下地方政府的主要财源。从历史上看,美国早期的财产税主要以土地和牲畜为课税对象。后来曾试行对财产总额课征单一比例税,其中包含对土地、房屋等不动产的课税,20世纪以后美国财产税则逐渐过渡为以房地产为主要课税对象的税。税率和课税办法由各地方政府自行决定,课税收入也全部归属相应的地方政府。

(3) 财产税性质的土地税——遗产税和赠与税。美国税制中,遗产税和赠与税是与财产税并列的税种。联邦政府和州政府均开征遗产税和赠与税,前者实行总遗产税制,后者实行分遗产税制。在遗产税和赠与税中,土地、房屋类的不动产是其中的一项重要课税客体。

2. 美国土地税收制度的特点

美国的土地税是典型的地方税种,主要土地税种的课税权、税收立法权以及课税收入均归地方政府,重点课税对象是城市房屋和土地,是地方财政收入的主要来源[①]。在土地税收制度结构中,财产税性质的土地税,包括土地价值税、土地改良物价值税以及房地产价值税,属于主体税种;而所得税性质的土地税是非独立的次要税种。美国政府课征土地税的主要目的在于为地方公共服务筹措资金、调整收入分配,而土地税收的资源配置目的处于相对次要的地位。

---

① 阮家福.中外土地税收制度比较与借鉴[J].宏观经济研究,2009(9):75—79.

三、法国土地税收制度

法国的税制是世界上最复杂的税制之一,无论是企业还是个人都要上缴大量的所得税并且负担社会摊派。法国的土地税收制度始于法国大革命初期,土地税收制度设立后,又设立了建筑物税和住宅税,后来这两种税被取消。在此期间,全国捐税又增加了市镇税及省税。1949年法国颁布法律,规定土地税是一种地方税种,其后法国政府对税收制度做了调整,重新明确三类房地产税,即"未建成区的地产税""建成区土地税"和"住宅税",从而构成了较为系统的土地税收制度。按照法国的法律规定,"未建成区土地税"的纳税人是空地的所有者,计税依据为土地的出租价值,其税金减免部分是20%;"建成区土地税"的纳税人是建筑物(包括住宅和其他建筑物)的业主,计税依据是建筑物的出租价值,其税金减免部分是50%;"住宅税"的纳税人为住宅的居住者,没有减免部分。

法国的法律规定,地方政府不能改变由中央政府确定的税基,土地税收的评估是基于地租价值建立的,定时地通过应用系数来调整土地税的评价标准,一般以一年为调整期。中央政府颁布税收法案,对房地产征税进行统一管理,地方官员协助对房地产征税。

法国的不动产课税是实现土地政策的一个重要环节,目的是防止土地投机、防止地价上涨、扩大土地供应、促进住宅建设。法国的不动产税制,由以下4类税构成完整的体系:①不动产保有方面的税,包括建筑不动产税和非建筑不动产税两种;②不动产交易方面的税,包括附加价值税和登录税两种;③不动产收益方面的税,包括非营业用不动产增值税和营业用不动产转让增益税,分别对不动产交易业者和建设利得课税;④地方基础设施税。法国的土地税收制度具有多税制的特点,以不动产的占有、出售、改变用途等为根据设置多种捐税和各种附加税。

(1) 土地增值税。法国的相关税收条例规定:不动产的增值所得,应归入纳税人的其他收入之内,一并征收所得税。并规定2年以内转卖的财产,只扣除购买费用;2年以上转卖的财产,还应扣除相当于通货膨胀的金额,并每年另扣除5%的建筑物占有费和33%的土地占有费。

(2) 土地年度税。土地年度税是根据不动产的价值,每年对不动产的所有者或使用者课征的税。由于土地年度税是以不动产的价值为征税根据,因而对不动产征税基数的估定就具有决定的意义。为了保证征税基数估定工作的有效开展,法国地方政府设立了"市镇直接税委员会",其成员由地方议员及房地产业主的代表组成。

(3) 不动产出售税。不动产出售税从由国家负责转移到由省一级地方政府负责课征,收入归国家和地方共享。

(4) 基础设施税。基础设施税是为了在不动产周围修建必要的公共设施而征收的税,在发放建筑许可证时征收。税法规定,拥有1万名居民以上的社区,从法律上来说有权征收当地基础设施税,当地政府可以制定征税周期为3年,地区政府根据中央政府限定价值的1%—5%制定税率。此外,法国还设立了地方设施税,适用于不需要大规模特殊整治的新建筑工程,税额根据建筑面积和税率表确定,以包干方式计算。

四、中国台湾地区土地税收制度

中国台湾地区实行的是复合型土地税收制度,其税种包括地价税、房屋税、土地增值税、遗产税及赠与税、印花税、契税、田赋等。此外,还包括依附于地价税、具有惩罚性质的空地税和荒地税[①]。按照土地取得、保有、流转三个环节以及土地税收和房屋税收两个方面来划分,台湾地区土地税收体系如图18-1所示。

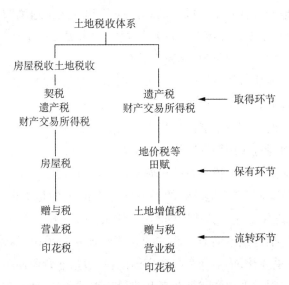

图 18-1 中国台湾地区土地税收体系

1. 中国台湾地区主要的土地税种

(1) 地价税。地价税是台湾地区土地税中的基本税种,是对应课征田赋者以外的并已规定地价的土地课征的税收。地价税是针对土地价值课征的税项,根据台湾地区的土地相关规定,"人民依法取得之土地所有权,应受法律之保障与限制。私有土地应照价纳税,政府并得照价收买"。因为台湾地区的土地是私有财产,受当局保护。所以地价税实际上是土地所有者因享受当局对其进行财产保护所做的补偿。地价税是专门针对已规定地价的土地征收,而把土地改良物分开另行课税。该税的主要特点是:对应课征田赋者外的已规定地价的土地(即不包括农业用地)征税,其完税价格原则上是土地所有人自行申报的地价,但仍以当局规定的地价为准。其税率分为六级超倍累进税率和比例税率两种,其中比例税率主要根据不同情况分为0.2%、0.6%、1%等。

(2) 土地增值税。土地增值税是对土地持有人所持有的土地增值部分所征收的一种税。根据台湾地区的土地相关规定:土地价值非因施以劳力资本而增加者,应由台湾当局征收土地增值税,归人民共享。地价税是照价征税,土地增值税则是涨价归公。土地增值税税率分为优惠税率与超额累进税率两种。超额累进税率分为40%、50%、60%三级。

---

① 黄茂荣.台湾地区不动产税制之建构及不动产市场之宏观调控[J].现代法治研究,2018(2):19—37.

(3) 空地税与荒地税。空地是针对都市土地而言,荒地是针对农村土地而言,空地税和荒地税隶属于地价税。根据台湾土地相关规定,凡编为建筑用地,未依法使用者,为空地。土地建筑改良物价值不及所占地基申报地价百分之十者,视为空地。凡编为农业或其他直接生产用地,未依法使用者,为荒地,因农业生产必要而休闲的土地,不在其限。根据台湾地区的土地相关规定,私有空地,经限期强制使用,而逾期未使用者,应于依法使用前加征空地税,不得少于应缴地价税之三倍,亦不得超过应缴地价税的十倍。

此外,台湾地区从财产税的角度,设立了遗产税,并把因土地的无偿转移应征收的税,视同财产转移,并入遗产税、赠与税等税种征收。

2. 中国台湾地区土地税收制度的特点

(1) 房地分开,体系完整。就不动产而言,房屋与土地不可截然分开,台湾地区的土地税收制度将土地税收与土地改良物税收分开,认为土地为天然所赐,非人力所创,只是由于土地私有,致使土地利益为私人占有,而土地改良物是人类后天创造的财富,两者性质不同,故分别课以不同税种。对土地课以重税,以将这部分利益收归公有;对土地改良物课以轻税,以鼓励人们开发利用土地。

(2) 以规定地价为中心。台湾地区创立了一套公告地价与公告土地现值制度作为课税标准,从而使计税依据客观化、标准化,简化了征税手续。

(3) 以地价税为中心,形成一套相对科学规范的土地税系。在税率上,土地税的税率明显高于房屋税的税率。土地税在房地产税收中占的比重约为75%,是房屋税、契税收入的四倍左右。台湾地区的房、地分设税种,一方面对土地私有者课以重税,以达到地利共享的目的;另一方面,避免了重复征税。

五、中国香港特别行政区土地税收制度

香港特别行政区实行的是土地国有制度,其土地税主要有物业税、差饷、遗产税和印花税4种,另外还要征收政府地租[①]。

1. 物业税

物业税,又称财产税(property tax),是指对于香港全境内出租土地、房屋及建筑物的业主开征的税种,该税种在香港财政收入所占的比例不大,一般不超过政府财政收入的0.5%。税率每一纳税年度调整一次,在实际征税时,税基是物业租金的净值,即在年度租金中扣除差饷和占租金20%的修理、保险、地租等费用后的余额。物业税一般由业主支付,若土地和楼宇由同一业主所有,土地和楼宇合并征税;若土地和楼宇属于不同的业主,则须分别征税。如果建筑物属于企业,或企业有来自不动产的收入,则不征收物业税而征收企业所得税。需要强调的是,香港物业税是针对出租居住类不动产的收入课征的税项,税基为实际租金收入,对业主自住的物业、业主授予亲属使用而不收租金的物业以及空置的物业不予征税。

---

① 张念. 城镇化背景下资源节约型土地税收制度研究[D].北京:中国地质大学(北京),2019.

2. 物业差饷

物业差饷是指向土地及楼宇等不动产的拥有者或使用人征收的财产税。按照港府相关条例规定,除某些享受差饷豁免的地区和物业之外,在香港所有的物业均须按规定缴纳差饷,其缴纳的多少应依据物业的应课差饷租值并乘以某一个固定征收百分率来核算。所谓的应课差饷租值,是指截至某一指定估价依据日期时,课税物业的市场估计租金。

3. 遗产税

遗产税是指对死者的遗产征税,纳税人通常是遗产的合法继承人。遗产税计税基础是死者在香港遗留下的财产总值,包括死者在香港拥有的一切物品的价值(主要是指土地、楼宇、金钱、股票、权利、专利、商誉、契约权利和索偿权利等)、死者联名拥有财产中的权益和死者死亡前3年内赠与的财产价值。遗产税实行全额累进税率,征税级距、适用税率根据通货膨胀税收政策等因素调整。

4. 印花税

印花税是指对房地产交易征收的行为税。凡与房地产转让、租约和股票转让相关的文件,均缴纳定额或从价印花税。印花税的纳税人通常是文件的签署人。未缴纳印花税的文件不具有法律效力。根据香港地区的相关法律法规,香港有4项开征印花税项目,包括在香港的不动产售卖转易契、住宅物业买卖合约、不动产租约及香港证券转让书。对不动产售卖转易契及住宅物业买卖合约按转让额从价计征,转让额按市场价值评估,税率为0.25%—3.75%,若买卖合约已缴纳印花税,则其后的转易契只交100元的印花税。不动产租约的印花税按租约期限决定,租期不超过一年的,印花税为租金总额的0.25%;租期超过1年不满3年的,印花税为平均年租的0.5%;租期超过3年的,印花税为平均年租金的1%;若租约包含一次性付款金额,则另加收此金额的3.75%。

第三节 中国土地税收制度及其改革

一、中国现代土地税收制度

目前,我国直接将房产和地产作为征税对象的主要税种,包括土地增值税、城镇土地使用税、耕地占用税、房产税、契税、印花税、城市维护建设税等七种。此外,增值税、企业所得税、个人所得税与土地税收相关。2006年之前征收的农业税、农业特产税、牧业税,2012年之前的固定资产投资方向调节税,2017年之前的营业税等也与土地税收相关。以下按所得税类、财产税类、行为税类、流转税类这4个税类分别加以介绍。

1. 所得税类

(1) 农业税。农业税是国家向一切从事农林牧渔生产并取得收入的单位和个人征收的一种税。从本质上讲,农业税是一种收益税,同真正意义上的土地税有本质的区别。但是,农业(种植业)的主要生产资源是土地,而且国家也没有另外对农业土地征收赋税,因此,农业用地土地税,往往用农业税来说明和体现。

中国的农业税制是在中华人民共和国成立前由各革命根据地开创的。农业合作化之后,于1958年公布了《中华人民共和国农业税条例》,从而在全国建立了统一的农业税制度。根据农业税条例的相关规定,农业税的计税依据是常年产量,即用规定的税率乘以常年产量计算出应纳农业税。

2005年12月24日,第十届全国人大常委会第十九次会议审议通过《关于废止农业税条例的决定草案》,自2006年1月1日起施行。自此,在我国历史上最终取消了土地(农业)税。

(2)农业特产税。1983年11月,国务院发布《关于对农林特产收入征收农业税的若干规定》,将农林特产收入从农业收入中分离出来,另行征收农业特产税。征税范围包括烟叶、林木产品、水产品、园艺产品、牲畜产品、食用菌、贵重食品等;税率分6个档次,最低为8%,最高为25%。此税已经于2006年取消,但仍然保留着烟叶税。

(3)牧业税。在过去,国家是授权开征牧业税的省区根据《农业税条例》和民族区域自治法的精神以及国家有关方针政策自行制定牧业税征收办法。征税范围包括骆驼、马、驴、骡、牛、羊等。但2006年《农业税条例》废止,牧业税也随之取消。

(4)企业所得税中的土地税。这是企业所得税的组成部分。其课税对象为纳税人每一纳税年度内房地产租金所得和转让房地产所得,减去"准予扣除项目"的金额便为应纳税所得额。"准予扣除项目"包括成本、税金(含消费税、营业税、城市维护建设积税、资源税、土地增值税等)损失等。企业所得税实行33%的比例税率,对于年应纳税额较低的企业有所优惠。

(5)个人所得税中的土地税。这是个人所得税的组成部分。其课税对象为纳税人每一纳税年度内房地产租金所得和转让房地产所得。房地产租赁中的应纳税所得额,为每次取得的收入(以一个月为一次)扣除规定费用后的余额;房地产转让中的应纳税所得额,为转让财产收入额扣除财产原值和合理费用(出卖房地产过程中按规定支付的相关费用)后的余额。对于个人所得税实行20%的比例税率。

2. 财产税类

(1)城镇土地使用税。1988年9月27日,国务院发布了《中华人民共和国城镇土地使用税暂行条例》,规定从1988年11月1日起施行。该条例先后于2006年12月31日、2011年1月8日和2013年12月7日进行了三次修订。城镇土地使用税的开征,有利于促进合理、节约使用土地,有利于调节土地级差收益,促进企业公平竞争,有利于理顺国家与土地使用者之间的分配关系,并且为建立地方税体系,实行以分税制为基础的财政体制创造了条件。

根据《城镇土地使用税暂行条例》的规定,凡在城市、县城、建制镇、工矿区范围内的土地,不论是属于国家所有的,还是属于集体所有的,都是土地使用税的征税对象。纳税人是实际使用土地的单位和个人。其计税依据是纳税人实际占有的土地面积,它是由省、自治区、直辖市人民政府确定的单位组织测定的土地面积。

城镇土地使用税采用分类定级的幅度定额税率,或称为分等级幅度税额。具体来说,按城市大小分为四个档次,按照现行标准,每平方米的年幅度税额分别为:大城市 1.5—30 元;中等城市 1.2—24 元;小城市 0.9—18 元;县城、建制镇、工矿区 0.6—12 元。

省、自治区、直辖市人民政府,在上述税额幅度内,根据市政建设状况、经济繁华程度等条件,确定所辖地区的适用税额幅度。市、县人民政府根据实际情况,将本地区土地划分为若干等级,在省、自治区、直辖市人民政府确定的税额幅度内,制定相应的适用税额标准,报省级人民政府批准执行。采用幅度税额并分等级的做法,主要是为了调节不同地区、不同地段之间的级差收益,尽可能地平衡税负。国家把同类地区幅度税额的差距规定为 20 倍,这样选择余地较大,便于地方根据本地区情况确定适当的税额标准。此外,考虑到一些地区经济落后,需要适当降低税额,以及一些经济发达地区需要适当提高税额,《中华人民共和国城镇土地使用税暂行条例》规定,经省、自治区、直辖市人民政府批准,可以适当降低税额,但降低额不得超过最低税额的 30%。经济发达地区适用税额标准可以适当提高,但须报财政部批准。

土地使用税中有政策性免税、地方确定的免税和困难性及临时性减免税的若干规定。

土地使用税由土地所在地的税务机关征收。纳税按年计算、分期缴纳。具体期限由省、自治区、直辖市人民政府确定。

(2) 土地增值税。1993 年 12 月 13 日,国务院颁布了《中华人民共和国土地增值税暂行条例》,从 1994 年 1 月 1 日起施行。2011 年 1 月 8 日,《中华人民共和国土地增值税暂行条例》根据《国务院关于废止和修改部分行政法规的决定》进行了修订。

开征土地增值税的目的在于规范土地、房地产市场交易秩序,合理调节土地增值收益,维护国家权益。土地增值税的开征有利于抑制房地产投机,加强政府对土地市场的宏观调控,防止国有土地收益流失;有利于增加财政收入;有利于完善税制。

土地增值税的纳税人是有偿转让我国境内国有土地使用权、地上建筑物及其他附着物产权并取得收益的单位和个人。

土地增值税的征税范围包括有偿转让国有土地使用权、地上建筑物和其他附着物产权的行为,不包括继承、赠与等没有取得收入的房地产转让行为。

土地增值税的计税依据是转让国有土地使用权、地上建筑物及其他附着物产权所取得的增值额,即转让房地产所取得的增值额。由于我国房地产市场尚不健全,增值额的计算只能采用简便易行的扣除法或余额法,即增值额为转让房地产收入减去取得土地使用权时所支付的金额、土地开发成本、地上建筑物成本及有关费用、与转让房地产有关的税金以及财政部规定的其他扣除项目后的余额。为了合理计算增值额,存量房地产的成本按房屋及建筑物的评估价格(即重置成本价乘以成新折旧率后的价格)计算。

纳税人的收入包括转让房地产的全部价款及相关的经济收益,具体包括货币收入、实物收入和其他收入等。

计算增值额的扣除项目包括:①取得土地使用权时所支付的金额。②开发土地的成本、费用。③新建房及配套设施的成本、费用,或者旧房及建筑物的评估价格。④与转让房地产有关的税金。⑤财政部规定的其他扣除项目。

土地增值税的税率实行四级超额累进税率：①增值额未超过扣除项目金额50%的部分，税率为30%。②增值额超过扣除项目金额50%，未超过100%的部分，税率为40%。③增值额超过扣除项目金额100%，未超过200%的部分，税率为50%。④增值额超过扣除项目金额200%以上的部分，税率为60%。

计算土地增值税的公式为：应纳土地增值税＝增值额×税率。公式中的"增值额"为纳税人转让房地产所取得的收入减除扣除项目金额后的余额。

税法规定，符合下列情况之一的免征土地增值税：①纳税人建造普通标准住宅出售，其增值额未超过扣除项目金额20%的。②因国家建设需要依法征用、收回的房地产。

(3) 房产税。房产税属于财产税，是以城市、县城、建制镇和工矿区房产为课税对象，按照房屋计税价值或出租房屋的租金收入，向产权所有人征收的一种税。征收房产税的主要作用是筹集财政收入，并均衡社会财富。国务院于1986年9月15日颁布，并于2011年1月8日修订的《中华人民共和国房产税暂行条例》规定：拥有房屋产权的单位和个人，都是房产税的纳税人；房屋产权属于国家所有的，则其经营管理的单位和个人为纳税人。房产税采用比例税率：一是按房产原值一次减除10%—30%后的余额计征，税率为1.2%；二是按房产租金收入计征，税率为12%。由于房产的计税余值大体上相当于标准房租的10倍，因此，两种计税方法的税负基本持平。值得注意的是房产税的免税规定：国家机关、人民团体、军队等自用的房屋，由国家财政部门拨付事业经费的单位的自用房屋，宗教寺庙、公园、名胜古迹的自用房屋，个人所有的非营业性房产，经财政部批准免税的其他房产等，均可免税。

此外，纳税人确有困难的，可由省、自治区、直辖市人民政府确定，定期减征或者免征房产税。

房产税按年征收、分期缴纳。纳税期限由省、自治区、直辖市人民政府规定。房产税由房产所在地的税务机关征收。

(4) 契税。契税是以所有权发生转移、变动的不动产为征税对象，向产权承受人征收的一种财产税。

中华人民共和国成立后，政务院于1950年颁布《契税暂行条例》。《契税暂行条例》实施40多年后，国务院根据新的形势进行了修订，于1997年7月7日重新颁布了《中华人民共和国契税暂行条例》，并于1997年10月1日起施行。2020年8月11日，第十三届全国人大常委会第二十一次会议通过了《中华人民共和国契税法》，该法自2021年9月1日起施行。

契税的征税对象是发生土地使用权和房屋所有权权属转移的土地和房屋。具体征税范围包括：①土地使用权出让；②土地使用权转让，包括出售、赠与和互换；③房屋买卖、赠与和互换。

契税的税率实行幅度比例税率，2021年9月1日起开始施行的契税法规定税率幅度为3%—5%。具体执行税率由省、自治区、直辖市人民政府在规定的税率幅度内，根据本地区的实际情况确定，报同级人民代表大会常务委员会决定，并报全国人民代表大会常务委员会和国务院备案。同时,省、自治区、直辖市人民政府可以依照同样的程序对不同主体、不同地区、不同类型的住房的权属转移确定差别税率。

契税的计税依据按照土地、房屋交易的不同情况确定:①土地使用权出让、出售,房屋买卖,计税依据为土地、房屋权属转移合同确定的成交价格,包括应交付的货币以及实物、其他经济利益对应的价款;②土地使用权互换、房屋互换,计税依据为所互换的土地使用权、房屋价格的差额;③土地使用权赠与、房屋赠与以及其他没有价格的转移土地、房屋权属行为,计税依据为税务机关参照土地使用权出售、房屋买卖的市场价格依法核定的价格。

契税可以依法适当减征或免征:①国家机关、事业单位、社会团体、军事单位承受土地、房屋权属用于办公、教学、医疗、科研和军事设施的,免征契税;②非营利性的学校、医疗机构、社会福利机构承受土地、房屋权属用于办公、教学、医疗、科研、养老、救助;③承受荒山、荒地、荒滩土地使用权用于农、林、牧、渔业生产;④婚姻关系存续期间夫妻之间变更土地、房屋权属;⑤法定继承人通过继承承受土地、房屋权属;⑥依照法律规定应当予以免税的外国驻华使馆、领事馆和国际组织驻华代表机构承受土地、房屋权属。

3. 行为税类

(1) 耕地占用税。耕地占用税是国家对占用耕地建房或者从事其他非农业建设的单位和个人征收的一种税。为了合理利用土地资源,加强土地管理,保护耕地,1987年4月1日,国务院发布了《中华人民共和国耕地占用税暂行条例》,2007年12月1日,国务院对该暂行条例进行了修订。2018年12月29日,第十三届全国人大常委会第七次会议通过了《中华人民共和国耕地占用税法》,该法自2019年9月1日起施行,2007年12月1日国务院公布的《中华人民共和国耕地占用税暂行条例》同时废止。这意味着耕地占用税的征收摆脱了"暂行条例"帽子。

《耕地占用税法》规定:耕地占用税的纳税人是占用耕地建设建筑物、构筑物或者从事非农业建设的单位或者个人;耕地占用税以纳税人实际占用的耕地面积为计税依据,按照规定的适用税额一次性征收,应纳税额为纳税人实际占用的耕地面积(平方米)乘以适用税额。

耕地占用税的税额规定如下:人均耕地不超过一亩的地区(以县级行政区域为单位,下同),每平方米为10—50元;人均耕地超过1亩但不超过2亩的地区,每平方米为8—40元;人均耕地超过2亩但不超过3亩的地区,每平方米为6—30元;人均耕地超过3亩的地区,每平方米为5—25元。在人均耕地低于0.5亩的地区,省、自治区、直辖市可以根据当地经济发展情况,适当提高耕地占用税的适用税额,但提高的部分不得超过8—40元这一档适用税额的50%。对于占用基本农田的,则依据8—40元适用税额或在当地税额的基础上,按150%征收。同时规定了耕地占用税的减征、免征条款。

(2) 城市维护建设税。2020年8月11日,全国人大常委会第二十一次会议通过的《中华人民共和国城市维护建设税法》规定:在中华人民共和国境内缴纳增值税、消费税的单位和个人,为城市维护建设税的纳税人,应当依照本法规定缴纳城市维护建设税。纳税人所在地为市区的,税率为7%;纳税人所在地为县城、镇的,税率为5%;纳税人所在地不在城市市区、县城或者镇的,税率为1%。

(3) 固定资产投资方向调节税。固定资产投资方向调节税是向固定资产投资的单位和个人征收的一种行为税,其目的在于控制固定资产投资规模,引导和改善投资结构,规范投资主体行为并提高投资效益。国务院于 1991 年 4 月 16 日颁布,并于 2011 年 1 月 8 日修订的《中华人民共和国固定资产投资方向调节税暂行条例》规定:凡是在中华人民共和国境内从事固定资产投资的单位和个人,为固定资产投资方向调节税的纳税义务人。它的征税对象是以各种资金进行的固定资产投资,以固定资产投资项目实际完成的投资额作为计税依据。依据国家产业政策发展序列和项目经济规模要求,本着长线产品与短线产品有别、基本建设和更新改造有别等原则,共设置四档差别税率:5%、10%、15%、30%。

2012 年 11 月 9 日,国务院令第 628 号公布《国务院关于修改和废止部分行政法规的决定》,废止了该条例。

(4) 印花税。印花税也属于行为税,是对经济活动、经济交往中书立、领受凭证的行为而征税,具体包括书立和领受房屋产权证、土地使用证、房地产租赁合同等行为。国务院于 1988 年 8 月 6 日颁布,并于 2011 年 1 月 8 日修订的《中华人民共和国印花税暂行条例》规定:印花税实行比例税率或定额税率,比例税率分为五个档次:千分之一、万分之五、万分之三、万分之零点五、万分之零点三。定额税率适用于无法计算金额的凭证。

4. 流转税类

营业税属于流转税,转让土地使用权和销售不动产所应缴纳的营业税是其组成部分。征收营业税的目的在于筹集财政资金,通过确定征免界限、差别税率等促进各产业协调发展,并通过同一大类行业采用相同的比例税率而鼓励平等竞争。我国 1993 年颁布的《中华人民共和国营业税暂行条例》规定在我国境内有偿销售不动产,必须缴纳营业税。纳税人是销售不动产的单位和个人,税率为 5%。纳税人转让土地使用权或者销售不动产,采用预收款项的方式,纳税人转让土地使用权,应当向土地所在地主管税务机关申报纳税;纳税人销售不动产,应当向不动产所在地主管税务机关申报纳税。1994 年税制改革,全面改革货物和劳务税制,实行了以比较规范的增值税为主体,消费税、营业税并行。2011 年 11 月 16 日,财政部和国家税务总局发布经国务院同意的《财政部、国家税务总局关于印发〈营业税改征增值税试点方案〉的通知》,同时印发了《交通运输业和部分现代服务业营业税改征增值税试点实施办法》《交通运输业和部分现代服务业营业税改征增值税试点有关事项的规定》和《交通运输业和部分现代服务业营业税改征增值税试点过渡政策的规定》,明确从 2012 年 1 月 1 日起,在上海市交通运输业和部分现代服务业开展营业税改征增值税试点。为加快财税体制改革、促进产业和消费升级、深化供给侧结构性改革,财政部、国家税务总局于 2016 年 3 月 24 日发布《营业税改征增值税试点实施办法》,缴纳营业税的应税项目改成缴纳增值税,营业税已由增值税所取代。

二、中国土地税收制度的改革与完善

(一) 土地税收制度的不足之处

我国土地税收制度从无到有,从单一到比较健全,初步建立了覆盖各环节、调节全过程的土地税收调控体系。对筹集地方政府收入、节约集约土地利用资源、提高土地利用效率等发挥了一定的积极作用。但是,随着社会主义市场经济体制的不断完善,我国的土地税收制度仍然存在很多不足之处。

1. 税、租、费概念与功能难以厘清

对土地税、租、费概念的模糊,是造成土地税收制度存在问题的主要原因。主要表现在以下几个方面:①重复征收、一项多名。在土地租费中,土地出让金、土地使用费、土地使用金等究其本质均是地租,却名称各异,重复征收;②"费挤税"现象严重,收费项目侵蚀税基,弱化了税收的地位和作用。与其他国家相比,我国与土地开发相关的税收负担并不重,属于中等税负国家,可是我国有关土地开发的各种收费却大大超过了税收负担。

2. 重交易流转,轻开发使用与保有

在我国与土地相关的税收中,在不动产的流转环节,相关税种多、征收范围较宽;而在不动产的保有环节,相关税种少,税率低,减免范围过大。在不动产的流转环节,以征收契税、城市维护建设税、印花税、土地增值税等为主,据统计,不动产交易环节总体税负水平相当于销售收入或经营收入的23%左右,名义税负水平明显偏重。而在保有环节征收的税种仅有城镇土地使用税和房产税。并且在征税过程中,除了对一部分企事业单位征税外,私人拥有的住宅只需缴纳少许城镇土地使用税,且名义税率与发达国家相比,我国不动产市场保有环节税负明显偏低。

综上所述,现行税制在不动产流转环节税种较多,税负过重,导致不动产开发税收负担占总开发成本的比率过高,远远高于国内其他行业和国外同行业;而在不动产保有环节税种较少,税负过轻,这降低了不动产保有者的经济风险,导致了不动产利用的低效率,同时也使得国家无法对不动产转让的溢价部分参与分配,导致税收收入的流失,客观上增加了房地产投机者的收益。

3. 税基较窄,税款流失较普遍

税基较窄,征税范围不够全面,一方面导致国家的税收收入减少,另一方面导致税收的公平原则得不到落实。具体表现在:

(1) 纳税主体范围设置不合理,导致税基设计较窄。现行的土地税收制度征税范围一般只针对生产经营活动中所涉及的土地,许多行政事业单位和个人被排除在征税范围之外。结果,税基较窄、税额标准较低,某些企业或个人利用各种手段逃税,税款流失比较普遍。

(2) 征收对象范围设置不合理,导致税基设计较窄。例如《耕地占用税法》中将耕地界定为用于种植农作物(包括菜地、园地)的土地。这个界定没有将林地、草地、养殖水面等其他农业用地包括在内,不仅不利于农业用地的保护,反而容易让一些不守法的土地使用者钻空子。

(3) 征收区域范围设置不合理,导致税基设计较窄。城镇土地使用税的征收范围仅限于城镇和工矿区,而对农村大量的非农建设用地如乡镇企业用地却不予征收。随着经济发展和经济体制改革的深入,城乡界限变得模糊,农村中农业用地转向非农业用地的情况也会越来越多,税基狭窄导致的弊端也将日益凸显。

4. 课税标准设计不当

从量计税和从价计税是目前通用的两种基本的计税方法。在现有的税种中,除城镇土地使用税和耕地占用税以外,其余税种均采用从价计征。城镇土地使用税从量计征很难起到保护耕地、促进土地的合理利用的作用。从价计征的房产税征收标准是按照房产原值一次性减除10%—30%后的余值以1.2%的税率计征,这个房产税的估价标准和税率确定的年代是20世纪80年代中期。改革开放以来,我国的国民经济一直处于飞速发展之中,房地产的增值巨大,但是房产税仍按30多年前的估价标准收税,显然不合理。

5. 土地税收相关配套措施欠缺

土地税收制度是国家经济制度的一种,其功能的正常发挥还需要与其他各项经济制度配套。目前中国的个人财产登记管理制度、不动产评估制度、个人财产及收入申报制度等都还处于摸索建立阶段,难以起到应有的支撑税收制度的作用。由于房、地转让手续的主管单位分散,个别地方的房产管理、国土资源、户籍管理等部门与税务机关的协作配合不够,致使税收流失,国家利益受损。房产管理、国土资源、财政、税收征管部门之间的配合有待加强。

(二)土地税收制度的改革方向

1. 以"明租、减税、降费"为土地税收制度改革的基本内核

"十分珍惜,合理利用土地和切实保护耕地"是我国的基本国策,围绕这一根本目标,土地税收制度改革应以"明租、减税、降费"为基本方向:与土地出让金收取方式的改革同步进行,从一次性收取逐步改为分年收取,使其作为地租的性质更加明确,此为"明租";在充分借鉴国际经验和考虑国情基础上合理设计新税制,避免重复征税,改变流转环节税收过重、保有环节税收过轻的现状,并尽量向宽税基、少税种、低税率的国际通行方向靠拢,此为"减税";对行政收费项目进行严格清理,除少数有必要的服务性行政收费项目以外,其他收费项目或者取消,或者合并为某一个固定的税种,此为"降费"。

2. 普遍征收房地产税,平衡流转环节和保有环节的土地税收

房地产税,又称财产税或物业税,主要是针对土地、房屋等不动产,要求其所有者或承租人对其所有或使用的土地、房屋等不动产按期缴付一定税额,其税额额度随房地产价值的变化而变化。开征房地产税对于完善现行土地税收制度和促进房地产业的健康发展具有极大的现实意义:①征收房地产税,会与现行的房产税、土地增值税等税种合并征收,从而改变目前对房地产项目实行的多税种、多环节、重复征税的现状,建立良好的轻交易、重保有的财产税制格局,解决房地产税制混乱的问题;②征收房地产税可以限制房地产投机行为,规范房地产市场,一定程度上抑制"炒房行为";③征收房地产税可以使地方政府获得长期稳定的财政收入来源,从而规范地方政府的土地出让行为;④征收房地产税可以有效地调节贫富差距,优化资源配置;⑤征收房地产税还可以在一定程度上避免重复征税。征收房地产税之后,那些占有大量房地产的所有权人对房产的持有成本增加,将更加理性地看待房地产的持有;同时,更多消费者将转向对经济型住宅的购买,使房地产资源得到合理的利用,资源配置得到了优化[①]。

3. 扩大税基,遏制税款流失现象

在纳税主体方面,将土地用于生产经营活动的行政事业单位和个人也应作为纳税人,从

---

① 刘柏惠,寇恩惠. 房地产税的共识、争论与启示——基于理论和实践的综合分析[J]. 财政研究,2020(3):119—129.

而扩大土地税收征收范围。如在农村宅基地方面,若将宅基地用于生产经营活动,可考虑先征收宅基地有偿使用费,待条件成熟后再设立宅基地使用税,并将相关收入用作集体经济组织的公益金或公积金。在征收对象范围设置方面,应适当扩大征收范围,更好地发挥土地税收对经济活动的调节作用。如在农业用地方面,可考虑将耕地占用税和菜地建设基金等农地相关税费合并,设置农地占用税和荒地税,保证农地的充分、合理利用。在征收区域范围设置而言,部分土地税种的征收范围也可进一步扩大。如可以考虑按照建设城乡统一建设用地市场的思路,设置统一的城乡土地使用税,将现有城镇土地使用税的征收范围扩大至农村非农建设用地。

4. 科学设计课税标准,与社会经济发展变化相适应

为了适应新时代经济管理和社会治理的要求,有必要根据土地税收的行政以及征收原则,科学合理地设计课税标准。对于城镇土地而言,随着经济社会的发展和城市化进程的持续推进,城镇在社会经济生活中愈发重要,城镇地价越来越高,土地增值收益也越来越多。因此,应当逐步、适当地提高城镇土地税负水平,特别是增加房地产保有期间的税负水平,这不仅有助于促进城镇土地资源节约利用,也可在一定程度上抑制城镇住房价格的过快上涨。对于农业用地而言,应利用低税率和免税优惠政策来促进农业生产的发展,积极稳妥地解决"三农"问题。

5. 完善土地税收配套制度

土地税收配套制度主要包括土地税收征管制度和财产制度。加强税收征管的力度:一方面,需要对税收征收程序进行合理优化,提高税收征收效率;另一方面,土地税收征管制度涉及多层次多主体的配合与协调。房产管理、自然资源、财政、税收征管部门之间的有效联系与配合必须以正式制度安排加以强化。没有完善的财产制度做支撑,土地税收制度的总体目标难以实现①。同时,在市场经济不断深化的过程中,对于税收征收中的第三方的培育与扶持也十分重要,因此,税收征管、财政部门必须与房产管理、自然资源管理部门相互协调,更好地做好土地征税价格评估及房地产税收征管工作。

本章小结

土地税收是国家以土地为征税对象,凭借其政治权力,应用法律手段,从土地所有者或土地使用者手中无偿地、强制地、固定地取得部分土地收益的一种税收。主要包括两大类:一类为财产税式的土地税收,另一类为以所得税式的土地税收。

各个国家和地区因具体情况不同,对土地税收的种类、征收方式、征收对象和税率等做出了不同的规定。目前,我国直接将房产和地产作为征税对象的税种,包括土地增值税、城镇土地使用税、房产税、契税等。并且随着近年来人地矛盾的激化和合理分配土地增值收益的强烈诉求,土地税收的改革也被提上了议程。

---

① 张平,侯强,任一麟. 中国房地产税与地方公共财政转型[J]. 公共管理学报,2016(4):1—15.

关键词

土地税收制度　地租地费　财产税　所得税　行为税　流转税

复习思考题

1. 土地税收具有哪些基本特点?
2. 辨析土地税收、地租和地费这三个概念的不同之处。
3. 中国现代土地税收制度中,正在征收的主要税种有哪些?
4. 中国现代土地税收制度的不足之处有哪些?
5. 中国土地税收制度的基本改革方向是什么?

拓展阅读

材料一　房地产税改革

材料二　集体经营性建设用地土地增值收益调节金

(本章编写人员:黄砺)

第十九章 CHAPTER 19

土地金融

◎ 思维导图

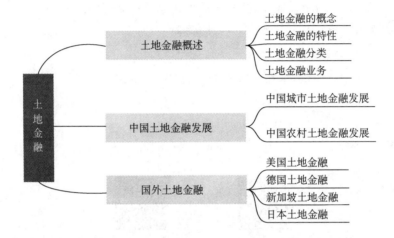

学习目标

1. 掌握土地金融的概念及特性。
2. 了解中国农村和城市土地金融的发展历程。
3. 了解国外土地金融的发展特点。
4. 能独立分析我国农村和城市土地金融市场的现状及存在的问题。

第一节 土地金融概述

一、土地金融的概念

金融是货币资金融通的总称,主要指与货币流通和银行信用相关的各种活动。金融的核心是通过信用形式,对货币资金进行调剂与分配。在现代经济活动中,它是以银行为中心的各种形式的信用活动以及在信用基础上组织起来的货币流通。

根据金融的概念,土地金融即是以土地为媒介而进行的货币与资金的融通活动,通过附着在土地上的各种信用方式组织和调剂货币资金的活动。在现代社会中,土地金融的主要内容包括发生在土地开发、利用、经营过程中的贷款、存款、投资、信托、租赁、抵押、贴现、保险、证券发行与交易,以及土地金融机构所办理的各种中间业务等信用活动。

二、土地金融的特性

(一) 土地金融是有担保的金融

土地金融属于长期信用,因此要以土地进行抵押为融资提供担保。担保包括人的担保(即信誉担保,具法律效力)和物的担保。人的担保,通常是由信誉卓著或资本雄厚的第三人(可以是个人或企业)为债务人的债务清偿提供担保,当债务人不能履行贷款合同时,该第三人具有代为履行偿还贷款的责任;物的担保,就是以特定的财物为借款人债务的履行作担保,当债务不能履行时,债权人有权行使该担保物权,无论债务人是否还负有其他债务或是否将该担保物转让他人,都能从该担保物权的执行中获得债权的优先清偿。其中,人的担保较为方便,物的担保比较安全。两种担保可选择其一,也可同时采用。学者纪伟就提出,要取得融资,"必有为人所信赖的基础,此基础不外人与物,个人生命及工作能力有限,短期尚足为信用基础,若就长期而论,则非土地及其定着物不可",因此,土地金融的债权必须以物,即以土地及其定着物作担保。但通常,出于土地金融的安全性考虑,往往是二者同时采用,如英国的房地产抵押贷款,除考察抵押物的价值外(即物的担保),还非常重视对债务人偿还能力(即人的信用)的考察;而美国大部分的抵押除了要求房地产的担保外,还须有政府担保机构的担保。当人的担保和物的担保同时并存时,原则上应先行使担保物权,因为人的担保属债权范畴,而物的担保属物权范畴。

(二) 土地金融以抵押权为基础

土地金融以土地抵押为前提,以土地抵押权的设立为开始,并以抵押权的注销(债权如期清偿时)或执行(债权不能清偿时)为结束。中国台湾学者黄通强调:"抵押权实为不动产金融之基础。"所谓抵押权,就是抵押权人对抵押财产享有的优先受偿权,即债务人或第三人不转移对其财产的占有,将该财产作为债权的担保,当债务人不能履行债务时,债权人拥有从其抵押财产折价或者以拍卖、变卖该财产的价款中优先受偿的权利。

抵押权具有以下主要特点:①抵押权属于担保物权,其作用仅仅是为了担保债权的清偿,因此抵押权从属于债权而存在,并将随着债权的清偿而消失;②抵押权担保的债权具有优先受偿权。即当同一债务有多项债权时,抵押权所担保的债权必须优先清偿;③用益物权可设立抵押权,抵押标的除了完全物权即所有权外,用益物权如使用权等也可设立抵押权。

在我国,可以抵押的房地产有:①依法获得的出让土地使用权;②依法获得的房屋所有权及其土地使用权;③依法获得的期房所有权;④依法可抵押的其他房地产。以出让土地使用权抵押的,抵押前原有的地上房屋及其他附属物应当同时抵押;以出让土地使用权地上的全部房屋抵押的,该房屋占有范围内的土地使用权也随之抵押;以出让土地使用权地上的部分房屋抵押的,该房屋相应比率的土地使用权随之抵押;期房所有权抵押时,必须符合房屋预售和建筑承包管理的有关规定。

不能抵押的房地产包括:①权属有争议的房地产;②用于教育、医疗、市政等公共福利事业的房地产;③列入文物保护范围的建筑物和有重要纪念意义的其他建筑物;④已依法公告列入拆迁范围的房地产;⑤被依法查封、扣押、监管或者以其他形式限制的房地产;⑥未依法登记领取权属证书的房地产;⑦未经中国注册会计师确认已缴足出资额的外商投资企业的房地产;⑧行政机构所有的房地产,政府所有、代管的房地产;⑨耕地、宅基地、自留地、自留山等集体所有的土地使用权,但法律允许抵押的除外。

(三) 土地金融一般要实行证券化

一般来说,土地金融和其他金融一样,其负债大多为期限较短、流动性较强的短期负债,但其资产则具有期限较长、额度较大的特点,当该项信贷资产规模占银行信贷资产总量的比重达到一定比例,通常为25%—30%时,银行便可能面临资金的流动性风险。为了使这部分长期资产短期化,即使资产具有流动性,有必要对房地产抵押贷款进行证券化。

房地产的证券化包括:①房地产本身或所有权(在我国为土地使用权和房屋所有权)的证券化,就是将房地产本身的价值或产权进行小额分割,并以证券的形式表示,使大额的不易流动的土地和房屋价值具有了较好的流动性;②房地产抵押债权证券化,是将长期大额的抵押债权进行小额分割,以有价证券的形式,通过资本市场进行融资,使得长期的抵押贷款资产具有了很好的流动性。

(四) 土地金融具有较强的政策性

土地金融是受政府政策干预较强、获得政府补贴较多的金融部门。一方面,农业土地利用、城市规划、都市发展计划、产业政策等对土地金融有诸多限制;另一方面,城市居民住房问题的解决,关系到社会的安定团结和政局的稳定,因此政府通常要透过房地产金融部门,通过各种奖励、补贴或税收优惠等手段,来支持购房贷款的发展,从而实现居民的安居乐业。

(五) 土地金融业务成本较高,但收益较好

一般来说,一宗房地产抵押贷款一般需要经历:借款人资信调查、房地产抵押物估价、抵押物保险、抵押权的设立到注销,有时还需执行抵押权(当债务不能履行时);在这一过程中,需要和土地管理部门、产权登记机关、保险机构、评估机构等部门进行联系;需要有相关知识的专业人员协作,如土地估价师、资信评估人员、律师、会计师、经纪人等的配合,因此,操作较为复杂,这使得土地金融的经营成本较高。但另一方面,因其涉及的步骤较多,使得房地产金融的业务派生性较强,即可带动一些银行中间业务的发展,为金融部门带来可观的手续费收入。

三、土地金融的分类

(一) 市地金融

市地金融就是围绕城市土地及其建筑物的开发、经营和消费所进行的资金融通,包括:

(1) 房地产取得金融是对购买土地或建筑物(包括住宅)所进行的资金融通。

(2) 房地产改良金融是对土地及建筑物开发、建造所进行的资金融通。

(3) 房地产经营金融是对土地及建筑物的经营,如租赁经营所进行的资金融通。

(二) 农地金融
农地金融是围绕农地开发、生产、经营所进行的资金融通,包括:
(1) 农地取得金融是对购买或租赁农地所进行的资金融通。
(2) 农地改良金融是对农地的开垦、整治、农田水利、土壤改良等所进行的资金融通。
(3) 农地经营金融是指对购买牲畜、肥料、农机具以及进行农业经营活动所进行的资金融通。

农地金融与市地金融相比,期限较长,盈利性较差,风险较大,政策性较强,所以通常由政策性专业银行经营,并需国家以信贷的途径提供补贴。

(三) 土地金融的其他分类
在美国,根据资金融通对象的不同可将房地产金融分为购屋金融(mortgage)、收益性房地产(income property)金融、土地开发(land-development)金融和建筑(construction)金融四种。

(1) 购屋金融是指围绕居民购买住房所进行的资金融通,也称个人住房抵押贷款,是房地产金融的重要内容。

(2) 收益性房地产金融是围绕投资者购买经营性房地产(也称非住宅类房地产),如商场、写字楼、厂房等所进行的资金融通。投资者购买收益性房地产不是用于消费,而是作为投资,在买入和卖出之间获得差价利润,或用于出租经营获得租金收入,或作为固定资产用于生产经营活动。这类房地产融资因其偿还贷款的资金来源主要为经营收益,因此,对其偿还能力的考察与个人住房贷款不同,应更为谨慎。

(3) 土地开发金融是围绕土地开发,如七通一平,三通一平等所进行的资金融通。其现金量具有根据工程进度分期投入、一次收回的特点,期限通常在1—2年,但大面积成片开发的期限有时较长。

(4) 建筑金融是围绕房地产开发、建设所进行的资金融通。其现金流量也有分期投入、一次收回的特点。有时建筑物和土地开发融资是不可分的,在我国称房地产开发企业融资。另外,因后三种房地产金融形式贷款时间较短,盈利性强,并多由商业银行给予贷款,所以也常归为商业(commercial)信贷一类。

根据有无中介机构的参与,可将房地产金融分为房地产间接金融和直接金融。间接金融是指借款人通过金融机构(如银行)获得资金融通,金融机构并非真正的资金供给者,而是资金供需双方的桥梁,故称间接金融;直接金融是指借款人直接通过有价证券,从投资者手中筹集资金的活动。借款人包括个人和法人。个人为了购买、建造或修葺自用住房而向银行申请贷款;法人主要包括房地产开发公司及其他购买房地产的非房地产企业客户。房地产开发公司通常是为了获得房地产取得、开发或经营资金而向银行申请贷款或通过资本市场进行融资,非房地产企业的客户主要是为了购置用于生产经营的固定资产或出于投资的目的而向银行申请贷款或通过资本市场融资。以上的融资行为构成了房地产金融一级市场。当个人住房贷款在使银行的信贷资产可能面临流动性风险时,银行有可能将个人住房贷款从其资产负债表中移出,以证券的形式出售给二级市场的投资人,通常为机构投资者,以便迅速收回资金,改善其信贷资产的流动状况;而法人通过资本市场融资发行的有价证券

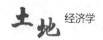

也可在投资人之间进行转移。以上构成了房地产金融的二级市场。

四、土地金融业务

调节货币流通、组织土地资金融通,是土地金融的基本业务活动。土地金融业务的主要内容概括起来包括以下三个方面:

(一) 融通资金业务

(1) 土地金融机构为土地所有者融通资金,筹集社会资金,使其流到土地所有者和使用者手中,满足其需求,并使提供资金的人也能从中得利。

(2) 通过将束缚在土地上的资金转化为金融资金重返流通过程,以满足其他方面的资金需求。

(3) 用发行抵押债券等手段吸引资金,以满足土地长期投资的需要。

(二) 土地资产证券化业务

城市土地的证券化分为土地开发项目融资证券化(土地实体资产证券化)和土地抵押债权证券化(土地信贷资产证券化)。

土地开发项目融资证券化是土地开发者向社会发行土地证券(债券、股票、投资基金等)以筹集土地开发资金的过程。根据可发行证券的品种,这种模式又可分为土地债券、土地投资基金、土地信托计划和土地股票四种方式。土地抵押债权证券化即土地使用者为了融资开发土地,以其获得的土地使用权向银行或非银行金融机构作抵押,抵押债权人对土地资产中风险与收益要素进行分离与重组,再以土地抵押债权向社会发行土地证券以融通土地开发资金。

(三) 土地投资业务

土地开发投资与一般生产投资不同,它有以下三个特点:

(1) 连续重复负担利息。因为土地开发投资一般要求初始投资规模较大而且要求有连续性,尤其是在农地投资上还要求不断地重复投资。

(2) 收益率不易精确计算。由于土地开发投资规模大、时间长、利息重,所获利润以及投资收益率都难以计算。

(3) 资金占用时间较长。土地开发投资一般需较长时间占用资金,对资金要求相对较高,具有较大的风险性。

第二节 中国土地金融发展

一、中国城市土地金融发展

(一) 中国城市土地金融发展历程

土地作为生产的基本要素投入社会生产、流通和经济循环之中,遵循普遍的市场规律,土地作为生产要素在参与经济活动时产生了信用,信用一旦产生,就出现了土地金融活动。

随着社会生产力的发展,土地对资金的需求越来越迫切,在客观上要求专门的金融机构为土地的开发和利用服务。于是,世界各国先后出现了土地银行、不动产抵押银行、土地信用协会等多种土地金融组织,业务活动内容也由单一的存贷款发展到各种各样的土地金融业务。

土地金融最早起源于17世纪中叶至18世纪的西欧,19世纪在德国发展,丹麦、法国、意大利等随后效仿。20世纪初在美国得以创新,并经日本传入我国,对近代中国影响较大。晚清与民初曾试图借鉴,发行债票,筹集长期资金,以便发展农业金融,劝导实业,如设立"殖产银行"与"殖边银行"及"劝业银行"。南京国民政府时期,土地金融从理论探讨进入了操作阶段。1936年,土地金融始为政府正式政策。1941年初,国民政府指令中国农民银行总管理处增设土地金融处,专门负责土地金融业务的计划、指导与推进。1941年4月1日,土地金融处正式成立,9月5日,国民政府公布《中国农民银行兼办土地金融业务条例》,规定了中国农民银行兼办土地金融业务五大业务:照价收买、土地征收、土地重划、土地改良及扶植自耕农。之后,因实际需要增加了地籍整理与乡镇造产两种放款业务,由于战时房屋损坏严重,为解决城市"房荒",土地改良放款中增加了市地改良放款。至此,土地金融放款种类达到了七大类,土地改良与扶植自耕农放款是土地金融的重点。土地金融处成立之初自有资金为国币1 000万元,1943年增至2 000万元,由于土地金融放款具有期限长、利率低与分期偿还等特点,银行的存款负债显然难以用于土地金融放款,而土地金融处的自有资金只有2 000万元,因而通过发行土地债券筹集社会资金便成为必然选择。1942年3月,国民政府正式公布了《中国农民银行债券法》,随后财政部核准发行。1942—1947年,中国农民银行分两次核准发行11亿元法币债券,实际发行额不到11亿元。1948年发行了第三期法币债券,同年还发行了稻麦实物债券各1 000万石。中国农民银行作为近代银行中的准土地银行,其土地金融处作为中央政府土地金融政策的操作平台,首次成功发行了土地债券,在促进土地资金化,实施土地改革与国家工业化方面进行了有益探索,并在局部地区与局部领域取得了一定的成效。

城市土地金融主要集中在房地产领域,中华人民共和国成立后,我国房地产金融发展主要经历以下几个阶段:

1. 发展停滞期

1949—1978年,由于长期实行公有制和计划经济体制,在房地产领域包括住房建设的资金实行国家财政资金统一拨付的方式;住房建设无偿占有资金;在住房的分配上采取的是福利制,通常如入住共有住房,只需交纳很少的租金。虽然其间也出现过部分和短暂的融资活动,但一直到1979年,我国房地产金融基本上是处于停滞期。

2. 萌芽复苏期

1980年6月,中共中央、国务院在批转《全国基本建设工作会议汇报提纲》中正式提出实行住房商品化政策,1984年四大国有银行陆续开始经营部分商业性金融业务,接下来几年广东一些沿海发达地区尝试借鉴香港地区的贷款买楼做法,这可以作为我国房地产金融业务之一。1987年底,烟台和蚌埠成立住房储蓄银行,也是我国房地产金融萌芽期的一个象征,住房储蓄银行专门办理与房改配套的住房基金筹集、信贷、结算等政策性金融业务。

3. 初步发展期

1988年1月,国务院决定分期分批实行住房制度改革。1991年2月,国务院办公厅原则同意上海市人民政府上报的房改方案。1991年5月上海住房公积金制度实施,并在接下来的几年全国推广。从1994年下半年开始,国家为了抑制房地产开发过热,出台了一系列政策,譬如在新股发行方面,中国证监会则于1996年开始对金融、房地产行业企业暂不受理。1996年7月1日中国人民银行《贷款通则》发布和实行,1997年5月9日建设部发布《城市房地产抵押管理办法》,它们为接下来实行的银行个人住房贷款业务确立了方向。

4. 高速发展期

1998年7月,《国务院关于进一步深化城镇住房制度改革加快住房建设的通知》决定停止住房实物分配,逐步实行住房分配货币化;同时,建立了职工住房补贴和住房公积金制度,为推进住房商品化创造了条件。在接下来的年份里,全国许多地方出现房地产出现供需两旺、房地产价格和房地产贷款发放过快的现象,2003年开始国家陆续出台了许多包括与房地产金融相关的宏观调控政策,这一阶段我国房地产贷款发展速度很快。另外,2001年10月《中华人民共和国信托法》实施以来,在信托公司发行的信托计划中房地产项目始终占有较大比重;尤其是国家加强房地产信贷监管政策出台后,房地产信托逐渐成为房地产企业融资的重要渠道,2007年以来,房地产信托出现爆发式发展,海外房地产投资资金对中国的投资,应该有十多年的历史,它伴随着中国经济的持续稳定地增长、房地产业的发展和人民币升值预期等的影响;但一开始规模很小,2003年以来外资房地产投资热情很高,数量有明显增加。2006年住房城乡建设部等部门发布《关于规范房地产市场外资准入和管理的意见》以后,海外资金的投资和融资能力及预期回报受到一些影响,2008年全球金融危机爆发后到目前,外资对我国房地产投资趋于平稳。

政府也意识到发展多元化和多层次的资本市场的重要性并在积极开展有关工作。譬如房地产抵押证券化从2005年开始也有了一些尝试;2007年8月14日,国家正式颁布实施《公司债券发行试点办法》,2007年8月以来,一些公司等陆续发行了公司债券,房地产公司债融资有望改善其融资结构;2009年来房地产金融创新包括但不限于房地产私募基金和保险资金投资房地产。

5. 房地产金融化阶段(2011年至今)

一直以来,房地产业与银行关系密切,房地产开发资金70%左右依赖于银行贷款,使银行承担较高的风险。近年来,国家对民间资本投资逐步放开,各类房地产金融产品在市场上逐步活跃起来。其中,房地产私募基金与房地产信托在民间资本融资领域表现得尤为活跃,为民间资本投资房地产和房地产融资提供了渠道。

从2012年下半年起,证监会、保监会和银监会等陆续发布了资产管理方面的一系列重要政策性文件,放开了部分投资限制,证券公司、信托公司、商业银行、保险资产管理公司及其他资产管理机构相继申请开展公募基金业务,与第三方理财和各类私募基金等各类机构直接参与房地产基金业务,初步形成多方并立态势。

(二) 中国城市土地金融存在的问题

1. 房地产融资机构比较单一

以商业银行为主的房地产融资机构过于单一,难以满足市场上不同种类的房地产企业和购房者的需求。近年来,虽然市场上也有一些房地产信托、基金公司的出现,但由于银行信贷资金对市场的垄断,不仅使得我国房地产金融创新市场发展缓慢,而且不利于分散金融风险。

2. 融资渠道单一,多元化融资渠道尚未形成

就目前我国国内环境来说,由于受到政策的限制,很多中小型房地产企业不具备上市的资格,很难通过发行股票的方式直接筹得资金。另外,在国外非常流行的房地产信托投资基金在我国的发展却非常缓慢,由于缺乏有力的法律保护,而且融资成本很高,使得很多企业只有在缺乏其他融资渠道时才会求助于信托。尤其是自2016年楼市930调控以来,各大信托公司对房地产项目的投资愈加谨慎,根据中国信托业协会发布的数据,2020年全国资金信托规模为20.49万亿元,其中投向房地产行业的资金仅占13.97%。

3. 房地产金融创新发展缓慢,产品设计不合理

由于商业银行承担了市场上大量的房地产信贷,导致房地产基金、证券、债券之间的缺乏竞争,发展缓慢。房地产金融创新产品设计不合理主要表现在三个方面:一是品种单一,多是借鉴他国经验,同质化严重,缺少有中国特色的房地产金融创新产品;二是房地产行业从土地开发到最后的销售会历经很长时间,而房地产金融创新的产品期限一般在三年以内,时间上的不一致使得房地产企业资金紧缺的问题并不能得到有效缓解;三是房地产金融创新产品的风险较高,一些资金实力不足的中小型房地产企业不敢贸然进入房地产金融创新市场。

二、中国农村土地金融的发展

中国农村的金融活动已有几千年的历史,但建立专门的金融机构开展农村信贷业务,支持农村经济的发展却是近百年来的事情。中国农村金融的显著变化表现在农业银行和信用社的建立和发展上,但仍没有建立起完备的农村土地金融制度。

(一) 中国近代农业专业银行的初步发展

随着中国商业银行的兴起,农业专业银行也开始设立。1912年南京临时政府拟订《兴农银行则例》《农业银行则例》和《殖边银行则例》,规定这些银行分别"以放款于农业之改良、发达为宗旨","以放款于农业为宗旨"。1915年10月,北洋政府拟订《农工银行条例》,规定以一县境为营业区域设立一家农工银行,开办以不动产、不易变坏的农产品、渔业权以及公债票为抵押的农业贷款。

中国共产党成立以后,最早在1926年湖南省第一次农民代表大会提出《农民银行决议案》,指出:农民资金缺乏,农村金融枯竭,是高利贷得以盛行、农业衰落、农民痛苦的重要原因;解救的办法只有设立农民银行,以最低利息贷给农民。同时还规定以公有地产作为农民银行基金。同年10月中国共产党在湖南省衡山县柴山洲特区成立了柴山洲特区第一农民银行,发行货币,发放贷款,发展消费合作社,帮助农民进行生产。同时中国共产党在湖南浏阳成立了浏阳县委、农民协会和县总工会,1927年浏阳县农会成立了浏东平民银行。

在此后的革命战争时期,在中国共产党的领导下,为了支持根据地的生产发展,壮大革命势力,先后在各个根据地建立了多家银行和信用社。例如,1927年冬,闽西上杭县蛟洋区农民协会创办的农民银行,1928年8月成立的江西东固红色游击区的东固平民银行,1930年11月成立的闽西工农银行、江西工农银行和湘鄂赣省工农银行,以及同期各个根据地成立的信用社等。这些银行和信用社虽然营业的时间不长,但对当时根据地农业生产的发展,对支持革命势力的壮大,都做出了很大的贡献,也使得我国农村金融体系有了尝试性的发展。

(二) 中国近代农村金融体系的建立和发展

辛亥革命后,灾荒严重,各地纷纷成立慈善性的捐助组织,其中有中外合办的中国华洋义赈救灾会(简称"义赈会")。1922年4月,义赈会委派经济学者到河北等五省的农村调查,调查结果一致认为实行信用合作制度是适宜中国农村社会的实际状况的。义赈会于1923年1月拟订《农村信用合作社章程》,并着手组建农村信用合作社,同年6月中国最早的农村信用合作社在河北香河成立,之后河北各地多有设立。

中国共产党成立后,就致力于工人运动和农民运动,建立农民协会,最早的农民协会是中共党员沈定一于1921年9月在其家乡浙江萧山建立的,并于1924年12月建立了信用合作社。这是农民协会创办的第一个合作金融机构,其贷款以生产为主。借贷资金除入社股金外,还有农会没收的财产和借来的无息贷款。

在国内革命战争时期,在中国共产党的领导下,为了支持根据地的生产发展,壮大革命势力,先后在各个根据地建立了多家银行和信用社。1927年在湖北省黄冈、鄂城、汉川、咸宁等县,在当地农会的组织下,先后建立起了农村信用合作社,发行货币、发放贷款,支持当地农村经济的发展,支持革命根据地的扩大。

中华人民共和国成立后,国家实行了以优先发展重工业为核心的赶超战略,但资本高度密集的重工业与当时经济发展水平下的资本短缺及资源动员能力产生了直接的矛盾。在资本短缺的背景下,为保证以重工业为核心的经济增长战略所需的资源,国家确立了"国有金融制度安排",并使之作为国家追求垄断产权形式过程中为国有企业供给资金的配套单位。

在此体制背景下,1949年后我国农村信用社经历了从"民办"到"官办"的发展轨迹,1951年上半年,中国人民银行先后召开了第二届全国金融会议和全国农村金融工作会议,明确规定省级分行应以80%的精力抓农村金融工作,迅速将银行机构下推一层,在区一级建立营业所,同时发展信用合作事业,积极支持农村经济的恢复和发展。据统计,截至1952年,全国共有信用合作社1 766个,信用互助组5 239个,供销社信用部1 126个。截至1953年,全国各个县绝大部分的区普设了银行营业所。

1953年12月,中共中央在《关于发展农业生产合作社的决议》中指出:"农业生产互助合作、农村供销合作和农村信用合作是农村合作化的三种形式。这种分工相互分工而又相互联系和相互促进,从而逐步地把农村的经济活动与国家的经济建设计划联结起来,逐步地在生产合作基础上,改造小农经济。"从1954年开始,全国农村普遍掀起了声势浩大的群众性的合作化运动。到年底,全国农业生产合作社发展到48万个,信用社发展到12.6万个,70%左右的乡建立了信用社。在1953—1956年三年时间内,我国在农业生产合作化推进的同时,与之相配套的信用合作也摆脱不了"合作升级"的倾向。村信用社曾两度"合作升级"下放给人民公社、生产大队管理,后来又交给贫下中农管理,农村信用社基本成为基层社队的金融工具,又两次收回归银行管理,逐步"官办",农村信用社成为国家银行的基层机构。

这样,中华人民共和国成立以来,农村信用社逐步从创社之初的合作金融组织演变成了改革前的国家银行基层机构,实现了合作金融的强制性制度变迁,国家也完全控制了农村金融体系。农村信用社的主要职能相应变为为国家实现工业化控制和转移农村稀缺的金融资源,由此,农村信用社成为官办的农村金融组织。

1979年,国家在农村再度恢复中国农业银行,并规定农村信用社是集体所有制的金融组织,又是农业银行的基层机构。1980年8月,中央财经小组在讨论银行工作时指出:"把信用社下放给公社办不对,搞成官办也不对,这都不是把信用社办成真正集体的金融组织。信用社应该在银行的领导下,实行独立核算,自负盈亏。它办得灵活一些,不一定受银行一套规定的约束,要起民间借贷的作用。"1984年8月,国务院批转中国农业银行关于改革信用社管理体制的报告,提出恢复组织上的群众性、管理上的民主性、经营上的灵活性的"三性"原则,要求信用社在中国农业银行的领导下,按照合作制的方向进行改革。

1984—1988年,通过全面推进农村信用社恢复合作金融组织的改革,信用社的存贷业务、自有资金积累快速增长。同时,建立了信用合作社的县联社,增强了信用社的自我管理能力。在这一时期,与信用社不断推进改革的同时,国家在改革初期也迅速地扩张了国有金融体系,国有银行纷纷设立,并进一步将机构延伸到广大的中小城市和乡村。国有银行实行总分行的组织模式,根本不按照经济、集约、效率的原则进行组织架构安排,而是按行政体制、行政区划和政府层次序列而设置,保持极强的行政耦合性。国有金融组织的急剧扩张使得国家在我国农村通过金融渠道大规模动员和转移资金成为可能。由于20世纪80年代中期农村乡镇企业发展较快,贷款数额增加,使得农村被占用资金(净存款)大大低于农业被占用资金,但其数量仍然很大。1978—1996年通过金融渠道农业被占用资金平均数相当于国家财政总收入的40.9%,农村被占用资金相当于国家财政总收入的16.4%。

自1993年以后,农业银行开始企业化经营。1993年12月《国务院关于金融体制改革的决定》更是明确了国有银行的改革的方向是国有商业银行,以盈利最大化为经营目标,按照盈利性、流动性、安全性原则从事经营管理。基于这一改革趋向,国有银行对其经营战略进行了调整,开始从农村金融市场退出,向城市收缩。农业银行在农村的功能实际上变成了仅仅是在农村吸收储蓄存款,把大量的农村资金转向城市,而不是向农村地区提供资金。

(三)现有农村金融体系的构成

我国现有农村金融体系中,有农业银行、农村信用社、农村商业银行、农业发展银行。农村信用社基本上属于准国有性质的金融机构,"官办"色彩强烈,从其成立之初起就一直向集体所有、向国有靠拢,失去了原来的合作金融原则。农村商业银行属于股份制银行,最先只有张家港、常熟和江阴农村商业银行三家。三者成立于2001年底,均由原来的农村信用社改造而成。农村合作银行只有浙江宁波鄞州农村合作银行一家,于2003年4月8日诞生,采用的是股份合作制形式,也是由原来的农村信用社改造而成。中国农业发展银行属于政策性银行,一度在对粮食、棉花、油料作物等农产品购销信贷方面发挥重要的"专卖"作用,随着粮食和棉花市场的逐步放开,农业发展银行的作用将大大减弱。值得注意的是,在农村正规金融机构中,既不存在现代意义上的民营商业银行,也不存在真正的信用合作社。

为进一步深化农村金融改革创新,加大对"三农"的金融支持力度,引导农村土地经营权有序流转,慎重稳妥推进农民住房财产权抵押、担保、转让试点,做好农村承包土地(指耕地)的经营权和农民住房财产权(以下统称"两权")抵押贷款试点工作,国务院2015年8月发布《关于开展农村承包土地的经营权和农民住房财产权抵押贷款试点的指导意见》,截至2018年9月末,190个农村承包土地的经营权抵押(以下简称农地抵押)贷款试点地区、48个农民住房财产权抵押(以下简称农房抵押)贷款试点地区设立了风险补偿基金,140个农地抵押贷款试点地区、29个农房抵押贷款试点地区成立了政府性担保公司,以出资额为限提供风险补偿或担保代偿,有效分担金融机构开办"两权"抵押贷款业务风险。截至2018年9月末,试点地区已有1 193家金融机构开办农地抵押贷款业务,330家金融机构开办农房抵押贷款业务。全国232个试点地区农地抵押贷款余额520亿元,同比增长76.3%,累计发放964亿元;59个试点地区农房抵押贷款余额292亿元,同比增长48.9%,累计发放516亿元。"两权"抵押贷款试点取得积极成效。一是进一步盘活农村资源资产。推动土地流转规模明显增加,促进农业经营由分散的小农生产逐步向适度规模经营转变。黑龙江省15个农地抵押贷款试点地区耕地流转率较试点前提高6个百分点。二是推动缓解"三农"领域融资难融资贵问题。试点以来,融资额度显著提高,效率有效提升,成本逐步下降。普通农户贷款额度由试点前的最高10万元提高至50万元,对新型农业经营主体的贷款额度由试点前的最高1 000万元提高至2 000万元—5 000万元不等。同时,下放贷款审批权限,简化审批流程,优化利率定价和还款方式,农户申贷后最快2天即可获得贷款。三是支持农户增收致富。截至2018年9月末,试点地区农地抵押和农房抵押贷款余额中用于农业和其他生产经营的分别占99%、78%。通过"两权"抵押贷款,新型农业经营主体融资可得性明显提升,对普通农户的带动作用持续增强。湖南省启动试点以来,"两权"抵押贷款已累计支持全省近3万个农业经营主体。

第三节　国外土地金融

一、美国土地金融

美国是国际上房地产金融市场最发达、制度体系最健全、品种最丰富的国家。20世纪70年代以来,几乎所有的房地产业金融创新工具都起源于美国。到目前房地产金融在美国

金融业务中所占份额越来越高。美国房地产金融模式概括起来,主要有以下四方面特征:

(一)房地产金融架构体系完善,专业分工度高

美国的房地产金融市场,分为一级市场和二级市场。在一级市场和二级市场,有的专门从事住宅金融业务,有的专门从事商业房地产和写字楼房地产金融业务。总体上讲,一级市场以商业性金融为主导,二级市场以政策性金融为主导,同时政府通过提供相关保险担保服务对住房金融体系实施了有力的间接干预。

一级市场:由储蓄机构、商业银行、抵押银行、人寿保险公司和其他商业金融机构构成,直接为家庭或企业提供抵押贷款业务。储蓄机构包括储蓄与贷款协会、储蓄银行和信用合作社,它们是美国金融体系的创立者。其中抵押银行是美国最具特色的房地产金融机构,其本身不吸收存款,主要通过商业票据和商业银行短期抵押,银行将发起的抵押贷款处理和交割后就将其在房地产金融二级市场上出售,一般情况下,只保留贷款运作权,而不持有自己发起的贷款。

二级市场:美国房地产金融二级市场主要是从事买卖抵押贷款的市场。在抵押贷款发起后,部分储蓄机构和全部抵押银行将贷款出售给联邦国民抵押协会(Federal National Mortgage Association,FNMA,即房利美)、联邦住房贷款抵押公司(Federal Home Loan Mortgage Corporation,FHLMA,即房地美)等专门从事房地产金融二级市场业务的机构。这些机构通过发行债券或其他类型的债务工具筹集其购买贷款所需资金。二级市场的参与者主要是政府支持的两大企业房利美和房地美,此外还有私营金融企业,主要是金融控股集团(如 AIG)和投资银行(如花旗、高盛、美林、摩根士丹利及已倒闭的雷曼兄弟等)。到 20 世纪 90 年代,抵押银行发起的贷款已远远超过商业银行和贷款协会贷款的总额。

(二)房地产金融市场化程度高

美国国会通过的一系列房地产金融法案,目的就是保证消费者能够获得房地产销售过程中的所有信息。从 1968 年开始,联邦政府先后制定了《跨州土地销售信息完全披露法》、《诚实借贷法》(具体实施条款为 Z 条款)、《房地产交割程序法》等一系列法规,以保证市场的充分竞争性。这些法规规定开发商、提供贷款的金融机构必须向购房者书面提供有关地块、总融资费用、年利率、还款周期、每周期的还款额、到期日及其他可能发生的费用等信息,并必须在政府相关的管理机构备案。此外,美国各类金融机构均可以参与房地产金融业务,不存在一个由行政指派的、垄断某些住房信贷业务的金融机构。但是在长期的充分竞争中逐步形成了从事不同种类金融业务的分工。譬如从事商业房地产金融业务的机构逐步形成了专业从事写字楼、医院、学校、大型超市等金融业务的机构。

(三)房地产融资工具多样化

美国是全球房地产金融市场最发达的国家。尤其是二战以来,随着美国宏观经济环境的变化,金融创新工具在美国的房地产金融市场上层出不穷,各种不同的房地产金融工具在不同的经济环境中应运而生,也为不同时期美国的房地产业发展起到了重要的支撑作用。

20 世纪 50 年代以来,由于储蓄和贷款协会享有税收优惠,抵押贷款业务增长迅速,在房地产金融业务中占领先地位。到 80 年代,储蓄和贷款协会在房地产金融业务余额占全部抵押贷款余额的35%。

20世纪70年代末,除固定利率抵押贷款(FRM)外,还出现了渐进还款抵押贷款(GPM)和供享升值型住房抵押贷款(SAM)、可调整利率抵押贷款(ARM)、价格水平调整抵押贷款(PLAM)、逆向年金抵押贷款(RRAM)和附担保账户抵押贷款等多种房地产金融创新产品。

(四)抵押贷款证券化程度很高

20世纪80年代以来,随着直接融资方式运作的抵押银行逐步占据主导地位,房地产抵押贷款证券化种类越来越多,在美国房地产金融市场中越来越占有较高的市场份额。目前,美国共有住房抵押贷款转手证券、多档抵押贷款转手证券、非机构担保多档抵押贷款转手证券、商业房地产抵押贷款支持证券、资产支持证券和债务抵押债券等六大类。

此外,2003年以来,随着美国房地产市场的复苏,商业房地产抵押贷款证券化发展速度异常迅猛。1992—2006年,美国商业房地产抵押贷款证券化以年均43.6%的速度增长,到2006年抵押贷款达2 100亿美元。但美国房地产抵押贷款证券化的高速增长引发了次贷危机[①],给美国和全球带来了灾难性的金融风暴。

二、德国土地金融

德国房地产金融系统是世界上最引人关注的一个系统,它把三种类型的金融系统,即存款系统、抵押银行系统和配贷储蓄系统综合在一起。

(一)德国房地产金融体系的三大特点

1. 广泛运用存款系统和抵押银行

存款抵押银行是德国最大购房贷款人。存款抵押银行一般为金融机构子公司,面向各个经济部门贷款,其中住房贷款占贷款总额45%。存款抵押银行提供长期抵押贷款,按固定利率发行抵押债券筹措资金。存款抵押银行发放的长期住房贷款约占各种银行机构发放长期贷款总额的30%。另外,德国存款系统业务也比较广泛,其中德国储蓄银行占个人储蓄存款总额50%。

2. 运用配贷储蓄系统吸收存款

所谓配贷储蓄系统,是参加者按照合同储存一定数量金额以后,就得到了取得贷款的权利,贷款金额相当于存款金额。存款和贷款利率都低于市场利率水平。也就是用潜在购房者储蓄,对购房者提供贷款。配贷储蓄系统在德国占优势的主要原因:一是有足够供私人租赁使用的住房,因此大多数住户可通过租房住很长时间,这种时间上的充裕为吸收合同储蓄提供了必要条件;二是政府与互助储金信用社和其他金融机构联系密切,德国三分之一的社团活动由公共机构担保,而大部分私营社团归其他金融机构所有。因此,由住房互助储金信

---

① 美国次贷危机也称次级房贷危机,又译为次债危机。它是指一场发生在美国,因次级抵押贷款机构破产、投资基金被迫关闭、股市剧烈震荡引起的金融风暴。它致使全球主要金融市场出现流动性不足危机。美国"次贷危机"是从2006年春季开始逐步显现的。2007年8月开始席卷美国、欧盟和日本等世界主要金融市场。

贷社经营的配贷储蓄系统,得到了公众认可。

3. 储蓄筹资比例小

德国商业银行一般采用出售抵押契约、发行地方债券等方式来作为抵押贷款的资金来源,而通过储蓄筹集的资金所占比例很小。其住宅抵押贷款业务主要通过下属抵押银行进行。它不仅为住宅建筑商、代理商和个人购建房发放贷款,而且对其他经营住宅的金融机构发放融资贷款。其中住房贷款占德国抵押银行贷款总额的份额最大。

(二) 储贷结合的住房金融模式

储贷结合的住房金融模式是德国住房制度的一大特色,是自成体系、利率隔离、专款专用封闭式运营的。主要有五方面特点:

1. 专款专用

德国住房储蓄银行的资金来源于居民住房储蓄、银行间融资、国家资金等,而资金用途仅能用于为参加住房储蓄居民发放购、建房贷款。

2. 存贷挂钩

德国居民要得到住房储蓄银行的购房贷款,必须在该银行存足相应款项。按规定居民要先与银行签订住房储蓄合同,按月在银行存款,当存款额达到储蓄合同金额50%之后,住房储蓄银行把合同金额付给储户,其中存款额和贷款额各占50%,德国银行将此称为"配贷"。贷款是每月按固定金额偿付,一般为合同金额的0.6%。配贷发放是银行根据对各储蓄合同评估值确定的顺序核定的,存款越多,评估值就越高,贷款的发放就越快。配贷机制的推行,有效地降低了借款人的信用风险。

3. 利率固定

德国住房融资体系中存、贷款利率都是固定不变的。一般情况下,存款利率为3%,贷款利率为5%,存、贷款利差为2%,同时贷款利率低于其他同期贷款利率水平。

4. 实行奖励

为了鼓励存款,德国政府针对收入状况及住房储蓄合同中的存款额对居民实行不同奖励政策,包括住房奖励储蓄金、雇员储蓄奖金和职工资产积累奖励等,使更多中低收入者从中受益。

5. 政府与市场紧密结合

德国参与合同储蓄的金融机构既有公营的,也有私营的。住房储蓄银行是国家为解决居民住宅问题于1924年创立的。信用合作社是典型民间合作互助组织,而建房储蓄信贷社、住房贷款协会和建筑协会则既有公营的也有私营的。

(三) 抵押贷款证券化

抵押债券是以抵押贷款作为担保的债券,它不通过交易所而直接与发行银行进行买卖,流动性很高。抵押债券利息固定,抵押银行买进抵押贷款的同时,必须对等发行抵押债券,债券通常采取不记名方式。德国的抵押证券是一种由登记所发行用来证明抵押权登记内容的证券。设定抵押权的协议和登记是抵押证券的必要条件。房地产所有者在不指定贷款单位阶段,能预先为自己设定抵押权,这样设定的抵押权被称为所有者抵押。所有者抵押证虽然尚未确定贷款单位（债权人），但能预先借款作为迅速集资的准备，同时还能保守秘密（如果所有者抵押，登记单上不出现抵押权者名字）。由于这两个特点，该抵押证券已被广泛地用作资金融通担保，类似证券还有土地债务证书等。

（四）健全的法律制度

德国储蓄银行的发展主要是受国内相关法律保护。德国《住房储蓄银行法》规定，只有住房储蓄银行才能够办理住房储蓄，国家对于居民储蓄的唯一奖励即住房储蓄奖金也只能通过参加住房储蓄才能享受得到，充分调动了居民参加住房储蓄的主动性。同时，也支持了住房储蓄银行的发展。

在资金运用上，《住房储蓄银行法》规定住房储蓄资金只能用于与住房建设有关的项目，如以居住为目的的房屋建设和改造，为居住区建设的水、暖、电等配套设施等。法律还规定了银行把储户存款存到其他银行的限额，限制银行将储户存款用于风险交易，从而保障了住房储蓄资金被全部用于居民住房建设。

三、新加坡土地金融

作为新兴市场经济国家，新加坡房地产业与房地产金融和世界各国相比颇具特色，其最核心的就是中央公积金制度。该制度从单纯的为退休人员提供生活保障的强制性储蓄计划，逐步发展演变成为一个包括养老、住房、医疗在内的综合性保障制度。公积金由雇员和雇主按雇员工资的一定比例缴纳，由中央公积金局负责管理，一部分用于缴存者的提取和包括住房在内的消费贷款支取，另一部分则由新加坡政府投资公司负责运营，以增值保值。公积金制度为新加坡住房发展提供了大量资金来源。这种房地产金融模式的主要特点是：

（一）建立以强制储蓄为特征的社会福利基金

在新加坡，雇主和雇员必须同时按雇员工资总额适当比例缴纳公积金，按月存入雇员个人账户。公积金受新加坡公积金法保护，公积金存款利息按月结算，并入公积金本金，免交所得税。同时，公积金既不能用来偿债，也不构成遗产。新加坡公积金缴存率是由公积金局根据经济和居民收入水平变化进行相应的调整。如1955年公积金成立之初，雇主和职工缴存的公积金比例分别为5%，最高年份的1985年缴存比例则为25%。

（二）社会福利基金与住房信贷相结合

建立之初，中央公积金制度的基本宗旨是为退休雇员或提前非自愿脱离劳动的雇员设立一项强制性储蓄计划，即55岁以下雇员及其雇主必须按薪水的一定比例缴存公积金作为养老储蓄，只能到退休年龄方可提取作为养老费用。随着经济发展和公积金不断积累，公积金的使用范围逐步扩大。1968年以后，公积金开始介入住房领域。公积金账户分如下3个户头：一是普通账户（公积金的72.5%），用于家庭投资，如购买政府组屋等；二是特别账户（公积金的10%），达到退休年龄时方能领取；三是医疗账户（公积金的17.5%）。

1964年开始，新加坡政府推出"居者有其屋"的政府组屋计划。政府专门拨出国有土地和适当征用私有土地，同时由银行和中央公积金局提供住房所需资金。中央公积金制度与居者有其屋计划相结合，使新加坡房地产业自20世纪60年代起日益兴旺，并成为国民经济的重要支柱和强有力的增长点,带动了整个国民经济良性发展。

(三) 房地产投资证券化

在几十年公积金管理与运作成功经验的基础上,为打造亚洲的房地产信托基金(Real Eestate Investment Trusts, REITS)中心,新加坡于1998年开始探讨组建新加坡房地产投资信托基金(S-REITs),以促进房地产市场发展。

仿照美国的成功经验,新加坡政府创造了很多有利于REITs发展的政策环境。如对REITs不征税,即派发股息时免征所得税;允许公积金投资于REITs;任何个人投资者投资于REITs所获取的分红全部免税;外国公司投资REITs只需缴纳18%所得税,REITs买卖房地产免征3%印花税,等等。这些鼓励措施极大地促进了房地产投资信托基金的发展。新加坡证券交易所是全亚洲(除日本)规模最大的房地产投资信托(REITs)上市地,也是亚洲第一个允许跨境资产发行房地产投资信托的国家。自2002年7月第一只S-REITs上市以来,目前新加坡证券交易所共有23只REITs,市值超过720亿新加坡元(约570亿美元)。

四、日本土地金融

为了解决二战后城镇居民的住房问题,日本政府积极推行了"三位一体"的住房政策和活跃房地产金融市场的策略,即政府、民间和个人三者共同投资建造住宅。在此基础上形成了独具特色的混合型房地产金融模式。在这种金融制度模式下,民间机构与官方的政策性住房金融相结合,住房市场信贷活动非常活跃。这也正是日本能够在短时间内解决住房问题的关键所在。

日本住房金融的主要特点:

1. 以住宅金融公库为代表的官方金融机构是住房信贷市场中重要供给者

1980年,在9.8万亿日元住房贷款中,公营房地产金融机构占31.2%,私营金融机构占62.8%。

2. 住房储蓄制度

家庭住房储蓄达到一定额度后可优先购买政府建造的公共住房,并且从住房金融公库获得贷款。

3. 财政投资性贷款是住房信贷资金的主要来源

住房领域是财政性投资贷款的重点,1982年,财政投资性贷款25%用于住房方面。财政性投资贷款通过两个途径影响住房建设:其一,它作为住房资金来源转化为住房建设投资,1981年,由财政资金建设的住房占当年住房开工面积47.4%。其二,向住房金融公库提供住房信贷基金,住房金融公库将取得的资金对需要购建住房的家庭提供优惠贷款。

随着金融市场的成熟与发达,20世纪80年代,日本混合型住房金融中,政府财政的作用逐渐增强。由财政机构向邮政储蓄、年金保险、国民年金、简易人寿公司等吸收资金,然后通过财政性贷款计划,把一部分资金贷给住宅建设公司,转化为住宅建设投资;一部分采取间接融资方式,为住宅金融公库提供住宅信贷资金。

本章小结

土地金融制度是维系土地市场运行的关键因素,本章主要介绍了土地金融的概念、基本特征和类型、中国城市土地金融和农村土地金融发展历程等内容,通过对国外典型土地金融模式的介绍,为我国土地金融制度建设提供借鉴和参考。

关键词

土地金融　城市土地金融　农村土地金融

复习思考题

1. 土地金融主要有哪些特性?
2. 我国城市土地金融存在的主要问题有哪些?
3. 我国农村土地金融存在的主要问题及发展方向是什么?

拓展阅读

房地产信托投资基金(REITs)

(本章编写人员:杨俊,汤江龙)

主要参考文献

一、学术著作

[1] 毕宝德.土地经济学(第8版)[M].北京:中国人民大学出版社,2020.

[2] 曹振良,等.土地经济学概论[M].天津:南开大学出版社,1989.

[3] 陈华彬.外国物权法[M].法律出版社,2004.

[4] 陈燮君.学科学导论[M].上海:上海三联书店,1991.

[5] 陈征.社会主义城市地租研究[M].福建:福建人民出版社,2017.

[6] [美]诺斯.制度、制度变迁与经济绩效[M].刘守英,译.上海:上海三联书店,1994.

[7] 董藩,等.土地法学[M].北京:北京师范大学出版社,2009.

[8] 董藩,等.土地经济学[M].北京:北京师范大学出版社,2010.

[9] 冯广京,等.中国土地科学学科建设研究[M].北京:中国社会科学出版社,2015.

[10] 冯玉华,等.土地经济学[M].广州:华南理工大学出版社,1995.

[11] 高富平,等.英美不动产法:兼与大陆法比较[M].北京:清华大学出版社,2007.

[12] 高富平.中国物权法:制度设计和创新[M].北京:中国人民大学出版社,2005.

[13] 高旭华,等.REITs:颠覆传统地产的金融模式[M].北京:中信出版集团,2016.

[14] 侯银萍.新型城镇化背景下的土地用益物权[M].北京:法律出版社,2015.

[15] 户艳领,等.土地综合承载力评价在土地利用规划中的应用研究[M].北京:人民出版社,2017.

[16] 黄立.民法总则[M].北京:中国政法大学出版社,2002.

[17] 黄贤金,等.土地经济学(第2版)[M].北京:中国农业大学出版社,2016.

[18] 纪坡民.产权与法[M].北京:生活·读书·新知三联书店,2001.

[19] 江平.中国物权法教程[M].北京:知识产权出版社,2007

[20] 李周,等.农业经济学[M].北京:中国社会科学出版社,2017.

[21] 梁慧星,等.物权法(第8版)[M].北京:法律出版社,2016.

[22] 梁慧星.中国物权法研究[M].北京:法律出版社,1998.

[23] 刘保玉.物权法学[M].北京:中国法制出版社,2007.

[24] 刘书楷,等.土地经济学(第二版)[M].北京:中国农业出版社,2004.

[25] 刘志仁.农村土地流转中的信托机制研究[M].长沙:湖南人民出版社,2008.

[26] 卢新海,等.土地估价[M].上海:复旦大学出版社,2010.

[27] 卢新海,等.土地管理概论[M].上海:复旦大学出版社,2014.

[28] 陆红生.土地管理学总论[M].北京:中国农业出版社,2002.

[29] [德]马克思,等.资本论(第3卷)[M].北京:人民出版社,2004.

[30] 欧名豪,等.土地利用管理[M].北京:中国农业出版社,2002.

[31] 曲福田,等.土地经济学(第四版)[M].北京:中国农业出版社,2018.

[32] 史尚宽.民法总论[M].北京:中国政法大学出版社,2000.

[33] 宋戈,等.土地经济学研究[M].北京:中国农业出版社,2018.

[34] 谭术魁.中国城市土地市场化经营研究[M].北京:中国经济出版社,2001.

[35] 田丰.中国建设用地使用权制度研究[M].北京:法律出版社,2018.

[36] 汪辉,等.中国土地制度改革:难点、突破与政策组合[M].北京:商务印书馆,2013.

[37] 王克强,等.土地经济学[M].上海:上海财经大学出版社,2014.

[38] 王利明.物权法论[M].北京:中国政法大学出版社,2003.

[39] 王万茂,等.土地利用规划学[M].北京:中国农业出版社,2002.

[40] 王万茂.土地利用规划学[M].北京:科学出版社,2006.

[41] 王伟,等.土地经济学[M].北京:中国农业出版社,2006

[42] 王卫国.中国土地权利研究[M].中国政法大学出版社,1997.

[43] 王效贤,等.用益物权制度研究[M].北京:法律出版社,2006.

[44] 王泽鉴.民法总则[M].北京:中国政法大学出版社,2001.

[45] 巫宝三.中国经济思想史资料选辑(先秦部分)[M].北京:中国社会科学出版社,1981.

[46] 吴次芳,等.土地社会学[M].杭州:浙江人民出版社,2013.

[47] 吴次芳,等.国土空间规划[M].北京:地质出版社,2019.

[48] 谢在全.民法物权论·上册[M].北京:中国政法大学出版社,1999.

[49] 徐远等.深圳新土改[M].北京:中信出版社,2016

[50] 杨庆媛.土地经济学[M].北京:科学出版社,2018.

[51] 叶剑平.中国农村土地产权制度研究[M].北京:中国农业出版社,2001.

[52] 尹田.物权法(第二版)[M].北京:北京大学出版社,2017.

[53] 张德粹.土地经济学[M].台北:台湾正中书局,1981.

[54] 张红.房地产经济学[M].北京:清华大学出版社,2005.

[55] 张坚.农村土地承包经营权、宅基地使用权流转的实证分析与法律构造(第二版)[M].北京:法律出版社,2017.

[56] 张军涛,等.区域地理学[M].青岛:青岛出版社,2000.

[57] 张丕介.土地经济学导论[M].重庆:中华书局,1944.

[58] 张清勇.中国农村土地征收制度改革:回顾与展望[M].北京:中国社会科学出版社,2018.

[59] 张文忠.经济区位论[M].北京:科学出版社,2000.

[60] 张裕凤.土地经济学[M].北京:科学出版社,2018.

[61] 赵文平.管理经济学[M].西安:西安电子科技大学出版社,2017.

[62] 赵艳霞,等.土地经济学[M].哈尔滨工程大学出版社,2015.

[63] 赵勇山.房地产法论[M].北京:法律出版社,2002.

[64] 郑玉波.民法总则[M].中国政法大学出版社,2003.

[65] 周诚.土地经济学[M].北京:农业出版社,1989.

[66] 周诚.土地经济学原理[M].北京:商务印书馆,2003.

[67] 踪家峰.城市与区域经济学[M].北京大学出版社,2016.

[68] 邹秀清.土地承包经营权权能拓展与合理限制研究[M].北京:中国社会科学出版社,2013.

[69] [德]马克思.资本论(第1卷)[M].郭大力,王亚南,译.北京:人民出版社,1975.

[70] [法]泰勒尔.产业组织理论[M].张维迎,译.北京:中国人民大学出版社,1998.

[71] [意]莫里,等.房地产金融——一条国际化道路[M].吴琦,葛斐,译.北京:中信出版集团,2016.

[72] [美]斯普兰克林.美国财产法精解[M].钟书峰译.北京大学出版社,2009.

[73] [美]伊利,等.土地经济学原理[M].滕维藻,译.北京:商务印书馆,1982.

[74] [美]伊利,等.土地经济学[M].李树青,译.北京:商务印书馆,1944.

[75] [日]野口悠纪雄.土地经济学[M].汪斌,译.北京:商务印刷馆,1997.

二、期刊论文

[1] 毕宝德.土地经济学的对象、任务与研究方法[J].中国土地科学,1992(1):17-20,45.

[2] 蔡银莺,张安录.武汉市农地非市场价值评估[J].生态学报,2007(2):763-773.

[3] 陈利根,龙开胜.新中国70年城乡土地制度演进逻辑、经验及改革建议[J].南京农业大学学报(社会科学版),2019(4):1-10.

[4] 陈睿山,蔡运龙,等.土地系统功能及其可持续性评价[J].中国土地科学,2011(1):8-15.

[5] 邓大才.农村承包土地的性质、局限与制度规范[J].云南财贸学院学报,2001(2):31-33.

[6] 丁关良.农村土地承包经营权性质的探讨[J].中国农村经济,1999(7):23-30.

[7] 杜国明,孙晓兵,等.东北地区土地利用多功能性演化的时空格局[J].地理科学进展,2016(2):232-244.

[8] 杜志雄,肖卫东.农业规模化经营:现状、问题和政策选择[J].江淮论坛,2019(4):1-20.

[9] 段正梁.关于土地科学中土地概念的一些思考[J].中国土地科学,2000(4):18-21.

[10] 房绍坤.土地征收制度的立法完善——以《土地管理法修正案草案》为分析对象[J].法学杂志,2019(4):1-12.

[11] 冯广京.关于土地科学学科视角下"土地(系统)"定义的讨论[J].中国土地科学,2015(12):1-10.

[12] 高飞.土地征收中公共利益条款适用的困境及其对策[J].学术月刊,2020(4):109-117.

[13] 高洁芝,郑华伟,等.土地利用多功能性评价及空间差异研究[J].土壤通报,2019(1):28-34.

[14] 高强,刘同山,等.家庭农场的制度解析:特征、发生机制和效应[J].经济学家,2013(6):48-56.

[15] 高圣平,刘守英.宅基地使用权初始取得制度研究[J].中国土地科学,2007(2):31-37.

[16] 高圣平.农村宅基地制度:从管制、赋权到盘活[J].农业经济问题,2019(1):60-72.

[17] 高圣平.宅基地制度改革政策的演进与走向[J].中国人民大学学报,2019(1):23-33.

[18] 郭洪峰,许月卿,等.基于地形因子的大都市边缘区土地利用变化分析——以北京市平谷区为例[J].中国农业大学学报,2013(1):178-187.

[19] 韩文龙,谢璐.宅基地"三权分置"的权能困境与实现[J].农业经济问题,2018(5):60-69.

[20] 何可,张俊飚,等.基于条件价值评估法(CVM)的农业废弃物污染防控非市场价值研究[J].长江流域资源与环境,2014(2):213-219.

[21] 贺雪峰.论农村土地集体所有制的优势[J].南京农业大学学报(社会科学版),2017(3):1-8,155.

[22] 黄安,许月卿,等.土地利用多功能性评价研究进展与展望[J].中国土地科学,2017(4):88-97.

[23] 黄宇驰,苏敬华,等.基于 SEP 模型的土地资源承载力评价方法研究——以上海市闵行区为例[J].中国人口·资源与环境,2017(S1):124-127.

[24] 江冲,金建君,罗永剑.耕地资源非市场价值评估研究进展及展望[J].中国农业资源与区划,2010(5):51-56.

[25] 姜红利,宋宗宇.集体土地所有权归属主体的实践样态与规范解释[J].中国农村观察,2017(6):2-13.

[26] 金相郁.20 世纪区位理论的五个发展阶段及其评述[J].经济地理,2004(24):294-298.

[27] 孔祥智,穆娜娜.实现小农户与现代农业发展的有机衔接[J].农村经济,2018(2):1-7.

[28] 李秉濬.土地经济理论的核心是地租理论[J].中国土地科学,1995(6):1-5.

[29] 李广东,邱道持,王平.三峡生态脆弱区耕地非市场价值评估[J].地理学报,2011(4):562-575.

[30] 刘柏惠,寇恩惠.房地产税的共识、争论与启示——基于理论和实践的综合分析[J].财政研究,2020(3):119-129.

[31] 刘春湘,虞莎莎,刘峰.农村集体土地征收纠纷的解决机制探究[J].湖南社会科学,2019(4):74-79.

[32] 刘利.中美自然资源资产核算比较研究及其启示[J].华北电力大学学报(社会科学版),2017(6):9-14.

[33] 刘守英,熊雪锋.经济结构变革、村庄转型与宅基地制度变迁——四川省泸县宅基地制度改革案例研究[J].中国农村经济,2018(06):2-20.

[34] 刘书楷,曲福田.论发展中的土地经济学及其学科建设[J].中国土地科学,2003(4):7-13.

[35] 刘书楷.试论土地经济学研究[J].经济研究,1987(11):71-76,36.

[36] 龙翼飞,杨建文.论所有权的概念[J].法学杂志,2008(2):70-73.

[37] 娄进波.德国民法典的发展及其评述[J].中外法学,1994(2):60-64.

[38] 牛海鹏,张安录.耕地保护的外部性及其测算:以河南省焦作市为例[J].资源科学,2009(8):1400-1408.

[39] 邵长龙.浅析集体土地征收的"新程序"[J].中国土地,2020(4):57-58.

[40] 石忆邵,汪伟.土地经济学发展的回顾与展望[J].同济大学学报(社会科学版),2004(4):28-34.

[41] 石莹,何爱平.马克思经济学与西方经济学地租理论的比较研究[J].南京理工大学学报(社会科学版),2013(6):14-21.

[42] 宋小亮,张立中.什么是农业适度规模经营——兼论与土地适度规模经营的关系[J].理论月刊,2016(3):156-161.

[43] 谭淑豪,曲福田,尼克.哈瑞柯.土地细碎化的成因及其影响因素分析[J].中国农村观察,2003(6):24-3074.

[44] 唐增,徐中民.条件价值评估法介绍[J].开发研究,2008(1):74-77.

[45] 田俊峰,王彬燕,王士君.东北三省城市土地利用效益评价及耦合协调关系研究[J].地理科学,2019(2):305-315.

[46] 田先红,陈玲.地租怎样确定?——土地流转价格形成机制的社会学分析[J].中国农村观察,2013(6):2-12,92.

[47] 童列春.论中国农地集体所有权[J].农业经济问题,2014(10):17-25,110.

[48] 王湃,凌雪冰,张安录.CVM评估休闲农地的存在价值:以武汉市和平农庄为例[J].中国土地科学,2009(6):66-71.

[49] 王舒曼,谭荣,吴丽梅.农地资源舒适性价值评估:以江苏省为例.长江流域资源与环境,2005(6):720-724.

[50] 王万茂.中国土地科学学科建设:历史与未来[J].南京农业大学学报(社会科学版),2011(2):15-19.

[51] 王万茂.中国土地科学学科建设的历史回顾与展望[J].中国土地科学,2001(5):22-27.

[52] 王亚飞,樊杰,周侃.基于"双评价"集成的国土空间地域功能优化分区[J].地理研究,2019(10):2415-2429.

[53] 魏后凯.中国城市行政等级与规模增长[J].城市与环境研究,2014(1):4-17.

[54] 温世扬.从《物权法》到"物权编"——我国用益物权制度的完善[J].法律科学(西北政法大学学报),2018(6):155-163.

[55] 吴越,宋雨,赖虹宇.土地征收中的公私利益平衡与正当程序[J].农村经济,2020(8):28-36.

[56] 吴昭军.集体经营性建设用地土地增值收益分配:试点总结与制度设计[J].法学杂志,2019(4):45-56.

[57] 谢高地,张彩霞,张雷明,陈文辉,李士美.基于单位面积价值当量因子的生态系统服务价值化方法改进.自然资源学报,2015(8):1243-1252.

[58] 谢双玉,訾瑞昭,许英杰,等.旅行费用区间分析法与分区旅行费用法的比较及应用[J].旅游学刊,2008(2):41-45.

[59] 徐梅.当代西方区域经济理论评析[J].经济评论,2002(3):74-77

[60] 徐子蒙,贾丽,李娜.自然资源资产负债表理论与实践路径探析——以土地资源为例[J].测绘科学,2019(12):50-59.

[61] 杨国亮.论范围经济、集聚经济与规模经济的相容性[J].当代财经,2005(11):12-16.

[62] 杨建飞,李军域.从剩余价值、地租到当代城市空间资源的占有与配置——马克思地租理论的逻辑与发展[J].华南师范大学学报(社会科学版),2017(3):68-73,190.

[63] 杨立新.论我国土地承包经营权的缺陷及其对策——兼论建立地上权和永佃权的必要性和紧迫性.河北法学,2000(01):5-13.

[64] 杨奇才,杨继瑞.空间级差地租:基于马克思地租理论的研究[J].当代经济研究,2017(03):60-66,97.

[65] 于海龙,张振.土地托管的形成机制、适用条件与风险规避:山东例证[J].改革,2018(4):110-119.

[66] 余永和.农村宅基地退出试点改革:模式、困境与对策[J].求实,2019(4):84-97,112.

[67] 袁苑,黄劲秋,黄贤金.近十年海外土地经济研究进展.土地经济研究,2019(1):180-203.

[68] 岳茜玫.政治经济学视角下的房地产税改革[J].税务研究,2019(1):58-63.

[69] 张克俊,付宗平."三权分置"下适度放活宅基地使用权探析[J].农业经济问题,2020(5):28-38.

[70] 张平,侯强,任一麟.中国房地产税与地方公共财政转型[J].公共管理学报,2016(4):1-15.

[71] 张清勇.李树青生平与伊黎、魏尔万合著之《土地经济学》的中译[J].中国土地科学,2009(4):74-79.

[72] 张文忠,刘继生.关于区位论发展的探讨[J].人文地理,1992(9):7-13.

[73] 张侠,葛向东,彭补拙.土地经营适度规模的初步研究[J].经济地理,2002(3):351-355.

[74] 张笑寒.农村土地股份合作社:运行特征、现实困境和出路选择[J].中国土地科学,2009(2):38-42.

[75] 张源.关于土地经济理论几个问题的探讨——土地经济理论研讨会观点综述[J].农业技术经济,1986(3):42-45.

[76] 赵鹏军,彭建.城市土地高效集约化利用及其评价指标体系[J].资源科学,2001(5):23-27.

[77] 赵秀梅.农村集体土地征收补偿立法构建研究——以《土地管理法》修改为中心[J].中国农业大学学报(社会科学版),2018(6):87-95.

[78] 赵颖文,吕火明,李晓,等.中国推进多种形式农业适度规模经营:紧迫性、优弱势与发展建议[J].农学学报,2019(10):89-94.

[79] 甄霖,曹淑艳,魏云洁等.土地空间多功能利用:理论框架及实证研究[J].资源科学,2009(4):544-551.

[80] 甄霖,魏云洁,谢高地,等.中国土地利用多功能性动态的区域分析[J].生态学报,2010(24):6749-6761.

[81] 郑少锋.土地规模经营适度的研究[J].农业经济问题,1998(11):8-12.

[82] 周诚.我国土地经济学的学科建设[J].中国土地科学,1992(6):16-19.

[83] 周立群,张红星.从农地到市地:地租性质、来源及演变——城市地租的性质与定价的政治经济学思考[J].经济学家,2010(12):79-87.

[84] 朱道林,李瑶瑶.土地科学探索的历史脉络与理论逻辑[J].中国发展,2019(4):66-70.

[85] Chang K, Ying Y. External benefits of preserving agricultural land: Taiwan's rice fifields[J]. The Social Science Journal, 2005(42): 285-293.

[86] Costanza R, Arge R, Groot R, et al. The Value of the World's Ecosystem Services and Natural Capital[J]. Nature, 1997(6630): 253-260.

[87] Fan Jie, Wang Yafei, Ouyang Zhiyun et al. Risk forewarning of regional development sustainability based on a naturalresources and environmental carrying index in China[J]. Earth's Future, 2017(2):196-213.

[88] König H J, Schuler J, Suarma U, et al. Assessing the impact of land use policy on urban-rural sustainability using the FoPIA approach in Yogyakarta, Indonesia[J]. Sustainability,2010(7): 1991-2009.

[89] Mills, E. An aggregative model of resource allocation in a metropolitan area[J]. American Economic Review, 1967(2): 197-210.

[90] Xie G D, Zhen L, Zhang C X, et al. Assessing the multifunctionalities of land use in China[J]. Journal of Resources and Ecology, 2010(4):311-318.

图书在版编目(CIP)数据

土地经济学/邹秀清主编. —上海：复旦大学出版社,2021.8
(复旦博学.21世纪土地管理系列)
ISBN 978-7-309-15853-3

Ⅰ.①土… Ⅱ.①邹… Ⅲ.①土地经济学-高等学校-教材 Ⅳ.①F301

中国版本图书馆 CIP 数据核字(2021)第 156751 号

土地经济学
TUDI JINGJIXUE
邹秀清　主编
责任编辑/方毅超

复旦大学出版社有限公司出版发行
上海市国权路 579 号　邮编：200433
网址：fupnet@fudanpress.com　http://www.fudanpress.com
门市零售：86-21-65102580　团体订购：86-21-65104505
出版部电话：86-21-65642845
上海春秋印刷厂

开本 787×1092　1/16　印张 22.5　字数 505 千
2021 年 8 月第 1 版第 1 次印刷

ISBN 978-7-309-15853-3/F·2820
定价：54.00 元

如有印装质量问题,请向复旦大学出版社有限公司出版部调换。
版权所有　　侵权必究